누구도 알지 못했던 아이의 사생활
그 이야기가 시작됩니다.

EBS 〈아이의 사생활〉 수상 내역

〈방송통신위원회 주최〉 2009년 방송통신위원회 방송 대상
창의발전
프로그램상

〈여성신문사 주최〉 제4회 학부모가 뽑은 교육 브랜드 대상
바른
교육상

〈한국PD연합회 주최〉 제21회 한국PD대상 TV교양부문
작품상

〈한국PD연합회 주최〉 제96회 이달의 PD상
이달의
PD상

〈대한YWCA연합회 주최〉 제12회 YWCA가 뽑은 좋은 TV프로그램상
특별상

〈방송통신심의위원회 주최〉 2008년 2월 이달의 좋은 프로그램
이달의
좋은
프로그램

〈여성부 주최〉 제10회 남녀평등상
최우수
작품상

아이들의 성장과정을 심리학적 관점에서 접근한 '명품 다큐멘터리' -조선일보

'가르치고 양육해야 할 대상으로서의 아이'가 아니라 '독립된 인간으로서의 아이와
그 심리상태'를 본격적으로 다루면서 큰 반향을 일으킨 다큐멘터리! -한겨레 신문

"우리나라 모든 부모가 봐야 할 내용입니다." -ID aseveri

"〈아이의 사생활〉을 보면서 아이들 교육이나 스스로의 모습을 다시 돌아보며 우리가 미처 알지 못했던
작은 단위의 행동 그리고 그 행동 변화의 핵심 포인트를 알 수 있었습니다."
-ID snpbank

"〈아이의 사생활〉을 통해 많은 사람들이 자신의 사회적 성공 못지않게 자식 양육에 대한
중요성을 깨달았으면 합니다. 한 사람을 제대로 길러내는 일이 얼마나 중요하고 엄청난 프로젝트인지
다시 한 번 생각해보는 계기가 됐습니다." -ID happyart8

"아이들을 이해하기 위한 의도로 만든 것 같지만 이번 다큐를 보면서 어른인 저의 모습을
되돌아보는 시간을 가지게 되네요." -ID darlingmaro

"내 아이에 대해 다시 시작합니다. 〈아이의 사생활〉을 알게 되면서 한 인간으로서의 내 아이를
온전히 바라보게 되었습니다. 앞으로 아이의 행복한 삶을 그려봅니다." -ID dearjinny

"BBC나 내셔널지오그래픽 등의 다큐멘터리를 보면서 한국과의 수준 차이 때문에 안타까웠습니다.
이제는 그들을 부러워하지 않아도 될 듯합니다.
보는 내내 느꼈던 감동을 어떻게 표현해야 할까요." -ID wlsehddbs

아이의
사생활

EBS 다큐프라임 〈아이의 사생활〉

연　　출　정지은 · 김민태
글 · 구성　오정요

아이의 사생활

1쇄 발행일　　2009년 8월 4일
4쇄 발행일　　2009년 8월 12일

발행인　　전재국
지은이　　EBS 제작팀

본부장　　이광자
임프린트 대표　김경섭
책임편집　　배경란
마케팅 실장　정유한
본문 구성 · 정리　同 글
본문 디자인　김은정

발행처　　지식채널
출판등록　　2008년 11월 13일 (제321-2008-00139호)

주소　　서울특별시 서초구 서초동 1628-1 (우편번호 137-879)
문의전화　　(02)2046-2800　E-mail:elim@sigongsa.com
팩스　　(02)588-0835

ISBN　　978-89-527-5598-8 (13590)

'지식채널'은 (주)시공사 BOOKS사업본부의 임프린트입니다.

아이의 사생활

EBS 제작팀 지음

Discovering a Child

지식채널

내 아이의 숨어 있는 가치를 믿으세요

얼마 전 집필했던 책 중에서 '샤워실의 바보a fool in shower'라는 말을 인용한 적이 있습니다. 이 말은 1976년에 노벨 경제학상을 받았던 밀턴 프리드먼Milton Friedman 교수가 교육정책을 빗대어 한 말입니다. 우리는 샤워를 할 때면 따뜻한 물로 씻기 위해 온수 쪽으로 손잡이를 깊게 돌립니다. 그런데 그러다 보면 갑작스럽게 너무 뜨거운 물이 쏟아져 급하게 냉수 쪽으로 손잡이를 돌리게 됩니다. 하지만 수온은 떨어지지 않아 손잡이를 다시 더 돌리게 되고, 이번에는 너무 차가운 물이 쏟아져 온수 쪽으로 손잡이를 돌립니다. 결국 샤워 내내 수도꼭지 손잡이만 온수와 냉수 쪽으로 이리저리 옮기다 맙니다.

이것은 부모인 우리가 아이를 키울 때의 모습과 다르지 않습니다. 최신 교육정보에, 인기 있는 교육기관에, 새로 바뀐 입시제도 때문에 우리는 이쪽저쪽으로 휩쓸립니다. 이것이 옳다 하면 우르르 몰려갔다, 다시 저쪽이 옳다 하면 우르르 몰려갑니다. 하지만 어느 것 하나도 확실하거나 마음이 놓이는 것은 없습니다. 결국 자녀교육에 대한 소신이나 원칙이 없는 부모들은 시시각각 변하는 우리나라 교육정책 안에서 '철새 부모'가 되고 말 뿐입니다.

누누이 말해왔지만, 아이를 키울 때 가장 중요한 것은 부모에게 철학과 원칙이 있어야 한다는 것입니다. 우선 내 아이의 미래에 대해 청사진을 그려볼 필요가 있습니다. 아이의 건강과 인성을 무엇보다 중요시하고, 아이의 재능과 소질을 파악하며, 장차 어떤 사람이 되었으면 좋겠는지 목표와 계획을 세워봅니다. 아이와 함께 목표와 계획을 이루기 위해, 부모는 어떤 환경에서 어떤 내용을 무엇으로 어떻게 가르칠지, 자녀교육 원칙을 세워야 합니다. 자녀교육에 대한 철학과 원칙이 있어야 조기교육, 사교육 열풍 속에서도 휩쓸리지 않고 내 아이를 소신 있게 키울 수 있습니다.

자녀교육에 대한 철학과 원칙을 세울 때는 내 아이에 대한 믿음이 밑바탕 되어야 합니다. 여기서 믿음이란, 우리 아이에게는 부모가 예측할 수 없을 만큼 놀라운 능력이 숨어 있다는 것입니다. 아이는 자신이 좋아하는 일, 하고 싶은 일을 할 때, 그리고 그것을 부모가 믿고 뒷받침해줄 때 능력을 발휘할 수 있습니다. 부모의 철학과 원칙이 자녀의 의사와 반대되면 안 되는 이유입니다.

아이는 골대를 향해 굴러가고 있는 축구공입니다. 부모에게는 축구공이 경기장에서 벗어나지 않으면 된다는 원칙만 있으면 됩니다. 그저 부모의 역할이란, 저절로 굴러가던 축구공이 경기장을 벗어나려고 할 때 발로 툭 건드려 다시 경기장을 향하도록 하는 일입니다. 부모가 아이의 숨어 있는 가치를 믿어줄 때 우리 아이는 자신의 꿈을 이룬, 행복한 어른이 될 수 있습니다.

자녀교육에 대해 철학과 원칙을 세우려는 부모에게 『아이의 사생활』은 시간이 흘러도 변하지 않을 다섯 가지 덕목을 선사합니다. 우선 내 아이가 가진 능력을 올바르게 이해하고 파악하기 위해, 두뇌의 비밀, 아들과 딸의 차이, 다중지능 이론을 소개합니다. 이 세 가지 주제는 내 아이에게 잠재되어 있는 능력을 발굴하고, 약점을 간파해 극복할 수 있는 비결을 다루고 있습니다. 아이를 '감정'이 아닌 '이성'으로 이해하는 데 많은 도움이 될 것입니다. 또한 아이가 가진 능력이 더욱 가치 있고 행복한 결실로 맺기 위해 도덕성과 자아존중감을 소개합니다. 도덕성과 자존감은 글로벌 시대에 우리 아이들이 꼭 지녀야 할 성공 요건이며 경쟁력입니다.

이렇게 다섯 가지 덕목은 자녀를 키우는 부모라면 누구나 한번쯤은 심각하게 생각해보아야 할 화두입니다. 그래서 EBS는 교육학과 심리학의 최신이론을 동원하여 이 다섯 주제를 꼼꼼히 살펴보는 다큐멘터리를 제작하게 되었습니다. EBS〈아이의 사생활〉은 방송되자마자 부모와 교사들의 폭발적인 관심을 불러일으켰고, 교육 전문가들로부터 엄청난 찬사를 들었습니다.

그래서 EBS〈아이의 사생활〉이 책으로 제작되기를 희망한 분이 많았습니다. 이런 기대에 부응하고자 지식채널은 많은 노력을 기울여 〈아이의 사생활〉을 책으로 묶어 내게 되었습니다.

우리의 아이들은 보물창고이자 난해한 글이 가득한 비밀문서와 같습니다. 열쇠가 없으면 보물창고를 열 수가 없고, 암호를 모르면 비밀문서를 읽을 수도 없습니다. 이 책 속에 그런 열쇠와 암호가 있습니다. 많은 부모와 교사들이 이 책을 통해서 내 아이에게 딱 맞는 열쇠와 암호를 찾아내길 기대합니다.

'공부만이 성공'이라고 여겼던 부모에게 『아이의 사생활』은 아이의 행복한 삶을 위한 변화를 일깨우는 계기가 될 것입니다.

서울대학교 연구실에서

이우 문 용 린

아이에게 행복한 삶을
선물하고 싶다면

　부모는 자식에게 물려주고 싶은 것이 참 많다. 남부럽지 않은 재산, 좋은 직장을 가질 만한 학력, 남들에게 존경받을 만한 인품, 그리고 무병장수할 수 있는 건강까지. 이것은 아이가 삶을 평안하게 영위하기 위한 조건으로 꼽기에 부족함이 없어 보인다. 하지만 이 조건들에 우선순위를 매긴다면, 사정은 조금 달라진다.

　어떤 부모는 다른 것 필요 없이 성격 모나지 않고 사회 구성원으로서 둥글게 살아가면 충분하다고 여긴다. 과욕 부리지 않고 평범함 속에서 행복을 누리기를 바란다. 반면 어떤 부모는 아이가 좋은 대학을 나와서 연봉이 높은 직장을 얻고 경제적으로 안정된 생활을 하기를 바란다. 머리로는 몸과 마음의 건강이 제일이라고 하지만, 세상의 잣대로 들이댄다면 물질적 풍요와 학벌에 욕심이 생긴다. 부모 노릇의 차이는 바로 우선순위를 어떻게 매기느냐에 달려 있다.

　이처럼 지향점이 다르면 양육방식에도 차이가 나게 마련이지만, 목표는 모두 '내 아이의 행복한 삶'이다. 모든 부모는 아이가 자신의 인생을 행복하게 영위하길 바란다. 지금은 물론, 어른이 되어서도 행복이 지속되기를 희망한다.

　그렇다면 어떤 삶이 행복한 것일까. 그리고 아이가 행복한 삶을 누리려면 어떻게 키워야 하는 것일까. 결론부터 말하자면, 인품이 훌륭한 사람도, 건강한 사람도, 돈이 많은 사람도, 학력이 높은 사람도 그 한 가지 조건만으로는 온전히 행복하다고 말할 수 없다.

　'행복지수'라는 용어가 있다. 영국의 심리학자 캐럴 로스웰Carol Rothwell과 인생 상담사 피트 코언Pete Cohen이 발표한 것으로, 자신이 얼마나 행복한가를 스스로 측정한 지수다. 이들은 인생관·적응력·유연성 등 개인적 특성을 나타내는 P_personal, 건강·돈·대인관계 등 생존조건을 가리키는 E_existence, 야망·자존심· 기대 등 고차원 상태를 의미하는 H_higher order라는 세 가지 요소에 의해 행복이 결정된다고 주장했다. 중요도의 차이가 있지만 모든 요소들이 잘 배합되어 있을 때 행복을 느끼게 된다는 것이다.

　그런데 잘 차려진 식탁처럼, 이렇게 수많은 행복의 조건을 선물하려면 내 아이에 대한 '공부'가 필요하다. 아이가 태어나 어떤 발달 과정을 거쳐 지금의 모습으로 자랐는지, 잠재능력과 소질은 무엇인지, 정말 하고 싶고 바라는 일은 무엇인지, 그리고 잘하는 것과 못하는 것은 무엇인지, 아이의 내면과 행동을 끊임없이 관찰하고 탐색해야 한다. 이처럼 행복의 기준은 아이에게 맞춰져야 한다. 모든 행복의 조건이 충족되어도 아이 스스로 행복하다고 만족하지 못하면 부모의 노력은 물거품이 되고 만다.

앞으로 본문에서는 내 아이를 더 깊이 이해하고 양육하기 위해 인지와 인성 발달 측면에서 어떻게 접근하고 적용해야 할지 소개한다. 먼저 인지란 아이가 정보를 습득하고 자신의 것으로 내면화해서 재능이나 지능으로 싹틔우는 능력이다. 이는 수학공식이나 영어단어 하나 더 깨우치는 능력이 아닌, 자신의 특별한 재능을 발굴하고 그것을 성공지능으로 이끌어내는 힘이 된다. 「제1부 나는 누구인가」에서는 아이의 타고난 개성과 두뇌 발달 과정, 두뇌 능력에 따른 효과적인 양육법을 소개한다. 「제2부 남과 여, 그들의 차이」에서는 아들과 딸이 다른 이유와 아이의 두뇌 성향을 눈여겨보는 법을 알아보고, 남녀의 특성에 맞게 맞춤 교육법을 짚어본다. 「제3부 다중지능, 나만의 프로파일을 찾아서」에서는 최근 트렌드인 다중지능 이론에 입각해, 내 아이만이 가진 강점지능과 약점지능 찾는 법을 일러준다. 또한 강점지능을 키워 성공의 발판을 마련할 수 있는 노하우도 소개한다.

그런데 자녀교육에서 무엇보다 중요한 것은 인성, 즉 사람 됨됨이다. 아이가 가진 재능이나 지능이 성공으로 귀결되려면 반드시 인성이 뒷받침되어야 한다는 것에는 그 어떤 교육자도 이의를 달지 않는다. 「제4부 도덕성, 작지만 위대한 출발」에서는 아이 연령에 따른 도덕성 발달을 짚어보고, 아동기의 도덕성 교육이 왜 중요한지, 도덕성을 키우려면 어떻게 해야 하는지 알아본다. 그리고 도덕성이야말로 최우선으로 삼아야 할 성공 조건이자 행복 조건임을 일깨운다. 「제5부 또 하나의 경쟁력, 자아존중감」에서는 스스로를 존중하고 사랑하는 아이로 키우는 양육법을 소개한다. 이는 자기 가치를 인정하고 만족할 때 행복이 완성된다는 사실을 깨닫게 도와준다.

자, 그럼 이제까지 몰랐던 아이의 사생활 속으로 한걸음 내디뎌보자.

Part 1   나는 누구인가

Part 2 남과 여, 그들의 차이

Part 3 다중지능,
나만의 프로파일을 찾아서

Part

도덕성,
작지만 위대한 출발

Part 5 또 하나의 경쟁력,
자아존중감

Part
1

나는 누구인가

나를 만드는 가장 중요한 것

욕심 많은 기계, 두뇌

뇌와 내가 자라는 특별한 과정

부모님이 나에게 주신 것

외꺼풀, 튀어나온 이마, 혹은 휜 손가락 같은 독특한 생김새

세상에 딱 하나뿐인 우리의 몸

그리고 우리의 뇌

그 누구도 만들어낼 수 없는 가장 완벽한 기계

나를 나답게 하는 것은 무엇인가

나를 찾아가는 의미 있는 여행

나를 만드는 가장 중요한 것

세상에 하나뿐인 소중한 아이

자신의 얼굴을 가만히 거울에 비춰보던 아이가 갑자기 묻는다. "엄마, 나는 누구야?" "아빠, 왜 난 저 아이랑 달라?" 이때 우리는 뭐라고 대답해야

할까? 아이는 아빠를 닮았을 수도 있고, 엄마를 닮았을 수도 있다. 채소를 싫어할 수도 있고 좋아할 수도 있다. 책 읽는 것을 무척이나 싫어해서 엄마의 고민거리를 만드는가 하면, 굳이 하라는 것도 아닌데 매일 그림 그리기를 즐길 수도 있

다. 또래들과 비슷해 보이지만 너무나도 다른 내 아이. 아이는 어떻게 해서 세상에 딱 하나뿐인 존재가 되는 걸까?

고유한 인격체로서의 아이를 논하기 전에, 우선 인간에 대해 화학적으로 접근해보자. 인간은 굉장히 복잡한 기계로, 상상할 수도 없는 엄청난 숫자인 50억×10억×10억 개의 원자로 이루어져 있다. 사람의 몸을 구성하는 것은 13가지 원소. 그러나 이 원소 각각은 동물이나 아주 작은 곤충을 이루는 원소와 별 차이가 없다. 먼저 우리가 숨 쉬는 공기 속에 포함된 산소가 65%로 가장 많고, 연필심을 구성하는 탄소가 18%, 물을 구성하는 수소가 10%가량 들어 있다. 이 외에 3%의 질소, 1%의 인, 0.35%의 칼륨, 0.15%의 염소, 0.15%의 나트륨, 0.05%의 마그네슘, 0.25%의 황, 1.6%의 칼슘, 그리고 0.008%의 철, 0.00004%의 요오드까지 총 13가지 원소다. 하지만 13가지 화학성분을 '인간의 몸'을 이루는 비율로 준비해서 섞는다고 해도 인간이 되지는 않는다.

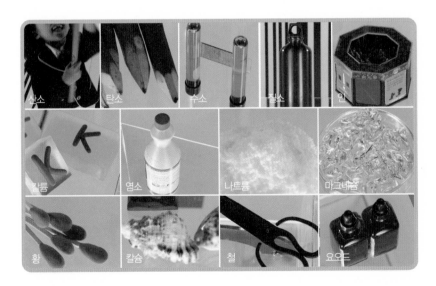

이번에는 생물학적으로 접근해보자. 인간의 몸이 완성되려면 우선 260개의 뼈와 4~6ℓ 정도의 혈액, 2㎡의 피부, 약 500만 가닥의 털과 6~7kg의 지방, 649개의 근육과 10만km의 혈관 등이 필요하다. 또한 신체를 구성하는 각종 기관인 심장 1개, 폐 2개, 신장 2개, 위 1개, 간 1개, 6~7m의 소장도 있어야 한다. 물건을 집는 데 필요한 손톱 10개와 걸어다니기 위한 발톱 10개도 필요하다. 머리의 일부인 눈, 코, 귀, 입술, 치아 그리고 가장 중요한 뇌까지……. 인간의 몸이 되려면 이 모든 것이 있어야 한다. 하지만 이 기관들을 모두 해체했다가 한데 모아놓았다고 해서 '인간'이라고 말할 수는 없다.

인간은 화학적으로나 생물학적으로 얼마든지 분석하고 해체할 수는 있지만, 그 모든 성분이나 기관이 있다고 해도 사람을 인위적으로 만들 수는 없다.

한 사람의 인간인 내 아이 역시 누구도 인위적으로 만들 수 없다. 아이가 가진 '인간의 몸'은 어떤 기계로도 해낼 수 없는 일을 매순간 해내고 있다. 심장은 하루에 1만 번 정도, 호흡은 2만 3,000번 정도 이뤄지지만, 생명이 유지되는 한, 단 한 번도 그 운동을 멈추지 않는다.

인간의 몸은 자체적으로 방어하는 기능도 뛰어나, 이물질이 들어오는 모든 입구를 철저하게 수비한다. 눈으로 통하는 입구에는 눈썹과 속눈썹이, 코로 통하는 입구에는 코털이, 피부의 미세한 땀구멍에는 솜털이 각각 수문장 역할을 하며, 공기 중에 떠다니는 수많은 병균과 박테

리아가 체내에 들어오는 것을 방어한다. 조절기능 또한 탁월해 일생 동안 40kg의 표피를 스스로 생성하고 사용하며 버린다. 하루에 0.25ℓ의 땀을 분비하기도 한다.

감각능력은 어떠한가. 눈, 귀, 코, 혀, 피부 등으로 사물을 보고 듣고 맛보고 느끼는 과정 또한 어떤 첨단 기계도 해낼 수 없을 정도로 섬세하다. 시각, 청각, 후각, 미각, 촉각을 오감이라고 하는데, 이 중 가장 재미있는 것은 후각이다. 우리는 흔히 음식의 맛을 아는 것은 미각이라고 생각하지만, 그것은 착각이다. 음식의 맛은 대부분 후각에 더 의존한다. 인간의 후각은 무려 4,000여 가지 냄새를 식별할 수 있을 정도로 발달해 있다. 촉각도 굉장하다. 눈으로 보지 않고 손가락 끝의 감촉만으로 주머니 속에 얼마짜리 동전이 있는지 알아챌 수 있다. 갑자기 나타난 뱀을 보고 인지하는 속도는 시속 400km, 이는 시속 300km를 자랑하는 고속철도보다도 빠르다.

천재적인 과학자들도 공을 자유롭게 잡는 로봇을 만드는 데 수십 년을 소비했으나, 인간은 로봇이 수십 년 걸려 배운 것을 단 몇 초 안에 처리해버린다. 엄청난 기능과 능력을 가진 인간의 몸, 이렇게 복잡하고 치밀한 기계는 세상에 단 하나뿐이다.

더욱 놀라운 것은 전 세계 66억 7,000만 명의 인간 중에서도 나와 똑같은 사람은 존재할 수 없다는 사실이다. 어떻게 '세상 하나뿐인 존재'라는 공식이 성립하는 것일까? 우선 모든 사람은 손끝의 무늬인 지문이 다르고, 눈 속에 있는 홍채 역시 다르다. 특정 바이러스나 알레르겐에 반응을 보이는 면역체계 역시 다 다르다. 목소리도 인간이 성장하면서 조금씩 변하기는 하지만 고유의 톤이 평생 동안 유지되며, 글씨체 또한 특유의 패턴이 웬만해서는 변하지 않는다. 겉보기에는 비슷해 보이는 머리카락 역시 66억 7,000만 이상의 경우의 수가 존재한다. 이러한 여섯 가지 특성만으로도 누구나 세상에 딱 하나뿐인 존재라는 것을 설명할 수 있다. 혹시 같은 부모가 여러 명의 자녀를 낳으면 특성이 똑같은 아이가 나오지 않을까? 단도직입적으로 말하자면 그런 일은 절대 일어날 수가 없다. 동일한 부모가 같은 유전자를 가진 아이를 낳을 확률은 1,000조분의 1. 한 부모가 1,000조 명의 아이를 낳는다면 가능할지도 모르지만, 어떻게 이런 일이 있을 수 있겠는가.

이처럼 세상에 하나뿐인 소중한 아이가 또다른 질문을 던진다. "엄마 왜 난 곱슬머리야?", "난 왜 이렇게 얼굴이 동그랗지?" 아이는 자신의 존재를 외적인 모습에서 따져본다. 왜 엄마의 곧은 머릿결이 아닌 아빠의 곱슬머리를, 아빠의 갸름한 얼굴이 아닌 엄마의 둥근 얼굴을 갖게 되었는지 궁금한 것이다. 아이는 두 눈을 반짝이며 묻지만, 부모에게는 별로 새로운 이야기가 아니다. 그것은 '유전' 때문이니까.

유전은 생물학적으로 부모의 형질이 자손에게로 전달되는 현상이다. 즉 내 아이의 아주 작은 것까지 나에게서 비롯되었다는 것을 말한다. 23개의 염색체를 가진 정자와 23개의 염색체를 가진 난자가 만나 아이에게 엄마 아빠의 특성을 전달한 것이다. 그런데 유전자에는 우성 유전인자와 열성 유전인자가 있다. 우성 유전인자는 염색체 한 쌍 중 한쪽에만 존재해도 그 특성이 나타나는 것을 말하고, 열성 유전인자는 반드시 쌍으로 이루어져야만 특성이 나타나는 것을 말한다. 따라서 아이의 모습은 우성 유전인자가 결정하는 경우가 많다. 웃을 때 생기는 보조개, 엄지손가락을 뒤로 젖혔을 때 30° 이상 꺾이는 것, 혀를 둥글게 마는 것, 귓불이 떨어져 있는 것, M자형 이마,

갈색 눈, 정상 시력, 갈색 머리, 곱슬머리, 두꺼운 입술, 짧은 손가락, A형과 B형 혈액형 등이 모두 우성이다. 한 가지 재미있는 사실은 손가락 깍지를 낄 때 오른쪽 엄지가 위로 올라가는지, 왼쪽 엄지가 위로 올라가는지도 유전에 의해 결정된다는 점이다. 왼쪽 엄지가 위로 올라가면 우뇌의 지배를,

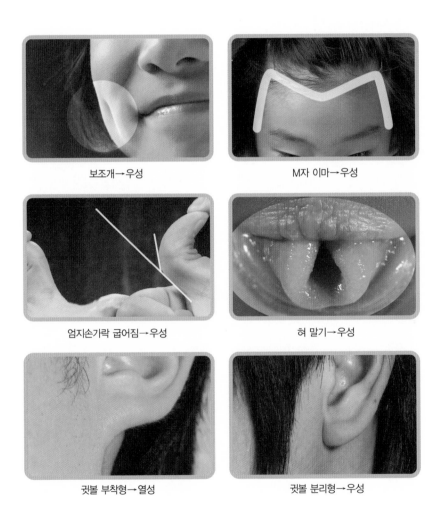

보조개→우성

M자 이마→우성

엄지손가락 굽어짐→우성

혀 말기→우성

귓볼 부착형→열성

귓볼 분리형→우성

오른쪽 엄지가 위로 올라가면 좌뇌의 지배를 받는다고 한다. 이러한 특징은 자신이 싫다고 해서 인위적으로 바꿀 수는 없는 것들이다.

아이 뇌에서는 무슨 일이?

프랑스 영화 〈잠수종과 나비〉의 주인공은 자동차 사고로 온몸이 마비된 채 한쪽 눈으로 세상을 본다. 하지만 영화는 우울하지 않다. 주인공은 비록 신체 어느 한 부분도 마음대로 움직일 수 없지만, 자신의 머릿속에 기억이 있고 또한 상상할 수 있는 힘이 있어 누구보다 자유롭다고 생각한다. 주인공의 '나'는 신체에 있는 것이 아니라 '머리'에 있다. '느끼고 생각하는 것', 그것이 바로 '나'라는 것이다.

사람은 겉모습뿐 아니라 느끼고 생각하고 표현하는 것이 모두 다르다. 나를 나답게 하는 것은 신체적 특징이나 유전자적 특성만은 아니다. 오히려 마음속 깊숙한 곳에 있는 생각이나 감정 같은 것들이 나의 정체성을 더 잘 드러내준다.

사람이 지을 수 있는 표정은 무려 7,000여 가지. 이런 표정은 자신이 미처 파악하기도 전에 놀라운 속도로 얼굴 위에 나타났다 사라진다. 그런데 수많은 표정 중에서도 감정을 표현하는 표정은 동일하다. 심리학자들은 전 세계 사람들이 공통적으로 갖는 여섯 가지 감정이 있다는 것을 찾아냈다. 기쁨, 슬픔, 분노, 두려움, 놀람, 혐오가 그것이다. 그런데 그런 표정은 어떻게 만들어지는 것일까? 내가 다른 사람의 표정을 읽을 수 있는 것은 무엇 때문일까? 이런 질문에 대한 대답은 우리 머릿속에 있다. 영화 〈잠수종과 나비〉의 주인공도 '느끼고 생각하는 것'이 진정한 '나'라고 했다. 나를 진정으로 나답게 하는 감정과 생각은 바로 머리 중 가장 중요한 곳 '뇌'에서 이루어진다.

뇌는 인간이 가진 수수께끼 중 가장 거대하고 엄청난 것이다. 뇌 속에는 무려 1,000억 개의 신경세포, 즉 뉴런neuron이 만들어져 있다. 자극을 수용하고 전달하는 신경계의 단위인 뉴런은 컴퓨터처럼 수많은 회로를 가지고 있다. 그런데 컴퓨터의 회로는 한 번 끊어지면 스스로 복구할 힘이 없지만, 우리의 뇌는 스스로 회로를 바꿀 줄 안다. 컴퓨터는 처음의 회로를 업그레이드하려면 연결된 회로를 해체하고 다시 설치해야 하지만, 우리의 뇌는 학습하면서 변화하고 스스로를 업그레이드하는 놀라운 능력이 있다. 지금 이 순간에도 우리 뇌의 신경회로, 즉 **시냅스**synapse는 끊임없이 활동한다. 책을 읽거나 텔레비전을 보거나 어떤 경로를 통해 새로운 정보를 받으면, 뇌는 그것을 토대로 자신을 업그레이드한다. 신경회로의 변화는 수치로 환산할 수 없을 정도로 엄청나다. 한 사람의 뇌가 만들어낼 수 있는 조합은 우주의 원자 개수보다 더 많다.

시냅스
뉴런과 뉴런을 연결하는 부위. 즉 한 뉴런의 축색돌기 말단과 다음 뉴런의 수상돌기 사이의 연결 부위다.

인간이 갑자기 나타난 뱀을 보고 인지하는 속도가 무려 시속 400km라고 말한 바 있는데, 이러한 인지는 어디서 하는 걸까? 눈에서 하는 것일까? 그러나 눈은 단지 뇌에 정보를 주는 기관일 뿐, 눈에 보이는 것이 뱀이라고 인지하는 것은 뇌다. 뱀을 보면 머릿속에서 뱀을 의식적으로 인지하기 전에 눈의 시신경을 통해 뇌에 경고 신호를 보낸다. 그러면 신호는 뇌의 시상에

아드레날린

스트레스를 받거나 흥분할 때 부신에서 분비되는 호르몬이다. 심장박동, 혈압 및 호흡을 증가시키는 역할을 하는 물질로, 아드레날린이 분비되면 심장박동이 빨라지면서 엄청난 양의 혈액이 근육으로 공급된다.

도착한다. 그 신호는 다시 시상에서 신체의 공포 반응을 조정하는 소뇌 편도로 이동한다. 편도에서 다시 시상하부와 척수를 통해 신장 위에 있는 부신으로 간다. 부신에서는 **아드레날린**이 분비된다. 이때 심장박동 수는 분당 170이 넘는다. 여기까지의 처리 시간은 고작 0.012초. 뱀을 본 지 0.012초 후에 우리 몸은 경계 태세에 들어간다. 경고 신호가 뇌에 다시 가기까지의 처리 시간은 또 다시 0.012초. 인간이 뱀을 보고 위험을 의식하는 것은 0.024초 후인 셈이다. 이 복잡한 과정이 단 1초도 안 되는 시간 안에, 한 치의 오차도 없이 치밀하게 이뤄진다.

갓 태어난 아기의 뇌는 생존 본능과 관련된 몇 가지 기능만 타고난 상태다. 하지만 세상의 빛을 만난 순간부터 여러 가지 감각을 통해 다양한 경험을 하게 되고, 이 경험은 매우 빠른 속도로 뉴런을 생성하고 각각의 회로를 연결하며 정보를 전달하고 기억을 저장한다. 뇌의 기능 또한 빠르게 발달해 만 3세 아이의 뇌는 어른 뇌의 70~80%까지 따라잡을 만큼 성장한다. 그리고 뇌가 자라는 만큼 '나'의 정체성을 인식하는 것도 더 한 발 가까워진다.

뇌의 구조와 놀라운 성능

사람의 뇌는 크게 일곱 부분으로 구성되어 있다. 이것은 어린아이나 어른이나 다르지 않다. 우선 머리의 대부분을 차지하고 있는 대뇌부터 살펴보자.

대뇌

뇌 중에 가장 늦게 진화해 만들어지는데, 모양이 껍데기를 벗겨낸 호두와 비슷하게 생겼다. 대뇌의 오른쪽 부분을 우뇌, 왼쪽 부분을 좌뇌라고 한다. 우뇌와 좌뇌는 **뇌량**을 통해 연결되어 있으며, 긴밀한 상호 협력체계를 갖추고 있다. 일반적으로 우뇌는 이미지의 뇌, 좌뇌는 언어의 뇌라고 말한다. 우뇌는 감성적 · 직관적 · 비언어적 · 시공간적이고, 좌뇌는 논리적 · 이성적 · 언어적 · 수리적 · 분석적인 특징을 갖는다.

뇌량
우뇌와 좌뇌를 연결하는 다리. 뇌량이 넓으면 좌뇌와 우뇌의 연결이 긴밀하고 효과적이다.

소뇌

대뇌 아래에 있는 소뇌는 좌우 한 쌍으로 이루어지며 표면에는 가로로 난 홈이 많다. 평형감각과 근육운동을 조절하는 역할을 하며 몸의 균형을 유지시켜준다. 마치 레이더처럼 우리가 몸 어떤 부위의 평행을 유지하려고 할 때 정확하게 그 기능을 해내게 하는 부위가 소뇌다. 중뇌는 안구 운동, 홍채 수축 등 눈에 관련된 업무와 호르몬 분비, 체온 조절, 식욕 조절 등의 기능을 담당한다.

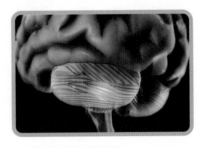

뇌간

뇌간은 대뇌반구와 소뇌를 뺀 부분으로 지각, 의식, 운동, 생명 유지에 중요한 역할을 한다. 심장박동과 폐의 호흡을 조절하며 잠과 배설을 통제한다. 그래서 대뇌나 소뇌를 다쳐도 죽지는 않지만, 뇌간이 작동을 멈추면

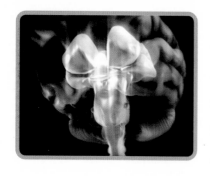

'뇌사 상태'가 된다. 척수는 뇌간에서 연속적으로 이어져 있으며 뇌의 맨 아랫부분을 이루고 있다. 척수는 운동신경과 감각신경, 그리고 자율신경이 지나가는 통로이며, 외부로부터 이들을 보호한다. 간뇌는 대뇌와 소뇌 사이에 위치하며, 간뇌의 약 5분의 4를 차지하는 시상은 감각정보가 모이는 곳이다. 모든 감각정보는 일단 시상에 모여 다음 행선지를 기다린다.

대뇌피질

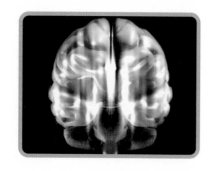

대뇌피질은 대뇌반구의 표면을 덮고 있는 회색질의 얇은 층으로, 신경세포가 모여 있으며 감각의 종합 및 고도의 지적 기능을 담당한다. 바로 이 부위에서 자신의 정체성을 느끼게 하는 '사고'가 이루어진다. 인간이 만물의 영장이라고 자부하는 것은 이 대뇌피질이 다른 포유류보다 훨씬 발달했기 때문이다. 이곳에는 신경세포가 140억 개나 모여 있다. 꼬불꼬불한 고랑처럼 홈이 파여 있으며, 표면에 굵직하게 나 있는 몇몇 홈을 기준으로 앞쪽은 전두엽, 뒤쪽은 후두엽, 양옆은 측두엽으로 구분한다.

전두엽

전두엽은 대뇌피질에서 가장 중요한 지적인 기능을 담당한다. 창의적인 기능, 종합적 사고 기능이 전두엽에 가장 많이 몰려 있다. 전두엽은 어떤 상황이 위험한지 아닌지 여부를 결정하고, 계획을 세우거나 결심을 하는 등의 목표지향적인 행위를 주관한다. 만일 전두엽이 손상을 받거나 망가지면 계획을 세우거나 복잡한 행동을 하거나 아이디어를 구상하는 일이 불가능해질 뿐 아니라 새로운 환경에 적응하지 못하게 된다.

두정엽

두정엽은 머리 뒤쪽을 향해 내려가는 부위에 있다. 두정엽은 마루엽 또는 '아인슈타인의 뇌'라고 불리기도 하는데, 이는 아인슈타인의 뇌에서 두정엽 부위가 다른 사람보다 상당히 발달되어 있었기 때문이다. 두정엽은 입체공간적인 상호관계, 사고를 이해하는 데 중요한 역할을 한다. 또한 외부에서 오는

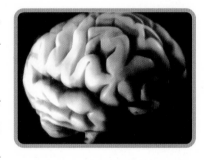

정보를 조합하는 곳으로, 문자를 조합해 의미 있는 단어로 만들거나 생각한 것을 실제로 만들어내기 때문에 두정엽이 손상되면 공부는 물론 어떤 일도 할 수 없게 된다.

측두엽

측두엽은 머리의 양쪽 옆면에 위치한다. 측두엽에는 청각피질이라고 부르는 청각조절 중추가 있으며 인지 기능과 기억 기능을 조절한다. 언어 중추도

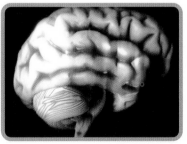

있기 때문에 언어를 받아들이고 이해한 다음 다시 말로 표현할 수 있게 하는 것이 이 부위다. 측두엽이 손상을 입으면 환각이나 기억장애가 일어날 수 있다.

후두엽

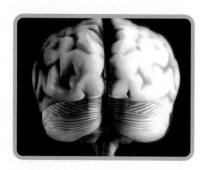

후두엽은 뇌 뒤쪽에 있다. 시각 중추가 있기 때문에 시각피질이라고도 한다. 눈을 통해 받아들인 시각정보가 이곳에 도달하면 모양, 위치, 운동 상태를 분석한다. 후두엽은 사물을 바라보고 그것을 이해하도록 돕는다. 후두엽이 손상되면 나머지 시각경로에 이상이 없다 하더라도 장님이 될 수 있다.

체중의 2%에 불과한 1.5kg의 뇌. 그러나 우리의 뇌는 아주 치밀하게 우리의 모든 행동을 명령하고 통제한다. 신체의 모든 부분이 온전하더라도 만약 뇌에 이상이 생기면 우리는 진정한 '나'로서 존재하기 힘들어진다.

인간을 인간답게 하는 것, 전두엽

인간만이 뇌를 가진 것은 아니다. 모든 동물에게도 뇌가 있다. 낙지, 오징어, 조개 같은 연체동물이나 곤충류 같은 절지동물은 몸의 곳곳에 작은 뇌를 가지고 있다. 뇌의 무게 또한 인간이 가장 무거운 것은 아니다. 물론 체중에 대비하면 인간이 지구상에 사는 동물 중 뇌가 가장 무거운 것은 사실이지만, 단순히 수치를 놓고 본다면 코끼리의 뇌는 5kg, 고래의 뇌는 8kg이나 되어 인간의 네댓 배에 달한다. 또한 뇌의 특정 기능만 본다면 인간보다 우수한 동물은 얼마든지 많다. 겨울이 되면 따뜻한 남쪽으로 이동하는 철새나 알을 낳기 위해 태어난 곳으로 회귀하는 연어의 뇌는 인간과 비교할 수 없을 정도로 우수한 방향감각을 발휘한다. 우리 주위에서 흔히 볼 수 있는 개나 고양이도 인간보다 뛰어난 후각과 청각 기능을 가지고 있다. 지금은 멸종한 매머드의 뇌는 인간의 뇌와 별 차이가 없었다고 한다.

그럼에도 인간이 만물의 영장이 될 수 있었던 것은, 사고하고 말하고 문자를 사용하게 하는 대뇌피질의 뛰어난 능력 덕분이다. 인간의 대뇌피질은 모든 동물 가운데 주름이 가장 많다. 뇌 연구 분야에서 국내 최고 권위자인 서울대학교 의과대학 서유헌 교수는 대뇌피질 중에서도 전두엽의 역할을 강조한다.

전두엽은 우리가 인간으로서의 정체성을 나타내는 데 중요한 역할을 한다. 우리가 인간일 수 있는 이유는 전두엽의 활성화 때문이다. 약 450만 년 전에 우리는 원숭이와 별 차이가 없었다. 그러나 지금의 확연한 차이는 인간이 가진 창의성의 결과다. 인간에게 창의성이 없었다면 우리는 아직도 원숭이와 다름없는 유인원으로 지구상에 존재했을 것이다. 닦으면 닦을수록 더욱 계발되는 창의성은 바로 전두엽에서 발현된다.

우리가 무엇인가를 열심히 생각하고 있을 때, 이 사고 작업은 뇌의 전체에서 일어나는 것이 아니라 주로 뇌의 앞쪽, 전두엽에서 일어난다. 전두엽은 뇌가 활동하는 동안 여러 부위에 저장된 기억 정보를 불러내 결정과 계획, 행동을 일으킨다. 다른 사람의 전화번호를 받아 적는 비교적 단순한 사고에서, 여러 사람의 의견을 종합해 좋은 결정을 내리는 고도의 의사결정까지 사고는 모두 전두엽에서 관장한다. 인간을 인간답게 하고, '나'를 진정한 '나'라고 느끼게 하는 것도 바로 전두엽이다. 전두엽은 유아기부터 초등학교 시기에 가장 빠르게 발달한다고 서유헌 교수는 설명한다.

> 전두엽은 어릴 때부터 시작해 평생 서서히 발달한다. 그 발달 추세를 보면 전두엽 기능의 성숙은 유아기 3~4세경부터 시작하여 7~8세 초등학교 초년까지가 가장 빠르다고 할 수 있다. 물론 이 연령까지 창의적인 기능도 가장 빨리 성장한다고 볼 수 있다.

두 돌쯤 된 아이는 다른 아이가 가지고 노는 장난감이 재미있어 보이면 서슴지 않고 그것을 빼앗는다. 상대방이 장난감을 뺏기지 않으려고 울어도 개의치 않는다. 자제력을 결정하는 것은 전두엽인데, 이 시기의 아이에게는 아직 전두엽이 발달되지 않았기 때문이다. 이 시기는 아이들에게 무엇인가를 인내하고 참는다는 것은 거의 불가능하다.

뇌의 발달에 대해서 알고 있는 부모라면 이런 상황에서 아이를 혼내기보다는 장난감을 하나 더 가져다주거나 함께 놀 수 있는 방법을 알려주는 것이 옳다.

자제력에 대한 이해를 돕기 위해 간단한 실험을 실시했다. 초등학교 저학년 아이들에게 머리와 꼬리가 다르게 그려진 동물 그림을 한 장당 1초 정도 보여주고 머리가 아니라 꼬리에 해당하는 동물을 말하라고 했다. 첫 번째 그림부터 일곱 번째 그림까지 빠른 속도로 동물의 이름을 말해본다.

실제로 이 테스트를 해보면 머리 쪽을 읽고 싶은 욕구 때문에 자꾸 실수하거나 틀리는 아이가 있을 것이고, 별 어려움 없이 빠른 속도로 동물의 이름을 읊는 아이도 있을 것이다. 그들의 차이는 바로 전두엽이 가진 자제력의 차이다. 특히 아직 전두엽이 덜 발달된 아이들은 자꾸 꼬리가 아니라 머리 쪽 동물의 이름을 대는 실수를 하게 마련이다. 성인이라도 전두엽이 충분히 활성화되지 않았다면 어린아이와 비슷한 자제력을 가졌을 수 있다.

> 자제력 측정을 위한 두 번째 실험이다. 역시 초등학교 저학년 아이들에게 종이 위에 1, 2, 3, 4……의 숫자를 아무 위치에나 적고, 그 여백에 가, 나, 다, 라……를 마음대로 적어보게 한다. 그리고 가와 1을 잇고, 나와 2를 잇고, 다와 3을, 라와 4, 마와 5, 이런 식으로 서로 교차해 연결해나가도록 한다.

처음에는 비교적 잘할 수 있을 것이다. 그러나 조금 지나면 쉽지가 않고 잘못 이어지는 선이 발생하기 시작한다. 이유는 가, 나, 다, 라, 마, 바, 사……, 1, 2, 3, 4, 5, 6……, 이런 식으로 익숙한 순열을 따라가고 싶은 충동 때문이다. 이를 자제하는 능력이 전두엽에서 결정된다.

그렇다면 전두엽은 언제부터 발달하고 언제 결정적으로 완성될까? 서울대학교병원 소아청소년정신과 김붕년 교수는 그 때를 초등학교 시기로 꼽는다.

청소년기가 되면 전두엽은 거의 새로 태어난다고 할 수 있을 정도로 질적인 변화를 한다. 하지만 그 토대가 되는 것은 초등학교 시기의 경험이다. 왜냐하면 학령기 동안 별로 쓸모가 없다고 생각되는 신경회로나 신경세포는 전두엽이 왕성하게 발달되는 시기, 즉 청소년기에 다 솎아져 나가기 때문이다.

따라서 전문가들은 초등학교 시기는 수학이나 영어, 국어 등 학습에 집중할 것이 아니라 풍부한 경험과 사회적 규약을 가르쳐주는 시기로 삼아야 성숙한 어른이 되는 기초가 쌓인다고 충고한다.

너와 나의 차이, 두뇌에 있다

우리는 남과 같은 의견을 가질 수는 있지만 한 글자의 차이도 없는 똑같은 생각을 할 수는 없다. 마찬가지로 비슷하게 느낄 수는 있지만 복사한 듯 같은 감정을 느낄 수는 없다. 누군가에게 공감은 할 수 있어도 완벽히 그 사람처럼 느낄 수는 없는 것이다. 그것이 너와 나의 차이다. 그런데 이 차이는 누군가 가르쳐주어서 생기는 것이 아니라 태어나면서부터 계속해서 변화하고 있는 나의 뇌에 의한 것이다.

　나의 뇌는 세상에 딱 하나뿐이다. 세상의 어느 누구도 나와 똑같은 뇌를 가지고 있지 않다. 그래서 세상에는 나와 같은 사람이 하나도 없는 것이다. 물론 남들과 구별되는 외모를 부모에게서 물려받을 때부터 나는 유일한 존재였다. 하지만 태어난 이후, 나는 겉모습의 차이만 따질 수 없을 정도로 계속 남들과 달라진다. 그것은 바로 우리 몸 중에서 가장 가변적인 기관인 뇌 때문이다. 태어날 때부터 뇌에는 이미 1,000억 개에 달하는 뉴런이 형성돼 있지만, 이들의 조합은 평생 동안 변해간다. 우리는 차이를 가지고 태어나고, 이후에도 서로 다른 사람들을 만나고, 서로 다른 곳을 방문하며, 서로 다른 것을 보고 배운다. 각자 다른 자극들이 각각의 뇌에 영향을 주고 뇌의 구조를 변화시키는 재료가 된다. 지금 나는 책을 읽고 있고 너는 여행을 하고 있다면, 나와 너의 뇌는 각각 다른 회로를 만들어 각각의 뇌 구조를 변화시키고 있을 것이다.

　살아가면서 경험하는 모든 것들이 뇌에 영향을 준다. 그렇다면 이 순간 우리는 뇌에게 어떤 자극을 주고 있는가?

남자아이는 아침을 먹어야 두뇌회전이 빠르다

올해 초등학교에 들어간 철수는 매일 아침을 먹지 않는다. 엄마가 아침 먹으라고 깨우면 아침을 안 먹고 5분 더 자겠다고 말한다. 얼마 전 신문을 보니 아침식사가 뇌 활동에 중요하다고 하던데, 저렇게 부스스하게 잠도 덜 깬 상태에서 무슨 공부가 될지 엄마는 걱정스럽기만 하다.

뇌는 우리 몸에서 가장 에너지를 많이 소비하는 기관이다. 체중의 단지 2%에 해당하는 무게를 가졌으면서도 전체 에너지 소비량의 약 18%를 차지한다. 이런 뇌의 에너지원은 주로 포도당이다. 그런데 밤에 잠들어 있는 동안 뇌에게 줄 포도당이 모두 떨어지기 때문에, 아침이면 뇌는 배고픈 상태가 된다. 따라서 아침을 먹지 않으면 뇌의 활동이 둔화되는 것은 너무나 당연한 결과다. 뇌의 활동이 둔화되면 주의력, 집중력 등이 제대로 발휘될 수가 없다.

특히 남자아이는 아침을 먹지 않았을 때 시공간 기억력이 저하된다는 보고가 있다. 2008년 8월 독일 울름 대학 연구팀은 13~20세의 소아청소년 104명을 대상으로 연구를 진행한 결과, 남자아이의 경우 아침식사를 했을 때 시공간 기억력 검사에서 더 좋은 점수를 받았다고 한다. 남녀의 차이에 대해서는 추가 연구가 필요하지만, 두 성별 모두 친구나 가족과 함께 식사를 할 경우 의식이 더욱 명료해져 학습에 긍정적인 효과를 준다고 밝혔다.

사실 아이가 아침을 먹거나 먹지 않는 것은 가족들의 습관에서 비롯되는 경우가 많다. 가족 모두가 조금 일찍 일어나 일정한 시간에 모여 아침식사를 함께 하는 습관을 들인다면 아침을 거르고 학교에 가는 일은 줄어들 것이다.

욕심 많은 기계, 두뇌

뇌는 특별한 것에 집중한다

어째서 옆집 아이는 한 번 들으면 기억하는 것을 우리 아이는 계속해서 헷갈리고 잊어버리는 걸까? 아이가 공부라는 것을 시작한 유아기 이후, 부모라면 누구나 한번쯤 아이의 기억력 때문에 답답해했을 것이다. 기억하라는 것은 잊어버리고, 별로 중요하지 않은 것은 기억해내는 아이. 그런데 이상하게도 잊어버리는 것은 매번 국어, 영어, 수학 등 학습과 관련된 것들이고, 기억하는 것은 게임이나 놀이처럼 아이가 좋아하는 것들이다. 이것은 뇌가 가진 독특한 특성 때문이다. 만약 뇌의 특성을 잘 알게 된다면, 학습효과도 높일 수 있지 않을까? 이제 여러 가지 테스트를 통해 뇌의 특성을 알아보자.

언어 기억력 검사. 다음 단어들을 정확히 30초 동안 암기한 후 종이에 적어본다.

몇 개의 단어를 적을 수 있었는가? 만약 여덟 개 이상 기억해냈다면 아주 잘한 것이다. 그런데 평범한 단어보다는 특이한 단어를 기억하기가 쉽지 않았는가? 아마도 '텔미'나 '링컨'은 누구나 기억해냈을 것이다. 뇌의 첫 번째 특성, 뇌는 특이한 것에 집중하는 습성이 있다.

대뇌피질에는 항상 방대한 양의 정보가 들어온다. 하지만 뇌는 그 모든 것을 기억하지는 않는다. 대뇌피질 신경세포는 방대한 정보를 취사선택하는 과정에서 강하고 중요한 자극, 즉 특이한 것에 뚜렷한 반응을 보이고 중요하지 않은 약한 자극에 대해서는 반응을 보이지 않는다. 한꺼번에 많은 정보가 들어오면 정보들끼리 상호경쟁을 하는데, 만약 그중 월등히 강한 정보가 있다면 우리의 뇌는 그것만 기억하고 나머지는 잊어버리는 것이다.

심리학에서는 이것을 '선택적 주의'라는 용어를 써서 설명하기도 한다.

본인이 의식적이든 무의식적이든 중요하다고 생각하는 정보만 기억하려고 든다는 것이다. 따라서 같은 수업을 듣거나 책을 읽어도 서로 중요하다고 생각하는 부문이 다르기 때문에, 기억에 남는 부분이 달라지는 것이다.

여러 무리의 사람들이 한 공간에서 왁자지껄하게 이야기꽃을 피우고 있어도, 누가 내 이름을 거론하면서 이야기를 하는 것 같으면 신기하게도 그 대화는 잘 들린다. 이것을 '칵테일파티 현상'이라고 한다. 칵테일파티와 같이 여러 사람들의 대화가 오가는 상황에서는 어느 순간부터는 자기가 관심을 가지거나 중요하다고 생각하는 한 가지 대화만 듣게 된다고 해서 붙여진 이름이다.

만약 아이가 반드시 받아들여야 할 정보가 있다면, 아이가 그것을 중요하게 생각하게 하라. 주입하지 않아도 스스로 주의를 기울이게 하는 것이 최우선이다. 그러려면 아무래도 아이가 좋아하는 것, 요즘 아이의 최대 관심사에서 출발하는 것이 좋다. 아이가 좋아하는 아이돌 가수가 있다면 거기에서부터 출발한다. 예를 들어 앞서 실시했던 언어 기억력 테스트의 암기 효과를 높이려면 아이돌 그룹의 멤버 하나하나와 단어 하나하나를 이어가면서 기억하게 하는 것도 좋은 방법이다. 또는 좋아하는 노래의 멜로디에 암기해야 할 단어를 넣어서 기억하게 하는 것도 괜찮다. 아이가 좋아하는 연예인의 사진을 보며 그 사람이 '오리'를 데리고 '울면서' '지하철'을 타는 등 기억해야 하는 것을 그와 관련지어 생각하게 하는 것도 도움이 된다. 뇌는 특이한 것, 특이한 분위기, 특이한 음 등에 민감하다.

뇌는 소리를 잘 기억한다

이번에는 숫자 기억력 검사다. 15초 동안 다음 숫자를 암기한 후 눈을 감고 1분을 기다린 후 종이에 적어본다

7개 이상의 숫자를 기억했다면 아주 잘한 것이다. 아마도 바로 전에 해본 '언어 기억력 검사'보다 조금 어려웠을 것이다. 보통 아무런 특징이 없는 숫자는 단어나 그림보다 기억하기가 어렵다. 이 숫자에 대한 기억은 '단기기억'으로, 대부분의 사람들의 단기기억 저장은 7개의 숫자를 넘지 못한다.

기억은 뇌가 정보를 저장하는 시간에 따라 단기기억, 감각기억, 장기기억으로 구분된다. 단기기억이란 20~30초 동안 정보를 가지고 있을 수 있는 기억능력을 말한다. 단기기억에는 용량의 한계가 있는데, 숫자나 문자, 단어의 경우 약 7개가 한계다. 감각기억이란 1초도 안 되는 짧은 시간 동안 감각정보를 유지하는 것으로, 더 이상 감각자극이 없는 경우에도 아주 짧은 시간 동안 시각적 패턴이나 소리, 감촉 등을 기억하는 것을 말한다. 예를 들어 한참 동안 어떤 물체를 보다가 눈을 감았을 때 잠시 보이는 선명한 이미지가 감각기억이다. 장기기억은 1분 이상, 또는 영원히 잊히지 않는 기억을 말한다. 장기기억의 저장량은 거의 제한이 없다. 우리의 기억은 매우 짧은 기간 즉 1, 2초 동안 감각기억에 저장되었다가 주의를 받으면 단기기억으로 넘어간다. 단기기억은 반복 또는 암송을 통해서 장기기억으로 넘어가고 그렇지 못한 정보는 잊어버리게 된다.

'언어 기억력 검사'나 '숫자 기억력 검사'는 모두 단기기억을 알아보는 검사에 속한다. 하지만 분명 9개의 숫자를 모두 기억한 사람도 있었을 것이다. 그는 아마도 우리가 114에 문의한 후 잊어버리지 않기 위해서 알려준 전화번호를 되뇌는 것처럼, 여러 번 소리 내어 숫자를 중얼거렸을 것이다. 이렇게 숫자를 여러 번 발음하면 확실히 아무것도 하지 않고 눈으로만 숫자를 기억하는 것보다 훨씬 많은 양을 오랫동안 기억할 수 있다. 무의식적으로 사용하던 이 방법, 즉 여러 번 소리 내어 발음하는 것은 뇌가 가진 두 번째 특성과 연관이 있다. 즉 뇌는 소리를 더 잘 기억한다는 것이다.

심리학에서는 획득한 정보를 반복적으로 생각하거나 말로 되뇌는 과정을 '시연'이라고 한다. 이렇게 소리를 이용해서 시연을 할 경우 기억은 30초 이상 유지된다. 따라서 단기기억의 용량을 늘리거나 그것을 장기기억으로 넘어가게 하고 싶다면 시연 방법을 사용하면 된다.

1959년 피터슨L. R. Peterson과 피터슨M. J. Peterson은 단기기억 정보는 시연을 하지 않으면 시간이 지남에 따라 급속도로 소멸된다는 것을 밝혀냈다. 이 연구에서는 실험에 참가한 사람들에게 시연을 하지 못하도록 MVK 같은 의미 없는 세 자음을 제시하고 곧이어 491 같은 숫자를 들려준 후 그 숫자를 3씩 빼면서 거꾸로 세도록 했다. 그리고 숫자를 거꾸로 세기 시작한 3, 6, 9, 12, 18초 후에 각각 얼마나 기억하고 있는지를 체크해보았다.

시간이 길어질수록 철자에 대한 기억은 희미해졌다. 연구 결과 사람들은 친숙하지 않은 정보를 기억하려고 할 때, 시연할 수 없는 상황이 되면 단기 기억력이 급속하게 낮아졌다. 시연 없이 정보를 기억할 수 있는 시간은 대략 20~30초에 불과했다.

아이들의 경우는 어떨까? 1966년 플라벨 J. H. Flavell 등의 공동연구에 의하면 5세, 7세, 10세의 아이 각각 20명에게 물건이 그려진 그림을 일곱 장씩 보여주고 그중 세 장을 차례로 지적한 후 약 15초 후에 지적한 순서대로 세 장의 그림을 골라내게 했다. 그림이 지적된 후 15초 동안 아이들이 그림을 볼 수 없도록 눈을 가리고, 그림의 이름을 시연하는지를 입술의 움직임을 통해 관찰했다.

관찰 결과 5세 아이는 2명, 7세 아이는 12명, 그리고 10세 아이는 17명이 입으로 반복 시연을 했다. 시연을 한 아이는 그렇지 않은 아이들에 비해 더 많이 기억할 수 있었다. 연구 결과 아이들 역시 시연을 사용하며, 연령이 높아짐에 따라 시연을 사용하는 비율이 증가한다는 것을 알아냈다.

이듬해에 이루어진 후속연구 결과도 흥미롭다. 그림의 이름을 시연한 아이는 그렇지 않은 아이에 비해 그림 순서를 더 잘 회상했다. 그런데 시연을 하지 않은 아이에게 시연 방법을 설명해주자 금세 시연을 하는 아이의 수준까지 기억량이 증가했다. 그러나 그 아이는 다음 실험에서는 시연을 하지 않았다. 아이들은 시연을 할 수 있는 능력이 있음에도 불구하고 시연을 사용하지 않는다는 점에 대해 플라벨은 아이가 특정 정보를 기억해야 한다는 필요성을 느끼지 못했거나, 주어진 정보에 대해 자신이 해야 할 일을 정확히 몰랐기 때문일 것이라고 추측했다. 반복 시연은 생각보다 상당한 노력과 주의력을 필요로 하는 것으로, 아이에게는 조금 어려울 수도 있기 때문이다.

앞의 숫자 기억력 테스트 결과에 대해 기억한 숫자의 개수가 '7개' 이상이면 잘한 것이라고 밝혔다. 왜 하필 '7'이라는 숫자를 언급한 것일까? 조지 밀러George Miller는 「마법의 수 7±2」라는 논문에서 사람들은 친숙하지 않은 정보를 기억하게 했을 때 대략 7개 정도의 항목을 회상할 수 있으며, ±2 정도의 차이가 있다고 밝혔다. 그는 그것이 단기기억의 저장용량이라고 보았다.

하지만 이것은 성인을 기준으로 나온 연구다. 단기기억의 양은 연령이 높아지면서 증가하므로 아이는 이보다 더 적게 기억한다. 유치원생은 3~4개 정도, 7세는 5개 정도다. 유아의 경우 단기기억 검사에서 수행능력이 떨어지며, 감각기억의 경우도 마찬가지다. 유아는 아동에 비해 빨리 잊어버린다.

뇌는 이야기를 좋아한다

⏳ 연상 기억력 검사. 한 공간에 관련성이 없어 보이는 11가지 사물을 배치했다. 사물을 살펴보았다가 1분 후 기억나는 물건의 이름을 적어본다.

나비

시계

색연필

여자   남자   자동차   열쇠   선풍기   약병   군인

얼마나 기억해낼 수 있었는가? 전혀 기억하지 못했다면 0점, 단어로 기억했다면 1점, 줄거리로 기억했다면 2점이다. 앞서 배운 시연 방법, 그러니까 소리를 잘 기억하는 뇌의 특성을 이용한다고 해도 11개라는 항목은 좀 많다. 더 나은 방법은 줄거리로 기억하는 것. 이는 주어진 물건들을 가지고 나름대로 이야기를 만들어내는 것을 말한다.

여자와 남자가 있었습니다(여자, 남자)

그들은 나비가 나는 봄날(나비)

자동차를 타고 데이트를 즐겼죠(자동차)

시간이 흐르고(시계)

남자는 군대에 가게 됩니다(군인)

더운 나라였지요(선풍기)

여자는 그리운 마음을 색색의 색연필에 담아 편지를 씁니다(색연필)

그러나 여자는 병에 걸리고 맙니다(약병)

체중은 날마다 줄어가는데(저울)

여자의 불치병을 낫게 할 열쇠는 뭘까요(열쇠)

이러한 줄거리는 개인의 취향이나 능력에 따라 얼마든지 다양하게 나올 수 있다. 이런 방법이라면 아마 물건을 몇 개 더 늘려도 기억할 수 있을 것이다. 왜냐하면 뇌는 이야기를 유독 좋아하기 때문이다. 이것이 뇌의 세 번째 특성이다.

이러한 뇌의 특성은 1969년 바우어G. H. Bower와 클라크M. C. Clark의 연구에서 밝혀졌다. 그들은 관련 없는 단어 목록을 기억해야 하는 상황에서 단어를 가지고 줄거리를 만들었을 때 훨씬 더 많은 양을 정확하게 기억한다는 것을 발견했다. 줄거리를 만든 사람들은 그렇지 않은 사람들에 비해 단어의 개수뿐만 아니라 순서까지 정확하게 기억해냈다.

줄거리를 만든다는 것은 기억해야 할 두 가지 이상의 사물 간에 공통적으로 존재하는 것을 찾거나 공유하는 의미를 갖도록 연결 지어 기억하는 것이다. 예를 들어 호랑이와 머리끈이라는 단어를 기억해야 하는 경우 머리끈을 한 호랑이나 호랑이 줄무늬의 머리끈을 머릿속으로 상상하는 것이다. 이러한 연결은 논리적으로 말이 되든 안 되든 시각적 영상으로 남아 뇌에 강한 이미지를 심어준다. 시각적 영상은 많은 단어를 한 장면에 기억하게 하거나 짧은 영화처럼 자연스럽게 기억하게 만든다.

이런 식으로 몇 가지 물건의 이름을 외워야 하는 경우는 평상시에도 흔하다. 장보기가 대표적이다. 장을 보러 갈 때 사야 할 물건들을 종이에 적어 가지 않으면 으레 한두 가지는 잊어버리고 안 사가지고 돌아오는 일이 흔하다. 만약 고추, 두부, 파, 식빵, 달걀을 사야 한다고 하자. 이것을 이야기로 만들어 기억해보자. 자기 취향이나 개성대로 이야기를 만들면 된다. 하지만 좀 더 효과적으로 기억하려면 가장 익숙한 영상에 기억해야 할 것들을 겹치는 식으로 이야기를 만드는 것이 좋다. 예컨대 익숙한 집 안을 생각해보자.

집으로 돌아와 제일 먼저 접하는 현관에 고추가 주렁주렁 널려 있다. 다음으로 신발장을 열어보니 신발 대신 두부가, 우산 놓는 자리에는 파가 세워져 있다. 식탁 위에는 식빵이, 의자 위에는 달걀이 있다. 누군가 모르고 의자에 앉는다면 달걀이 깨질지도 모르는데……라고 생각하면 마트에 가서 살 물건을 잊어버리기는 쉽지 않다. 매일 보는 장소마다 물건을 놓았기 때문에 더 쉽게 기억된다. 심리학에서는 이런 기억 저장 방법을 **장소법**이라고 한다.

바우어는 1972년의 후속연구에서 집 안의 적정한 장소에 질서 있게 물건을 배치한 후 그 영상을 뚜렷하게 기억하면 기억능력이 2~7배까지 높아질 수 있다고 말했다. 또한 그는 물건을 배치할 때는 최대한 기발하고 괴상하게 하는 것이 기억을 돕는다고 충고했다.

장소법

시각적 심상을 이용해 친밀한 장소와 기억해야 할 항목을 연결시켜 이 장소를 마음속에서 탐색함으로써 쉽게 기억할 수 있도록 하는 것이다. 고대 그리스와 로마 사람들도 연설문을 기억하는 데 장소법을 이용했다고 한다. 고대인은 뇌과학의 힘을 빌리지 않았지만 오랜 경험의 결과로 뇌가 이야기를 좋아한다는 것을 이미 알고 있었던 것이다.

하지만 기억력을 향상시키는 연상법을 너무 어린 아이들에게는 강요하지 말아야 한다. 취학 전 아이들은 발달상 기억에 필요한 기본 능력, 즉 어휘력 같은 언어능력과 사물을 인지하는 능력 등이 부족하기 때문이다. 연상법은 기본 능력은 가지고 있으나 자발적으로 사용하지 않는 초등학교 저학년 아이들에게 서서히 적용해볼 수 있지만, 제대로 효과를 보려면 초등학교 고학년 정도가 되어야 한다.

뇌는 기분 좋은 것을 저장한다

누구나 흥미 있는 일이나 좋아하는 것은 빨리 기억하지만, 불쾌한 일이나 싫어하는 것은 잊어버린 경험이 있을 것이다. 칭찬을 받고 기분 좋은 상태에서 공부를 하면 집중이 잘 되지만, 꾸지람을 듣고 우울한 상태에서 공부를 하면 이해도 되지 않고 기억에 남지도 않는다. 여기에 뇌의 네 번째 특성이 숨어 있다. 마음이 즐거울 때나 기분이 좋을 때는 뇌의 수많은 신경회로가 막힘없이 잘 흘러서 한 가지 일에 집중할 수 있지만 우울할 때나 억지로 뭔가를 할 때는 뇌의 회로가 어느 한 부위에서 막혀버려 집중할 수가 없다. 왜냐하면 뇌는 '기분 좋은 것'을 더 잘 저장하기 때문이다.

뇌의 밑바닥 줄기 한가운데는 망상활성화계라고 불리는 신경세포의 그물이 있다. 망상활성화계는 뇌의 맨 위쪽에 있는 대뇌 신경세포에 계속 자극을 보내 정신을 맑게 유지해주고, 한 곳으로 집중할 수 있게 해준다. 그러나 감정이 복잡하거나 여러 갈래로 흩어질 때는 이 망상활성화계도 흩어지고 억제되어 주의력이 산만해지고 기억 기능이 잘 이루어지지 않는다. 따라서 기억을 잘하고 싶다면 우선 기억하려는 일에 재미와 흥미를 느끼며 즐거운 마음 상태를 가지고 감정을 안정시키는 것이 중요하다.

기분 좋은 것을 좋아하는 뇌에는 또 한 가지 비슷한 특징이 있다. 뇌는 '긍정적인 생각'을 좋아한다는 것이다. 긍정적인 생각은 신경회로를 활짝 열고, 새로운 회로를 만들기도 한다. 하지만 부정적인 생각은 회로 간 흐름을 방해하거나 억제한다. 뇌는 부정적인 생각을 싫어한다. 서유헌 교수는 뇌에서 감정을 관장하는 곳 변연계에 대해 다음과 같이 설명한다.

> 변연계는 이성적으로 사고하거나 사건을 해석할 때 거치는 여과장치 같은 곳이다. 슬픔에 빠졌거나 우울증에 빠졌을 때는 부정적인 여과장치를 통한다. 변연계가 부정적인 상태에 있는 사람은 사건을 자꾸 부정적인 쪽으로만 생각한다. 부정적인 사람과 대화하면 자꾸 부정적인 방식으로 작동되는 게 이런 원리다. 하지만 긍정적인 사람에게는 어떤 일이든 이성적으로 판단하고 해석할 수 있는 힘이 생긴다. 그것은 변연계가 제대로 기능을 발휘하기 때문이다.

요컨대 기억력을 좋게 하려면 뇌가 가진 네 번째 특성을 가장 잘 기억해 두어야 한다. '기분 좋은 분위기와 느낌'은 두뇌가 제대로 활동하도록 하는 기본 조건이다.

뇌는 진화할 준비가 되어 있다

- 1997년 영국 런던 대학의 엘레노어 매과이어Eleanor Maguire 연구팀은 택시 운전사의 경우 위치와 경로에 관한 정보를 저장하는 뇌의 영역, 즉 해마상융기의 뒷부분이 일반인보다 2~3% 크다는 연구 결과를 발표했다. 운전사의 운전 경력이 길수록 해당하는 뇌의 영역이 더 컸다.
- 미국 버클리 대학의 마크 로젠즈웨이그Mark Rosenzweig와 매리언 다이아몬드Marian Diamond 박사는 쥐를 가지고 뇌에 관한 실험을 해보았다. 그들은 쥐를 세 그룹으로 나눴다. 첫 번째 그룹은 장난감을 주고 쥐 12마리가 함께 지내게 했다. 두 번째 그룹은 장난감도 넣어주지 않고 아주 제한된 공간에서만 지내게 했다. 세 번째 그룹은 보통 상태에서 키웠다. 그 결과 장난감을 넣어줘서 마음대로 놀게 한 쥐만 뇌의 무게가 10% 증가했다.

뇌는 태어나면서부터 죽을 때까지 변한다. 막 태어난 아기의 뇌는 약 400~500g으로 성인의 25%밖에 되지 않는다. 생후 3년이 되면 2배로 자라 1kg 정도가 되고 10세까지 꾸준히 자라서 성인이 되면 1.3~1.5kg이 된다. 이후에도 뇌는 중요한 신경회로를 더 복잡하게 만들거나 필요 없는 회로를 폐쇄시키기도 하고, 더 필요한 부위의 크기를 키우거나 별로 쓰지 않는 부위의 크기를 줄이기도 한다. 하지만 모든 사람의 뇌가 좋은 쪽으로만 변하는 것은 아니다. 어릴 때는 총명했던 사람이 자랄수록 총기를 잃기도 하고, 반대로 어릴 때는 평범했던 사람이 성인이 되어서는 머리 좋다는 말을 듣기도 한다. 이런 차이는 어디에서 오는 것인가? 사람마다 뇌 발달의 차이가 있는 것은 무슨 이유일까? 서유헌 교수는 이렇게 이야기한다.

아인슈타인은 두정엽이 보통 사람보다 15% 더 컸다. 두정엽이 수학, 물리학, 공간적 사고, 계산, 연상 등을 관장하기 때문에 그는 과학천재가 되었다. 또 그는 두정엽과 측두엽 사이의 고랑인 실버안고랑이 더 많은 세포로 채워져 있었고 보통 사람보다 얇았다. 이 부분이 바로 천재성과 관련이 있다. 그런데 아인슈타인은 언어를 관장하는 측두엽이 보통 사람보다 작았다. 실제로도 언어발달이 느려서 3세가 되어서야 말을 하기 시작했다. 언어를 관장하는 측두엽 발달이 다른 사람보다 느렸던 것이다. 부모들은 아이마다 뇌 발달이 차이가 있다는 것을 이해해야 한다. 어떤 시기에 우리 아이가 무엇을 잘한다고 해서 영재 또는 천재라고 장담할 수 없다. 어떤 것이 다른 아이보다 뛰어난 것은 그쪽을 담당하는 뇌 부위가 다른 아이들보다 먼저 발달하고 있을 뿐이다. 착각하고 마구잡이로 공부시켰다가는 뇌 신경회로가 다 망가진다.

뇌가 학습과 경험에 의해서 끊임없이 변하는 것은 사실이지만, 뇌 발달에 적합한 자극을 주어야 좋은 쪽으로 발달할 수 있다. 시기에 맞지 않는 자극을 억지로 밀어 넣으면 발달은커녕 뇌 신경회로가 망가지는 사태를 초래할 수 있다.

서유헌 교수는 『천재아이를 원한다면 따뜻한 부모가 되라』라는 책에서 유아와 아동의 연령별로 필요한 교육에 대해 다음과 같이 정리하고 있다. 우선 태어나서 3세까지는 일생 중 신경회로가 가장 많이 발달하는 시기인데, 잠깐 스치면서 듣고 보고 배운 정보가 입력되기 때문에 일관되고 고른 자극을 줘야 한다. 3세부터 6세까지는 판단하고 사고하고 느끼는 전두엽이 빠르게 자라는 시기이므로 다양한 교육을 받을 수 있는 기본기를 다지는 것이 중요하다. 예의와 도덕을 가르쳐야 한다는 것이다. 그리고 초등학교 시기가 되면 두정엽과 측두엽이 발달해 비로소 여러 가지 학습이 가능해진다. 두정엽은 물리적, 수학적 기능을 담당하고, 측두엽은 언어영역을 관장하기 때문이다. 이 시기에는 언어의 뇌가 가장 빠르게 발달하므로 외국어를 배우는 것이 학습효과가 좋다. 하지만 이때의 교육에는 감정표현, 인지 기능, 철학이 포함되도록 해야 한다. 암기를 위한 주입식 교육을 시키면 인지 기능이 다양해지지도 않고 자신의 기분을 정확하게 표현하는 언어가 만들어지지도 않는다.

태어난 순간부터 뇌는 '사용하라, 그렇지 않으면 잃게 된다'는 원칙에 따라 움직인다. 뇌는 적절히 쓰면 쓸수록 좋아지나 사용하지 않으면 그 회로는 사라진다. 각 개인의 노력과 경험에 따라 신경세포들 사이의 어떤 연결은 강화되고 발달되나 어떤 신경회로는 약화되거나 사라지게 된다. 재미없고 지루한 일을 할 때보다 재미있는 일을 할 때 뇌는 더 활발하게 움직인다.

따라서 일의 효율을 높이고, 아울러 뇌를 발달시키기 위해서는 스스로 흥미를 느끼고 즐거운 일을 해야 한다.

아이에게 타고난 뇌보다 중요한 것은 10년 후, 20년 후의 뇌다. 그때 아이가 지금보다 더 좋은 뇌를 가지느냐, 더 나쁜 뇌를 가지느냐는 그동안 아이의 보호자로 있는 부모의 책임이다.

지금 당신은 아이의 뇌에 어떤 정보를 주고 있는가? 많이 경험하고, 많이 생각하고, 많이 느껴보게 해라. 뇌는 그때마다 조금씩 진화해간다. 그리고 아이의 뇌에 가능한 한 많은 정보를 입력해주어라. 아이의 뇌는 늘 새로운 정보를 기다리고 있다. 하지만 잊지 말아라. 그것은 즐겁고 신선한 자극이어야 한다. 아이가 오늘밤 행복한 꿈을 꾼다면, 아이의 뇌는 분명 그 행복을 기억하게 될 것이다.

애착은 뇌 속 사회성과 관련된 호르몬 분비를 촉진시킨다

유치원에 다니는 은실은 매사 소극적이다. 친구도 단 한 명뿐, 다른 친구들하고는 놀려고 하지도 않는다. 낯가림도 심해서 사람들이 많은 곳에는 갈 수도 없다. 엄마가 직장에 다니 느라 돌 전부터 어린이집에 보냈는데, 어째서 친구 사귀기에 관심이 없는지 걱정이다.

은실이는 어린 시절 엄마와 너무 일찍 떨어져 지냄으로써 생후 6개월~3세 시 기에 형성되어야 하는 '애착'에 문제가 생겼을 가능성이 있다. 엄마와의 애착은 사회성에 필요한 호르몬을 분비시키므로, 애착이 제대로 형성되지 않은 아이는 사회성이 떨어지게 된다.

미국 워싱턴 대학 아동감정연구소 세스 폴락Seth Pollak 연구팀은 '안정된 애착' 과 '호르몬'의 관계에 관한 실험을 했다. 부모가 양육한 아이와 입양아를 상대 로 부모와 낯선 여자를 번갈아 접촉시키면서 소변에 포함된 호르몬 분비가 어 떻게 변하는지를 살펴보았다. 부모가 양육한 아이들은 옥시토신 양이 부모와 접촉 뒤 증가했지만, 낯선 여자를 접촉했을 때는 전혀 영향이 없었다. 이와 달 리 입양아들은 두 상황에서 옥시토신 양의 변화가 나타나지 않았고 바소프레신 도 낮은 수준을 유지했다. 옥시토신은 성행동이나 사회성에 관여하면서 인간에 대한 신뢰감을 형성하는 데 쓰이는 호르몬이고, 바소프레신은 사회적 행동에 개입하는 호르몬이다. 옥시토신 수치가 크게 낮을 경우 사회적 상호작용을 피하 는 경향이 있으며, 안정된 애착을 갖지 못한 아이는 '내성적인 성격'을 가질 수 있다고 연구팀은 밝혔다.

그렇다면 아이의 애착 형성을 돕기 위해 다음 몇 가지 원칙을 기억하자. 첫째, 아이의 요구에 민감하고 즉각적이고 일관성 있게 반응할 것. 둘째, 몸과 마음을 다해 아이를 진정으로 사랑할 것. 셋째, 신체접촉 놀이를 많이 할 것. 넷째, 엄마 스스로 자신감과 소신을 가질 것. 특히 넷째 항목은 엄마가 잊기 쉬운 부분이다. 아이를 키우다 보면 하루에도 열두 번 자신의 행동에 회의와 의문이 든다. 하지만 아이를 부모만큼 오래 관찰한 사람은 없으며, 부모만큼 사랑스럽게 관찰한 사람도 없다. 아이에 대해 누구보다 많은 자료와 사랑을 가진 사람은 바로 부모임을 기억하라.

뇌와 내가 자라는 특별한 과정

0세, 피부는 제2의 뇌

생후 1년간 아기의 성장은 놀라울 정도다. 생후 3~4개월이 되면 체중은 출생 시의 2배가 되고, 첫돌에는 무려 3배가 된다. 신장도 출생 후 1년 동안 약 25cm가 자란다. 인간이 일생 중 가장 빠르게 성장하는 시기는 바로 태어나서 1년 동안이다. 두뇌도 이러한 성장에서 예외가 아니다. 태어날 때 불과 400g 정도였던 뇌는 생후 1년 만에 1kg으로 2배 이상 커진다.

그러나 더 놀라운 것은 아기의 뇌는 어른이 갖는 신경세포의 대부분을 이미 가지고 있다는 사실이다. 신경세포의 수는 갓 태어났을 때부터 죽을 때까지 별 변화가 없다. 그렇다면 무엇에 변화가 생기는 걸까? 신경세포의 회로에 변화가 생기는 것이다. 아기의 뇌는 신경세포는 있지만, 신경세포들을 연결하는 신경회로 시냅스가 발달하지 않아서 매우 엉성한 구조를 가지고 있다. 출생 직후에는 하나의 뇌세포에 2,500개의 시냅스가 연결되어 있는 정도다. 그러나 생후 6개월이 되면 그것이 1만 8,000개가 될 정도로 연결 작업이 빠르게 진행된다. 생후 1년 동안 아기는 이러한 연결 작업을 하느라 쉴 새 없이 보고 듣고 만지고 느낀다. 이렇게 온몸으로 받아들인 정보는 바로바로 뇌에 전달된다. 이 시기 아기들이 잠을 유독 많이 자는 이유가 뇌의 활동량이 많아 그만큼 쉽게 지치기 때문이라는 주장도 있다. 그러므로 만약 이 시기 아기가 잠을 푹 자지 못하고 자다가 자주 깬다면, 원인을 찾아내 잘 잘 수 있게 해주어야 한다. 뇌는 필요한 만큼 휴식을 하지 못하면 제대로 발달할 수 없다.

그런데 서유헌 교수는 이 시기 아기에게는 우리가 알고 있는 뇌 말고 '제2의 뇌'가 있다고 설명한다. 바로 아기의 피부다. 피부는 태내에서 처음 생겨날 때 뇌와 같은 외배엽에서 나와 발달했고, 피부의 신경세포는 풍부한 신경회로로 뇌와 연결되어 있다. 그래서 피부로 전달하는 정보는 아주 미세한 자극이라고 하더라도 다른 감각을 이용하는 것보다 금방 뇌로 전달된다. 특히 피부로 전달되는 정보는 뇌의 발달 중 감정, 정서의 발달에 중요하다. 기분이 좋으면 피부가 따뜻하고 매끄러우며 정신적으로 스트레스가 많을 때는 피부가 거칠어지고 두드러기가 나는 것도 감정과 피부가 연결되어 있다는 증거다. 어린아이일수록 스킨십이 두뇌 발달에 좋다는 이야기도 이런 원리에 근거한다. 그렇다면 아이의 제2의 뇌 발달을 도우려면 어떻게 해주어야 할까?

'0세 두뇌 발달', '피부감각 발달'이라고 하면 왠지 전문적인 용어처럼 보

이지만, 이 시기 엄마와 아이가 주고받는 모든 접촉이 곧 두뇌 발달과 연결된다. 아기의 손발을 가볍게 깨무는 것, 목욕을 시키면서 온몸을 조물조물 만져주는 것, 아침에 일어나서 뽀뽀를 하거나 볼을 부비는 것, 손을 닦고 로션을 발라주는 것, 꼭 안아주는 것……. 물론 스킨십에는 엄마가 아이에게 하는 것뿐 아니라 아이가 엄마에게 하는 것도 포함된다. 아기가 엄마의 가슴이나 얼굴을 만지는 것, 엄마의 손가락을 가지고 놀거나 발가락을 잡기 위해 기어다니는 것……. 돌 전 아기에게 엄마는 어떤 값비싼 장난감보다 좋은 신비로운 장난감이다. 엄마 품에 안겨서 엄마의 가슴을 만지고 엄마의 얼굴을 쳐다보는 것만큼 아이의 두뇌 발달에 좋은 것은 없다.

스킨십은 엄마와 아기의 **애착** 형성에도 가장 중요한 역할을 한다. 애착이 엄마가 늘 자기 옆에 있을 것이라는 신뢰감이라면, 스킨십만큼 엄마의 사랑을 느끼게 하는 것은 없다. 엄마와 애착 형성이 잘된 아기는 안심하고 적극적으로 주위환경과 사물을 탐색하면서 호기심을 충족하려 하지만, 그렇지 못한 아기는 늘 불안해하면서 외부 세계를 탐색하고자 하는 욕구가 부족해진다. 따라서

애착　　　　　　　　　　●

영국의 아동정신분석학자 볼비J. M. Bowlby가 쓴 용어로, 사랑하는 대상과 관계를 유지하려는 행동을 뜻한다. 아이와 양육자인 엄마가 상호작용에 의해 끈끈한 정서적 유대 관계를 맺는 것을 말한다. 인간의 경우 생후 6개월부터 특정 인물에 대해 애착을 가지며 또 알지 못하는 것에 대해 막연한 두려움을 갖기 시작한다. 유아기에 안정적인 애착이 형성되어야 정상적인 성격을 형성할 수 있으며 그렇지 않을 경우 자라면서 정서적 장애를 유발할 수 있다.

스킨십을 자주 받은 아기는 자신감, 자율성, 문제해결력이 그렇지 않은 아기보다 높다.

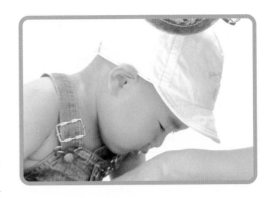

스킨십은 얼마나 하면 될까? 얼마 동안 몇 번이나 해주어야 하는지 하는 정답은 없다. 그저 생활 전반에서 자연스럽게 하면 된다. 기저귀를 갈아줄 때, 다리를 마사지해줄 때, 우유 먹일 때…… 어느 때나 자연스럽게 하는 것이 좋다. 물론 시간이 절대적으로 부족하다면 시간을 정해놓고 스킨십을 하는 것도 괜찮다. 아이의 두뇌 발달에 도움을 주기 위한 모든 자극은 양이 중요한 것이 아니라 질이 중요하다. 스킨십의 경우도 마찬가지다. 아이와 몇 시간을 놀아주었는지가 아니라 얼마나 집중해서 즐겁게 놀았느냐가 중요하다. 책상 앞에 얼마나 오래 앉아서 공부를 했느냐보다 얼마나 집중을 해서 공부를 했느냐가 중요한 것과 같은 이치다.

만 1~2세, 운동능력의 발달

생후 21개월이 된 아이는 혼자서 벽을 잡고 계단을 오를 수 있으며, 서툴긴 하지만 두 발을 모아 뛸 수 있다. 엄마가 토끼처럼 두 팔을 귀에 대고 깡충거리거나, 바닷게처럼 두 손으로 집게발 모양을 만들고 옆으로 걸으면 아이도 그 모습을 따라한다. 물을 마실 때 스트로를 사용하지 않아도 컵을 들고 마실 수 있다. 물론 혼자서 숟가락을 들고 밥을 먹을 줄도 안다. 불과 1년 전만 해도 이 아이는 미끄럼방지 처리가 되지 않은 양말을 신으면 걷지도 못하고 미끄러졌으며, 젖병으로 우유를 먹고, 소파를 잡고 걸음마를 연습했다. 좀 더 거슬러 올라가 20개월 전에는 제 엄지를 입에 넣을 줄도 모르고 고개도 가눌 수 없었다. 그러나 지금 아이는 태어났을 때부터 원래 그래온 것처럼 익숙한 모습으로 그 모든 것을 해내고 있다.

아이를 키워본 사람이라면 누구나 태어나서 세 살까지 일어나는 아이의 발달에 놀라움을 금치 못한다. 하루가 다르게 새로운 행동을 배우는 아이를 보고, 부모들은 '내 아이가 혹시 천재가 아닐까?'라는 달콤한 착각을 한다. 확실히 이 시기 아이에게는 어제와 같은 오늘은 없다. 아이는 어떻게 이렇게 빨리 배우고 발달할 수 있는 것일까?

1964년 벤저민 블룸Benjamin Bloom은 만 17세에 측정한 지능을 기준으로 보았을 때, 약 50%의 발달이 임신 당시부터 4세 사이에 일어난다고 보고했다. 약 30%의 발달은 4~8세에, 그리고 나머지 20%의 발달은 8~17세에 이루어진다. 또한 출생 이후 연결해온 시냅스 수가 최고치에 달하는 것이 두세 살 때다. 이 시기는 평생 중 두뇌가 가장 급격히 발달하는 시점 중 하나인 것이다.

물론 이 시기에는 전두엽, 두정엽, 후두엽도 골고루 발달한다. 이때 다양한 영역의 정보를 풍부하게 전달받으면 두뇌 발달이 활발해진다. 그런데 이 시기는 뇌의 어느 한 부분만 발달하는 것이 아닌 만큼 한쪽으로 편중된 학습을 시키지 않도록 주의해야 한다. 언어 교육만 무리하게 시키거나, 그림책만 많이 보여주는 것은 두뇌 발달에 좋지 않다. 이보다는 하나를 가르치더라도 오감을 모두 자극할 수 있는 방법을 고안해야 한다. 만약 아이에게 토끼에 대해 가르치려 한다면 토끼가 나오는 그림책을 보는 데서 그치지 말고, 직접 토끼를 만져보는 기회를 제공한다. 토끼가 먹는 풀의 냄새도 맡아보게 하고 토끼가 뛰어가는 모습을 따라하게도 한다. 이러한 오감 교육은 꾸준하고 지속적으로 이루어져야 한다. 그래야 아이가 튼튼하고 치밀한 신경회로를 만드는 데 도움을 줄 수 있다.

뇌 발달과 더불어 이 시기에 부모가 가장 크게 느끼는 변화는 운동능력의 발달이다. 만 1세 정도가 되면 아이는 혼자 걷기, 계단 기어오르기, 음악에 맞춰 움직이기 등을 할 수 있다. 생후 18개월이 되면 뒤로 걷기, 빨리 걷기, 뛰어다니기, 공차기, 물건 던지기 등을 할 수 있고 생후 18~24개월경에는 모둠발 뛰기, 높은 곳 기어오르기, 옷 벗기, 문 열기, 난간 잡고 계단 오르기 등을 할 수 있다. 만 2~3세가 되면 대근육이 보다 강화되면서 발끝이나 발꿈치만 이용해 걷기, 도움 받아 바른 자세로 한 칸씩 계단 오르기, 한 발로 서기, 공 던지기, 세발자전거 타기, 제자리 뛰기 등이 가능해진다.

대근육과 함께 소근육도 발달한다. 생후 12~18개월경에는 한 손에 물건을 쥐고 다른 손으로 조작하는 놀이가 가능하고, 크레용 같은 쓰기 도구를 쥐고 자발적으로 휘갈기거나, 손가락을 이용해 막대를 구멍에 꽂거나 탑 쌓기 놀이를 할 수 있다. 생후 18~24개월경에는 원형이나 수평선 휘갈기기를 모방하고, 주먹으로 크레용을 쥐는 수준으로 발달한다. 만 2~3세에는 눈과 손의 협응이 상당히 발달하는데, 줄에 큰 구슬을 끼우거나 숟가락이나 포크 사용하기, 손목을 사용해 간단한 모양 그리기가 가능해진다. 아이가 소근육을 사용하는 활동을 즐기기 시작하면 작은 블록이나 소꿉놀이 같은 정교한 장난감을 주어 아이의 뇌 발달을 돕도록 한다. 뇌에서 신체 기관을 관장하는 부분 중 가장 넓은 면적을 차지하는 것이 손을 관할하는 부위다. 따라서 세밀한 손작업을 많이 시키면 아이의 뇌도 함께 발달한다. 이 시기에 아이가 오른손잡이인지 왼손잡이인지가 드러나지만, 가능하면 놀이에서 양손을 함께 사용하게 하는 것이 좋다. 모방을 좋아하는 시기이므로 오른손으로 가위바위보를 했다면 왼손으로도 가위바위보를 해보도록 부모가 놀이를 유도한다. 책장을 넘길 때는 오른손도 사용하고 왼손도 사용하게 해본다. 이런 식으로 왼손과 오른손을 모두 사용하면 좌뇌와 우뇌의 발달이 고루 이루어진다.

아이가 돌이 지나면서 겪게 되는 또 하나의 큰 변화는 먹을거리다. 이전까지 엄마의 모유나 분유, 이유식에 의존했다면 돌이 지나면서는 본격적인 유아식이 시작된다. 이때는 3대 영양소를 골고루 섭취할 수 있도록 신경을 써야 한다. 탄수화물은 뇌세포에 에너지를 주고 단백질은 세포막과 신경전달물질, 지방은 신경세포막 형성을 돕는다. 따라서 3대 영양소를 골고루 충분히 섭취하는 것은 건강뿐 아니라 두뇌 발달을 위해서도 필요하다. 한두 돌 전후해서는 음식에 대한 기호가 생기므로 이전부터 다양한 음식을 맛보는 기회를 만들어야 한다. 이유식을 먹을 때부터 다양한 음식의 재료를 보고, 만지고, 빨고, 씹고, 냄새 맡는 경험을 많이 하면 오감을 자극해 두뇌가 발달하는 것은 물론, 편식 습관도 예방할 수 있다. 또한 이 시기 아이에게 음식을 줄 때는 반드시 씹는 반찬을 준비해야 한다. 많이 씹을수록 턱뼈도 단단해지고 치아도 건강해지지만, 이러한 과정은 그대로 뇌에 자극을 주어 뇌 신경회로를 활성화시키는 데 효과가 있기 때문이다. 간식도 감자나 고구

마, 견과류 등 씹는 감촉도 느끼고 두뇌 발달에도 도움이 되는 것을 준비하
도록 한다.

만 3~6세, 스스로 사고하는 힘

교육학에서는 만 2세를 '언어의 폭발기'라고 말한다. 이 시기에 아이의
언어능력은 급속도로 향상되어 500~900개 어휘를 이해하고, 부정문과 의
문사를 이해한다. 발음이 명확해지고 약 200~300개의 어휘를 구사할 줄도
안다. 알아듣지도 못할 옹알이 비슷한 말만 하던 아이가 갑자기 자기 머릿
속의 말을 주위사람한테 쏟아놓기 시작하는 것이다. 하지만 아직은 전보문
처럼 두 단어를 사용하는 경우가 많고, 문법 사용도 미숙하다.

그런데 만 3세가 되면 아이의 말은 놀랄 만큼 매끄러워진다. 매일매일 새
로운 단어를 배우고 새로운 표현을 익혀 만 3세가 지나면 약 1,200~1,400
개의 어휘를 이해하고, 약 900개에 달하는 어휘를 말할 수 있다. 문장의 기
본 구조도 알게 된다. 대화를 이어가기 위해 "음", "어" 같은 무의미한 연결
어미를 사용하는가 하면 의문문과 부정문도 사용할 수 있고, 복수형과 반의
어 개념, 조건문이나 인과관계 표현을 이해하고, 우스갯소리나 말놀이를 즐
기기도 한다. 문장을 과거형으로도 말하고 4~5개의 단어를 사용해 문장을
구사하는 등 언어 발달이 급격해진다. 만 4~5세경이 되면 부사, 형용사를
사용하고, 글자와 숫자, 단어를 인식하기 시작하며 만 5~6세경에는 성인과
유사한 문법을 구사한다. 6~8개의 단어로 문장을 만들어 비교적 긴 대화를

나눌 수도 있다. 언어능력이 발달하는 동안 아이는 질문이 많아진다. 눈에 보이는 사물에 대해서 묻고, 대답을 들어도 "왜?"라는 질문을 덧붙인다. 단어의 정의를 내리고, 들은 이야기를 정확하게 전달하고, 시간 순서에 따라 논리정연하게 설명하기도 한다. 이런 의사소통 능력은 아이가 자랄수록 인지능력이 함께 발달하기 때문에 가능하다.

만 3~6세는 대뇌피질의 전두엽이 집중적으로 발달하는 시기다. 전두엽은 종합적인 사고 기능, 인간성, 도덕성, 종교성 등 최고의 인간적인 기능을 담당하는 부위다. 이 시기 아이가 말을 어른처럼 잘한다고 느껴지는 것은 전두엽의 발달로 종합적인 의사소통 능력이 발달했기 때문이다. 아이는 다양한 정서를 표현하고 타인의 정서도 쉽게 인식한다. 또한 항상 에너지가 넘치고 잠시도 가만히 있지 못하는 겉모습대로, 아이들의 머릿속 뇌도 어른의 뇌보다 활동적이고 훨씬 더 유연하다. 세 살배기의 뇌 활동량은 어른 뇌의 2배로, 이처럼 어른보다 바쁜 뇌 활동은 아홉 살에서 열 살까지 유지된다. 그 후로는 감소하기 시작해 열여덟 살 정도가 되면 어른 수준으로 안정된다. 아이의 뇌가 이토록 분주히 움직이는 까닭은 그만큼 연결해야 하는 시냅스가 많기 때문이다. 이 시기 아이 뇌의 신경세포가 각각 갖는 시냅스의 수는 어른의 뇌보다 훨씬 많다.

이 시기의 아이는 무엇이든 주는 대로 받아들일 준비가 되어 있다. 종합적인 사고를 가능하게 하는 전두엽이 발달하는 시기인 만큼, 평생 올바른 사고를 갖게 하는 교육이 어떤 교육보다 앞서야 한다. 타인의 정서를 이해하며 긍정적이면서 생산적인 방식으로 이를 표현하도록 가르쳐야 하며 자신의 의사만 주장할 것이 아니라 남의 이야기도 귀담아 듣는 연습을 시켜야 한다. 또한 스스로 활동을 시도해보고 성공의 경험을 쌓게 함으로써 독립심과 자신감, 자기 주도성을 높이는 기회를 많이 제공해야 한다.

서유헌 교수는 이 시기에는 전두엽의 기능인 사고와 정신 발달을 촉진하는 교육에 중점을 두는 것이 좋다고 말한다. 많은 지식 정보를 입력하는 것에 초점을 둘 것이 아니라 종합적이고 다양한 사고를 할 수 있는 교육을 해야 한다는 것이다. 예를 들어 '사과는 붉다'를 가르치는 것이 아니라 '붉은 과일에는 무엇이 있을까', '붉다고 모두 같은 색일까?' 등 아이의 사고가 커질 수 있는 교육을 해야 한다는 말이다. 또한 올바른 생활태도나 사고방식을 갖게 하는 예절 교육과 도덕 교육도 이 시기에 시켜야 한다. 다른 사람과 함께 있는 장소에 가면 그곳에서 지켜야 할 규칙을 알려주고, 친구와 어울려 노는 것을 좋아할 무렵에는 남을 배려하는 마음을 가르치고, 5~6개의 단어로 긴 문장을 사용하기 시작할 때 존댓말을 가르치고, 자동차에 관심을 가질 때 교통질서를 지켜야 한다는 것을 가르쳐준다. 사회성이 한창 발달하는 이 시기의 아이는 처음 배운 진리를 평생 마음에 담아두게 된다.

만7~12세, 다양한 경험과 학습이 중요

아이가 초등학교에 들어가는 시기. 이제야 아이의 뇌가 교육을 원하는 시점이 되었다. 이때는 대뇌피질의 가운데 부위인 두정엽과 양옆의 측두엽이 발달한다. 측두엽은 언어 기능, 청각 기능을 담당하고 두정엽은 공간입체적인 사고 기능, 즉 수학적·물리학적 사고를 담당하는 곳이다. 따라서 이 시기 아이에게 측두엽과 두정엽의 발달과 관련이 있는 자극을 주면 조금만 노력해도 높은 효과를 볼 수 있다. 부모들이 조급하게 생각하던 언어와 수학 교육을 시킬 수 있게 된 것이다.

물론 다섯 살만 되어도 한글을 깨우치는 아이가 있다. 그러나 그런 아이는 한글은 초등학생 못지않게 술술 읽을 수 있지만, 초등학교 교과서를 아무리 읽어도 이해하기는 쉽지 않다. 측두엽이 이야기를 이해할 정도로 발달하지 않았기 때문이다. 한글을 잘 읽는다는 이유로 이런 아이에게 영어동화책이나 CD를 안겨주며 영어를 가르치는 것은 비효율적이다. 두뇌의 발달 단계상 아이는 영어를 받아들일 수 없기 때문이다. 아이는 이 자극을 충격으로 받아들일 수 있고, 또한 잘하지 못한 기억은 스트레스로 남을지 모른다. 그러면 3~4년이 지나 측두엽이 집중적으로 발달해 언어를 받아들일 준비가 되었을 때 오히려 이전의 기억 때문에 영어에 대한 혐오감이 생길 수 있다.

부모가 아이에게 습득시키고 싶은 언어능력은 어차피 청소년기나 성인기에 필요한 것이 아닌가? 그렇다면 가장 능률적으로 가르칠 수 있는 초등학교 시기에 시작하는 것이 옳다. 그리고 다양한 내용의 자극을 주면서 최대한 재미있게 해야 한다. 다시 한 번 말해두지만 뇌는 기분 좋은 것을 기억한다. 아이가 많은 양의 정보를 받아들이고 기억하게 하고 싶다면 아이가 좋아하는 것을 택해서 즐겁게 배울 수 있게 하자. 단순히 반복암기식으로 언어를 가르친다면 뇌에 있는 일부 회로만 자극하게 되므로 원하는 효과를 볼 수 없다.

또한 초등학교 시기에는 두정엽도 집중적으로 발달하므로, 아이는 점점 논리적인 것을 좋아하게 된다. 아동의 **인지발달**을 체계적으로 연구한 스위스의 심리학자 장 피아제Jean Piaget는 이 시기를 '구체적 조작기'라고 하여 사고의 논리적인 조작이 가능해지는 시기라고 했다. 이때의 아이들은 분류, 보존, 서열 등의 개념을 이해한다. 이전까지는 큰 것이 무조건 무거운 것이라고 말하고, 긴 컵에 담긴 물이 넓은 컵에 담긴 물보다 무조건 많다고 말하던 아이들이 이제 머릿속으로 무게를 비교하고 양을 잰다.

아이에게 과학 교육을 시킬 때는 언어 교육과 마찬가지로 단순한 암기로 기계적인 계산을 하도록 하는 것보다 실험과 관찰로 스스로 즐기면서 많이 생각할 수 있도록 유도하는 것이 좋다. 퍼즐이나 도형 맞추기, 숫자 수수께끼 등 입체공간적 사고가 가능한 놀이를 시키는 것도 도움이 된다.

그런데 김붕년 교수는 아이에게 진정으로 좋은 두뇌를 갖게 하려면 이러한 교육보다도 더 중요한 것이 있다고 강조한다. 그것은 바로 '다양한 경

인지발달

피아제는 아동의 인지발달을 4단계로 구분했다. 먼저 출생 후 2세까지는 감각운동기로, 감각운동기관을 통해 세상을 탐색하며 대상영속성의 개념이 나타난다. 2~7세의 전조작기는 사고기능이 발달하나 자기중심적인 특징을 보이며, 언어가 급속하게 발달한다. 7~11세의 구체적 조작기에는 논리적 사고력이 발달하지만 그 사고 과정은 자신이 관찰한 실제 사실에만 한정된다. 11세 이후의 형식적 조작기에는 추상적 상징에 대해서 논리적으로 생각할 수 있고, 가설적 연역적 추론이 가능해진다.

힘'이다.

: 12세부터 17세 정도까지가 전두엽의 발달이 가장 왕성한 시기다. 청
소년 시기에는 전두엽이 완전히 새로 태어난다고 말할 수 있을 정도
로 전두엽의 구조나 전두엽의 네트워크, 시냅스의 형태, 세포의 숫자,
신경세포 자체의 숫자, 이런 것들에 전반적인 변화가 일어난다. 이 무
렵, 전두엽 발달에 필요한 여러 가지를 점검하고 결정짓기 때문이다.
7~12세까지의 학령기 동안 별로 쓸모가 없었던 신경회로나 신경세포
들은 12세 때, 즉 전두엽이 가장 왕성하게 발달하고 변화하는 이 시기
에 다 솎아져나가고 잘려나가게 된다. 인간의 뇌에서 의미 있는 신경
세포와 신경회로를 청소년기 이후에도 확보하려면 초등학교 시기에
다양한 경험을 통해서 그런 신경세포들이 중요한 회로라고 인정받아
야 한다.

초등학교 시기에 갖는 몇 가지 경험은 청소년기 때 겪는 변화의 혼란을
어느 정도 정리해주는 역할을 한다. 그중에서 가장 중요한 것이 공정성에
대한 것, 즉 사회적 규약을 익히는 것이다. 하지만 김붕년 교수는 사회적 규
약은 절대로 억지로 익혀지지 않는다고 말한다.

: 아이들은 사회적 규약을 무의식적으로 배운다. 누구를 통해서일까?
아이는 부모의 행동을 굉장히 의미 있게 받아들인다. 이것은 생각보
다 놀라운 사실이다. 인간은 절대로 조작할 수가 없다. 가장 불행한 아

이는 부모가 그 아이를 조작해서 만들어내려고 할 때 생긴다. 아이를 가르치는 유일한 방법은 부모가 보여주는 것이나 아이가 하는 것을 따라가는 것 중 하나다. 부모가 행동하지 않으면 아이는 절대 배우지 않는다.

따라서 김붕년 교수는 영어단어와 수학공식 몇 개를 가르칠 것이 아니라 아이와 함께 다양한 경험을 할 것을 부탁한다. 피아노나 검도를 배우고, 자전거를 타고, 박물관에 견학을 가보라. 아이와 단둘이 등산을 즐기기도 하고 친구들끼리 등산을 보내보는 것도 좋다. 그러는 과정 속에서 아이는 스스로 보이는 상황을 관찰하고 그 안에서 사람들과의 관계를 배우며 우정도 쌓게 된다.

초등학교 시기에는 과정의 중요성을 깨닫게 해야 한다. 결과만이 아니라 과정도 중요하다는 것을 알아야, 도덕적 가치를 아이 내면에 심어줄 수 있다. 초등학교 아이들이 다양한 자극을 경험하거나 그것을 새로운 과제로 받아들이고 성공해냄으로써 성취감을 맛보게 되면 아이들의 뇌에는 아주 근본적인 변화가 일어난다. 즉 인간의 삶에 있어 기본적인 도덕적 가치관을 형성하는 것이다. 그것은 '결과도 중요하지만 과정도 중요하고 과정의 공정성도 중요하다'라고 생각하게 되는 것이다. 사람과 사람 사이의 새로운 규칙을 배우는 것도 필요하다. 아이가 많은 대인관계를 통해 우정을 쌓고 공정한 경쟁을 배울 수 있게 해야 한다. 이것은 다양한 경험을 해야만 가능한 일이다. 아이가 풍부한 경험으로 이 모든 것을 얻을 수 있다면 이것은 평생을 살아가는 데 귀중한 자산이 된다.

사춘기, 어른 뇌로의 준비

12세~17세, 전두엽은 이전의 경험을 토대로 앞으로 쓸 신경회로를 가려낸다. 뇌는 필요한 것보다 훨씬 더 많은 연결을 만들어두었다가, 그 가운데 상당 부분을 제거해버리는 것이다. 많은 메시지가 오가는 신경회로는 점점 더 튼튼해지는 반면에 약한 회로는 없어진다. 어떤 연결을 강화시키고 어떤 연결을 제거할지를 결정하는 것은 바로 '경험'이다. 뇌는 경험에 의해 유용성이 입증된 연결만 보존한다. 사용하지 않는 것을 버리는 데는 미련이 없다.

뇌가 이 시기 이런 일을 하는 이유는 어른 뇌로서의 준비를 하기 위해서다. 이렇게 불필요한 것은 버리고 필요한 것만 남긴 어른의 뇌는 한 분야에서 월등한 전문성을 갖게 된다. 성인이 특정한 전공을 선택하고 자신만의 영역에서 전문성을 가지고 일을 하는 것은 뇌의 이런 준비가 있었기 때문에 가능한 것이다.

사춘기가 끝날 즈음이 되면 대뇌피질의 각 부위들이 대부분 발달한다. 특히 이전에는 집중적으로 발달하지 않은 한 부위, 대뇌피질 뒤쪽의 후두엽이 12세경부터 발달하기 시작한다. 시각 기능을 주로 담당하는 후두엽이 집중적으로 발달하면, 아이는 자신의 주위를 훑어보고 자신과 타인의 차이를 선명하게 알며 외모를 꾸미려는 노력을 하게 된다. 그래서 화려한 외모의 여자 가수에 열광하거나 멋진 남자 배우가 나오는 드라마에 심취할 수도 있다. 공부 대신 이런 곳에 관심을 쏟는 아이의 행동

● 자아
한 개인을 독특하게 만드는 특성, 동기, 가치관, 행동에 대해 자신이 갖는 인상으로, 결국 여러 가지가 통합된 '나'를 의미한다.

은 자칫 부모들에게 고민거리가 될 수 있다. 하지만 이것은 후두엽의 발달에 따른 자연스러운 행동으로, 시간이 지나면 그에 대한 관심은 점차 줄어들 것이다. 그러므로 꾸중하기보다는 그 기분을 이해해주고 자연스럽게 받아들이는 태도가 필요하다. 이러한 외모에 대한 관심, 이성에 대한 관심도 어른이 되기 위한 준비 중의 하나다.

　미국의 발달심리학자 에릭 에릭슨Erik Erikson의 발달이론에서는 이 시기를 '정체감의 위기'라고 말한다. 사춘기에 접어들어 신체적인 변화가 급속히 일어나고 새로운 사회적 역할이 요구되면서 아이들은 당황하고 자신에 대해 회의나 의문을 품기 시작한다. 그러나 자신에 대한 회의를 시작으로 지금까지 발달해온 자신을 정립하고 분명한 자기 인식을 갖게 되면서, **자아**발

달의 최종 단계인 자아정체감ego-identity이 확립되는 시기이기도 하다. 자아정체감이 형성되면 자신의 능력이나 역할, 책임에 대해 분명히 알게 되며 이후 잘 적응해나갈 수 있게 된다. 하지만 자신에 대한 의문에서 회의와 혼란, 방황이 길어지고 긍정적인

자아 확립이 되지 않을 경우, 아이는 자아정체감이나 역할을 혼미하게 느끼는 상태로 남을 수 있다. 이 시기를 잘못 보내면 성인이 되었을 때 문제가 생긴다는 말이다.

그렇다면 성인이 되기 위한 마지막 준비를 하는 이 시기에 부모는 어떤 양육태도를 보여주는 것이 좋을까? 이미 아이의 뇌는 모든 학습을 할 수 있을 만큼 발달되어 있다. 이제 그 정보를 받아들일지 받아들이지 않을지는 아이가 결정한다. 부모가 해야 하는 일은 아이가 스스로 뇌를 잘 이용해서 원하는 것을 성취하게 도와주는 일뿐이다. 아이가 스스로 답을 찾아갈 수 있도록 긍정적이고 편안한 분위기를 만들어주는 것이 필요하다. 공부를 시키더라도 스스로 즐겁게 하도록 이끌어야 한다. 청소년기 아이를 둔 부모라면 다음의 몇 가지 사항을 반드시 기억해 아이들이 스트레스로 뇌를 망치지 않도록 주의하자.

첫 번째, 공부는 스스로 하고 싶을 때 즐겁게 하게 한다

사람의 뇌 중 전두엽에는 동기유발 기능을 담당하는 부위와 공부와 지적 활동을 담당하는 부위가 있다. 그런데 이 부위 바로 밑에는 감정·본능을 관장하는 부위가 있어, 이 부위들끼리 서로 끊임없이 정보를 교환하면서 영향을 미친다. 동기유발의 뇌가 자극받으면 감정 기능도 영향을 받아 즐거운 기분을 발산하고, 이는 지성을 담당하는 전두엽을 자극해 집중력이 향상되고 공부도 효율적으로 이뤄지게 한다. 반면, 공부를 억지로 시키면 감성의 뇌가 위축되어 집중력과 기억력이 떨어지고 기분이 나빠지며 스트레스가 쌓여 두뇌 발달에 악영향을 미친다.

두 번째, 아이를 잘 재운다

아인슈타인은 머리만 대면 곯아떨어졌다고 한다. 머리가 좋은 사람들은 대부분 고도의 집중력을 발휘한다. 그런데 잠은 고도의 집중력을 위해서 꼭 필요하다. 뇌를 많이 쓰면 신경전달물질이 고갈되기 때문에 잠을 푹 자고 잘 먹어야 그것을 회복시킬 수 있다. 그런데 요즘 아이들은 밤늦게까지 학원을 다니고 잠을 참아가며 공부를 한다. 이러한 상황은 아이의 뇌 회로를 망가뜨리고, 정신적으로 스트레스를 주어 심하면 우울증까지 걸리게 한다.

세 번째, 아이에게 솔직한 감정 표현을 하게 한다

요즘 청소년들은 자신의 감정을 표현할 시간이 없다. 하지만 시간을 내어 아이의 감정을 솔직하게 표현하는 자리를 자주 만들어주는 것이 아이의 뇌에 좋다. 스탠퍼드 대학의 제인 리처드 Jane Richard 박사는 여대생들에게 신체의 부상이 심한 남자에서 보통인 남자에 이르기까지 다양한 남자들의 슬라이드를 보여주고, 여학생 절반에게는 감정을 자유롭게 드러내게 하고, 나머지 절반에게는 아무런 느낌이 없는 것처럼 무표정하게 있으라고 요구했다. 그리고 조금 후 단기기억력 테스트를 해보았다. 결과는 감정 표현이 자유로운 집단이 그렇지 못한 집단보다 점수가 더 높았다. 연구팀은 감정을 부자연스럽게 억제하려는 의도가 뇌의 집중력 변화를 가져와 소수의 신경세포들만이 기억 과정에 참여하게 해 기억력이 떨어진 것으로 추측했다. 자신의 기분이나 하고 싶은 말을 마음껏 표현하지 못하는 아이의 뇌에는 높은 집중력도, 기억력도 기대할 수 없는 셈이다.

네 번째, 아이를 명랑하게 키운다

한 학자가 명랑한 집단과 우울한 집단에게 자연과학 학습도서를 읽게 했다. 그리고 조금 후 그대로 옮기는 것과 그 내용과 관련된 문제를 푸는 두 가지 과제를 주었다. 그 결과 그대로 옮기는 것에는 두 집단 모두 차이가 없었으나 문제를 푸는 데는 명랑한 집단의 능력이 월등히 우수한 것으로 밝혀졌다. 이미 많은 연구에서 밝혀진 대로, 명랑한 감정은 학습과 기억능력을 향상시킨다. 아이가 공부를 잘하기를 원한다면, 좋은 머리를 갖기를 원한다면, 아이가 항상 행복할 수 있도록 키워야 한다. 부모라면 누구나 내 아이가 언제 우울해하고 언제 기분 좋아하는지를 잘 알 것이다. 그렇다면 이제 어떤 경험을 더 만들어야 할지는 분명하다.

많이 걸으면 머리가 좋아진다

열 살 인호는 움직이는 것을 무척 싫어한다. 어린아이답지 않게 항상 '귀찮아서'라는 말을 달고 산다. 심지어 좋아하는 떡볶이를 사오라고 해도 움직이기 귀찮아서 안 먹겠다고 말하곤 한다. 점점 무기력해지는 인호가 걱정이 된 엄마는 헬스클럽에 함께 다니며 운동을 하자고 설득해보지만 효과가 없다.

인호뿐만 아니라 요즘 아이들은 걸을 일이 별로 없다. 공부할 것이 많다 보니 학교 앞까지 차로 데려다주는 일이 다반사고 하교 시에는 차량을 이용해 학원으로 직행한다. 이렇게 걷는 기회를 박탈하고 많은 정보만 머릿속에 넣어주는 것은 효과적인 학습법이 아니다. 움직이지 않으면 무기력해지는 것은 당연하고, 무기력은 학업 성적에도 영향을 줄 것이다. 따라서 억지로라도 아이를 움직이게 해야 한다. 일단 걷기부터 시작해도 좋다. 사실 걷기는 다리를 튼튼하게 만드는 것은 물론 뇌의 발달도 촉진시킨다. 인간의 신체 중 가장 큰 근육은 허벅지 근육, 이 근육의 신경은 뇌간과 연결되어 있다. 그래서 걸으면 근육에서 나온 신호가 뇌로 전달되고, 이 신호가 뇌를 자극해 움직임을 활발하게 만든다. 또한 걷는 동안 심장은 평상시 1분간 약 5ℓ의 혈액을 흘려보내던 것을 약 10배 더 흘려보내게 된다. 이런 작용은 뇌에 산소와 영양소를 충분히 공급해 뇌 활동을 활발하게 한다.

뇌는 움직이지 않는데, 정보를 넣어준다고 그것이 저장될 리 없다. 학원 수를 줄이더라도 하루에 30분~1시간 정도는 걸을 수 있도록 하는 것이 학습에 더 효과적이다.

아이가 자라면서 두뇌 또한 자란다. 아이의 연령에 따른 두뇌 발달 포인트를 알면 아이에게 필요한 오감 자극과 놀이 교육도 문제없다.

연령	운동발달	감각·인지발달	정서·사회성발달	언어발달
0~3개월	**대근육** 반사행동과 생존을 위한 움직임이 많다. 엎드려서 머리를 들 수 있으며, 어깨를 잡아주면 고개를 들기도 한다. 번갈아가며 발차기를 할 수 있다. **소근육** 양손을 가슴으로 모을 수 있으며, 시선을 중앙으로 모을 수 있다. 눈앞에 장난감이 보이면 팔을 움직이기도 한다.	자기 손을 가지고 놀기도 하고 뚫어지게 바라보기도 한다. 엄마 목소리가 들리는 쪽으로 고개를 돌릴 수 있고, 모빌을 쫓아 눈동자를 굴리기도 한다.	사람의 얼굴을 좋아하고, 신체적 접촉을 즐겨 안아달라는 의사표시를 한다. 엄마의 목소리를 알고 시선을 맞출 수 있다.	울음을 통해 의사표현을 한다. 엄마가 말하면 옹알이로 반응하기 시작한다.
4~6개월	**대근육** 뒤집기를 할 수 있으며, 도움을 받으면 앉을 수 있다. 생후 6개월이 가까워지면 혼자 앉기도 한다. 도움을 받으면 옆으로 구를 수 있다. **소근육** 고개를 움직이지 않고 시선을 움직일 수 있고, 물건을 향해 손을 뻗고 잡을 수 있다.	손에 물건을 주면 무조건 입으로 가져가 빤다. 다소 먼 곳의 물체를 구별할 수도 있고 색깔도 구별한다. 엄마의 목소리에 민감하다.	화를 내고, 짜증을 부리며, 기분이 좋고 나쁨을 목소리로 표현하기도 한다. 사람을 보고 미소를 지을 수 있으며, 행동으로 기분을 표현한다.	옹알이가 증가한다. 자기 이름에 반응하며, 다양한 모음 소리를 낼 수 있다. 간혹 엄마와 이야기하듯 옹알이를 주고받기도 한다.
7~12개월	**대근육** 손을 사용해 혼자 앉고, 먹고, 기고, 주변의 사물을 잡고 서는 것이 가능하다. 생후 10개월경에는 팔다리를 이용해 길 수 있으며, 12개월 즈음에는 가구를 잡고 걸을 수 있다. **소근육** 한 손에서 다른 손으로 물건을 옮기고, 장난감을 가지고 놀 때 손목을 사용하기도 한다. 엄지와 검지로 물건을 잡을 수 있다. 생후 10개월이 넘으면 통에 물건을 넣고 꺼낼 수 있으며, 연필을 잡고 휘갈기기를 할 수 있다.	움직이고 소리 나는 것에 관심을 보이고 따라다닌다. 사람을 기억하고, 새로운 것에 집중해 쳐다본다. 상자 속, 서랍 속 물건을 뒤지는 데 관심이 많다. 감춘 장난감을 찾아낸다.	엄마를 유난히 좋아하고 낯가림이 생긴다. 다른 사람의 표정을 보고 기분을 알고, 낯선 환경에서 엄마와 떨어지면 불안해한다. 반항을 하거나 짜증을 부릴 수 있고, 독립심이 생기기 시작한다. 생후 12개월이 되면 손을 흔들어 인사하거나 머리를 까닥 숙여 인사를 하기도 한다.	옹알이가 최고조에 달한다. 옹알이로 대화가 가능하다. 억양을 통해 의미를 파악하고, 간단한 소리를 따라할 수 있다. 생후 10개월 정도면 한 단어로 말하기 시작하며 돌 전후로 의미 있는 단어를 사용한다.
13~18개월	**대근육** 혼자 걸을 수 있고, 계단을 기어오를 수 있으며, 음악에 맞춰 움직일 수 있다. 생후 18개월 무렵에는 뒤로 걷거나 뛰어다니는 것이 가능하며, 공을 차거나 물건을 던질 수도 있다. **소근육** 한 손으로 물건을 쥐고 다른 손으로 조작하는 것처럼 두 손을 한꺼번에 사용하는 것이 가능하고, 손가락을 이용해 막대를 구멍에 꽂거나 탑 쌓기 놀이를 할 수 있다.	엄마의 지시를 이해한다. 물건을 건네줄 수 있고, 원이나 사각형 같은 간단한 도형을 맞출 수 있다. 거울 속에 비친 모습이 자기인 줄 안다. 엄마 아빠의 행동을 모방하기를 좋아한다.	자아개념이 생기기 시작하면서 자주 고집을 피운다. 관심을 독차지하고 싶어 한다. 생후 18개월경에는 부정적 정서를 숨기기도 한다.	주로 한 단어를 문장처럼 쓴다. 엄마의 간단한 심부름을 알아듣고 해낼 수 있다. 이해하는 단어가 많아진다.
19~24개월	**대근육** 두 발을 모아 제자리에서 뛰는 것이 가능하며, 높은 곳을 기어오를 수 있다. 혼자 옷을 벗거나 문을 여닫는 것도 가능하다. 난간을 잡고 계단을 오르기도 한다. **소근육** 엄마가 동그라미를 그려주면 따라서 동그랗게 휘갈기기를 할 수 있으며, 수평선을 그려주면 비슷하게 그려보려고 한다.	감추는 것을 보지 못한 물건도 찾을 수 있고, 사물과 그림을 짝지을 수 있다. 움직이는 장난감을 올바르게 작동할 수 있다.	당황, 수치, 죄책감, 질투, 자긍심, 기쁨, 동정, 분노 등 여러 정서가 다양하게 분화되고, 그 수준이 어른과 비슷해진다.	3~6개의 신체부위를 식별하고, 동물과 동물이 내는 소리를 짝지을 수 있다. 이야기 듣는 것을 좋아한다. 두 단어를 사용하고 수사, 대명사, 동사를 쓰기 시작한다.

Bonus Page

연령	운동발달	감각·인지발달	정서·사회성발달	언어발달
만 2~3세	**대근육** 정지된 상태에서 균형 잡기, 발끝이나 발꿈치만을 이용해 걷기, 도움 받아 바른 자세로 한 칸씩 계단 오르기가 가능하다. 공 던지기, 세발자전거 타기도 할 수 있다. **소근육** 책장을 한 장씩 넘길 수 있고, 손가락을 사용해 쓰기 도구를 쥘 수 있다. 숟가락이나 포크를 사용할 수 있다.	일정한 기준에 따라 사물을 늘어놓을 수 있고, 사물의 공통점과 차이점을 안다. 시간에 대한 개념이 생기고, 밤낮을 구별하기 시작한다. 1부터 10까지 셀 수 있고, 2~6조각 정도의 퍼즐을 맞출 수 있다. 색 이름은 세 가지 이상 기억한다.	어른과 같은 모든 정서표현이 가능하다. 잘 놀다 싸우고 금방 웃는 등 감정 변화가 심하다. 큰 소리나 어두운 것을 무서워한다. 뽀뽀를 해주는 대상이 점차 다양해지고, 스스로 하려는 욕구가 커진다.	200~300개의 어휘를 구사한다. 전보문처럼 두 단어를 사용하다가 3~4개의 단어를 이어서 말한다. 의문문과 부정문도 가끔 사용한다. 이해하는 언어는 약 500~900개.
만 3~4세	**대근육** 자전거 타기, 도움 없이 두 발을 교대로 내딛으며 계단 오르내리기 등을 할 수 있다. 머리 위로 공을 던지고, 튀긴 공을 잡는 것도 가능해진다. **소근육** 엄지와 검지로 매우 작은 물건을 잡을 수 있고, 종이를 접거나 가위로 오릴 수 있다. 반듯하진 않지만 쌓기 놀이가 가능하다. 선이나 원과 같은 단순한 모양을 그릴 수 있다.	장난감을 나열하는 놀이를 좋아하고, 숫자에 관심이 많다. 호기심이 많아져 "왜?"라는 질문을 많이 한다.	또래 아이들과 놀지만 나란히 앉아서 따로 논다. "싫어"라는 말을 자주 하고, 특정한 사람이나 사물을 무서워한다. 화를 잘 내고 또래에게 질투심을 보이는 등 변덕스럽다.	약 900개 어휘를 사용할 수 있다. 문장의 기본 구조를 안다. 말을 잇기 위해 "음", "어" 같은 무의미한 말을 자주 사용한다. 질문이 많아지며 우스운 소리나 말놀이를 즐긴다. 과거 경험을 말할 수 있고, 4~5개의 단어를 사용해 문장을 만들 수 있다.
만 4~5세	**대근육** 뒤로 걸을 수 있고, 직선뿐 아니라 곡선인 평균대 위를 걸을 수도 있다. 빨리 달릴 수도 있고, 달리면서 방향 전환하는 것이 가능하다. 미끄럼틀이나 정글짐 등을 타고 내리는 놀이를 즐긴다. **소근육** 블록을 높이 쌓고, 신발 끈을 빼고, 가위로 선을 따라 오리는 것이 가능하다. 혼자 옷을 입을 수 있으며, 간단한 글씨를 쓸 수 있다. 두 부분으로 구성된 사람을 그릴 수 있다.	간단한 사건에 대해서는 나름대로 이유를 제시할 수 있고, 상상과 가상을 구별할 수 있다. 주의집중 시간이 10분 정도 된다.	동성인 또래를 좋아하고, 역할놀이를 할 수 있다. 규칙적으로 학습을 할 수 있으며, 가끔 남을 도와주는 행동을 한다.	문장을 변형시킬 수 있고 과장이나 유머를 즐긴다. 글자와 숫자, 단어를 알기 시작한다. 의문사와 인과관계 접속사를 말할 줄 안다.
만 5세 이후	**대근육** 안정감 있게 평균대 위를 걸을 수 있고, 줄넘기나 스케이트 타기 등이 가능하다. **소근육** 간단한 모양을 그리고 자르는 것을 할 수 있고, 적당히 풀칠을 해 붙이는 활동도 가능하다. 선 밖으로 나오지 않게 색칠도 할 수 있다. 이름이나 숫자 쓰기가 가능하다.	읽고 쓸 수 있는 글과 숫자가 늘어나고 주위 환경에 있는 글과 숫자를 읽고 싶어 한다. 사물을 특성에 따라 분류할 수 있으며, 과거와 현재의 개념을 정확하게 사용한다.	좋아하는 또래 친구가 생기고, 규칙 있는 놀이나 또래와 함께 하는 놀이를 할 수 있다. 기분이 나쁘면 말로 표현할 수 있다.	성인과 유사한 문법을 구사한다. 표현 가능한 어휘가 2,000~3,000개에 달하고, 6~8개의 단어로 된 문장을 말할 수 있다. 새로운 단어에 대해 질문할 수 있고, 들은 이야기를 시간 순서에 따라 설명할 수 있다.

Part

2

남과 여,
그들의 차이

왜 남자는, 왜 여자는

남자의 뇌 vs. 여자의 뇌

손가락에 담긴 과학적 사실 그리고 17%의 비밀

아들과 딸, 다르게 키워야 한다

아들과 딸은 다르게 키워야 한다는데 그 말은 맞는 것일까?

가장 오래됐으나, 가장 새롭고,

가장 불편한 이야기

최초로 그 비밀의 문이 열린다

누구나 알고 있으면서도 인정하지 않으려 하는 사실

심리과학 실험으로 확실하게 밝힌

아들과 딸의 차이

왜 남자는, 왜 여자는

남녀의 차이, 학습되는가 타고나는가?

아장아장 걸음마에 재미를 붙인 생후 15개월 된 남자아이 세 명, 여자아이 세 명이 있다. 이 아이들 앞에 인형, 블록, 로봇, 소꿉놀이, 비행기, 경찰차, 택시, 전화기, 공

3쌍의 남녀 쌍둥이

약속이라도 한 듯 남자아이는 자동차나 로봇을 잡고, 여자아이들은 분홍색인 인형이나 전화기를 집는다. 결과가 너무 당연해 보인다면, 그것은 실험의 의도가 아직 전달되지 않았기 때문이다. 이 여섯 명의 아이는 세 쌍의 남녀 쌍둥이다. 그런데 결과를 보면 쌍둥이인 것이 무색할 정도로, 단지 성별에 따른 취향만이 나타났다. 도대체 왜 여자는 분홍색 원피스를 좋아하고, 남자는 자동차에 열광하는 걸까? 이 아이들은 이미 자신이 여자 혹은 남자라는 것을 아는 걸까?

지금까지 많은 교육학자들은 아이가 여자 혹은 남자로서의 특성을 갖는 것은 부모를 모방하거나 양육자에 의해 그렇게 길러졌기 때문이라고 주장해왔다. 이 주장에 따르면 아이는 자신이 어떤 성인지 모르다가 **강화**시키는 대로 자신의 성을 인식한다. 즉 여자아이의 경우 치마를 입혀놓고 예쁘다고 칭찬하고, 남자아이는 인형보다는 장난감 자동차를 가지고 놀 때 더 흐뭇해하는 부모의 이런 모습을 보면서 '나는 여자구나', '남자는 이런 취향을 가져야 하는구나'를 알게

강화
심리학에서 '강화'의 의미는 행동의 빈도를 증가시키는 것으로 어떤 행동 뒤에 보상을 줌으로써 다시 그 행동을 하도록 유도하는 것을 말한다.

된다. 한마디로 여성성과 남성성은 학습된 것이라는 것이다. 이것은 "여성은 태어나는 것이 아니라 만들어진다"라는 페미니즘의 명제와도 일치한다. 하지만 이 실험에 참가한 아이들은 부모가 여성성이나 남성성을 학습시켰다고 보기에는 너무 어리다.

아동심리학자 앤 캠벨Anne Campbell은 이보다 더 어린 생후 9개월 아기들을 대상으로 장난감 선호도를 조사한 바 있다. 그런데 이때도 남자아기들은 공, 기차, 자동차 등을 골랐으며, 여자아기들은 인형, 유모차 등을 주로 골랐다. 아이들의 취향이 부모의 강화나 학습에 의해 만들어진 것은 아님이 밝혀진 셈이다. 아이들은 태어나는 순간부터 남자 혹은 여자로서의 차이를 가지는 것이 분명했다.

아이는 언제부터 성별을 인지할까?

남녀의 구체적인 차이를 알아보기 전에, 우선 아이들이 성별을 어떻게 인지하는지를 알아보기 위한 실험을 실시했다. 갓 태어난 아기들은 자신의 성별을 인지하지 못한다. 하지만 타인에 대해서는 어떨까? 남자와 여자를 구분할 수 있을까? 남녀를 구분하는 것은 생후 몇 개월이 지나야 가능할까?

남자아이가 좋아하는 장난감 　　　　　여자아이가 좋아하는 장난감

생후 3개월 된 아기 4명과 생후 12개월 된 아기 4명을 대상으로 '성인 목소리 인지 실험'을 해보았다. 아기 앞에는 두 개의 화면이 있다. 왼쪽 화면에는 성인 남자의 모습이, 오른쪽 화면에는 성인 여자의 모습이 있다. 소리는 남자 혹은 여자의 목소리 하나만 들리지만, 두 화면 모두 똑같이 입을 움직이고 있다. 아기는 어느 쪽을 볼까?

생후 3개월 아기는 사람 목소리에 귀를 기울이고 남자와 여자의 얼굴이 나오는 화면을 쳐다보기는 하지만, 연신 양쪽을 번갈아가면서 쳐다봤다. 아직 여자 목소리와 남자 목소리의 차이, 즉 성의 차이를 인지하지 못했다.

그러나 그런 무지 상태는 오래 가지 않는 모양이다. 생후 12개월의 아이는 남자 목소리가 나오자 남자 얼굴이 있는 화면을, 여자 목소리가 나오자 여자 얼굴이 있는 화면을 보았다. 이제 목소리와 성별을 연결할 수 있는 능력이 생긴 것이다. 서울대학교 심리학과 곽금주 교수는 이렇게 설명한다.

: 처음 태어날 때는 남자인지 여자인지에 대한 개념이 전혀 없다. 아이는 3세 정도가 지나면서 신체적인 차이에 대해 이해하기 시작한다. '나는 남자니까 이렇고, 여자니까 이렇고' 하는 말을 많이 한다. 그러면서 그 시기 아이들의 관심은 '나는 남자', '너는 여자'라는 것이 된다.

만 3세, 아이는 묻지도 않았는데 자신의 나이나 이름을 말하곤 한다. '나'에 대한 관심이 폭발하고 언어능력도 발달해 자신에 대해 언어로 표현하고 싶어 하는 것이다. 3세경의 아이는 성별을 물어보면 정확히 답하고, 주위에 있는 사람을 남자와 여자로 구분할 수 있다.

그러나 세 살 이후에도 어린아이들의 성별 인지는 아직 체계적이지 않다. 성별에 대해 구체적으로 인식하는 것이 언제쯤인지를 알아보기 위해 실험을 해보았다.

스튜디오에 남자 마네킹과 여자 마네킹을 세워두고 가발, 구두, 옷, 액세서리 등의 남자 소품과 여자 소품을 준비해 두었다. 4세와 6세 아이들에게 소품을 마음대로 이용해 엄마, 아빠처럼 꾸며보라고 했다.

네 살 아이들은 남자 마네킹에 분홍색 치마를 입히거나 긴 머리 가발을 씌웠다. 귀걸이를 달고 하이힐을 신기기도 한다. 소품을 닥치는 대로 가져다가 마네킹의 성에 상관없이 꾸몄다.

그러나 여섯 살 아이들은 치마는 여자 마네킹에, 바지는 남자 마네킹에 입혔다. 조금 시간이 지난 후에 보니 남자 마네킹은 중절모를 쓰고 와이셔츠에 넥타이를 맨 아빠로 변했다. 여자 마네킹은 긴 머리에 귀걸이를 달고 스카프를 두른 멋쟁이 엄마가 되어 있었다.

이번에 아이들은 유리창으로 어떤 방을 들여다본다. 방으로 한 남자가 들어온다. 그는 면도크림을 바르고 면도를 하는 행동으로 남자라는 것을 충분히 보여준 후, 여장을 하기 시작한다. 여자 가발을 쓰고, 블라우스를 입고 앞치마를 한다. 빨간 립스틱을 바르고 화장도 한다. 여장을 끝내고 나자 프라이팬에 달걀을 깨서 요리를 한다. 이 광경을 지켜본 아이들에게 여장을 한 남자가 여자인지 남자인지 물었다

네 살 아이들은 여장한 남자를 '여자'라고 말했다. 남자아이나 여자아이나 마찬가지였다. 반면 여섯 살 아이들은 남자가 여장을 시작할 때부터 뭐가 그렇게 우스운지 킬킬거렸다. 그러다 여장 남자의 성별을 묻자 한결같이 '남자'라고 대답했다.

4세 아이들의 대답   6세 아이들의 대답

실험 결과 4세와 6세 아이들의 성 개념이 확실히 다르다는 것이 드러났다. 첫 번째 실험에서 4세 아이들은 엄마와 아빠의 외모가 성별에 따라 다르다는 것을 잘 구분하지 못했다. 이에 비해 6세 아이들은 외모에 있어 남자와 여자의 특징을 매우 정확하게 인지했다. 한편 두 번째 실험에서 4세 아이들은 옷이나 역할이 바뀌면 성별이 바뀐다고 생각했다. 이에 반해 6세 아이들은 성은 평생 변하지 않는다는 걸 잘 알고 있었다.

아이들은 만 4세 정도가 되면 일생 동안 같은 성을 갖게 된다는 것을 이해한다. 따라서 자신이 남자아이라면 훗날 아빠처럼 남자가 된다는 것을 알고, 여자아이라면 엄마처럼 여자가 된다는 것을 안다. 하지만 실험에서 본 것처럼 머리, 옷, 활동이 바뀌면 당연히 성도 바뀐다고 생각한다. 그래서 장난으로 남자아이에게 치마를 입히려 하면 심하게 반항하면서 울기도 한다. 성이 변하지 않는다는 것을 아직 깨닫지 못하기 때문이다. 한 사람의 성은 그의 머리, 옷, 활동이 달라져도 변하지 않는다는 것을 알게 되는 때는 만 6~7세 정도다. 이 시기 아이는 성의 항상성을 아는 만큼 자신의 성에 대한 인식도 확고한 경향이 있다.

자신의 성에 대한 인식이 확실해지면 아이들은 이전보다 더 동성의 친구에게 관심을 갖는 다. 남자는 남자끼리, 여자는 여자끼리 놀려고 든다. 때로는 남자 대 여자로 놀이를 하기도 하지만. 이것은 대결구도다. 아이들의 이러한 습성은 초등학교 저학년의 행동에서 주로 볼 수 있다.

미국의 사회심리학자 로렌스 콜버그Lawrence Kohlberg는 1966년의 연구에서 아이들이 같은 성을 가까이하는 것은 자신의 성에 대한 정보를 얻기 위한 행동이라고 말한다. 같은 성을 관찰함으로써 그들의 행동, 태도, 가치 등에 대한 일반성을 알게 된다는 것이다.

아이의 성에 대한 인식이 뚜렷해지는 만 6~7세에 자기 인식의 명령을 내리는 주체는 뇌다. 남녀의 뇌는 처음부터 다르지만, 이 시기에는 남자의 뇌, 여자의 뇌로서의 특성이 더욱 강해진다. 그리고 그런 뇌의 변화에 맞춰 남자아이는 더 남자 같은 행동을, 여자아이는 더 여자다운 행동을 하려고 든다. 남녀가 다른 행동을 보이는 것은 기본적으로 뇌의 차이에서 비롯된다.

얼굴, 위치를 잘 기억하는 여자

EBS와 서울대학교 심리학과는 서울 시내 2개 초등학교 학생 남녀 300명을 대상으로 남자아이와 여자아이의 차이를 알아보기 위해 몇 가지 연구조사를 진행했다.

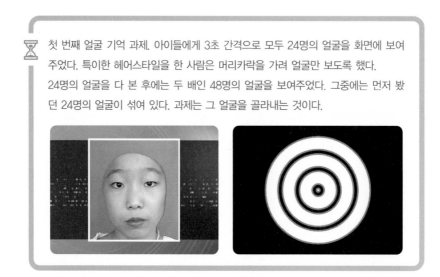

첫 번째 얼굴 기억 과제. 아이들에게 3초 간격으로 모두 24명의 얼굴을 화면에 보여주었다. 특이한 헤어스타일을 한 사람은 머리카락을 가려 얼굴만 보도록 했다. 24명의 얼굴을 다 본 후에는 두 배인 48명의 얼굴을 보여주었다. 그중에는 먼저 봤던 24명의 얼굴이 섞여 있다. 과제는 그 얼굴을 골라내는 것이다.

연구를 진행한 곽금주 교수는 여자아이들이 확실히 남자아이보다는 사람들의 얼굴을 더 잘 기억했다고 설명했다. 차이는 분명했다. 여자아이들은 성인의 얼굴도 잘 기억했지만 또래의 얼굴도 잘 기억해냈다.

이 연구 결과는 영국 캠브리지 대학 연구팀이 남녀 신생아를 대상으로 실시했던 실험을 보면 좀 더 이해가 쉬워진다. 이 연구팀은 신생아 102명을 대상으로 사람의 얼굴과 모빌을 보여주는 실험을 했다. 신생아의 눈동자 움

성인 얼굴 기억

32.80

34.23

♂ 남자

♀ 여자

또래 얼굴 기억

16.27

17.34

♂ 남자

♀ 여자

직임을 주시해 어디에 더 관심을 보이는지를 살폈다. 실험 결과 남아는 모빌에, 여아는 얼굴에 더 관심을 보였다. 여자아이의 뇌는 남자아이의 뇌에 비해 태어날 때부터 '사람의 얼굴'을 좋아하는 성향을 가지고 있다.

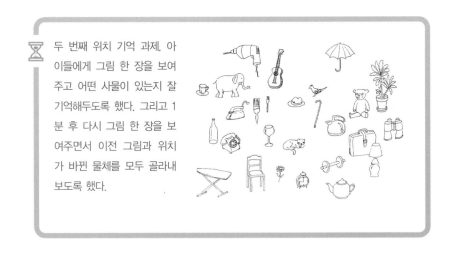

두 번째 위치 기억 과제. 아이들에게 그림 한 장을 보여주고 어떤 사물이 있는지 잘 기억해두도록 했다. 그리고 1분 후 다시 그림 한 장을 보여주면서 이전 그림과 위치가 바뀐 물체를 모두 골라내 보도록 했다.

이 실험은 단순히 사물에 대한 기억이 아니라 사물의 위치, 공간적인 관

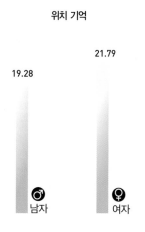

위치 기억

19.28 · 21.79

남자 · 여자

계에 대한 기억을 알아보기 위한 것이다. 이 실험에서도 남자아이들에 비해 여자아이들이 훨씬 좋은 점수를 받았다.

그런데 아마 실험 결과를 듣고도 대부분의 사람은 놀라지 않았을 것이다. 실험이 아니더라도 이런 상황은 우리의 일상에서 흔히 일어나기 때문이다. 분주한 아침 시간, 남자들은 넥타이핀이나 양말을 찾지 못해 어머니나 아내를 찾으며 발을 동동 구르는 일이 허다하다. 여자가 '오른쪽 옷장 끝 세 번째 서랍'에 있다고 구체적으로 설명해주어도, 남자들은 좀처럼 찾지 못한다. 하지만 여자는 같은 장소에서 그것을 금방 찾아낸다. 이것은 '주변 시야'의 차이 때문이다.

『말을 듣지 않는 남자 지도를 읽지 못하는 여자』를 쓴 앨런 피즈Allan Pease 와 바버라 피즈Barbara Pease에 의하면 여자는 남자보다 더 넓은 주변 시야를 가지고 있다. 여자는 거의 180° 수준의 시야로 한 번에 넓은 곳을 훑어볼 수 있는 데 비해, 남자의 시야는 마치 망원경으로 사물을 보는 것처럼 좁지만 멀리까지 정확하게 본다는 것이다. 태고에 사냥을 담당한 남자들은 멀리 있는 사냥감을 봐야 했기 위해 시야가 이렇게 발달했다고 저자는 주장한다. 이 때문에 여자는 한번에 찾는 물건을 남자는 아무리 들여다봐도 찾지 못하는 것이다.

마음속 회전과 사물의 특징 파악에 뛰어난 남자

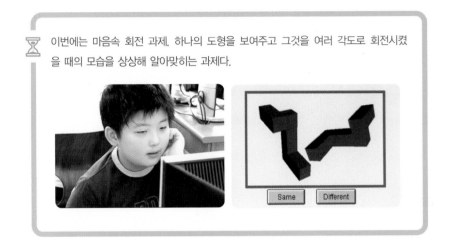

이번에는 마음속 회전 과제. 하나의 도형을 보여주고 그것을 여러 각도로 회전시켰을 때의 모습을 상상해 알아맞히는 과제다.

이 과제에서는 여자아이들보다 남자아이들의 수행이 훨씬 더 좋았다. 남자아이의 뇌는 여자아이의 뇌보다 공간지능을 관할하는 부위가 더 발달해 있기 때문이다. 남자의 공간지능은 우뇌 앞쪽에 있는데 비해, 여자의 공간지능은 양쪽 뇌에 분포되어 있지만 매우 적은 부위를 차지한다.

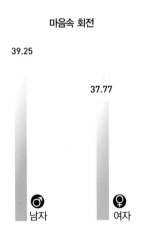

마음속 회전

39.25

37.77

♂
남자

♀
여자

이번에는 초등학생과 성인 40명에게 1분 내로 자전거를 그려보도록 했다.

남자의 그림

여자의 그림

　　남자들이 그린 그림은 1분이라는 짧은 시간에도 불구하고 자전거의 핵심을 잡아 비교적 훌륭하게 완성했다. 이에 비해 여자들이 그린 자전거는 조금 엉성해 보인다. 부분만 그리다가 완성하지 못한 그림이 대부분이고, 특이하게 사람까지 그린 그림이 있다. 어떤 것은 이런 자전거를 과연 탈 수 있을까 하는 의문이 들 정도로 기괴하다. 남자의 뇌는 사물의 전체적 특징을 파악하고 그것을 정리하는 능력이 뛰어나다. 이에 비해 여자의 뇌는 전체적 특징보다는 자신이 관심 있는 한 부분만 보는 경향이 있다.

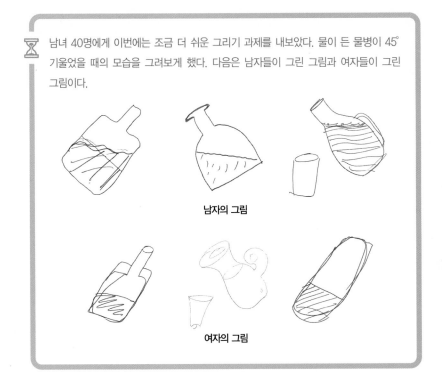

남녀 40명에게 이번에는 조금 더 쉬운 그리기 과제를 내보았다. 물이 든 물병이 45°
기울었을 때의 모습을 그려보게 했다. 다음은 남자들이 그린 그림과 여자들이 그린
그림이다.

남자의 그림

여자의 그림

물은 늘 수평이다. 물병이 기운다고 물이 따라 기우는 일은 없다. 이러한
물질의 물리적인 특징은 초등학생들도 다 아는 기초적인 것이다. 그런데 여
자들의 그림은 물병을 따라 물도 기울어 있다. 반면 남자들의 그림은 완성
도를 떠나 모두 물이 수평을 유지하고 있다. 아마 초등학생 남자아이와 성
인 여자에게 물이 든 물병이 45° 기울었을 때를 그려보라고 했더라도 남자
아이가 성인 여자보다 더 잘 그렸을 것이다. 이처럼 우뇌를 주로 사용하는
남자들은 물질을 파악하는 일에서 여자보다 뛰어나다.

몇 가지 실험을 해보니 벌써 남자가 잘하는 것, 여자가 잘하는 것이 하나씩 드러나기 시작한다. 하지만 실험을 하는 이유는 남자와 여자가 각각 무엇을 더 잘하느냐를 따져 물으려는 것이 아니다. 단지 차이가 있다는 것을 이해하기 위해서다.

우리는 이제부터 '남자아이와 여자아이에 대한 이야기', 누구나 알고 있지만 여전히 많은 부모들이 인정하려고 들지 않는 이야기를 본격적으로 시작하려고 한다. 전문가들조차 남녀의 차이에 대한 이야기를 꺼낼 때는 어느 때보다 조심스러워한다. UC 얼바인 캘리포니아 대학 뇌신경학과 리처드 하이어Richard Haier 박사는 남녀에게 성차가 있다는 말은 자주 우열을 가리는 것이나 차별로 오해를 산다고 지적한다.

> 과거에는 남자 집단과 여자 집단 사이에 차이가 있다고 말하면 사람들은 한쪽이 다른 쪽보다 열등하다는 의미로 받아들였는데, 이는 낡은 생각이다. 과학적 사실은 완전히 다르다.

남자와 여자의 차이에 대한 의학·심리학 전문가 레너드 삭스Leonard Sax 박사의 설명도 이와 유사하다.

> 남녀 차이가 있다는 것은 어느 한쪽이 낫다는 것으로 받아들이기 쉽다. 사실 이는 전혀 논리적이지 못하다. 두 가지가 다르다고 해서 하나가 다른 것보다 나은 것은 아니기 때문이다. '사과와 오렌지는 다르다'라는 것이 어느 하나가 더 낫다는 말은 아니다.

여자아이에게도 거친 운동이 필요하다

초등학교 5학년인 선애는 반대표 축구선수다. 다른 여자아이들처럼 얌전하게 놀면 좋으련만, 축구, 농구, 자전거 등 남자마냥 거친 운동을 좋아한다. 지난번에는 다른 반 남자아이들이랑 축구를 하다가 다리까지 다치고 들어왔다. 절뚝거리면서 들어오는 딸을 보고 엄마는 너무 속이 상해 축구를 그만두라고 말했다.

만약에 남자아이라면 어땠을까? 대부분의 부모들은 "좀 조심하지 그랬어"라고 말하며 적극적으로 경기에 임한 것을 칭찬했을지도 모른다. 조금 다치고 들어왔다고 해서 좋아하는 축구를 그만두라는 말은 하지 않았을 것이다.

몇몇 학자들은 여자다움을 강요하는 부모의 태도가 여자아이에게 '무기력'을 학습하도록 만든다고 경고한다. 모험을 감행하고 그것을 극복할 기회를 여자아이라는 이유만으로 빼앗는다는 것이다. 물론 부모 입장에서는 빼앗는다기보다는 보호하기 위해서라고 항변할 것이다. 하지만 아동심리학자 웬디 모겔Wendy Mogel은 아이를 다치지 않도록 보호하면 점점 더 모험을 혐오하게 된다고 말했다. 부모의 이런 태도는 여자아이의 마음속에 자신은 유약하고 무능하다는 생각을 심어줄 수 있고, 결과적으로 낮은 자존감을 갖게 할 수 있다. 여자아이라도 실패하고 다시 시도할 수 있도록 격려해주는 것이 필요하다.

남자의 뇌 vs.
여자의 뇌

방송국으로의 초대

이야기는 승용차 한 대에서 시작된다. 열여섯 명의 초등학생이 남녀 짝을 이뤄 초대
된다. 아이들은 많은 실험에 참여한다는 사실을 알고 있다. 남녀 한 명씩 각각 정해진
시간에 약속장소인 '남부터미널 역'에서 만나기로 했다. 약속장소에는 '검정색' 차가
기다리고 있다. 두 아이는 각각 차의 뒷자리에 탄다. 차 안에는 게임 CD와 만화책이
준비되어 있고 차 오디오에서는 비발디의 '사계'가 흘러나온다. 차는 '댄싱 섀도우'

공연이 한창인 예술의 전당을 지나 방송국으로 이동한다.

　아이들이 방송국으로 오는 과정에는 한 가지 비밀이 있다. 아이들에게 말하지 않았지만, 실험은 초대 이후가 아니라 이미 만나는 순간부터 시작되었다는 것. 차 안에는 관찰카메라가 몰래 아이들을 찍고 있고, 운전자는 연기자다. 연기자는 아이들과 자연스러운 대화를 나누는 도중에 자신의 나이가 '27세'이며, '강남구'에 산다는 것을 밝힌다. 또한 검사결과는 '화요일'에 도착 예정이라는 사실도 알려준다.

　이 실험은 이전에 남녀 아기들에게 실시했던 실험처럼 단순히 취향을 알아보려는 것이 아니었다. 궁금한 것은 같은 상황을 겪은 남자아이와 여자아이가 과연 어떻게 다르게 기억하는지에 대한 것이었다.

　임상심리사들은 16명의 아이들에게 각각 질문을 했다. 타고 온 차량의 색깔, 차 안에서 들은 음악, 운전자의 나이와 사는 곳, 차창 밖으로 보인 예술의 전당에서 하고 있던 공연, 운전자와 만난 약속장소 등을 기억하는지에 대한 질문이 이어졌다.

　실험 결과 남자아이들은 차종이나 약속 장소를 잘 기억한 반면, 여자아이들은 음악이나 운전자의 나이, 사는 곳 등을 더 잘 기억해냈다. 남자아이들은 차량의 색뿐 아니라 차종에까지 관심을 보였고, 여자아이들은 음악이 '사계' 중 '봄'이라는 것까지 정확하게 기억했다. 반면 남자아이들은 분명히 들은 운전자의 거주지를 못 들었다거나 '인천'으로 엉뚱하게 기억했고, 여자아이들은 약속 장소를 모호하게 '지하철역'으로 기억하거나 '교대역'으로 헷갈려했다.

이 결과는 우리가 일반적으로 가지고 있는 남녀의 차이에 대한 선입견과 어느 정도 일치한다. 문제는 왜 이런 차이가 나타나는가인데, 우리는 '뇌'에서 비밀의 열쇠를 찾으려 한다.

말싸움, 여자가 이기는 이유

16명의 남녀 초등학생이 이제부터 구체적인 실험을 통해 남자와 여자가 어떤 점에서 얼마만큼 다른지에 대한 궁금증을 풀어줄 것이다. 첫 번째 차이는 '언어유창성 실험'으로 밝혀진다. 아이들은 발음하기 어려운 자음과 모음을 조합한 문장을 읽는 경기를 했다.

우리집 앞집 옆집 뒷창살은 홑겹창살이고,
우리집 뒷집 앞집 앞창살은 겹홑창살이다.

예시문으로는 다음과 같은 문장이 주어졌고 남자아이와 여자아이 중 한 번도 틀리지 않고 빨리 문장을 읽은 쪽이 이긴다.

- 우리 집 앞집 옆집 뒷창살은 홑겹창살이고 우리 집 뒷집 앞집 앞창살은 겹홑창살이다.
- 앞집 팥죽은 붉은팥 풋팥죽이고, 뒷집 콩죽은 햇콩단콩 콩죽, 우리 집 깨죽은 검은깨 깨죽인데, 사람들은 햇콩 단콩 콩죽 깨죽 죽 먹기를 싫어한다더라.
- 고려고 교복은 고급교복이고 고려고 교복은 고급원단을 사용했다.

경기는 남녀 쌍을 이뤄 8라운드까지 진행되었고 여자아이와 남자아이의 성적은 6대 2, 여자팀이 압도적으로 승리했다. 이긴 8명은 다시 경기를 해 최종 4명이 남았다. 4강까지 살아남은 남자아이는 단 한 명이었다. 경기를 진행한 남자 성우는 이런 결과에 대해 당연하다는 듯이 말한다. "똑같이 대본을 현장에서 받았을 때 남자 성우들하고 여자 성우들을 비교해보면, 여자 성우들이 습득하고 말하는 데 걸리는 시간이 짧더라고요." 그는 직업에서 얻은 경험을 토대로 언어유창성 실험의 결과를 예측한 듯했다.

남자아이와 여자아이의 언어능력 차이. 이것은 남녀의 뇌에서 언어를 담당하는 부위에 차이가 있다는 데서 출발한다. 남자아이의 뇌는 분석적이고 언어적인 활동을 할 때 주로 좌뇌를 사용한다. 그러나 여자아이는 양쪽 뇌를 동시에 사용한다. 1995년 예일 대학의 베넷 셰이위츠Bennett Shaywitz 등은 자기공명영상MRI 장치를 사용해 남녀가 말을 할 때 뇌의 어떤 부분을 사용하는지를 관찰했다. 그 결과 남자는 말을 할 때 주로 좌뇌를, 여자는 좌뇌와 우뇌를 모두 사용한다는 것을 알아냈다.

여자아이가 언어를 구사할 때 양쪽 뇌를 모두 사용할 수 있는 것은 뇌량이 남자아이보다 10%쯤 더 두텁고 넓기 때문으로 추측된다. 뇌량이 넓으므로 좌뇌와 우뇌의 연결이 긴밀하고 효율적일 수 있는 것이다. 반면 남자아이의 뇌량은 여자아이에 비해 좁기 때문에 좌뇌와 우뇌 간의 소통이 원활하지 않다. 그런데 감정의 뇌는 우뇌에 있고, 언어의 뇌는 좌뇌에 있다 보니 남자아이는 감정을 언어로 표현하는 데 어려움을 느끼게 된다. 미국 노스캐롤라이나 대학의 연구팀에 의하면 여자의 뇌는 철자를 이해할 때도 양쪽 뇌를 모두 이용한다고 한다. 이에 반해 남자의 뇌는 이 경우도 주로 좌뇌만 이용한다고 한다. 또한 여자아이의 경우 듣고 기억하고 말하는 것을 관장하는 측두엽 부위의 신경세포가 남자아이보다 11%나 더 많은데, 이것 역시 탁월한 언어능력에 영향을 준다.

일상에서 일어나는 구체적인 상황을 통해 살펴보자. 열 살 난 남자아이는 또래의 여자아이에 비해 일기쓰기를 싫어한다. 하루 중 어떤 일이 가장 인상 깊었는지 생각해내는 것도 어려워하고, 그 일과 자신의 감정을 연관시키는 것도 곤혹스러워한다. 예컨대 남자아이의 일기는 "오늘 점심을 먹고 나서 축구를 했는데 재미있었다"라는 식으로 간단하다. 그러면 엄마는 어떤 부분이 재미있었는지 구체적으로 쓰라고 지도한다. 하지만 아이는 "그냥 재미있었는데…… 그걸 어떻게 설명해?"라고 반문하기 마련이다. 이에 대해 삭스 박사는 남자아이에게는 감정을 묻는 질문이 적절치 않다고 말한다.

⋮   만약 남자아이에게 '어떻게 느끼니?'라고 물으면 아이는 편하고 유창

하게 자신의 감정을 말하는 것을 어려워한다. 남자아이에게 '어떻게 느끼니?'라는 질문은 좋지 않다. 그 대신에 '그래서, 이제 뭘 하려고 하는데?'라고 물어야 한다

남자아이의 뇌가 가진 언어능력, 그것은 우리가 아들을 어떻게 대해야 하는지에 대한 작은 화두를 던진다. 남자아이에게는 '어떻게 느끼는지'가 아닌 '무엇을 할지'를 물어보는 것이 좋다. 그러면 느낌이나 감정을 물었을 때보다 정신적인 스트레스를 덜 느낀다. 남자아이들은 항상 뭔가 행동을 하도록 프로그래밍되어 있기 때문에 이렇게 물으면 해답을 더 빨리 찾는다.

예를 들어 아들에게 "만약 지금 게임을 그만두지 않으면 숙제를 못 할지도 몰라"라고 말하는 것은 옳지 않다. 이런 식으로 말하면 아이는 엄마가 '게임을 그만 하고 얼른 숙제를 해라'라고 말했다고 생각하지 않고, 단지 '그럴 수도 있다'는 정보를 주었다고 생각한다. 따라서 엄마의 말에는 별 신경 쓰지 않고 계속 하던 일을 하게 된다. 이때는 오히려 "지금 당장 게임기를 끄고 숙제를 해라"라고 말하는 것이 낫다. 이렇게 말해야 남자아이는 말의 의미를 제대로 파악할 수 있다. 남자아이들은 보통 짧고 직접적이고 해결지향적인 말을 잘 알아듣는다.

주차능력은 남자의 특권?

> ⏳ 운전경력이 동일한 남녀 6명의 주차능력을 관찰했다. 여자들은 기어를 넣을 때부터 헤매기 시작해 백미러를 들여다보고 그것도 못미더워 고개를 빼서 뒤를 보고 전진과 후진을 몇 번이나 반복한다. 꼼꼼하기보다는 소심해 보이는 행동. 도무지 한 번에 성공하지 못한다. 이에 비해 남자들은 백미러를 몇 번 쓱쓱 보고는 핸들을 크게 몇 번 돌리고 한두 번 만에 주차에 성공한다.

관찰 결과 남성 평균 주차시간 43초. 이 시간은 주차장 한 칸을 빠져 나와 다른 칸으로 들어가기까지 걸린 시간이다. 여성 평균 주차시간은 무려 3분 1초. 남자의 3배가 넘는 시간이 걸렸다. 영국 바스 대학 심리학과 마크 브로스넌Mark Brosnan 교수는 남자들의 주차능력에 대해 이렇게 설명한다.

: 전형적으로 남자들이 여자들보다 잘하는 것은 마음속 회전과제다. 그런데 이것이 주차능력과 관련이 있다는 연구도 있다. 후진능력, 즉 3차원 공간에서의 차량 이동은 마음속 회전력을 반증한다.

남녀 초등학생 300명을 대상으로 실시한 연구조사에서 도형을 보여주고 머릿속으로 회전해보게 하는 마음속 회전 과제에서 남자아이들이 여자아이들보다 높은 점수를 받은 것을 기억할 것이다. 아이든 어른이든 남성은 마음속 회전능력이 뛰어나다는 말이다. 이는 남자가 여자보다 우뇌를 많이 사용한다는 특징과 관련이 깊다. 우뇌의 강점이 바로 공간입체능력이기 때문이다. 남자아이들은 여자아이들보다 우뇌가 더 빨리 발달한다. 따라서 공간, 지각 기능이 더 우수하다. 건축, 퍼즐, 문제해결 과제가 주어졌을 때 여자들보다 쉽게 생각하고 빨리 풀어내 더 좋은 점수를 받는다. 또한 여자아이들보다 세밀하게 사물의 핵심을 잡아내는 그림을 잘 그린다. 우뇌는 이미지의 뇌로, 직관적으로 사물을 보고 종합적으로 사고하는 특징이 있기 때문이다.

남자의 뇌는 여자보다 더 크고 무겁다. 남자의 뇌에는 여자의 뇌보다 뉴런이 약 40억 개나 더 많기 때문이다. 뇌에 신경세포가 많다는 것은 세부 정보에 더 신경을 쓴다는 뜻이다. 뇌에는 두정엽 뒤쪽에 두정면이라는 부위가 있다. 이 영역은 양쪽 뇌에 각각 하나씩 있는데, 남녀 모두 오른쪽 두정면이 왼쪽 영역보다 큰 편이다. 그런데 남자의 경우는 오른쪽이 훨씬 더 크다. 이 오른쪽 두정면이 공간능력에 관여하는 부위다. 따라서 남자아이들은 여자아이들보다 설명서를 보면서 맞추는 조립식 장난감을 좋아하고, 동서남북이 그려져 있는 지도를 쉽게 읽어낸다. 또한 설계도만 보고도 완성된 집 전체의 모양을 상상할 수 있다. 이러한 남자의 뇌가 가진 능력들이 모두 합쳐져 나타나는 것이 바로 주차능력이다. 여자의 뇌는 훌륭한 언어의 뇌와 양쪽 뇌를 원활히 사용할 수 있는 튼튼한 뇌량을 갖췄지만 공간입체능력에서는 남자를 이길 수 없다. 그래서 대부분의 여자는 남자보다 주차를 못한다. 물론 우리가 이야기하고 있는 것은 통계적인 결과이며, 모든 여자가 남자보다 주차를 못하는 것은 아니다.

이러한 남자와 여자의 뇌의 차이는 아이들에게 '길 찾기' 과제를 주면 쉽게 드러난다. 도형처럼 구획된 길과 동서남북만이 표시된 지도를 남자아이와 여자아이에게 주고 특정한 건물로 찾아오는 과제를 준다. 남자아이들은 별 어려움 없이 제한 시간을 넘기지 않고 찾아올 것이다. 하지만 여자아이들은 자신이 서 있는 위치에서 지도를 이쪽저쪽으로 돌려보느라고 시간을 지키지 못할 것이다. 그런데 만약 지도를 바꿔본다면 어떨까? 지도에 동서남북 표시가 아니라 이정표가 되는 건물의 이름이 적힌 지도를 준다면? ○○부동산, △△슈퍼가 표시된 지도는 좌뇌가 발달한 여자아이들에게 유리해진다. 16명의 남녀 초등생을 초대할 때 남자아이는 예술의 전당에서 어떤 공연을 하고 있었는지 아무도 맞히지 못했지만 여자아이들은 대부분 맞혔던 것을 떠올려보라. 여자들은 창밖으로 보이는 다양한 것에도 관심을 기울이는 반면, 남자들은 자신이 관심을 두는 것 이외에는 주변을 살피지 않는 습성이 있다. 따라서 건물 이름만 적힌 지도는 남자아이들의 길 찾기를 더 번거롭게 만들지만, 여자아이들은 방위만 표시된 지도보다 이런 지도를 더 쉽다고 여긴다.

한꺼번에 여러 가지 일을 해내는 여자, 한 가지 일에 집중하는 남자

 남자아이와 여자아이의 청력 차이를 알아보는 실험을 실시했다. 남녀 초등생 16명을 대상으로 일단 표준 청력 검사를 한 후, 헤드폰을 쓰게 하고 양쪽 귀에 각각 다른 소리를 들려주었다. 실험은 단어, 문장 각 10문항으로 진행되었다. 예컨대 단어 문항에서는 오른쪽 귀에 '책상', 왼쪽 귀에 '축구'라는 단어를 동시에 들려준다. 문장 문항에서도 오른쪽 귀에 '가수 동방신기의 노래가 제일 좋다'를, 왼쪽 귀에는 '백점 맞았더니 자전거를 사주셨다'를 동시에 들려주는 식으로 진행되었다. 그러고 나서 아이들에게 왼쪽 귀와 오른쪽 귀에서 각각 무슨 소리가 들렸는지를 말하게 했다.

여자아이들은 대부분 양쪽 귀에서 들리는 소리를 정확하게 맞힌 반면, 남자아이들은 대개 소리를 혼동하거나 한쪽 귀에서 나는 소리만 맞혔다. 이는 단순히 **청력**에 대한 실험 같지만, 이번에도 비밀은 뇌에 있다. 남자들은 대부분 오른쪽 귀로 들은 단어 하나에만 주의를 기울일 수 있었는데, 이는 말을 할 때와 마찬가지로 들을 때도 좌뇌만 사용하기 때문이다. 반대로 여자아이들은 양쪽 뇌를 모두 사용하기 때문에 양쪽 귀에서 들리는 단어에 모두 주의를 기울일 수 있었다. 실험에 참여했던 남자아이에게 양쪽 귀에서 나는 소리를 모두 정확히 듣는 친구도 있다고 살짝 귀띔해줬다. 아이는 자신은

● 청력

여자아이가 남자아이보다 잘 듣는 것은 태어나는 순간부터다. 루이지애나 주립대학의 제인 캐시디Jane Cassidy 교수는 남녀 신생아 350명을 대상으로 소리에 대한 내이세포의 반사 반응 정도를 검사하는 일시 유발 이음향방사 기법을 이용해 청력실험을 했다. 신생아들에게 언어식별에 중요한 1,000~4,000Hz 범주의 소리를 들려주었다. 그 결과 남자아기에 비해 여자아기의 청각이 놀랍도록 민감했다.

두 소리가 이상한 말로 조합되어 들려서 너무 헷갈렸다면서 깜짝 놀랐다. 양쪽 귀에 들리는 소리를 모두 듣는다는 건 남자아이에게는 너무나 신기한 능력이다.

이런 능력 덕분에 여자아이는 집단으로 하는 과제에서 여러 명이 한꺼번에 의견을 이야기해도 그들의 말을 따로따로 정확하게 파악할 수 있으며 의견수렴도 잘한다. 또한 수업시간에 선생님이 하는 말도 남자아이에 비해 잘 듣는 편이다. 그런데 이렇게 잘 듣는 능력은 간혹 학습에 방해가 될 수도 있다. 방 밖에서 들리는 텔레비전 소리도, 가족들이 대화하는 소리도 여자아이의 귀에는 다 들린다. 수업을 할 때도 마찬가지다. 선생님의 목소리를 들으면서도, 교실 뒤쪽에서 다른 친구들이 주고받는 대화나 학교 앞을 지나가는 과일장수의 목소리를 다 들을 수 있다. 보통의 여자아이들은 주위가 조용하지 않으면 도무지 집중을 하지 못한다. 그러니 민감한 청각을 가진 여자아이가 공부를 할 때는 분위기를 조용하게 만들어줄 필요가 있다.

남자아이는 정반대다. 학교에서 돌아오자마자 텔레비전 앞에 앉는 아들. 주방에서 설거지를 하던 엄마가 숙제부터 하라고 말해도 아이는 들은 척도 하지 않는다. 엄마는 여러 번 똑같은 질문을 하다가 지쳐서 화를 내지만, 텔레비전에서 나오는 소리에 집중한 남자아이는 엄마의 잔소리를 정말로 못 들은 것이다. 집중해 있는 남자아이와 대화를 하려면 설거지를 잠시 중단하고 아이의 얼굴을 보고 눈을 맞추며 이야기하는 것이 좋다. 그런데 이러한 남자아이의 특성은 반대로 생각해보면 집중과 몰입이라는 강점이 된다. 뭔가 한 가지 일에 집중하면 다른 자극이 와도 쉽사리 방해받지 않는 특성은 아이의 호기심을 학습으로 연결시킬 경우, 짧은 시간에 높은 학습

효과를 거둘 수 있다.

이번에는 성인인 남녀 대학생을 대상으로 흥미로운 실험을 해보았다. 주방과 거실로 꾸며진 스튜디오에서 10분 내에 여덟 가지 임무를 수행하게 하는 것이었다. 여덟 가지 임무는 간단한 집안일이지만, 각각의 임무에는 수행해야 하는 일에 대한 설명이 있다. 예를 들어 다림질하기에는 '옷의 양팔 부분을 각각 네 번씩 다리시오'라는 조건이 달려 있다. 하지만 모든 일은 거의 동시에 일어난다. 다림질을 하려고 하면 초인종이 울린다. 택배가 온 것이다. 택배 물건을 받아놓으면 이번에는 전화가 온다. 전화로는 집의 위치를 설명해주어야 한다. 그 중간에는 아기에게 우유도 먹여야 하고 기저귀도 갈아주어야 하고, 안고 달래줘야 하는 임무도 있다. 커피 메이커에서 커피도 내리고, 토스터로 식빵도 굽고, 지시대로 복사도 해놓아야 한다.

10분 내에 임무를 마친 남성은 단 한 명도 없었다. 남성은 임무를 수행하는 데 평균 13분 52초가 걸렸다. 하지만 여성은 평균 9분 56초를 기록했다. 여학생들은 침착하게 한 번에 두세 가지 일을 능수능란하게 해냈다. 아기를 안고 전화를 받으면서 집의 위치를 설명해주는 동시에 갑자기 도착한 택배 물건을 여유 있게 받았다. 또 다른 여학생은 전화를 받으면서 복사를 하고 내려진 커피에 설탕을 넣었다. 놀랍게도 한 번에 세 가지 일을 허둥대지 않고 완벽하게 해냈다. 여덟 가지 임무를 시간 내에 마치고 여유 있게 커피를 마시는 여학생도 있었다.

이에 비해 남학생들은 처음부터 당황했다. 전화 받으면서 복사하려고 무리하게 수화기를 잡아당기다가 아예 전화기를 떨어뜨리고, 옷을 다림판에 펼쳐놓지 못하고 입은 채로 허둥지둥 다리고, 커피메이커에 넣을 물을 찾지

못해 분무기에 든 물을 붓는 등, 일을 해내는 시간도 오래 걸렸지만 수행한 내용도 엉망이었다.

　실험에 참가한 남녀 대학생에게 각각 임무를 수행할 때 어떠했는지를 물어봤다. 남학생은 "뭘 어떻게 해야 할지 모르겠더라고요. 복사는 해야 되는데, 전화는 오고, 갑자기 초인종은 울리고, 정말 정신없었어요"라고 말했다. 그러나 여학생은 "토스트나 커피 같은 것은 시간이 걸리니까 먼저 해두고요. 그걸 기다리는 동안 다른 걸 할 수 있지 않을까 하는 생각이 순간적으로 들었어요"라고 답했다. 실험 결과, 여자는 남자보다 어떤 일이 동시에 주어졌을 때 일의 순서를 정해서 수행하는 능력이 훨씬 뛰어나다는 것이 밝혀졌다. 이에 대해 건국대병원 신경정신과 하지현 교수는 이렇게 설명한다.

：　남성들은 자주 여성들이 가진 이런 능력에 대해 신기해한다. 대표적인 예가 신호 대기 중에 차 안에서 화장하는 행동이다. '어떻게 이 짧은 시간에 저런 행동을 하지?'라고 생각한다. 남자들은 그런 행동을

여자는 다양한 감각능력을 갖고 있는데다가 좌뇌와 우뇌의 연결성까지 좋다. 그러다 보니 한꺼번에 여러 가지 일이 주어져도 직관적 수준에서 빠르고 정확한 판단을 내릴 수 있다. 중요도나 소요시간에 맞춰 일의 순서를 잘 정리해서 처리해낼 수 있는 것이다. 만약 여자아이가 여러 가지 일을 한꺼번에 하려고 든다면 꾸짖을 필요는 없다. 오히려 아이의 그런 능력은 훗날 사회생활을 하는 데도 장점이 될 수 있다. 여러 가지 일이 주어져도 중요도나 소요 시간에 맞춰 일의 순서를 잘 정리해서 마감 안에 일을 처리해낼 것이기 때문이다.

하지만 이렇듯 여러 가지 일을 허둥대지 않고 순서를 정해서 해내려면, 작은 일부터 연습을 해보아야 한다. 두세 가지 일은 스스로 순서를 정해서 처리해볼 수 있도록 기회를 많이 만들어주자. 예를 들어 학교에 다녀와서 실내화를 빨고, 텔레비전을 보고, 미술 숙제를 하는 일이 주어졌다고 하자. 엄마가 보기에는 숙제가 첫 번째고, 실내화가 두 번째, 텔레비전이 세 번째 일 것이다. 하지만 아이가 혼자 생각하고 처리하는 법을 기르게 하기 위해서는 그 순서가 엄마의 뜻과는 조금 달라도 내버려두어야 한다. 여자아이에게는 가장 좋은 순서를 찾아내서 일을 처리할 수 있는 능력이 충분히 있다.

다만 아이가 처음 접하는 일이라면, 일의 방법과 소요 시간 등은 미리 설명해주도록 한다. 여자아이들은 처음 접하는 낯선 일에는 지나치게 조심하는 경향이 있어 정확한 정보가 없으면 아예 시도도 하지 않으려 들 수도 있기 때문이다.

엄마의 아픔에 공감하는 딸, 무관심한 아들

생후 24개월의 아이를 대상으로 공감에 대한 실험을 실시했다. 아이와 엄마가 함께 목공놀이 장난감을 가지고 놀게 했다. 아이가 장난감 망치로 망치질을 할 수 있게 엄마가 못을 잡아준다. 그런데 갑자기 함께 놀던 엄마가 망치에 손을 다친 척한다. 그러고 나서 아이의 반응을 지켜보았다.

　여자아이는 엄마의 손과 얼굴을 번갈아가며 쳐다보더니 금세 눈물을 글썽인다. 시무룩해져서 울음을 터뜨리기도 한다. 그런데 남자아이에게도 똑같은 상황을 설정했더니 다른 결과가 나왔다. 남자아이는 아픈 엄마를 뚫어지게 바라보면서도 무슨 일이 일어났는지 눈치 채지 못한다. 잠깐 엄마의 손을 보다가 이내 하던 놀이를 계속한다. 어째서인지 웃어버리는 아이도 있다.

　한날한시에 태어난 쌍둥이는 좀 다르지 않을까? 하지만 실험 상황에서 남자아이는 역시 아무 반응을 보이지 않고 놀이를 계속한다. 여자아이는 심각한 얼굴을 하더니 엄마의 손가락을 호호 불어준다.

　실제 상황에서도 이런 일은 종종 일어날 수 있다. 보통 여자아이들은 상대방이 다쳤다고 하면 금세 그 아픔을 공감하지만, 남자아이들은 무덤덤한 반응을 보인다. 아마 여자아이의 엄마는 뿌듯해할 것이고, 남자아이의 엄마는 조금 서운할 것이다. 하지만 오해하지 마라. 남자아이가 엄마의 아픔에 공감하지 못하는 것은 아이의 성격 탓이 아니라 아이의 뇌 탓이다.

이와 유사한 사례가 또 있다. 유치원에 새로운 아이가 들어왔을 때를 생각해보자. 원래부터 있던 여자아이들은 처음 본 아이를 환영하고 이름이나 사는 곳을 물어본다. 잘 모르는 것이 있으면 가르쳐주고 도와준다. 그리고 집에 갈 때는 잘 가라고 따뜻한 인사를 한다. 반면 남자아이들은 낯선 친구에게 어색하고 무뚝뚝하게 대한다. 놀이에 필요하다고 생각하면 끼워주기는 하지만, 이름이나 사는 곳에는 관심이 별로 없다. 왜 남자아이들은 다른 사람의 감정을 잘 이해하지 못하는 걸까?

하버드 대학의 데버러 여젤런 토드Deborah Yurgelun Todd 연구팀은 7~17세 남녀를 대상으로 뇌에서 감정 처리가 이루어지는 과정을 조사하기 위한 실험을 했다. 7세까지는 남녀 모두 감정과 관련된 뇌 활동이 뇌 아래쪽에 있는 편도에서 이루어졌다. 하지만 남자아이는 17세가 되어도 계속 편도에서 감정 관련 활동을 하는 데 비해, 여자아이는 자랄수록 편도에서 대뇌피질 전체로 관련 부위가 이동하며 넓어졌다.

또 다른 연구도 있다. 캐나다의 신경과학자 샌드라 위틀슨Sandra Witleson은 남녀를 대상으로 감정을 관할하는 뇌가 어느 부위에 있는지를 알아내기 위한 실험을 했다. 그 결과 남자의 경우는 감정을 관할하는 부위가 주로 우뇌에 있었으나, 여자는 언어를 관할하는 뇌와 마찬가지로 양쪽 뇌에 고루 분포되어 있었다.

이러한 결과를 종합해보면 남자는 감정을 관할하는 부위가 작고 제한되어 있으며, 여자는 감정을 관할하는 부위가 넓은데다가 계속해서 발달해간다는 것을 알 수 있다. 분명히 여자의 감성은 남자와 비교도 안 될 만큼 풍부하다.

하지만 이런 특성을 가진 여자의 뇌가 항상 좋은 것은 아니다. 여자는 감정을 관할하는 부위가 뇌 전체에 넓게 퍼져 있어 슬픔에 복받치면 다른 일도 모두 그 감정의 영향을 받게 되는 경우가 많다. 이에 비해 남자는 복받치는 슬픈 감정을 느끼더라도 그 감정에 영향을 받지 않고 다른 일을 처리해낼 수 있다. 남자의 경우 뇌의 한 부위에서만 감정을 관할하기 때문에 다른 부위가 기능을 할 때 별로 영향을 주지 않는다. 남자가 가끔 지나치게 이성적으로 느껴지는 것은 그의 뇌가 여자의 뇌와 다르기 때문이다.

남성의 체계화형 뇌, 여성의 공감형 뇌

사람은 누구나 남자나 여자로 태어난다. 둘 사이에는 분명한 차이가 있으며, 앞선 몇 가지 실험에서 남녀의 차이를 살펴보았다. 그렇다면 그 핵심은 뭘까? 곽금주 교수는 남자와 여자의 차이를 뇌로 설명할 수 있다고 말한다.

남녀차이의 모든 것은 일명 공감능력과 체계화능력으로 설명할 수 있다. 이것은 최근 성차를 연구하면서 나온 이론이다. 공감화·체계화 모델이라고도 한다. 서울시내 남녀 초등학생 300명을 대상으로 공감

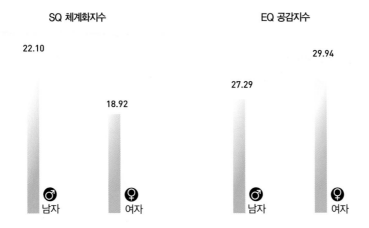

SQ 체계화지수   EQ 공감지수

22.10   18.92   27.29   29.94

♂ 남자   ♀ 여자   ♂ 남자   ♀ 여자

지수empathy quotient(EQ)와 체계화지수systemizing quotient(SQ)를 조사한 결과, 공감능력은 여자아이들이 훨씬 더 높았다. 반면 체계화능력을 본다면 남자아이들이 훨씬 더 높은 것을 볼 수 있었다. 이렇게 남녀가 보여주는 공감지수와 체계화지수의 차이는 바로 공감이 여성의 특징이고 체계화가 남성의 특징이라는 것을 보여준다.

이것은 지능 테스트가 아니다. 공감지수 혹은 체계화지수에서 점수가 높다고 해서 지능지수가 높다는 것을 의미하진 않는다. 왜냐하면 공감하기와 체계화하기는 완전히 다른 능력이기 때문이다. 하지현 교수는 공감능력과 체계화능력을 이렇게 설명한다.

: 공감을 한다는 것은 내가 그 사람의 입장이 될 수 있는 능력이다. 그 사람의 마음속에 들어가서 '이럴 것이다'라고 느끼는 것이다. 체계화

능력이란 것은 그것이 어떤 구조로 어떤 시스템 안에서 움직이고 있는가를 빨리 잡아내는 것이라고 볼 수 있다.

공감은 다른 사람의 감정과 생각을 이해하고 적절하게 반응하는 것, 즉 그 사람의 입장이 되어보는 것을 말한다. 그 사람의 감정과 생각을 내가 느낀 것처럼 이해하면 그 사람의 행동도 당연히 이해하게 된다. 공감의 대상은 '사람' 혹은 '사람의 행동'이다. 따라서 공감은 사람을 이해하는 방법이라고 할 수 있다. 이에 반해 체계화는 사물을 분석하고 탐색하는 것이다. 사물이 어떻게 작동하는지 또는 작동 법칙이 무엇인지를 알아내는 것이다. 체계화의 대상은 거의 '사물'이다.

따라서 체계화는 사물을 이해하는 방법이라고 할 수 있다. 공감과 체계화는 대상이 다르고 사고가 진행되는 과정도 완전히 다르다. 당연히 뇌 속에서 그 사고가 진행되는 영역도 다르다.

남자아이가 체계화지수가 높고, 여자아이가 공감지수가 높다는 것은 각 사고를 진행시키는 뇌의 능력이 다르다는 것을 의미한다. 남자아이는 체계화하는 뇌가, 여자아이는 공감하는 뇌가 더 발달된 것이다. 남자아이가 공간능력이 높은 이유는 바로 체계화능력의 발달 때문일 수 있고, 여자아이가 언어능력이 뛰어난 것은 공감능력 덕분일 수 있다.

이제 남녀의 특성을 남녀의 뇌의 차이로 정리해보자. 뇌는 우뇌와 좌뇌로 나누어져 있다. 우뇌는 신체의 왼쪽 · 창조성 · 예술 · 시각 · 직관 · 아이디어 · 상상력 · 전체적 · 공간적이라는 특징이 있다. 좌뇌는 신체의 오른쪽 · 말 · 사실 · 연역 · 분석 · 실용적 · 직선적 · 세부의 관찰이라는 특징이 있다. 대체로 남자는 우뇌가, 여자는 좌뇌가 더 발달되어 있다. 태어나서 진행되는 뇌의 발달 과정을 살펴보아도 남자는 우뇌 발달이 빠르고 여자는 좌뇌 발달이 빠르다. 대부분의 여아가 남아보다 말이 빠른 것은 이 때문이다.

　그런데 남자는 우뇌와 좌뇌를 각각의 기능에 따라 따로 사용하는 경향이 있다. 언어를 사용할 때는 좌뇌의 언어 부위만, 공감을 할 때는 우뇌에서 공감을 관할하는 작은 부위만 사용한다. 언어와 공감을 관할하는 부위 자체도 여자 뇌의 해당 부위에 비해 작은 편이다. 하지만 체계화하기에서는 이러한 남자 뇌의 작동 원리가 오히려 도움이 된다. 사물을 이해하려면 감정은 배제해야 하기 때문이다. 이에 비해 여자는 양쪽 뇌를 함께 사용하는 경향이 강하다. 공감을 할 때도 언어를 사용할 때도 양쪽 뇌를 함께 사용한다. 또한 여자의 뇌는 성장할수록 공감과 언어를 관할하는 부위가 넓어지므로 남자보다 해당 능력이 탁월하다.

　신은 공평하게도 남자에게는 높은 체계화능력을, 여자에게는 높은 공감능력을 주었다. 그런데 남자들이 가진 높은 체계화능력은 전문적인 일을 할 때나 운전을 할 때는 빛을 발하지만, 일상에서 다른 사람과 상호작용을 할 때는 별로 도움이 되지 않는다. 공감하지 않으면 원만한 상호작용이 어렵기 때문이다. 하루 종일 아이들을 돌본 아내가 힘들었다고 하소연하면, 남편은 공감을 하는 대신

체계화능력　　　　　　　　공감능력

무엇을 체계화할지 고민한다. 그래서 나온다는 말이 "다른 여자들도 다 그렇게 살잖아?" 하는 식이다. 남편뿐 아니라 아들의 공감능력도 이런 수준이다.

하지만 남자들의 이런 태도는 사랑의 정도가 아니라, 단지 뇌가 가진 능력의 차이일 뿐이라는 사실을 염두에 두자. 분명한 것은 남자와 여자가 서로 경쟁해야 하는 존재가 아니라 서로 도와야 하는 존재라는 것이다.

남자아이는 폭력적인 것에 끌린다

이제 곧 만 다섯 살이 되는 남자아이인 우현은 매일 부수고 싸우는 내용이 담긴 폭력적인 그림책만 읽어달라고 한다. 두 살 터울인 누나는 따스하고 포근한 느낌의 그림책만 좋아했는데, 아무리 남자아이라고 해도 너무 심한 것 같다. 혹시 심리적으로 무슨 문제가 있는 것은 아닌지 걱정이다. 계속 그런 그림책만 보여주면 폭력적으로 자라는 것은 아닐까?

남자아이는 남성호르몬인 테스토스테론의 영향으로 여자아이에 비해 훨씬 공격적이다. 공격적인 것이 정상이고, 폭력적인 그림책을 좋아하는 것도 지극히 자연스러운 일이다. 아이는 폭력적이고 공격적인 그림책을 보면서 대리만족을 느낀다. 하지만 남자이기에 앞서 어린아이인 만큼 계속 그런 그림책만 본다면 폭력적인 것을 모방하고 싶은 욕구가 들 수도 있다. 아이가 폭력적이거나 공격적인 성향을 갖지 않게 하려면 그런 성향을 표출할 기회를 만들어주어야 한다. 아빠와 레슬링을 한다거나 공을 던져 맞추는 놀이, 커다란 오뚝이 인형을 샌드백처럼 치는 놀이, 축구나 피구 등 아이의 공격성을 표출할 수 있는 놀이와 운동을 고안해 즐길 수 있도록 하자. 이런 식으로 공격성을 표출하는 것이 충족된다면 다른 다양한 종류의 그림책을 주어도 거부하지 않을 것이다.

손가락에 담긴 과학적 사실 그리고 17%의 비밀

손가락 길이가 성호르몬과 관련 있다?

방송국에 초대되었던 남녀 초등학생 16명의 이야기로 돌아가 보자. 그들은 방송국에 도착하자마자 오른손과 왼손 손바닥을 복사했다. 손가락 길이를 재기 위해서였다.

성호르몬
성호르몬은 동물의 생식샘에서 분비하는 호르몬을 가리킨다. 정소에서는 남성호르몬인 테스토스테론이, 난소에서는 여성호르몬인 에스트로겐이 분비되며, 생식기의 발육·기능 유지·2차성징의 발현 등에 관여한다.

최근 영국 센트럴 랭커셔 대학 심리학과 존 매닝John Manning 교수는 손가락의 길이만으로 **성호르몬**의 차이를 알 수 있다는 주장을 제기했다. 손가락 연구는 최근 성차 연구에서 가장 뜨거운 주제다. 바스 대학의 브로스넌 교수는 이 이론에 대한 사람들의 반응을 이렇게 말한다.

누구나 이런 이야기를 처음 들으면 '뭐라고? 손가락이 성호르몬과 관련이 있다고?' 하면서 의아해한다. 그다음 묻는다. 왜 둘째손가락이 에스트로겐에 민감하고 넷째손가락은 테스토스테론에 민감한 것인데?'라고.

매닝 교수에게 16명의 아이들의 손바닥 자료를 전달했다. 손바닥을 찍은 복사지 외에, 아이의 성별은 물론 어떤 정보도 주지 않았다. 그는 아이들의 손바닥이 복사된 종이에서 둘째손가락과 넷째손가락의 길이를 꼼꼼히 잰 후, 그 수치만으로 성별을 거의 다 맞혔다. 그는 그 원리에 대해서 이렇게 설명한다.

손가락 길이비율_{검지 길이÷약지 길이}은 둘째손가락 즉 검지와 넷째손가락 즉 약지의 비율로 정의할 수 있다. 검지는 출생 전 에스트로겐에 민감하고 약지는 출생 전 테스토스테론에 민감한 것으로 추정된다. 그러니까 검지에 비해 약지가 상대적으로 길면 길수록 출생 전 테스토스테론에 많이 노출되었던 것이라고 볼 수 있다.

즉 검지가 긴 경우 여성호르몬을 많이 가졌으므로 여자일 확률이 높고, 약지가 길면 남성호르몬을 많이 가졌으므로 남자일 확률이 높다는 것이다.

테스토스테론에 적게 노출된 경우   테스토스테론에 많이 노출된 경우
두 번째가 길다   네 번째가 길다

    난자와 정자가 수정한 후, 태아가 남자면 테스토스테론이 빠르게 분비된다. 테스토스테론은 부신에서도 분비되므로 여자 태아도 이를 만들어내기는 하지만, 남아가 좀 더 많이 만들어낸다.

    생물학에서 인간이 발달하면서 테스토스테론이 비교적 많이 분비되는 시점은 세 번이다. 첫 번째는 태아기, 즉 임신 후 8~14주다. 그다음은 출생 후 5개월, 마지막 시기는 사춘기다. 이러한 시기는 뇌가 호르몬 변화에 가장 민감한 시기로, 출생 이전부터 호르몬은 뇌가 어느 한 부분을 활성화하는 데 영향을 미치는 것으로 보인다. 브로스넌 교수는 임신 14주째에 테스토스테론 수치가 정점에 이르며, 대체적으로 이 정점에 약지 길이가 결정된다고 설명했다.

    매닝 교수는 이러한 이론을 뒷받침하는 증거로 영국의 프로축구 선수들의 손가락 길이비율을 예로 들었다.

  ⋮   영국의 프로축구 선수 305명을 분석했을 때 그중 국가대표 선수들은

상당히 남성적인 손가락 비율을 가졌다. 그리고 주전 선수가 후보 선수보다 더 남성적인 손가락 비율을 가졌다. 프리미어 리그 선수들은 하위 리그 선수들보다 더욱 남성적인 손가락 비율을 가졌다. 진화론으로 추정해보면 생식기관 발생기가 팔다리 발생기와 일치하는 것으로 분석된다.

즉 성호르몬으로 생식기와 뇌의 성별뿐 아니라 골격 차이가 나타나게 된다는 것이다. 그의 조사에 따르면 프리미어 리그 선수의 손가락 길이비율은 0.93, 1부 리그 선수는 0.94, 2부 리그 선수는 0.95, 3부 리그 선수는 0.95로 상위로 갈수록 수치가 낮아졌다. 이 수치가 낮다는 것은 약지의 길이가 검지의 길이보다 상대적으로 길다는 것, 즉 테스토스테론의 분비가 많아 좀 더 남성적일 것이라고 짐작할 수 있다. 수치가 높다면 약지에 비해 검지가 상대적으로 길어 여성적일 것이다.

테스토스테론이 남성적인 사람을 만든다는 말은 무슨 뜻일까? 미국의 신경학자 노먼 게슈윈드Norman Geschwind는 출생 전 테스토스테론이 좌뇌와 우뇌

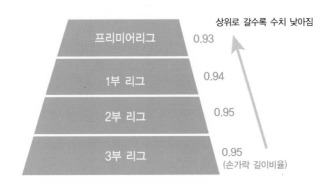

의 성장속도에 영향을 끼친다고 말한다. 테스토스테론이 많을수록 우뇌가 더 빨리 발달하고, 이에 비해 좌뇌는 느리게 발달한다는 것이다. 결국 테스토스테론이 많은 남자아이는 우뇌가 우세하다는 것이다. 남자아이들에게 왼손잡이가 비교적 많은 이유도, 여자아이보다 말을 잘 못하는 이유도 모두 테스토스테론으로 설명된다.

손가락 길이에 따른 남성성과 여성성의 발달, 그에 따른 우뇌적 강점과 좌뇌적 강점은 비단 스포츠 선수들만이 증명한 것은 아니다. 2009년 1월 캠브리지 대학 연구팀은 『미국립과학보』에 44명의 금융거래 종사자를 대상으로 한 손가락 길이 연구 결과를 게재했는데, 이들 또한 약지가 검지보다 상대적으로 길었다. 연구팀은 상대적으로 긴 약지는 고도의 집중력과 반사능력을 말하며, 이것은 갑작스러운 상황에 대응해야 하는 금융거래 종사자들에게 무엇보다 필요한 능력이라고 주장했다. 그런데 이 고도의 집중력이나 반사능력은 뇌의 오른쪽 반구, 즉 우뇌가 가진 특성에 해당한다.

또한 『영국심리학저널』에 실린 바스 대학 심리학과 연구진이 6~7세 아동 75명을 대상으로 진행한 연구에 따르면, 아이들의 손가락 길이가 수학능력과 언어능력에 연관이 있는 것으로 나타났다. 약지가 긴 남자아이들은 수학능력이 뛰어난 반면, 검지와 약지가 비슷한 길이인 여자아이들은 언어능력이 우수할 가능성이 큰 것으로 나타났다. 연구팀은 약지 길이를 좌우하는 테스토스테론이 수학능력과 연관된 뇌 영역 발달을 촉진시키고, 상대적으로 에스트로겐은 언어능력과 연관된 뇌 영역에 영향을 미친다고 밝혔다. 즉 손가락 길이는 태아기 호르몬 노출에 대한 표시인 동시에 선천적인 언어능력과 수학능력을 말해준다는 것이다.

예외는 있다

⌛ 16명의 남녀 초등학생이 넓은 잔디밭에 모여 있고, 잔디밭에는 좁은 부채꼴 모양의 흰 선이 그어져 있다. 부채꼴의 반지름은 4미터. 꼭짓점이 되는 곳에 투호병을 놓고 1미터 간격으로 선을 그어놓았다. 아이들에게 원하는 지점에서 화살을 던져보라고 했다. 처음에는 혼자만의 연습이라고 하며 제작진이 모두 자리를 피해줬다. 그리고 잠시 후에는 제작진이 모두 등장해 녹화를 시작한다며 정식으로 게임을 하자고 했다. 조건은 똑같다. 화살을 던지는 지점은 정해져 있지 않다. 물론 카메라는 처음부터 숨어서 이 장면을 몰래 지켜봤다.

　아무도 보지 않을 때는 남녀 모두 목표물 가까이까지 다가가 화살을 던졌다. 던지는 모습도 비슷했다. 관건은 제작진이 지켜볼 때다. 여자아이들은 연습할 때와 마찬가지로 목표물 앞으로 다가가 가만히 서서 화살을 조심스럽게 던졌다. 그런데 남자아이들의 행동은 이전과는 완전히 달랐다. 연습을 할 때는 앞으로만 가던 아이들이, 녹화가 시작된다고 하자 자꾸만 뒤로 물러선다. 목표물에서 멀찍이 물러섰다가 달려오면서 날리듯이 화살을 던진다.

심리학에서는 남자아이들의 이런 행동을 '모험적 전환'이라고 부른다. 이는 성인 남자의 경우도 마찬가지다. 간혹 객기나 허풍으로 오해되는 이런 행동은 대부분의 남자들이 가진 '모험적' 특성에 기인한다. '안전'을 추구하는 여자와는 다른 것이다. 남자아이들은 괜히 높은 곳에 올라가서 뛰어내린다든지, 손을 놓고 자전거를 탄다든지, 좁은 담벼락을 평균대 삼아 걷는다든지 하는 무모한 도전을 종종 한다. 게다가 이런 행동은 관객이 있다면 더심해진다. 남자아이들이 모험 행동을 하는 이유를 자율신경계에서 찾는 견해도 있다. 여아와 달리 남아의 자율신경계는 모험적이고 위험한 활동에서 흥분과 자극, 호기심을 느끼도록 프로그래밍되어 있다는 것이다.

그런데 이 실험에서 유독 한 남자아이는 녹화를 한다고 했을 때도 연습때와 마찬가지로 목표물에 가까이 다가가 조심스럽게 화살을 던졌다. 이 아이는 언어유창성 실험에서도 4강까지 살아남았던 유일한 남자아이다.

⧖ 이번에는 남녀 초등생 16명에게 각각 큐브를 하나씩 주고 누가 빨리 맞추는지를 알아보는 실험을 해보았다.

지금까지 밝혀진 남녀의 두뇌 차이를 감안하면 남자들이 우세할 것이다.

큐브 맞추기는 체계화능력과 상당히 관련이 깊기 때문이다. 그런데 결과는 예상을 뒤엎었다. 큐브를 가장 빨리 맞춘 아이는 여자였다. 그 뒤로 2, 3위는 예상대로 남자아이가 차지했다. 1위의 기록은 24초, 2위는 47초, 3위는 1분 42초였다. 다시 한 번 경기를 해보자 1, 2위가 바뀌었다. 3위는 이전과 동일한 아이가 차지했다. 하지만 1위와 2위의 기록 차이는 첫 번째 실험 때보다 줄었다. 1위는 23초, 2위는 30초, 3위는 37초를 기록했다. 남자아이들이 강하다는 체계화능력 실험에서 좋은 성적을 낸 이 여자아이. 이 결과는 도대체 무엇을 말해주는 걸까?

지금까지 알아본 대로 남자와 여자의 뇌는 성별에 따라 뚜렷한 차이를 보였다. 그러나 이는 단지 평균적이고 통계적인 결과다. 모든 학문이 그렇듯 예외는 있다.

사실 손가락 길이와 뇌의 성별 연구까지 알아보게 된 것은 방송국으로 초대된 16명의 남녀 초등학생 중 성별과는 전혀 다른 결과를 보여준 두 명

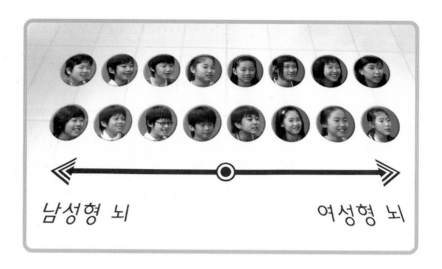

의 아이 때문이었다.

　분명 남성형 뇌, 여성형 뇌는 있다. 실험 결과에서 그래프 남성형 뇌의 가장 왼편에 있는 아이, 가장 남성형 뇌를 가졌다고 분석된 성현이이후 실험자의 이름은 모두 가명를 살펴보자. 놀랍게도 매닝 교수는 성현이의 손바닥을 복사한 자료만 보고 남성적 성향을 정확하게 짚어냈다.

　　손가락 길이비율이 0.91~0.92로 낮은데 즉 약지가 긴 편이다. 이 아이는 출생 전 테스토스테론에 많이 노출되었다는 것을 뜻이다. 이런 손을 가진 사람들은 일반적으로 운동을 잘하고 달리기가 빠를 것이다. 국가대표 축구선수나 육상선수를 조사하면 이 정도의 수치가 곧잘 나온다.

실제로 올해 열두 살인 성현이는 도 대표 축구선수다. 담임선생님은 성현이에 대해 축구에 관심이 많고 굉장히 잘한다며 승부욕이 강한 편이라고 설명한다. 성현이는 자신의 그런 성향에 대해서 딱히 축구를 해야겠다, 이겨야겠다는 생각을 하는 건 아닌데, 그냥 저절로 되는 것 같다고 말한다. 성현이는 실험을 위해서 아이들을 방송국으로 초대할 때, 차 안에서 들은 비발디의 '사계'를 "사기?"라고 되묻고는 잘 기억이 안 난다고 했고 운전자가 강남에 산다는 말에 "강남이요?"라고 반문해놓고는 임상심리사가 질문하자 "인천? 잘 모르겠는데요"라고 말한 아이다.

한편 최종결과 그래프를 보면 여성형 뇌 쪽에 속해 있는 한 명의 남자아이를 발견할 수 있다. 이 아이의 이름은 창희. 남성적이라기보다는 오히려 여성적이라고 해야 할 것 같은 뇌를 가진 남자아이. 매닝 교수는 창희의 손가락 길이 자료를 보고 매우 혼란스러워했다.

꽤 특이한 손가락 길이다. 처음 봤을 때 손가락이 꽤 길어서 남자아이일 거라고 생각했지만, 손가락 길이비율은 매우 여성적이다. 비율이 1인 남자아이는 흔하지 않다. 이 아이에게는 장점과 단점이 있는데, 장점이라면 언어능력이 매우 탁월할 것이다.

올해 열세 살인 창희의 장래희망은 국어선생님. 친구들은 창희를 '아줌마'라고 부른다. 속눈썹이 길고 여성스러운 외모에 잔소리가 많기 때문이란다. 창희 엄마는 창희에 대해 잘 울고 겁이 많은 편이라며, 요리나 설거지하기를 좋아하지만 밖에서 뛰어노는 건 싫어한다고 말했다. 창희는 투호놀이

실험에서 녹화를 한다고 했을 때도 연습 때와 마찬가지로 목표물에 가까이 다가가 조심스럽게 화살을 던졌고, 큐브 맞추기 실험에서도 소극적이었다. 하지만 언어유창성 실험에서는 발음하기 어려운 단어들로만 만들어진 문장을 단 한 번의 실수 없이 단번에 읽어 내려가 사람들을 놀라게 했다. 창희에게는 뭔가 특별한 것이 있는 것이 분명하다.

또 한 명의 아이, 이번에는 최종결과 그래프에서 남성형 뇌 쪽에 속해 있는 여자아이다. 창희와는 정반대편에 서 있는 이 아이의 이름은 소은이다. 큐브 맞추기 실험에서 남자아이와 1등을 주고받은 소은이는 남성적인 뇌, 체계화형 뇌를 가진 것이 틀림없다. 소은이는 학교에서 수학 영재로 뽑힐 정도로 수학이나 과학을 잘하고, 그런 쪽에 관심이 많다. 소은이 엄마는 아이가 지나칠 정도로 활달하다며, 다른 여자아이들처럼 섬세한 면이나 예쁜 인형을 탐내는 면도 있으면 좋겠다고 덧붙였다. 소은이에게도 보통 여자아이와는 다른 무언가가 있다.

17%의 비밀

모든 남자가 남성적인 뇌를 갖고 모든 여자가 여성적인 뇌를 갖는 것은 아니다. 소은이와 창희처럼 남자와 여자의 뇌의 보편적인 특징에서 벗어나는 예외가 있다.

영국 킹스 대학의 쌍둥이연구소 팀 스펙터Tim Spector 교수팀은 25~79세의 607쌍의 여자 쌍둥이를 대상으로 손가락 길이를 측정한 후, 스포츠 능력을 분석했다. 연구 결과 약지가 긴 여성이 축구나 테니스 같은 빠른 달리기를 필요로 하는 스포츠와 육상운동에서 더 우수한 능력을 보였다. 이 연구는 소은이처럼 남성성을 가진 여자들이 생각보다 많다는 것을 뜻한다. 또한 2009년 1월 매닝 박사는 오케스트라의 남성 단원에게서 여성처럼 검지와 약지의 길이가 같거나 비슷한 경우를 발견했다는 연구를 발표했다. 창희처럼 여성성을 가진 남자들이 꽤 있다는 말이다.

최근 성차를 연구하는 세계적인 학자들에 의하면 우수한 극소수의 사람들은 양쪽 뇌의 특징이 공존하는 것으로 나타났다. 캠브리지 대학의 심리학 및 실험심리학 교수인 사이먼 배런 코헨Simon Baron-Cohen 등의 공동논문 「공감·체계화 능력과 자폐증」에서는 전체 인구 중 17%가 반대 성의 뇌를 가졌다고 한다.

83대 17. 확실히 보편적인 수치에 비해서는 소수다. 왜 인류에게는 그런 예외가 있는 것일까? 하지현 교수는 이런 예외를 '이기적 유전자'라는 말을 써서 설명한다.

: 이기적 유전자의 관점에서 볼 때 항상 그런 십 몇 퍼센트를 남겨놓는 경향이 있다. 지금은 사회에서 비적응으로 보일 수 있지만 환경이라는 것이 언제 어떻게 변할지 모른다. 환경이 변하면 지금은 마이너리

티, 비주류, 소수라고 말하는 그런 경향성이 가장 생존하기 좋은 방향으로 바뀔 수도 있는 것이기 때문이다.

남성적인 뇌를 가진 여자, 여성적인 뇌를 가진 남자. 그들은 분명 83%보다 훨씬 적은 수임은 분명하다. 하지만 그 17%의 소수를 이해할 때 인간의 지평은 더 넓어질 것이다. 지금은 비주류지만 그들은 환경에 적응하고자 하는 우리의 미래인지도 모른다.

아들과 딸, 나이는 같아도 체벌은 달라야 한다

네 살 난 남녀 쌍둥이인 인수와 인희. 엄마는 요즘 인수 때문에 고민이다. 얼마 전 인수가 장난감으로 친구를 때렸다. 엄마는 인수를 앉혀놓고 자녀교육서에서 배운 대로 "만일 다른 친구가 너를 때린다면 너는 기분이 어떻겠니?"라고 대화를 시작했다. 그런데 황당하게도 인수는 "나도 때려줄 거야"라고 대답하는 것이었다. 인희는 이런 경우 슬픈 얼굴이 되어 "아프고 슬플 거야"라고 대답하는데, 인수는 도통 엄마가 원하는 반응을 보이지 않는다.

남자아이와 여자아이는 뇌가 다른 만큼 체벌도 다르게 해야 한다. 인희가 친구를 때렸다면 엄마가 실행한 방법은 옳다. 맞은 아이의 기분을 상상해보게 하면, 다른 사람을 공감할 줄 아는 여자아이는 자신의 행동이 잘못된 것을 안다. 하지만 남자아이는 다르다. 공감을 유도하는 말을 이해하지 못한다. 오히려 짧게 "친구를 때려서는 안 된다"라고 따끔하게 말해주는 것이 낫다. 만약 말이 효과가 없다면 타임아웃을 실행한다. 타임아웃이란 일종의 벌로, 바람직하지 못한 행동을 했을 때 3~10분 정도 일정한 장소에 격리되어 있는 것을 의미한다. 보통 빈방이나 '생각의 의자' 등을 활용하는데, 격리되는 상황이나 장소에는 흥미를 끄는 물건이 없어야 한다. 네 살이라면 4분 정도 혼자 있게 하는 것이 적당하다. 체벌은 어떤 경우도 바람직하지 않지만, 꼭 해야 한다면 남자아이의 경우 엉덩이를 한두 대 때리는 것은 효과를 볼 수 있다. 하지만 여자아이의 경우 오히려 역효과가 나므로 절대로 체벌을 해서는 안 된다.

아들과 딸,
다르게 키워야 한다

미술시간에 나타난 차이,
남자와 여자는 다르게 발달한다

미국 텍사스 주의 산안토니오 아 카데미. 네 살 아이들로 이루어진 학급에서 선생님이 아이들에게 물병, 우산, 호두, 스컹크 등이 그려진 8절지를 주고 그림을 오려보게 시킨다. 아이들은 제각기 작은 가위를 들고 그림을 오리기 시작한다. 남자아이와 여자아이는 오리기에서도 차이를 보일까?

남자아이들은 그림의 윤곽선을 다 잘라버리는가 하면 대충 둥글게 오려놓는다. 반면 여자아이들이 오린 그림은 사물의 윤곽선이 분명하게 드러나 있다.

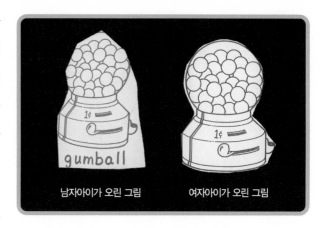

남자아이가 오린 그림　　여자아이가 오린 그림

남자아이와 여자아이를 키워본 부모라면 이런 결과를 충분히 예상할 수 있었을 것이다. 비단 오리기뿐 아니라 종이접기나 만들기를 할 때도 마찬가지다. 같은 연령이라도 여자아이들은 깔끔하게 작업을 마무리하는 데 비해 남자아이들은 뭔가 엉성한 결과물을 내놓는다. 남자아이들은 왜 손으로 하는 섬세한 작업에 서툰 걸까?

이에 대한 답을 하려면 소근육과 뇌의 비밀을 주목해야 한다. 손의 근육은 매우 작고 기다란 사슬 형태이며 서로 미끄러지듯 빠르게 움직인다. 그래서 섬세한 움직임이 가능하다. 글씨를 쓰거나 작은 물건을 집을 때 근육은 아주 미세하게 수축한다. 그런데 손의 근육을 움직일 때 가장 중요한 것이 뇌다. 뇌에서 운동 기능을 담당하는 부위의 무려 30%가 손에 해당하는데, 이는 손가락의 움직임이 그만큼 정교한 정보 처리를 요구하기 때문이다. 그런데 소근육을 관장하는 소뇌가 남자아이들은 늦게 발달한다. 따라서 가위질, 글씨쓰기 같은 활동을 어렵게 여기는 것이다.

삭스 박사는 이렇게 지적한다.

남자아이와 여자아이의 뇌는 서로 다른 순서로 발달한다. 이는 십 년 전에는 전혀 알려지지 않았던 사실이다.

버지니아 공과대학 연구팀은 생후 2개월~16세 남녀 508명을 대상으로 뇌 활동을 검사했다. 그 결과 여자아이들은 언어나 소근육 운동과 연관된 뇌 부위가 남아보다 약 6년 정도 빨리 발달하고, 남자아이들은 여아보다 목표 적중이나 공간기억과 관련된 부위가 약 4년 정도 빨리 발달한다는 사실이 밝혀졌다.

이 밖에 근육운동의 협응, 인과관계 유지 능력도 남녀의 발달 순서와 속도가 서로 달랐다. 하지만 남자가 성인이 되어서도 여전히 가위질을 못하거나 글씨를 잘 쓰지 못하는 것은 아니다. 순서가 다를 뿐 30세 정도가 되면 서로 다른 순서로 발달하던 뇌의 모든 부위가 성숙기에 이르러 남녀 간 차이가 거의 존재하지 않게 된다.

> 이번에는 그리기 시간. 그림을 그린다기보다는 마음대로 도화지를 채워보는 시간이다. 붓에 물감을 묻혀 힘껏 뿌리기도 하고, 물감을 걸쭉하게 풀어 도화지에 잔뜩 묻혀보기도 한다. 물론 그냥 붓으로 칠해도 된다. 오직 하나뿐인 아이만의 그림이 완성되는 순간이다.

그런데 희한하게도 그림만 봐도 남자아이가 그렸는지 여자아이가 그렸는지 구분이 간다. 유치원 미술교사들은 대체로 여자아이들은 분홍색, 빨간

남자아이의 그림   여자아이의 그림

색, 오렌지색, 녹색 등의 밝은 색을 좋아하는 반면, 남자아이는 검정색, 남색 등 어두운 색을 고르는 경향이 있다고 말한다. 여기에 태어날 때부터 다른 남녀의 취향에 대한 답이 있다. 삭스 박사는 이렇게 말한다.

> 비밀은 아이들의 눈에 있다. 남자아이와 여자아이들의 망막은 서로 다르다. 여자들에게 많은 P세포는 색깔과 질감 식별에 유리하다. 남자들에게 많은 M세포는 움직임을 잘 포착하고 사물의 방향이나 속도를 잘 감지한다.

인간의 망막은 빛을 신경학적 신호로 전환시키는 기관으로, 망막에 들어있는 간상세포와 원뿔세포가 받아들인 신호를 신경질세포로 보내는 역할을 한다. 신경질세포는 두께에 따라 얇은 P세포와 두터운 M세포로 나눈다. P세포는 '저것이 무엇인가'를 파악하며 사물의 질감이나 색깔에 대한 정보를 수집한다. M세포는 '물체가 지금 어디에 있고 앞으로 어디로 이동할 것인지'를 파악하며 동작이나 방향에 대한 정보를 주로 수집한다. 정보 수집이 끝나면, P세포는 사물의 색이나 성질을 분석하는 대뇌피질 부위로, M세포는 공간관계나 움직임을 분석하는 대뇌피질 부위로 각각 정보를 보낸다. 그런데 대부분의 남자들은 여자보다 망막이 두꺼운 편으로 M세포가 많고, 여자들은 망막이 얇은 편으로 P세포가 많다. 이러한 차이는 키와 연령과는 무관하게 오직 성별에서만 차이가 난다.

남녀가 그린 그림의 차이도 여기에서 비롯된다. 여자아이들이 밝은 색을 좋아하는 데 비해, 남자아이들은 색깔보다 움직임에 끌린 것은 바로 눈 때문이었다. 여자아이들이 머리부터 발끝까지 분홍으로 꾸미고 싶어 하는 것이나 예쁜 인형을 보면 사달라고 조르는 것도, 남자아이들이 움직이는 자동차를 좋아하는 것도 마찬가지 원리다.

그런데 눈을 관장하는 것은 역시 뇌다. 하지현 교수는 남성의 뇌는 성호르몬의 영향에 의해서 시상하부의 일부 영역이 여성에 비해 2.5배 정도 크다고 지적한다. 시상하부는 성적 행동, 체온, 감정 등 사람의 본능에 관여하는 부분이다. 이에 덧붙여 하이어 박사는 남자아이와 여자아이의 뇌의 차이를 논할 때 우리가 결코 간과해서는 안 되는 사실이 있다고 지적한다.

MRI로 동일한 지능지수를 가진 남녀의 뇌를 분석했다. 놀랍게도 남녀에 따라 지능과 관련된 뇌가 활성화되는 부위가 달랐다. 지능과 관련

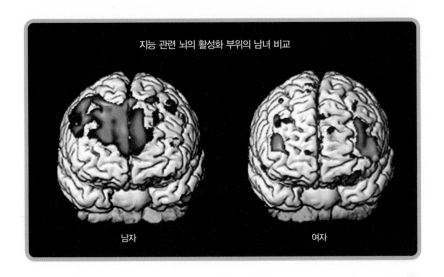

지능 관련 뇌의 활성화 부위의 남녀 비교

남자   여자

된 회백질이 남자들은 앞부분 정중앙에 있는 반면, 여자들은 앞부분 측면에 있었다. 하지만 연구에서 중요한 것은 서로 다른 경로를 통해 동일한 지능에 도달할 수 있다는 것이다.

남자와 여자의 뇌는 확실히 다르다. 하지만 중요한 것은 서로 다른 경로를 통해서도 같은 곳에 도달할 수 있다는 사실이다. 서로 다른 경로를 이용하고 있다는 것을 밝히는 이유는 누가 더 우월한가를 알아내기 위해서가 아니라, 서로를 더 잘 이해하는 방법을 찾기 위해서다.

남자아이와 여자아이, 다른 교육이 필요하다

20~30년 전만 해도 대학 입학시험의 수석 합격자나 사법고시 합격생이나 병원의 의사는 모두 남자였다. 일반적으로 똑똑하고 능력 있는 사람들이 하는 것으로 여겨지는 전문직에서는 '남자'들이 그 일을 담당했다. 따라서 우리는 아들이 딸보다 똑똑하다고 믿었다. 그러나 요즘은 높은 수준의 전문성을 요구하는 분야에 진출하는 여성이 계속해서 증가하고 있다. 2008년 행정고시와 외무고시에서 여성 합격자 수는 전체의 51.2%, 65.7%로 남성 합격자 수를 넘어섰다. 2009년 신규 임용된 검사 중 여성의 비율도 50%를 넘었다. 전통적으로 남성이 두각을 보여온 의료계도 예외가 아니다. 2008년 의사면허 취득자 중에서도 여성이 33.5%를 차지했다. 그야말로 **알파걸**이 넘쳐나고 있는 것이다.

알파걸

하버드 대학 아동심리학과의 댄 킨들런 Dan kindlon 교수가 만들어낸 신조어다. 그는 미국과 캐나다의 15개 학교를 방문해 재능 있고 성적이 우수하며, 현재 리더이거나 앞으로 리더가 될 가능성이 있는 10대 소녀 113명을 인터뷰하고 900명에게 설문을 실시했다. 그리고 미국 여학생의 20%가량이 공부, 운동, 친구관계, 미래에 대한 비전, 리더십 등 모든 면에서 남학생을 능가한다는 사실을 발견했다. 그는 그런 여학생을 그리스어의 첫째 자모 알파α를 따서 알파걸이라고 명명했다.

상황이 이렇다 보니 말문이 트이는 것도 느리고, 말귀도 잘 못 알아듣고, 한글도 늦게 뗀 아들을 보는 엄마들의 시선이 곱지가 않다. 남매를 기르는 엄마는 종종 둘을 비교하며 푸념을 늘어놓는다. 딸은 과외며 학원이며 시키지 않아도 공부를 잘하는데, 아들은 도통 공부에 흥미가 없다는 것이다. 밖에 나가 친구들과 공차기나 좋아하고 집에서는 게임기만 붙잡고 있다. 말을 해도 흘려듣고 숙제나 준비물도 챙겨주지 않으면 빼먹기 일쑤다. 물론 모든 아들들이 다 이렇다는 것은 아니지만 말이다.

옛날 어른들의 말씀처럼 남자아이는 모든 면에서 여자아이보다 느린 걸까? 기다리면 나아지고 언젠가 마음만 잡으면 모든 것을 한꺼번에 잘하게 될까? 어른들의 말씀 중 반은 맞고 반은 틀렸다.

우선 '남자아이는 여자아이에 비해 느리다'라는 말은 틀렸다. 느린 것이 아니라 다른 것이다. 남아는 여아와 다른 발달 순서를 밟는데, 유감스럽게도 자신의 발달 순서에 불리한 환경을 제공받는다. 게다가 부모가 아이에게 기대하는 능력은 얄궂게도 대부분 여아의 발달 단계에 맞춰져 있고, 학습 과정 또한 그렇다. 그래서 남자아이들은 항상 못한다는 소리를 듣는다. 여아는 소근육과 사고, 언어가 먼저 발달하는 데 비해, 남아는 대근육과 행동이 먼저 발달한다. 여자아이는 발달 시기에 맞게 말하기와 읽기, 쓰기를 배우고, 별 어려움 없이 원하는 정보를 얻고 실력을 발휘해서 칭찬을 받는다. 그러나 남자아이들에게 그 시기는 대근육을 발달시키는 시간이다. 한창 움직이고 싶어 하는 아이에게 우리는 앉아서 공부할 것을 강요하는 셈이다. 이 시기에 남자아이의 대근육 발달은 여자아이를 능가하지만, 아무도 아이의 대근육 발달을 칭찬해주지 않는다.

두 번째 '기다리면 언젠가 한꺼번에 잘하게 된다'는 말은 맞다. 발달 순서가 다르긴 하지만 여자아이나 남자아이나 뇌의 성숙이 대부분 이루어지면 발달 정도는 비슷해진다. 물론 앞 장에서 살펴본 대로 몇 가지 능력에서는 평생 동안 남자가 앞서거나 여자가 앞선다. 유아기, 아동기에는 남녀의 발달 순서에 따른 차이가 심하지만 자라면 자랄수록 줄어든다. 때가 되면 남자도 여자만큼 할 수 있다.

그러나 분명히 존재하는 남녀의 차이. 삭스 박사는 남자아이의 특성이 반영되지 않은 교육 현실을 걱정한다.

> 남자아이와 여자아이는 다른 방향으로 접근해야 한다. 학교에서 소년과 소녀의 차이와 특성을 이해하고 교육하는 것이 중요하다. 다섯 살짜리 남자아이의 경우, 뇌에서 언어와 관련된 부위들을 살펴보면 세 살 반짜리 여자아이와 비슷하다. 문제는 미국에서 5세 남자아이에게 읽기와 쓰기를 여자아이들과 똑같이 가르친다는 사실이다.

그는 만 5세밖에 되지 않은 남자아이에게 읽기와 쓰기를 가르치는 것은 너무 빠르며, 차라리 유치원에 보내지 말거나 초등학교에 1년 늦게 보내야 한다고 주장한다. 읽기와 쓰기에 필요한 모든 능력 즉 언어로 자신을 표현하게 하는 뇌 부위, 글씨를 보고 이해하는 뇌 부위, 언어를 듣고 이해하는 뇌 부위, 쓰기를 위해 필요한 소근육을 관할하는 뇌 부위 등의 발달을 종합해볼 때, 남자아이들은 여자아이에 비해 최소 1년~6년까지 늦을 수밖에 없기 때문이다. 따라서 조금 극단적으로 들릴지도 모르겠으나 **단성교육**single-sex education이 필요하다고 말한다.

단성교육 ●
양성교육의 반대 개념으로, 남자아이와 여자아이를 발달 특성이나 시기에 따라 구분해 교육해야 한다는 것이다. 남녀분리교육이라고도 한다.

물론 극단적인 단성교육은 우리 교육 현실에서 어려울 수 있지만, 남녀에게 다른 교육 방식이 필요하다는 데 대해서는 전문가들도 한목소리를 낸다. 곽금주 교수는 심리적으로 다르게 느낀다는 것은 다르게 교육하는 것이 필요하다는 말이다. 남자아이와 여자아이의 차이가 있음은 분명하고 개인차는 또다른 문제다라고 설명한다.

아들, 느긋하게 기다려라

남자아이는 장점이 많다. 여자아이에 비해 공간능력이 우수하고 집중력도 높다. 사물을 꿰뚫어보는 눈이 있으며 감성과 이성을 분리할 줄 안다. 운동능력이 뛰어나며 도전정신이 탁월하다. 이러한 많은 장점을 가졌음에도 몇 가지 약점 때문에 남자아이의 유아기와 아동기는 패배감, 좌절감으로 얼룩지기도 한다. 남자아이의 약점은 여자아이와 발달 순서가 다르다는 것, 그러나 그를 키우고 가르치는 대부분의 사람들이 그런 특성을 이해하지 못하는 '여자'라는 것이다.

가정에서도 유치원에서도 초등학교에서도 여자아이와 비교당하는 남자아이의 엄청난 스트레스를 생각해보라. 아무도 이 아이의 쓰기와 읽기의 능력이 그보다 두 살 어린 여자아이 정도라고 이해해주지 않는다. 아이는 읽기 쓰기를 배우기 시작하면서 속으로 수도 없이 '나는 공부를 못한다', '공부는 재미없다', '나는 할 줄 아는 것이 별로 없다'는 생각을 하며 공부에 대한 선입견을 갖게 될 것이다.

그런데 이 시기에 읽기, 쓰기보다 더 중요한 것은 **자아존중감**self-esteem이다. 자아존중감은 학자에 따라서 초등학교 이전 혹은 초등학교 시기에 거의

자아존중감
'자존감'이라고도 하며 한 개인이 자신에 대해 스스로 어떻게 생각하는가를 말한다. 자존감의 핵심 요소는 '자기 가치'와 '자신감'이며, 나는 사랑받고 존중받을 가치가 있다고 여기는 것, 나는 어려운 일도 잘 해낼 수 있다는 기대감으로 표출된다.

완성된다고 보는데, 이 시기에 읽기, 쓰기로 인해서 아이가 경험한 열등감은 자신에 대한 부정적인 이미지로 남아 평생 좋지 않은 영향을 준다.

뇌 발달 측면에서 보면, 처음에는 발달이 더딘 남자아이도 중학교나 고등학교 시기가 되면 여자아이와 비슷한 학업과제 수행능력을 가지게 된다. 하지만 유치원이나 초등학교 시절 열등감을 갖게 된 아이는 이 시기가 되어 잘할 수 있는 능력이 갖춰져도 자신의 능력을 믿지 않는다. 그래서 공부에 적극적으로 임하지도, 노력하지도 않게 된다. 이런 아이가 더 자라 사회에 나간다면 어떻게 될까? 자신감도 없고, 자아존중감도 낮은 성인이 될 것이다. 물론 남자아이들의 삶이 모두 이 시나리오대로 진행되는 것은 아니지만, 이미 우리 주위에 이런 아이가 많다는 것은 부인할 수 없다.

초보 부모로서 아기를 키울 때를 생각해보자. 아기들이 걷는 시기는 보통 생후 12개월이라고 하지만 실제로는 저마다 다르다. 생후 8개월에 걷는 아기가 있는가 하면 15개월이 지나서야 걷는 아이도 있다. 고작 몇 달 차이지만, 초보 부모들은 아이가 일찍 걸으면 월등한 능력을 지닌 것처럼 좋아하고, 반대로 돌이 지났는데도 걷지 않으면 이상이 있는 것은 아닌지 조급해한다. 하지만 아이가 열 살쯤 되면 첫걸음마를 8개월에 했든 15개월에 했든, 말문이 두 살에 트였든 세 살에 트였든 별 차이가 없다는 것을 알게 된다. 남자아이는 이런 마음으로 키워야 한다. 초등학생 아이를 둔 엄마가 돌쟁이 엄마를 바라보는 여유로운 눈으로 아이를 바라봐야 한다.

그러나 부모 입장에서 그냥 믿고 기다려주기에는 심각해 보이는 문제가 있다. 산만한 행동과 게임중독이 그것이다. 실제로 ADHD주의력결핍 과잉행동장애, Attention Deficit Hyperactivity Disorder와 게임중독은 남자아이에게 유독 심하게 나타난다. 특히 최근 한 학급당 서너 명을 차지할 정도로 증가하고 있는 ADHD는 평균적으로 남자아이의 발병률이 여자아이보다 3~5배 정도 높다.

ADHD는 충동을 억제하지 못하고 부주의한 행동을 자주 하거나 과잉행동·공격성 등이 주요 증상으로 나타나는 소아정신과 질환 중 하나다. 7세 이전의 아동기에 발병해 취학 연령 전후에 발견되는 것이 일반적이다. 정확한 원인은 밝혀지지 않았으나 뇌 신경전달물질의 분비 이상이 가장 유력한 원인으로 꼽힌다. 이 외에도 임신 중의 과도한 스트레스나 유전적인 요소, 부모의 양육방식이 원인이 된다는 연구도 있다. 하지만 일반적으로 유치원이나 초등학교에 들어가기 전까지는 발견하기가 어렵다.

남녀의 차이에 대해 연구하는 학자들은 남자아이에게서 ADHD가 많이 나타나는 이유에 대해서 그들의 발달 차이 때문이라고 말한다. 남자아이는 여자아이보다 발달시켜야 하는 근육의 양이 많고, 특히 유치원이나 초등학교 시기는 대근육을 발달시키는 때이기 때문에 산만하게 보인다는 것이다. 하버드 대학의 앨런 랭어Ellen Langer 교수는 '주의력결핍'이란 교사나 부모가 원하는 일이 아닌 다른 일에 주의를 기울이는 현상을 달리 표현한 말일 뿐이라고 지적한다. 삭스 박사 역시 『알파걸들에게 주눅 든 내 아들을 지켜라』라는 저서에서 남자아이를 ADHD로 진단할 때는 아주 신중해야 한다고 말한다. 오랫동안 한 곳에 조용히 앉아 있기를 바라는 것은 남자아이의 발달에 올바르지 않기 때문이다. 가만히 앉아 있는 수업에서는 산만하고 부주의하지만, 체육이나 과학 등 활발한 활동을 하는 수업에서는 그렇지 않다면 그 아이는 ADHD가 아닐 수도 있다. 또한 7세 이전에는 괜찮았는데 상급학교로 올라가면서 갑자기 그런 증상을 보인다면 ADHD가 아니라 우울증이

ADHD 체크리스트

＊아이가 보인 지난 일주일 동안의 행동을 생각하며 체크한다.
＊총점이 19점 이상인 경우 ADHD가 의심된다.

전혀 그렇지 않다 : 0 약간 혹은 가끔 그렇다 : 1 상당히 혹은 자주 그렇다 : 2 매우 자주 그렇다 : 3

	0	1	2	3
1. 학교 수업이나 일, 혹은 다른 활동을 할 때, 주의집중을 하지 않고 부주의해서 실수를 많이 한다.	☐	☐	☐	☐
2. 가만히 앉아 있지 못하고 손발을 계속 움직이며 몸을 꿈틀거린다.	☐	☐	☐	☐
3. 과제나 놀이를 할 때 지속적으로 주의집중하는 데 어려움이 있다.	☐	☐	☐	☐
4. 수업시간이나 가만히 앉아 있어야 할 상황에 일어나 돌아다닌다.	☐	☐	☐	☐
5. 다른 사람이 말할 때 귀담아 듣지 않는다.	☐	☐	☐	☐
6. 상황에 맞지 않게 과도하게 뛰어다니거나 기어오른다.	☐	☐	☐	☐
7. 흔히 시키는 일을 끝내지 못하고 도중에 포기해버린다.	☐	☐	☐	☐
8. 조용히 하는 놀이나 오락활동에 참여하는 데 어려움이 있다.	☐	☐	☐	☐
9. 과제나 활동을 체계적으로 하는 데 어려움이 있다.	☐	☐	☐	☐
10. 항상 끊임없이 움직이거나 마치 모터가 달려서 움직이는 것처럼 행동한다.	☐	☐	☐	☐
11. 공부나 숙제 등 지속적으로 정신적 노력이 필요한 일이나 활동을 피하거나 싫어하거나 하기를 꺼린다.	☐	☐	☐	☐
12. 말을 너무 많이 한다.	☐	☐	☐	☐
13. 과제나 활동을 하는 데 필요한 것들(장난감, 숙제, 연필 등)을 잃어버린다.	☐	☐	☐	☐
14. 질문을 끝까지 듣지 않고 대답한다.	☐	☐	☐	☐
15. 외부자극에 의해 쉽게 산만해진다.	☐	☐	☐	☐
16. 자기 차례가 올 때까지 잘 기다리지 못한다.	☐	☐	☐	☐
17. 일상적인 활동을 잊어버린다.(숙제를 잊어버리거나 준비물을 두고 학교에 간다.)	☐	☐	☐	☐
18. 다른 사람을 방해하고 간섭한다.	☐	☐	☐	☐

(출처 : 조지 듀폴George Dupaul 평가척도)

나 다른 심리적인 문제 때문일 수도 있다. 따라서 정확한 진단을 내리기 어려우므로 4~5군데 병원에서 검사를 받아보는 것이 필요하다. 면담과 관찰뿐 아니라 MRI를 이용한 검사도 해보는 것이 좋다.

ADHD를 조기진단하고 치료해야 하는 것은 방치할 경우 46%가 성인이 되어서도 증상이 이어지지만 초기 치료할 경우 70~80% 정도가 호전되기 때문이다. 성인이 되어서도 ADHD를 가지고 있는 경우 학습은 물론 정서나 대인관계 등 광범위한 문제로 발전할 수 있지만, 약물, 부모교육, 놀이, 사회성 기술 훈련 등 다양한 방법으로 치료를 하면 산만함과 사회성 부족 같은 ADHD의 대표증상은 호전된다. 일찍 발견될수록 완치될 확률이 높다. 하지만 삭스 박사는 효과가 빠르다고 쉽게 약물치료를 결정해서는 안 된다고 주장한다. 오히려 뇌에 좋지 않은 영향을 줄 수 있기 때문이다. 아이가 ADHD로 의심된다면 그런 증상을 보이는 환경적인 원인을 찾아보고, 그것을 교정하는 것이 우선이다. ADHD라고 진단받은 남자아이 중에는 특유의 활동성을 분출해 정상적으로 성장한 경우도 많기 때문이다.

산만한 행동과 함께 아들 둔 부모의 또 한 가지 걱정거리가 게임중독이다. 왜 남자아이들은 게임에 그토록 몰입할까? 삭스 박사는 그 이유를 남자아이는 여자아이보다 권력의지가 앞서기 때문이라고 설명한다. 권력의지란 남을 정복하고 이겨서 스스로 강해지려는 의지를 말한다. 대부분의 여자아이는 남에게 좋은 평가를 받는 것을 중요하게 여기지만, 남자아이는 다른 사람의 평가보다는 스스로의 지배력이나 의지를 중요하게 생각한다. 이런 성향 때문에 남자아이들은 승패가 분명하고 조작만 잘하면 지배력을 맛볼 수 있는 게임에 몰입하게 되는 것이다.

간혹 아이가 게임을 잘하면 머리가 좋은 것으로 착각하는 부모도 있는데, 지나치게 게임을 하면 뇌에 좋지 않은 영향을 준다. 7~14세 남자아이를 대상으로 이루어진 연구 결과, 비디오게임을 하면 뇌의 혈액순환이 원활하지 않은 것으로 밝혀졌다. 특히 전두엽으로 가는 혈류가 막힌다. 뇌는 혈액이 골고루 공급되어야 제대로 작동할 수 있는 기관이다. 그런데 게임을 하면 뇌의 한 부위에 피가 과도하게 몰려서 혈류가 막힐 수도 있다는 것이다. 또한 게임을 통해서 권력의지를 맛보며 희열을 느끼더라도 그것은 현실세계와는 아무 상관이 없는 것이라 현실적인 자존감에도 도움이 되지 않는다.

아이의 게임시간은 줄이면 줄일수록 좋다. 두뇌 발달을 위해서도 현실생활에 적응하게 하기 위해서도 필요한 일이다. 하지만 갑자기 끊으면 아이가 불안해할 수 있으므로 전략적으로 서서히 진행해야 한다. 처음에는 게임을 하는 장소를 바꾸고, 그다음에는 게임의 종류를 바꾸고, 서서히 시간을 줄이는 등 단계적인 노력이 필요하다. 또한 게임이 아닌 실제 경험에서 권력의지를 맛볼 수 있도록 대체물을 찾아주는 것도 좋다.

첫 번째 변화는 장소. 보통 아이가 게임을 하는 곳은 자신의 방이다. 혼자만의 공간에서 게임을 하면 부모가 감시하기가 어려워, 아이는 부모의 눈치를 보지 않고 게임을 오래 즐긴다. 가족이 항상 드나들고 어수선한 공간, 거실이나 서재, 주방으로 컴퓨터를 옮겨라. 부모는 항상 아이가 무슨 게임을 하고 있는지 알아야 한다.

그런 다음에는 게임 종류를 서서히 바꾼다. 만약 아이가 게임에 중독되어 있다면 그것은 십중팔구 무기로 무언가를 파괴시키는 것이나, 총으로 사람을 죽이는 것, 또는 자동차 경주일 것이다. 보통 폭력성이 있는 게임은 아이들에게 중독 증상을 가져온다. 하지만 마을을 만든다든지, 강아지를 키운다든지 하는 게임은 중독성이 강하지 않다. 폭력성이 강한 게임은 금하고 건전한 게임으로 그 종류를 바꾸어간다.

또한 게임을 할 수 있는 조건과 시간을 정확히 정한다. 게임을 할 수 있는 조건은 아이가 숙제나 학원수업 등 해야 할 모든 일을 다 끝낸 뒤로 정한다. 만약 여러 가지 일, 예를 들어 가족, 학교, 친구와 관련된 일과 게임이 겹쳤을 때, 게임은 맨 마지막에 하는 것으로 약속을 한다. 가족이 1순위, 학교가 2순위, 친구가 3순위, 게임은 4순위라는 것을 명심시킨다. 그리고 하루 40분, 주말에는 1시간 정도의 시간을 할애해준다. 이러한 규칙은 미리 말해주어야 하고 종이에 써서 컴퓨터 책상 앞에 붙여놓아도 좋다. 그리고 어떤 상황이라도 그 규칙을 지키도록 한다. 손님이 오거나 부모가 기분이 좋다고 해서 규칙을 깨도록 허용해서는 안 된다. 남자아이는 유동적인 규칙보다 강력한 규칙을 더 잘 지킨다.

그리고 아이가 게임에 중독되지 않게 하려면 승부욕과 지배욕을 분출할 수 있는 대체물을 찾아주어야 한다. 폭력적인 게임을 좋아하는 아이라면 신체적인 접촉이 심한 스포츠, 땀을 흠뻑 흘리면서 가쁜 숨을 몰아쉬어야 하는 운동을 시켜라. 달리기, 농구, 축구, 레슬링, 태권도, 검도 모두 괜찮다. 방학 때는 극기 훈련 캠프 같은 곳에 보내보는 것도 괜찮다. 자동차 경주에 너무 심취한 아이라면 놀이공원에 가서 범퍼카를 실컷 태워주든지, 아빠와 자전거 경주를 하는 것도 좋다. 아이는 이런 현실 속 경험을 통해서 게임보다 실제 경험이 더 재미있다는 것을 알게 된다. 이러한 실제 경험은 아이의 자존감을 키워주는 데도 효과가 있다.

이런 문제에 유의하면서 조금만 기다려주면, 남자아이도 자신이 해야 할 과제를 모두 잘 해낸다. 하지현 교수는 남자아이를 키우는 데 가장 필요한 것은 꾸준한 인내를 가지고 기다리는 것이라고 말한다. 그렇다면 남자아이를 잘 키우기 위한 구체적인 방법은 어떤 것이 있을까?

첫째, 감정을 솔직하게 표현하는 모습을 많이 보여준다

우리는 흔히 남자다움은 감정을 억제하는 것이라고 생각한다. 아이가 다쳐서 울 때도 남자니까 참아야 한다고 말한다. 그런 특징이 굳어지지 않게 하려면 어릴 적부터, 특히 아빠가 감정을 솔직하게 표현하는 모습을 보여주는 것이 필요하다. 남자아이의 역할모델은 아빠이기 때문이다.

둘째, 스킨십을 자주 해준다

테스토스테론이 가진 성향에는 공격성도 있으므로 남자아이들은 여자아이들보다 공격적이다. 그래서 남자아이들은 말로 하면 될 일도 밀치고 던져서 해결한다. 남자아이를 폭력적이지 않고 부드럽게 키우려면 애정이 듬뿍 담긴 스킨십을 해라. 많이 안아주고 사랑한다는 말도 자주 해주자. 엄마 아빠와 신체접촉을 할 수 있는 운동, 예를 들어 씨름이나 축구를 하는 것도 좋다. 스킨십을 많이 한 아이는 그렇지 않은 아이에 비해 공격성이 적을 뿐 아니라 감수성도 풍부해진다. 남자아이라도 울거나 속상해할 때는 따뜻한 스킨십으로 그 마음을 알아줄 필요가 있다. 아이를 안아주거나 어깨를 다독여주는 것만으로 아이는 공감을 느끼고 배울 수 있다.

셋째, 부정적 감정을 받아주고 말로 표현하는 연습을 시킨다

남자아이는 초등학교에 가게 되면 조금 반항적으로 변한다. 자아가 뚜렷해지는 데 비해 주위에는 그것을 알아줄 사람이 없기 때문이다. 초등학생 시기에 아이들은 남들의 평가로 자신을 가늠한다. 그런데 초등학교 교사의 90%가 여성이다 보니, 남자아이들의 특성을 이해하지 못하는 경우가 종종 생긴다. 예컨대 남자아이의 '창의성'이 수업에 방해되는 '돌발행동'으로 오해되기도 한다. 그래서 남자아이는 초등학교에 들어가면서 부정적인 감정을 많이 느끼게 된다. 아이가 이런 감정을 쌓아두지 않게 하려면 아이와 대화를 많이 하고 부정적 감정을 말로 표현하는 연습을 해야 한다. 아이가 언어로 표현하는 것을 어색해한다면 엄마가 먼저 '화가 났구나', '슬프구나', '폭발하기 직전이구나'처럼 아이의 감정 상태를 거울에 비추듯 이야기해주자. 아이는 자신의 감정 상태를 언어적으로 표현할 수 있다는 사실을 알게 되고, 감정을 언어로 표현하는 능력을 습득할 수 있다. 또한 다른 사람이 자신의 감정에 공감해준다는 것으로 인해 부정적 감정이 엷어지는 효과도 있다.

넷째, 공부를 못한다고 혼내지 않는다

앞서서 여러 번 말했지만 남자아이의 학습능력은 생각보다 늦게 발달된다. 유아기나 아동기의 남자아이가 부모의 바람만큼 못하는 것은 아이의 머리 탓이라기보다는 발달의 순서가 다른 탓임을 이해해야 한다. 현실적으로 남자아이만 따로 모아놓고 가르치는 것이 어려운 만큼, 아이가 기초 정도만 파악했다면 만족하고 너무 잘하기를 기대하지 말라. 으박질러 자존감을 낮춰놓지만 않으면 때가 되면 남자아이도 다 잘한다.

다섯째, 몸으로 느낄 수 있는 체험학습을 많이 시킨다

지금까지 살펴본 남자아이의 특징을 정리해보면 수학, 영어, 논술 학원에서 가서 조기교육을 받는 것은 오히려 아이를 망치는 행위라는 결론에 도달할 수 있다. 오히려 체험학습을 통해서 아직 학습을 받아들일 준비가 되지 않은 남자아이의 고충을 덜어주는 것이 낫다. 남자아이는 앉아서 설명을 듣고 글씨를 쓰는 것은 늦지만, 호기심이 왕성하고 움직이면서 배우는 것은 여자아이보다 빠르다. 따라서 학습 내용에 맞춰 최대한 체험해보게 하면 능률을 높일 수 있다. 체험학습이란 코끼리에 대해 배우기 위해 직접 코끼리를 만져보는 것만을 의미하지 않는다. 물론 직접 경험이 가장 좋긴 하지만, 그것이 어렵다면 코끼리 모형 등을 이용하는 경험도 괜찮다. 영화나 텔레비전, 슬라이드, 사진, 견학 등도 간접적 체험학습에 도움이 된다.

여섯째, 경쟁에서 배우게 하고 승부욕을 자극한다

남자아이들은 여자아이에 비해 승부욕이 강하다. 어린 남자아이가 밥을 잘 먹지 않을 때, 누가 빨리 먹는지 내기를 하자고 하면 정신없이 숟가락질을 하기 시작한다. 조금은 유치해 보이지만 남자아이의 이런 습성은 꽤 오랫동안 지속된다. 초등학교에 입학해 청군 백군으로 팀을 나눠 승부를 겨룰 때 상기되어 열심히 하는 것은 대부분 남자다. 남자아이는 경쟁과 승부를 즐긴다. 따라서 적당한 선에서 아이가 경쟁할 수 있는 상황을 만들어주면 의욕을 북돋고 성취 결과도 좋게 만들 수 있다. 하지만 한 가지 주의할 점은 아이가 경쟁이나 승부를 즐기기 전에 도덕적 규칙을 먼저 일러주어야 한다는 사실이다. 규칙을 지키지 않는 경쟁이나 승부는 이겨도 이긴 것이 아니라는 것을 반드시 가르쳐준다.

일곱째, 애완동물이나 식물을 키워보게 한다

남아의 언어능력이나 감정표현 능력이 여아에 비해 뒤지는 것은 공감능력이 부족하기 때문이다. 남자의 공감능력은 어릴 때는 물론 성인이 되어서도 여자를 따라가지 못한다. 그러니 아이가 어릴 적부터 공감해볼 수 있는 기회를 많이 만들어줘라. 어린 시절 아이들은 움직이고 살아 있는 것은 모두 친구가 될 수 있다고 생각하므로 동물이나 식물을 키워보게 해서 자신 이외의 다른 존재를 생각해보게 하는 것이 좋다. 햄스터나 강아지, 고양이, 병아리, 금붕어 등 애완동물에게 먹이를 주고 씻겨주고 놀아주면서 아이는 다른 사람의 입장이 되어보고 남을 배려하는 연습을 할 수 있다. 또한 다른 존재에 대해 아는 것은 다른 사람의 정서를 인식하는 능력으로 발전한다.

여덟째, 운동에너지를 발산하도록 한다

남자아이가 발달시켜야 하는 대근육은 여자아이가 발달시켜야 하는 양보다 많다. 남자아이가 산만해 보일 정도로 분주하게 움직이는 것은 운동에너지가 넘쳐나기 때문이다. 집 안에서 뛴다고 혼낼 것이 아니라 하루에 한 시간은 밖에서 마음껏 뛰어놀도록 한다. 아빠와 자전거를 타든지, 농구를 하든지, 달리기 시합을 하든지 다 괜찮다. 땀이 나도록 신나게 뛰어놀고 나면 왕성한 운동에너지를 분출할 수 있을뿐더러 아빠와도 더욱 가까워진다.

딸, 당당한 리더로 키워라

다중지능 이론의 창안자인 하버드 대학 교육학과 교수 하워드 가드너 Howard Gardner 는 리더가 되려면 보통 사람에 비해 3~4가지 지능이 좋아야 한다고 말했는데, 이는 대부분 여성에게서 돋보이는 지능이다. 그는 우선 언어지능이 뛰어나야 한다고 보았다. 사람들에게 설득력 있게 말을 할 수 있어야 하기 때문이다. 또한 사람을 이해하는 지능이 높아야 하고, 자신을 돌아보는 자성지능도 갖춰야 한다고 했다. 여자아이는 대개 가드너 교수가 말한 리더의 지능을 갖추고 있다. 언어능력이 발달해 언어지능이 높고, 공감능력이 발달해 인간친화지능, 자기이해지능이 높은 편이기 때문이다. 여자아이는 이미 리더가 될 만한 유리한 고지를 점령하고 있는 것이다.

실제로 세계적인 여성 CEO들은 여자의 뇌가 가진 능력을 잘 이용했다. 여성 CEO 하면 누구나 가장 먼저 떠올리는 미국의 컴퓨터 제조회사 휴렛팩커드의 전 회장 칼리 피오리나. 그녀는 탁월한 추진력과 천부적인 언어감각을 자랑했다. 거기에 하나 더 추가된 것은 '무슨 일이 있어도 절대 포기하지 마라, 가장 큰 승리는 대개 최후에 오는 법이다'라는 좌우명이다. 한국 최초의 성공한 여성 기업가로 평가받는 애경그룹의 장영신 전 회장도 탁월한 리더십과 정도경영으로 유명하다. 그녀는 무엇보다 개척정신이 중요하다고 강조한다. 알파걸의 대표적인 역할모델인 미국의 방송인이자 경영자 오프라 윈프리는 훌륭한 경영자가 되려면 비즈니스에 대해서 아는 것도 중요하지만 사람을 가슴으로 관리하는 것이 중요하다고 말한다. 그녀의 경영철학은 바로 사람을 중시하는 것이다. 성주인터내셔널의 사장 김성주도 세계가 주목하는 여성 CEO 중 하나다. 그녀는 술대접, 골프사교, 탈세, 뇌물 등의 관행을 거부한 투명경영으로 유명하다. 또한 숱한 국제행사에 참석해 한국의 위상을 알리고, 주말이면 시설을 찾아 봉사활동에 힘썼으며, 기업 순익의 10%를 기부하는 등 사회공헌활동을 했다. 세계적 복사기 전문회사 제록스의 역사상 첫 여성 CEO 앤 멀케이는 제록스가 쓰러져갈 때 과감한 구조조정으로 회사를 살렸다. 그녀는 자신이 성공할 수 있었던 이유는 직원들을 향해 '듣기 여행'을 했기 때문이라고 말했다.

몇몇 여성 CEO의 성공 이유를 살펴보면 여자의 뇌가 가진 강점이 고스란히 녹아 있다. 천부적인 언어감각, 정도경영, 사람 중시, 투명경영, 듣기 여행 등이 그것이다. 이것은 모두 공감능력에서 비롯된다. 공감능력을 가진 리더는 직원을 필요와 욕구를 충족하기 위해 이용하는 도구로 보지 않고, 감정을 가진 사람으로 본다. 그들도 사적인 시간과 공간이 필요한 개인적인 삶을 산다는 것을 이해한다. 그래서 '친절한 리더십', '따뜻한 리더십'이 나올 수 있는 것이다.

하지만 공감능력 하나만으로는 리더가 될 수 없다. 사실 대학을 졸업하고 회사에 입사할 때까지만 해도 여자들은 남자들보다 우수한 능력을 자랑한다. 그런데 이상하게도 정치계든 경제계든 학계든 고위직은 대부분 남성의 차지다. 똑똑한 여자들은 다 어디 가고 이른바 윗자리에는 남자들만 남아 있는 걸까? 이는 사회적 구조에 따른 문제이기도 하지만, 뇌에도 일부 원인이 있다. 리더가 되는 데 중요한 '도전정신, 추진력, 끈기'가 여성의 뇌에 상대적으로 부족하기 때문이다. 이러한 뇌의 특성을 보완하려면 여자아이는 의식적으로라도 더 많이 도전해보게 하고, 스스로 리더가 되어 다른 사람을 이끌어보게 하고, 뭐든 시작한 일은 끝까지 해내도록 하는 훈련을 많이 시켜야 한다. 여자아이를 리더로 키우고 싶다면 다음의 몇 가지를 명심하자.

첫째, 다양한 장난감을 사준다

여자아이의 취향은 대개 비슷해서 인형이나 액세서리, 옷 등을 좋아한다. '이제 여자아이의 뇌가 좋아하는 것을 알았으니 인형이나 분홍색 옷을 사줘야겠다'고 생각하는 것은 좀 위험하다. 물론 인형이 좋다는 아이에게 억지로 자동차를 가지고 놀라고 해서는 안 된다. 하지만 아이는 여자이기 이전에 오감을 자극받아 뇌를 고루 발달시켜야 하는 단계에 있다. 아이가 좋아하는 것만 가지고 놀게 하지 말고, 점점 다양한 장난감을 접해보고 조작해볼 수 있는 기회를 주어야 한다.

둘째, 스스로 도전해서 실패하고 성공하는 기회를 만든다

흔히 여자는 남자보다 약하다고 생각한다. 그래서 항상 보호받아야 할 존재라고 여긴다. 신체적인 조건에서는 여자가 남자보다 연약할 수 있지만, 정신적인 면에서는 그렇지 않다. 그러나 대부분의 부모는 딸을 보호하고 또 보호하면서 그야말로 '온실 속의 화초'로 키운다. 남자보다 모험심이나 도전정신이 부족하게 타고난 여자아이를 부모가 품 안에서만 키우려고 들면, 아이는 의존적인 성향으로 자랄 수밖에 없다. 아주 작은 일부터 시작해서 아이가 스스로 도전해보고 실패하고 성공하는 경험을 쌓을 수 있도록 하자. 마치 자전거 타기를 배울 때처럼, 부모는 처음에는 뒤에서 잡아주었다가 서서히 손을 떼면 된다. 점진적으로 아이 혼자서 페달을 밟아 저 멀리까지 갈 수 있도록 해줘야 한다.

셋째, 많이 뛰어놀도록 한다

여자아이들은 남자아이들에 비해 바깥놀이를 별로 좋아하지 않는다. 그것은 남자아이들이 서툴기 때문에 글씨 쓰는 것을 좋아하지 않는 것과 같은 이유다. 여자아이니까 그럴 수 있다고 내버려둘 것이 아니라, 운동능력을 키울 수 있는 바깥놀이를 자주 하도록 해야 한다. 남자의 뇌든 여자의 뇌든 운동자극은 교감신경을 활성화해 우리 몸을 새로운 자극을 받아들일 수 있는 준비상태로 만든다. 남자아이들이 끊임없이 새로운 도전을 할 수 있는 것은, 그들이 여자아이보다 좀 더 오랜 시간 대근육을 발달시키는 운동자극을 즐기기 때문인지도 모른다. 안전지향적인 성격을 가진 여자아이들은 새로운 일보다는 익숙한 일을 좋아하지만, 익숙한 일만 계속해서는 발전하기 힘들다. 또한 바깥공기를 쏘이며 뛰어보는 것은 스트레스 해소를 위해서도 필요하다.

넷째, 주체적 사고를 심어준다

아이가 하고 싶어 하는 것이 있으면 뭐든 해보도록 해라. '착하다', '예쁘다'는 말을 남용하면서 여자아이의 행동을 고정시키지 마라. 아이가 사회에 나가서도 정정당당하게 경쟁하게 하려면 자신의 의지대로 행동할 수 있는 기회를 주어야 한다. 그러려면 아주 위험한 행동이 아니라면 '안 돼'라는 말은 덜 사용하는 것이 좋다. 언어능력과 공감능력이 우수한 여자아이들은 부모의 지시에 잘 따른다. 또한 여아는 남아보다 어른에게 사랑받고자 하는 욕구가 강하다. 부모가 안 된다고 말하면 아이는 부모에 뜻에 맞춰서 자기가 하고 싶은 것을 하나둘 포기할 것이다. 그러다 보면 스스로 해보고 싶은 것이 아무것도 없는 소극적인 어른으로 자랄 수 있다. 딸에게 '안 돼'라고 말할 때 혹시 그 말 앞에 '너는 여자니까'가 숨어 있는 것은 아닌지 한번쯤 생각해보라.

다섯째, 여성적인 것을 강요하지 않는다

모든 여자아이가 여성적인 취향을 가진 것은 아니다. 그저 자동차와 인형 중 인형을 더 좋아하고, 태권도와 피아노 중 피아노를 더 하고 싶은 것이지, 자동차와 태권도를 싫어하는 것은 아닐 수 있다. 또한 나의 아이가 83%의 전형적인 성에 걸맞은 뇌를 가진 아이가 아니라 17%의 예외일 수도 있다. 따라서 아이에게 태권도나 수영, 축구를 시켜보아도 괜찮다. 블록이나 기차 장난감을 주는 것도 좋다. 이는 아이에게 부족한 공간능력이나 체계화능력을 키워주는 데 도움을 줄 수 있다. 여성적인 뇌든 남성적인 뇌든, 뇌는 고정된 것이 아니라 학습을 통해 계속 변하고 발달한다.

여섯째, 이성인 아빠가 딸 아이 교육에 많은 시간을 할애한다

여자아이는 엄마를 많이 닮는다. 여자아이의 역할모델은 엄마다. 하지만 정신분석학의 창시자로 잘 알려진 지크문트 프로이트Sigmund Freud의 말에 따르면 여자아이가 엄마를 닮으려고 하는 것은 아빠의 마음에 들기 위해서라고 한다. 따라서 엄마의 열 마디보다 아빠의 한 마디가 여자아이에게는 더 큰 영향을 줄 수 있다. 특히 초등학교 저학년 때까지는 자신감, 독립심, 자율성을 키워갈 때인 만큼 아빠의 관심과 격려가 더욱 필요하다. 딸과 더 많은 시간을 보내고 많은 경험을 함께 해야 한다. 알파걸이라는 신조어를 만든 킨들런은 아빠가 가진 대범하고 장난스러운 성향이 여자아이의 유머감각 발달에 도움을 주며 긴장을 완화시켜준다고 지적한다. 또한 아빠와 관계가 좋은 여학생은 주관이 뚜렷하고 새로운 경험에 대해 겁을 덜 내며 적극적이라고 말했다. 무엇보다 아빠를 보고 남자들을 다루는 법, 특히 경쟁 상황에서 대처하는 법을 배우게 된다는 것이다. 요컨대 여자아이로서 가지는 핸디캡을 아빠가 교육에 참여함으로써 해결할 수 있다는 말이다.

상호 보완을 위한 부모의 노력

아이의 성별과 상관없이, 부모들이 가장 바라는 것은 아이가 바르고 건강하게 자라는 것이다. 앞서 남녀 초등생 16명을 대상으로 실시한 실험은 혹시나 남자아이여서 또는 여자아이여서 어떤 상처가 더 생기는 것은 아닌지, 이전에 부모들이 가졌던 발달에 대한 오해 때문에 행여나 아이가 삐뚤어지는 것은 아닌지 염려하는 마음으로 진행되었다. 그리고 그 결과 단 16명 중에서도 남성적인 뇌를 가진 남자, 남성적인 뇌를 가진 여자, 여성적인 뇌를 가진 남자, 여성적인 뇌를 가진 여자가 모두 있었다. 아마 우리의 아이도 이

네 부류 중 하나에 속할 것이다.

지금 이 순간에도 많은 학자들에 의해서 실험이 계속 진행되고 있고 앞으로도 남녀의 과학적 차이가 계속해서 밝혀지겠지만, 우리가 말할 수 있는 것은 단지 이 네 부류의 우열을 가릴 수 없다는 사실뿐이다. 네 부류 중 누가 더 낫거나 못한 것은 아니다. 각자 오묘하게 장점과 단점을 가지고 있으며, 그들이 가진 장점은 서로 함께 살아가는 데 꼭 필요한 것들이다.

부모로서 아들과 딸을 대할 때도 이 점을 명심해야 한다. 아들이지만 여성적인 뇌를 가졌을 수 있고, 딸이라도 남성적인 뇌를 가졌을 수 있다. 또한 아이에게는 단점도 있지만 세상을 조화롭게 하는 장점도 분명히 있다. 그래서 아이는 어떤 뇌를 가졌느냐에 상관없이 그 모습 그대로 존중되어야 한다. 부모가 해야 할 일은 아이의 단점을 지나치게 오해하지 않고, 아이가 도움을 요청할 때 손을 잡아주는 일이다.

남자아이 대부분은 숙제를 잘 하지 않는다

윤재는 초등학교 2학년 남자아이다. 지난번 성적표에서 '매우 잘함'을 반 이상 받아왔을 정도로 비교적 공부를 잘하는 편이다. 그런데 윤재의 생활 모습은 그다지 착실하게 보이지 않는다. 미리 숙제를 한다거나 준비물을 챙겨두는 적이 없다. 하루 종일 아무 말 없다가 학교에 가기 직전에 숙제가 있으니, 준비물을 사야 하느니 이야기를 해 가족을 초비상 사태로 만든다. 엄마는 숙제 시키느라 바쁘고, 외할머니는 문구점에서 준비물을 사느라 정신없다.

결론부터 말하자면 윤재가 특히 불성실해서 그런 것이 아니다. 남자아이 대부분은 누가 챙겨주지 않으면 숙제를 잘 하지 않고, 준비물도 빠뜨리기 일쑤다. 아주 공부를 잘하는 학생조차 숙제하기 싫어하고 준비물 챙기기에 무심하다. 하지만 여자아이들은 학교에서 돌아오면 숙제부터 하고 준비물을 미리 챙겨놓는 등 능숙하게 학교생활을 한다. 여자아이는 선생님이나 부모 등 어른에게 잘 보이고 싶어 하는 성향이 있지만, 남자아이에게는 그런 성향이 없기 때문이다. 그러므로 남자아이를 키울 때는 학교에 다녀온 후 알림장부터 확인하고 숙제와 준비물을 챙기는 것을 최우선으로 알려주는 지도가 필요하다. 하지만 잔소리처럼 해서는 안 된다. 그러한 원칙을 말해주고, 그것이 필요하다는 것은 스스로 경험으로 알 수 있게 한다. 등교 직전 숙제나 준비물을 말한다면 그냥 학교에 보내라. 선생님에게 혼이 나거나 친구들에게 준비물을 빌리면서 '다음부터는 그러지 말아야지'라고 생각할 것이다. 매번 부모가 알아서 해준다면, 아들은 학년이 올라가도 그런 성향을 고치기 힘들다.

아들과 딸, 최적의 학습법은 따로 있다

물론 개인차가 존재하지만, 아들과 딸에게 맞는 학습법을 알고 있으면 좀 더 효과적인 공부가 가능하다. 유아기부터 초등 저학년까지, 내 아이에게 필요한 학습법을 알아보자.

0~3세 : 아들은 대근육 발달, 딸은 소근육과 언어능력을 키우는 시기

● 아들

| 말문 트기를 강요하지 않는다 | 남자아이들은 대개 여자아이에 비해 말이 늦게 트이는 편이다. 아이가 엄마의 말을 잘 알아듣고 행동으로나마 자신의 의사표현을 한다면 굳이 말하기를 강요해서는 안 된다. 아이가 말귀를 잘 알아듣는 것 같다면 꾸준히 주변의 사물 이름이나 신체의 명칭 등을 말해주면서 말이 트이기를 기다린다. 아이가 말을 하려고 할 때 부모가 먼저 아이가 하려는 말을 해서는 안 된다.

| 움직이는 사물 위주로, 활동 위주로 그림책을 읽는다 | 딸이든 아들이든 그림책은 글자가 아닌 그림 위주로 읽어주는 것이 좋다. 그런데 그림을 위주로 읽더라도 남자아이와 여자아이가 각각 책에 빠져들게 하는 데는 방법을 달리하는 것이 효과적이다. 남자아이는 여자아이에 비해 감정을 이해하는 속도가 느리다. 그러므로 그림책을 읽어주면서 "아기 오리는 얼마나 슬펐을까?"라고 감정적으로 접근하는 것보다는 그림책 속에 나오는 사물의 이름이나 용도, 주인공의 이름이나 행동을 위주로 설명해주는 데 더 집중한다. 남자아이는 여자아이보다 움직임에 더 관심이 많기 때문이다. 또한 가만히 앉아서 그림책을 보기보다는 그림책을 가지고 활동을 유도하는 것이 책에 대해 관심을 갖는 데 도움이 된다.

| 호기심을 자극하는 환경을 만든다 | 보통 이 시기 남자아이들의 호기심은 여자아이를 넘어선다. 이러한 남자아이의 호기심을 충족시키기 위해서는 지나치게 깨끗하고 정돈이 잘된 환경은 좋지 않다. 남자아이들은 자신이 아무것도 할 수 없는 상황이 되면 솟아오르는 호기심을 주체할 수

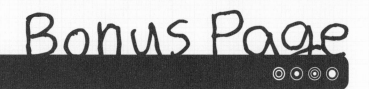

없어 '사고'를 칠 수도 있다. 남자아이들이 별 문제를 일으키지 않게 하려면 충분히 몸을 움직일 수 있고, 직접 조작하고 타볼 수 있는 활동적인 장난감과 환경을 제공해야 한다.

● **딸**

| 부드럽고 예쁜 목소리로 말한다 | 여자아이는 남자아이보다 소리에 민감하다. 딸에게는 조금 더 작고 부드러운 목소리를 들려주는 것이 정서적인 안정을 준다. 또한 생후 8개월 정도만 되어도 소리를 모방하려고 하기 때문에 양육자는 신경질적이거나 큰 목소리로 말하지 않도록 한다.

| 감정이입을 하는 그림책 읽기가 적당하다 | 여자아이의 경우 생후 24개월 정도만 되어도 감정을 이해하기 시작하므로 사물의 이름을 손가락으로 가리키며 읽기보다 그림책 주인공의 감정을 상상하게 하는 책읽기가 더 효과가 있다.

| 커다란 행동을 모방하는 놀이를 자주 한다 | 남자아이에 비해 대근육을 늦게 발달시키는 여자아이들은 주로 그림책을 읽거나 인형을 가지고 노는 조용한 활동을 즐기는 경향이 있다. 하지만 단순히 운동발달이 아니라도 신나게 뛰어놀면서 아이가 얻는 것은 생각보다 많다. 모방하기를 좋아하는 여자아이의 특징을 이용하여 부모나 친구들과 함께 독수리처럼 양팔을 펼치고 달려보는 운동이나 고무공을 주고받는 놀이 등 대근육을 움직일 수 있는 놀이를 유도하도록 한다.

3~6세 : 아들은 체험 위주 학습이 적합, 딸은 감정을 배려해야

● **아들**

| 체험학습장을 자주 간다 | 가만히 앉아서 무언가를 배우는 것이 불가능한 시기다. 다른 시기의

남자아이도 마찬가지지만 특히 이 시기는 체험을 할 수 있는 기회를 많이 만들어주어야 한다. 아이를 안고 앉아서 숫자를 가르치고 한글을 가르치기보다는 직접 만져보고 타보면서 사물을 배워가는 것이 좋다. 동물원, 놀이동산, 박물관 등 체험학습장을 되도록 자주 찾는다.

| **한글 떼기는 취학 직전에 한다** | 남자아이의 두뇌 발달상 이 시기에 한글을 떼는 것은 무리다. 더군다나 쓰기까지 완벽하게 떼려고 하는 것은 과욕이다. 남자아이의 한글 교육은 최대한 느긋하게 생각한다. 취학 전 6개월이나 1년 정도부터 서서히 시작해보는 것이 바람직하다.

| **블록이나 퍼즐 등 소근육 놀이를 한다** | 여자아이는 놀이 자체가 소근육을 활용한 것들이 많다. 인형놀이나 소꿉장난 등은 모두 소근육을 발달시키는 놀이다. 하지만 남자아이의 놀이는 대부분 굴리고 밟고 타는 등 대근육을 이용한 것들이라서 소근육을 이용하는 쓰기나 그리기에 여자아이보다 서투르다. 따라서 아이가 호기심을 보이는 블록이나 퍼즐 등을 준비해 소근육을 발달시킬 수 있는 놀이들을 할 수 있도록 유도한다.

| **간단하게 혼내고 바로 타임아웃을 활용한다** | 이 시기의 아이를 키우다 보면 혼낼 일이 참 많다. 아이가 잘못을 했을 때는 되도록 짧게 혼내고 타임아웃 방법을 활용하는 것이 좋다. 자아존중감이 한창 발달하고 있는 때이므로 말로 길게 혼내는 것은 좋지 않다. 더군다나 남자아이는 귀로 들리는 것에 별로 집중하지 않아 아무리 좋은 훈계도 잔소리가 되기 쉽다.

● 딸

| **한글에 관심이 있다면 가르쳐도 좋다** | 여자아이는 남자아이에 비해 모방하는 행동을 더 즐긴다. 그러다 보니 낙서도 더 많이 하고 그림 그리기도 더 많이 한다. 부모가 책을 읽는 것처럼 책을 들고 읽고 글씨를 쓰는 척하기도 한다. 만약 아이가 한글에 관심을 보인다면 가르쳐도 좋다. 지나치게 일찍 가르칠 필요는 없지만 아이가 배우고 싶어 한다면 놀이처럼 아이가 원하는

만큼 가르친다.

| 아이를 맡길 때는 충분히 설명을 해준다 | 여자아이는 일찍부터 감정이입이 가능한 만큼 아이의 감정을 최대한 존중해주어야 한다. 단순히 이래야 한다, 저래야 한다는 식의 통보보다는 아이가 충분히 이해할 수 있도록 설명을 해준다. 아이가 어린이집에 장기간 가야 할 경우는 더더욱 그렇다. 시간이 좀 들더라도 아이가 원하는 만큼 충분히 이유를 설명해 주고 헤어질 때는 따뜻하게 안아주고 손을 흔들어주는 등의 노력이 필요하다.

| 다양한 색감을 접하는 환경이 필요하다 | 남자아이들은 '움직이는 것'에 시선을 뺏긴다면 여자아이들은 '밝고 화려한 색'에 시선을 뺏긴다. 그리고 이런 색감의 자극은 아이의 뇌 발달에도 좋은 영향을 줄 수 있다. 따라서 여자아이의 환경은 따뜻하고 밝고 다양한 색감을 느낄 수 있도록 준비해주는 것이 좋다. 아이의 방 인테리어부터 생활용품까지 되도록 많은 색감에 자극을 받을 수 있도록 한다.

| 엄하게 혼내되 감정에 호소한다 | 여자아이라면 입장 바꿔 생각해보게 하는 것이 가장 효과적이다. "친구가 너를 때렸다면 너는 기분이 어땠겠니?"라고 그 친구의 기분을 생각해보게 한다. 하지만 여자아이라고 계속 부드러운 말투만 써서는 안 된다. 잘못된 행동에 대해서는 단호하고 엄하게 혼을 내야 한다. 이는 크고 무서운 목소리와는 다르다. 만약 말로 혼내는 것이 안 된다면 여자아이도 타임아웃을 적용한다.

6~12세 : 아들과 딸의 단점을 극복할 수 있도록 칭찬

● **아들**

| 아이가 잘하는 것을 칭찬한다 | 초등학교에 들어가면 칭찬받을 일보다 교정받을 일이 많아진다. 그렇다고 규칙을 배워야 할 초등학교 시절 무조건 받아주면서 혼내지 않을 수도 없는 일.

규칙은 꼭 지켜져야 한다는 것을 확실히 알려주면서, 아이가 잘하는 것을 찾아내 충분히 칭찬해주는 것이 필요하다. 잘못한 일은 확실히 교정해주고, 잘한 일은 가능한 한 많이 찾아내 구체적으로 충분히 칭찬해주는 것이 이 시기 학습의 기본원칙이다.

| 할 일을 적어주고 눈을 보고 말한다 | 남자아이들은 숙제도 잘 안 하고, 잘 씻지도 않고, 물건을 제자리에 두지도 않는다. 해야 할 일을 잊어버린다. 이러한 행동은 남자아이가 가진 뇌의 특성과도 관련이 있다. 따라서 아이의 일에 계속 참견하고 잔소리할 것이 아니라 할 일을 미리 적어주고 하지 않았을 때는 자신이 책임지게 한다. 또한 아이의 잘못이나 해야 할 일을 알려줄 때는 아이의 눈을 보고 말하도록 한다. 남자아이는 자신의 눈을 보고 하지 않은 말은 잘 듣지 못한다.

| 애완동물을 키우게 한다 | 남성의 뇌 특성상 남자아이는 여자아이에 비해 감성이 부족하다. 이를 보완해주려면 직접 체험하는 것을 선호하는 특성을 이용하도록 한다. 오리나 토끼, 햄스터, 거북이 등 직접 애완동물을 키워보면서 감정이입을 유도한다.

| 악기 연주와 같은 음악교육을 한다 | 음악교육은 주로 여자아이들에게 많이 시키는데, 사실 음악에는 공간적인 상상력이나 형태 인식력을 향상시키는 기능이 있어 남자아이가 가진 특성에도 맞고 단점도 보충할 수 있는 좋은 방법이 될 수 있다. 소리를 다루는 교육은 언어의 뇌를 발달시키므로 언어영역에 약한 남자아이들에게 도움이 된다. 또한 악기를 다루면 소근육 발달에도 도움이 된다.

| 아이의 친구에 관심을 갖는다 | 남자는 조직적이고, 여자는 개인적이다. 남자는 조직 안에서 무언가를 이루고 인정을 받았을 때 성취감을 느끼지만, 여자는 자신의 능력을 바탕으로 정체성을 만들어간다. 아이들도 마찬가지다. 여자아이는 친구와 상관없이 스스로 공부해서 얻는 결과에 자긍심을 갖지만, 남자아이는 조직이 중요하다 보니 친구들 사이에서의 인정이 중요하다. 만약

좋지 않은 친구들과 어울리며 열심히 공부하는 것을 '범생이'라고 생각한다면 친구들이 놀릴까 봐 공부를 잘 하지 않는다. 남자아이의 경우 우등생 집단 속에 있어야 우등생이 되는 경우가 많다.

| 듣기 교재보다는 시청각 교재를 활용한다 | 누누이 말하지만 남자아이들은 세심하게 듣지 못한다. 귀로 듣는 것은 흘려버리는 경향이 있다. 효율적인 학습을 원한다면 듣는 교재보다는 보면서 듣는 교재를 활용하는 것이 필요하다. 시각교재는 움직임을 보여주거나 주위 체험과 관련된 것이라면 더욱 좋다.

| 상상을 요하는 책보다는 사실 위주의 동화책을 준다 | 대부분의 남자아이들은 환상적인 이야기, 사랑스럽고 따뜻한 이야기에는 흥미를 보이지 않는다. 그보다 현상을 밝히고 사실을 다루는 이야기를 좋아한다. 따라서 남자아이에게는 권장도서를 읽도록 강요할 것이 아니라 외계인이나 인체, 혹은 『허클베리 핀의 모험』이나 『보물섬』 같은 아이의 구미에 맞는 책을 권해야 한다. 일단 독서가 재미있다는 것을 깨닫게 되면 자연스럽게 문학의 취향도 넓어져서 점점 다양한 분야의 책을 스스로 찾게 된다.

● 딸

| 아이가 스스로 해결할 때까지 기다린다 | 유아기나 아동기에 있어서 흔히 여자아이는 남자아이보다 모든 것을 잘 해낸다고 생각한다. 그런데 그 내면을 들여다보면 여자아이는 자신이 필요한 이상으로 너무 많은 도움을 너무 빨리 받고 있다. 뛰다가 넘어져도 남자아이보다는 여자아이를 얼른 일으켜준다. 책을 읽을 때도 여자아이가 틀리면 얼른 수정을 해준다. 이런 여러 가지 상황에서 여자아이는 의존적인 성향을 키우게 된다. 안쓰러워 보여도 아이가 스스로 문제를 해결할 수 있을 때까지 기다려주는 것이 필요하다.

| 또래와 어울려 땀을 흘릴 수 있는 운동을 가르친다 | 여자아이들은 혼자서도 잘한다. 하지만 혼자서만 잘해서는 안 된다. 다른 사람과 경쟁도 해보고 때로는 이겨도 보고 져보기도 하는 기회를 주어야 한다. 태권도, 축구, 농구, 수영 등 신체를 활발하게 움직이면서 해볼 수 있는 운동을 가르친다. 조금 거친 운동을 해서 다쳐도 된다. 자신의 신체를 최대한 움직여보면서 아이는 뇌 속에서 새로운 것을 도전하고 받아들일 수 있는 에너지를 만들게 된다.

| 들으면서, 입으로 되뇌면서 학습하게 한다 | 여자아이는 한 번에 여러 가지 소리에 귀를 기울일 수 있다. 이 때문에 남자아이들보다 집중력이 떨어지는 단점이 있다. 여자아이가 학습을 할 때 이런 단점을 보완하려면 입으로 소리내어 읽거나 들으면서 하게 하는 것이 필요하다. 최대한 감각을 많이 이용해서 학습해야 다른 곳에 주의를 빼앗기지 않는다.

| 아이가 문제를 말하면 진심으로 받아들인다 | 여자아이는 자신이 감정이입을 잘하는 만큼, 다른 사람들도 자신의 문제에 감정이입을 해주기를 바란다. 여자아이가 문제를 말했을 때는 진심으로 문제를 아이만큼 심각하게 받아들이고 있다는 것을 느끼게 해야 한다. 아이의 입장에서 문제를 풀기 위해서 함께 노력한다. 여자아이는 자신을 진심으로 받아주는 사람을 신뢰한다. 신뢰가 있어야 무슨 교육이든 가능하다.

| 설명을 해준 후 경험하게 한다 | 여자아이는 남자아이만큼 경험을 즐기지 않는다. 그래서 간혹 과학이나 수학 등의 과목에서 남자아이보다 낮은 점수를 보이기도 한다. 하지만 충분히 납득할 만한 설명을 듣고 직접 원리를 발견하게 한 후 실험하게 하면 남자아이 못지않은 실력을 발휘한다. 여자아이에게는 새로운 체험이나 실험을 하기 전, 반드시 그것을 하는 이유와 어떤 결과를 예측하는지를 충분히 설명해준다. 여자아이는 납득이 되어야 학습에 관심을 보인다.

| 외국어 학습이 유리하다 | 여자아이는 남자아이보다 말을 잘하고 언어에 관심이 많다. 그래서 외국어 학습에 유리하다. 영어 교육의 경우, 같은 시간을 투자해도 발음이나 암기에서 여자아

이가 남자아이보다 더 높은 성취를 보이는 것도 이런 이유 때문일 것이다. 영어에 국한하지 말고 아이가 관심을 보이는 언어를 택해 하나 정도 가르쳐보는 것도 괜찮다. 남들과 달리 자신만이 할 수 있는 특기를 갖는 것은 자존감을 키워주는 데 도움이 된다.

| 무엇을 가르치든 아이에게 선택하게 한다 | 여자아이는 대부분 부모의 말을 잘 따른다. 이런저런 학원을 보내도 군소리 없이 잘 다닌다. 물건을 사줄 때도 엄마가 골라주는 것을 좋아한다. 여자아이는 다른 사람의 마음을 이해하려는 특성이 있기 때문이다. 하지만 이런 상황이 많아지면 아이는 점점 자신의 의견을 표하는 능력을 잃어버린다. 어릴 때부터 사소한 것이라도 자신의 의견을 말하고 원하는 것을 선택하게 하는 연습을 많이 해야 한다.

Part
3

다중지능,
나만의 프로파일을
찾아서

다중지능을 아시나요?

강점지능을 더욱 특별하게 만들어라

아이의 재능과 행복을 찾아주는 법

상대성 이론을 발표한 물리학자 알버트 아인슈타인

그의 언어구사력은 엉망이었다.

GE를 세계 최대기업으로 만든 CEO 잭 웰치

그는 말더듬이였다.

왜 인간의 머리는 하나를 잘하면 하나는 못하는가

자신의 장점을 재능으로 승화시킨 사람들과

뇌의 명령을 따르지 않은 불행한 사람들

지금 당신의 이야기이자

당신 아이의 미래에 대한 이야기

다중지능을 아시나요?

성공한 사람들의 비밀

어떤 아이는 축구선수가 꿈이고, 어떤 아이는 선생님이 되고 싶어 한다.
또한 어떤 아이는 훌륭한 대통령이 되고 싶다며 자신의 꿈을 당당하게 말한

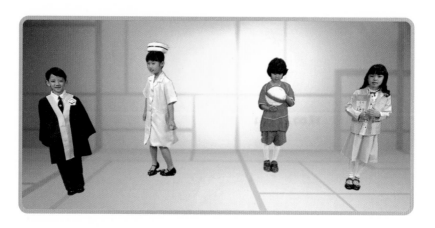

다. 그러나 모든 아이들이 자라서 꿈을 이루는 것은 아니다. 막상 현실을 보면, 꿈과 현재 하고 있는 일의 괴리 때문에 고민하는 사람이 많다.

EBS에서는 직업과 적성에 대해 인터넷으로 설문조사를 했다 2007년 7월 16일부터 7월 31일까지 실시된 설문조사에는 총 2,698명이 참여했다. 설문은 적성과 직업이 맞는지에 대한 질문과 직업을 바꿀 의향에 대한 질문으로 나누어 이루어졌다.

결과는 우리의 예상을 뛰어넘었다. 첫 번째 질문인 **적성**과 직업이 맞는지에 대한 질문에는 그렇다고 대답한 사람이 49%인 반면, 그렇지 않다고 대답한 사람이 51%나 되었다. 또한 현재의 직업을 바꿀 의향이 있느냐는 질문에서는 그렇다고 대답한 사람이 54%, 그렇지 않다고 대답한 사람이 46%나 되었다.

● **적성**

어떤 지식이나 기능 또는 특정의 반응방식을 훈련이나 경험에 의해 획득하기 전에 예측할 수 있는 실마리가 될 만한 징후나 징후군. 적성은 양육자나 교육자가 적절하고 다양한 자극과 그에 대한 학생의 반응을 오랫동안 지켜본 후 판단내릴 수 있다. 물론 학생 본인의 관심사도 판단의 중요한 준거가 된다.

왜 이토록 많은 사람들이 자신의 적성과 다른 직업을 갖고 있으며, 직업을 바꾸려고 하는 걸까? EBS에서는 자신의 직업에 불만이 있다고 답한 사람 중 비교적 불만도가 높은 여덟 명을 초대했다. 이들은 모두 현재 자신이 하는 일에 대해 심각하게 고민하고 있었고, 새로운 직업을 갖기를 원했다. 그런데 의외로 이들의 직업은 누구나 한번쯤은 꿈꿔봤을 직업이었다.

영어 교사인 영은 씨는 늘 아이들의 생각을 읽고 소통해야 하는 교사라는 직업이 부담스럽다. 사람을 대하는 것보다 동물과 함께 있는 것이 더 마음 편한 그녀가 꿈꾸는 직업은 수의사다. 공부를 잘해 의과대학에 들어간 진영 씨는 자연과학이 적성에 맞지 않아 방송작가가 되기 위한 준비를 하고 있다. 도정책연구관으로 근무하고 있는 윤환 씨는 딱딱하고 틀에 박힌 연구관 보다는 자신의 끼를 발휘할 수 있는 쇼호스트가 되기 위해 학원을 다니고 있었고, 인터넷쇼핑몰을 운영하는 지현 씨는 남들이 부러워하는 사장이라는 직함 대신 성우를 꿈꾸고 있었다.

만약 이들이 어릴 때부터 자신의 재능과 적성을 알았다면, 지금처럼 직업을 바꾸고 싶어 했을까? 또한 그들은 현재의 직업을 갖고 있었을까?

EBS에서는 적성과 직업에 대한 설문조사를 토대로 비교적 불만도가 높은 여덟 명을 추출, 그들에게 다중지능 테스트를 실시했다.

테스트 결과, 놀랍게도 이들이 꿈꾸는 직업은 강점지능과 일치하는 것으로 나타났다. 그렇다면 이들은 지금까지 전혀 엉뚱한 분야에 자신의 에너지를 쏟았다는 말이다. 재능 없는 곳에 능력을 쏟았으니 재미도 없고, 성공에 대한 투지도 생길 리 없었을 것이다.

그렇다면 성공한 사람들은 자신의 직업과 재능을 어떻게 연결시키고 있을까?

> 이번에는 자신의 직업에서 성공했다고 평가되는 사람들에게 다중지능 테스트를 해보았다. 패션 디자이너 이상봉 씨, 가수 윤하 씨, 외과의사 송명근 박사, 발레리나 박세은 씨가 참여해주었다.

실험자들의 직업과 테스트를 통해 각자 두각을 드러낸 강점지능의 상관관계를 보니, 앞서의 결과와는 다르게 강점지능과 직업이 일치하고 있었다.

패션 디자이너 이상봉 씨는 한글의 서체를 디자인모티프로 사용해 전 세계적으로 높이 평가받고 있다. 그런데 그가 처음부터 패션 디자이너를 꿈꿨던 것은 아니었다. 그는 청년시절에 연극배우를 꿈꿨고 대학에서의 전공도 방송연예과였다. 하지만 한국에서 젊은 연극배우로 살아간다는 것은 녹록한 일이 아니었다. 그는 자신의 진로를 패션 쪽으로 돌렸다. 연극배우를 꿈꾸던 이상봉과 패션 디자이너가 된 이상봉 사이에서 우리는 언뜻 공통점을 찾지 못할지도 모른다. 하지만 다중지능의 관점에서 살펴보면, 이 두 직업은 하나의 지능으로 연결된다. 그것은 바로 '공간지능'으로, 이상봉 씨가 다중지능 테스트에서 강점을 보인 영역이다.

연극배우는 무대라는 공간 안에서 자신의 재능을 최대한 발산해야 한다. 공간의 동선과 호흡이 연극에 있어서 매우 중요하다는 것은 누구나 알고 있다. 패션 디자이너도 마찬가지다. 평면이 아니라 입체적인 사람의 몸을 감싸는 의상을 디자인하는 것 역시 공간을 떼어놓고 생각할 수가 없다. 그는 진로를 연극배우에서 패션 디자이너로 바꾸었지만, 결국 자신이 갖고 있는 강점지능을 잘 살려 몰입한 결과 이 분야에서 최고가 되었던 것이다.

스무 살에 골든디스크상 신인상을 수상한 가수 윤하 씨는 일찍부터 자신의 길을 발견해 성공한 경우로 음악지능이 높았다. 네 살 때부터 피아노를 치기 시작한 그녀는 곧 피아노에 푹 빠졌고, 여기에 일본 드라마에 대한 흥미가 더해져 자연스럽게 일본 음악에 대한 관심으로 이어졌다. 일본 드라마에 흥미를 가진 그녀는 드라마를 보면서 독학으로 일본어를 익혔고, 이는 일본에서 먼저 데뷔를 하게 될 당시 큰 도움이 되었다. 다른 가수들이 넘어야 할 언어에 대한 장벽이 없었기 때문이었다. 음악을 좋아하고 일본 드라마를 좋아하면서 자연스럽게 일본 음악으로 관심이 넓혀졌다는 윤하 씨의 이야기를 들으면 성공한 사람들이 자신이 좋아하는 분야와 재능을 어떻게 결합해나가는지를 자연스럽게 살펴볼 수 있다.

다른 실험자들의 이야기도 크게 다르지 않았다. 세계 최고의 흉부외과 전문의로 꼽히는 송명근 박사는 논리수학지능이 높았고, 2007년 제35회 로잔 국제 발레콩쿠르에서 1위를 차지한 발레리나 박세은 씨는 신체운동지능이 강점이있다. 다들 강점지능을 적절히 살린 덕분에 그 분야에서 두각을 나타내며 성공할 수 있었던 것이다.

IQ 검사의 한계

머리가 좋고 똑똑하다고 말할 때 우리가 떠올리는 것이 바로 지능지수, 즉 IQ다. 이는 이전까지 추상적으로만 여겨졌던 지능을 구체적으로 수치화해 객관적인 비교를 가능하게 만들었다는 데 의의가 있다. 최초의 **IQ 검사**는 1883년 프랑스에서 의무 교육제도를 실시하면서 정규 학교에 입학하기 어려운 지적장애아, 학습부진아를 가려내기 위해 기초 학습능력 평가를 목적으로 만들어졌다. 그러던 IQ가 지능의 대명사가 돼버린 것이다.

이후 오랫동안 우리는 IQ가 높으면 영리하고 똑똑한 사람, 그렇지 못하면 머리가 좋지 않고 학습에도 부진한 사람이라고 판단했다. 물론 높은 IQ를 가진 아이는 다른 아이들에 비해 비판적 읽기나, 계산, 사고 기능 등과 관련된 과목에서 높은 성취도를 보이는 경우가 많다. 이는 IQ 검사가 기초 학습에 필요한 최소의 능력인 언어 이해력, 어휘력, 수리력, 암기력 등을 위주로 검사 문항을 작성했기 때문이다. 학습의 기초 능력인 IQ 검사에서 높은 점수를 받은 아이는 같은 능력을 측정하는 학업 평가에서 높은 점수를 받는 것이 당연하다. 하지만 문제는 IQ 검사가 인간의 지적 능력 중 극히 일부분만을 체크한다는 점이다.

하지만 IQ 테스트가 아니라 다중지능 이론에 따른 방식으로 기억력 테스

IQ 검사

1883년 프랑스의 심리학자 비네A. Binet와 의사인 시몽T. Simon이 개발한 심리검사법 '비네-시몽 검사법Binet-Simon test'이 오늘날 IQ 테스트의 원형이다. 유아에서 성인에 이르는 각 연령에 알맞게 각각 몇 개의 문제가 난이도순으로 배열되어 있어 피검사자가 문제를 차례로 풀면 어느 단계까지 합격했는가에 따라 지능 연령이 정해지는데 이를 실제의 만 연령과 비교해 IQ를 산출한다. 이 검사법은 여러 기능을 종합한 성적으로 지능을 결정하며, 특별한 교육을 받지 않은 보통 사람도 누구나 알 수 있는 내용을 검사 문제로 택한 점이 특징이었다.

트를 해보면 어떤 결과가 나올까?

EBS에서는 초등학생 400명을 대상으로 다중지능을 체크한 후, 그중 40명을 방송국으로 초대했다. 20명은 음악지능이 높게 나온 아이들이고, 20명은 언어지능이 높게 나온 아이들이다. 이 아이들을 대상으로 네 종류의 기억력 테스트를 실시했다. 두 가지는 음악에 관련된 테스트, 짧은 피아노 연주를 듣고 같은 멜로디를 고르는 문제와 장구 연주를 듣고 같은 리듬을 고르는 문제가 출제됐다. 나머지 두 가지는 언어 기억력 테스트로 이루어졌다. 30개의 단어를 보여준 후 1분 후에 기억나는 단어를 적어보게 하는 문제와 1분 30초짜리 구연동화를 들려준 후 기억나는 단어를 체크해보게 하는 문제였다.

테스트 결과는 아이들이 다중지능 검사에서 강점을 보인 지능과 일치했다. 언어지능이 높은 20명의 아이들은 언어점수 69.5점, 음악점수 57점으로 언어점수가 12점 더 높게 나왔다. 반대로 음악지능이 높게 나타난 아이들의 경우 음악점수 61.6점, 언어점수 57.27점으로 음악점수가 4점 더 높았다. 모두 자신의 강점지능 영역에서 더 높은 기억력을 발휘한 것이다.

이것은 이전의 IQ 테스트로는 체크할 수 없었던 차이였다. 결국 IQ가 높은 아이가 그렇지 않은 아이보다 기억력이 좋다는 기존의 평가는 편견이고 오류였던 셈이다. 또한 아이들이 멜로디를 더 잘 기억하고 싶다거나 단어를

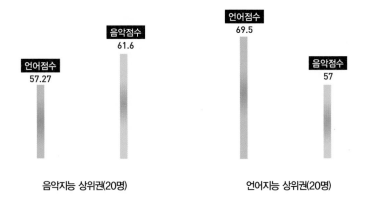

더 잘 기억하고 싶다고 해서 되는 것이 아니라, 자신이 가지고 있는 지능 프로파일에 따라 기억력이 좌우된다는 것을 살펴볼 수 있었다. 즉 개인이 보이는 강점지능과 약점지능 역시 뇌의 명령으로부터 나오는 것이다. 바꿔 말하면 잘하는 것과 못하는 것은 어느 정도 타고난다는 뜻이기도 하다.

다중지능의 발견, 뇌에 숨겨진 지능영역

다중지능의 발견은 **신경과학**neuro science의 발달에 힘입은 바 크다. 신경과학을 통해 인간의 두뇌는 영역에 따라 다른 역할을 담당하고 있다는 것이 밝혀졌기 때문이다. 예를 들어 두정엽은 물리적, 수학적 기능을 담당하고, 측두엽은 언어영역을 관장하며, 전두엽은 대인관계에 관련된 역할을 한다는

●   신경과학

신경과학은 뇌와 신경계 전체를 연구 대상으로 삼아, 인간 두뇌가 어떻게 기능하는지, 뇌를 포함한 신경계가 어떻게 만들어지고 유지되는지, 나아가 인간의 마음의 작동을 과학적으로 밝히려는 학문이다.

것이다. 또한 각 영역의 발달 정도가 해당 능력의 차이를 만든다는 것도 드러났다.

가드너는 기존의 IQ가 광범위한 인간의 인지능력 영역을 설명하지 못하는 것을 발견하고, 새로운 지능의 개념을 고민하기 시작했다. 그리고 어떤 브레인 사인, 다양한 문화의 여러 능력, 아이들의 교육 장애 등을 분석한 결과, 인간의 지능은 단일지능이 아니라 여러 가지로 구성되어 있다는 것을 발견했다. 지능이란 단 한 분야의 능력이 아닌, 두뇌 발달, 인간 발달, 진화, 문화적 자극을 통해 발달하는 여러 분야의 지능으로 나뉜다는 것이다. 또한 가드너는 뇌가 손상된 사람들의 연구를 통해 그들이 다른 능력들은 온전하게 남은 채 손상된 부위의 능력만 심각하게 손상되었다는 것을 확인한 후, 이를 통해 지능은 각기 독립되어 있다는 것을 주장했다.

이것이 바로 1983년 발표된 다중지능 이론의 핵심이다. 그는 현재 여덟 가지 이상의 지능이 존재한다는 것이 밝혀졌으며, 두뇌 연구가 활발해짐에 따라 앞으로는 더 많은 지능이 밝혀질 것이라고 말했다.

> 현재 밝혀진 지능만 해도 언어지능, 논리수학지능, 공간지능, 신체운동지능, 음악지능, 인간친화지능, 자기이해지능, 자연친화지능 등이 있다. 이 외에도 지능은 사회와 문화에 따라, 뇌 연구의 발달에 따라 다양한 후보군이 등장할 것이며, 어쩌면 몇 십 년 후에는 더 많은 지능들이 밝혀질 것이다.

그렇다면 현재 밝혀진 여덟 가지 지능영역은 구체적으로 어떠한 역할을 담당하고 있으며, 두뇌의 어떤 부분과 연관되어 있을까?

언어지능

우선 언어지능은 단어의 소리, 리듬, 의미에 대한 감수성이나 언어 기능에 대한 민감성 등과 관련된 능력이다. 언어지능은 대부분의 아이들에게 보편적으로 나타나는데, 문화권과는 상관없이 일정한 발달 과정을 거쳐 발현된다. 유난히 한글과 외국어를 빨리 배우고, 말을 조리 있게 하는 아이들이 언어지능이 높다고 할 수 있다. 언어를 관장하는 두뇌는 보통 전두엽으로 알려져 있으며, **브로카** broca **영역**이라 불리는 뇌의 특정 영역은 문법적인 문장을 만들어내는 것과 관련이 있다. 언어지능에는 모국어를 조리 있게 말하는 능력, 외국어를 잘하는 능력, 글을 잘 쓰는 능력 세 가지가 모두 포함된다. 그런데 주목해야 할 점은 각각의 능력이 반드시 모두 연관된 것은 아니라는 점이다. 모국어를 조리 있게 말한다고 해서 반드시 외국어를 쉽게 배우는 것은 아니며, 말을 잘한다고 해서 글을 잘 쓰는 것도 아니다. 유명한 강사들은 말을 잘하지만, 이들이 저서를 내거나 집필활동을 활발하게 하지 않는다. 글을 쓰고 이야기를 만드는 능력이 뛰어난 작가들도 대중 앞에서 말을 할 때는 그다지 세련된 기교를 보이지 않는 경우가 있다. 수많은 사람들을 휘어잡는 화술을 가진 개그맨도 정작 글을 잘 쓴다거나 외국어에 뛰어난 능력을 보이는 경우는 흔치 않다. 이처럼 한 사람에게 언어지능의 모든 분야가 높게 나타나는

> **브로카 영역**
> 프랑스의 외과의사이자 인류학자인 브로카 폴Paul Broca의 이름을 딴 뇌의 영역. 언어중추의 핵심은 크게 브로카 영역과 베르니케wernicke 영역으로 나뉘는데, 브로카 영역은 언어의 운동중추로 말을 만드는 곳이라 할 수 있고, 베르니케 영역은 언어의 감각중추로 말을 이해하는 곳이라 할 수 있다.

경우는 드물다.

논리수학지능

논리수학지능은 다중지능 이론이 출현하기 전까지 가장 중요하게 생각되었던 지능으로 논리적 문제나 수학, 과학 문제를 풀어가는 과정에 관한 능력이다. 또한 이는 전반적으로 추리력에 관한 것으로 인간 내부에서 작용해 논리적 정보나 자료를 분류하는 능력이다. 논리수학지능이 높은 아이는 실험을 좋아하고, 문제를 해결할 때도 근거와 원리를 찾으려고 하며, 숫자에 관련된 내용에 호기심이 많아 차량번호나 전화번호 등을 잘 기억한다. 논리수학지능이 높은 아이들은 "왜?"라는 질문을 자주 하는데, 아이의 질문에 답해줄 때는 정확한 원리를 함께 설명해주는 것이 좋다. 논리수학적 능력과 관계된 두뇌는 전두-측두엽과 두정엽 부위인데, 전두-측두엽의 언어영역은 논리적 영역에 중요한 역할을 하고, 두정엽의 시공간영역은 수의 계산에 보다 중요한 역할을 한다. 논리수학지능은 체계적으로 생각하도록 도와주는 논리적 사고력과 수학의 원리를 이해하는 수학적 사고력, 실제로 숫자를 다루는 능력인 수리력으로 나눌 수 있다. 그런데 수학적 사고력은 논리지능에 기반을 두기 때문에 반드시 수리력에 비례하는 것은 아니다.

공간지능

공간지능은 눈에 보이는 모든 형상과 마음속의 심상에 이르기까지 형태나 이미지와 관련된 지능이다. 공간지능이 뛰어난 사람은 색깔, 모양, 공간,

형태 등의 관계를 민감하게 파악하며 3차원적인 공간세계를 정확하게 이해하고 변형할 수 있다. 또한 그림을 잘 그리고 3차원 공간을 창조적으로 변형시키는 능력이 뛰어나다. 방향감각이 뛰어나 처음 방문하는 곳도 잘 찾아가며 시각능력 또한 뛰어난 편이다. 그래서 자신의 아이디어를 이야기할 때도 논리적으로 설명하는 것보다는 시각적으로 그림을 그려 표현하거나 이미지화하는 것을 잘한다. 두뇌 연구 결과 우측 대뇌피질의 뒤쪽 영역이 공간문제 해결에 가장 중요한 역할을 하는 것으로 밝혀졌다. 이 부위가 손상되면 위치를 찾거나 얼굴 또는 장면을 인지하거나 세부를 식별하는 능력이 떨어지는 것으로 알려져 있다.

인간친화지능

인간친화지능은 사람들과 교류하고 타인의 감정과 행동을 잘 이해해 여러 상황에 적절히 대처하는 능력이다. 인간친화지능이 높은 사람은 사람들의 기분, 기질, 동기, 의도의 차이를 간파하는 능력이 뛰어나 인간관계를 잘 이끌어나갈 수 있다. 처음 보는 사람과도 유연하게 어울릴 수 있으며, 대화를 할 때도 상대방을 편안하게 하면서 자신의 생각을 잘 전달한다. 대인관계와 관련해 중요한 역할을 하는 영역은 전두엽이다. 특히 전두엽이 손상되면, 다른 문제 해결능력은 정상인 반면 인성에 심각한 변화가 초래된다는 연구 결과가 있다. 예컨대 전두엽 피질을 손상시키는 피크병을 앓는 사람은 감정적으로 스스로를 잘 제어하지 못하고 주위 상황을 의식하지 않는 이상한 행동을 보이거나 가게에서 물건을 훔치는 등 인격의 손상을 보인다.

자기이해지능

자기이해지능은 자신의 감정에 대한 접근, 감정들을 구별하는 능력, 자신의 행동을 이해하고 안내하는 수단으로써의 감정으로 구성된다. 자기이해지능이 높은 사람은 자신의 감정에 충실하며, 자신을 위해 진지한 삶의 목표를 세우고, 자아존중감이나 자기향상욕구도 강하다. 또한 자신의 몸과 정신 상태를 누구보다 잘 알기 때문에 스스로를 적절하게 제어할 수 있다. 예를 들어 몸에 무리가 오면 스스로 가장 먼저 위험을 느끼고 몸을 잘 다스리며, 감정이 격앙되었다고 하더라도 절제력을 동원해 스스로 억누르며, 화를 냈을 때도 금세 잘못을 깨닫고 고친다. 목표를 실현하기 위해 자신을 다스리는 성향은 사회적 성취감을 키우는 데 도움을 주며, 성공으로 이끄는 필수 요소가 된다. 자기이해지능과 관련된 두뇌의 부분은 인간친화지능과 마찬가지로 전두엽 부분이다. 전두엽은 인성 변화에 중요한 역할을 담당하는데, 전두엽의 아랫부분이 손상되면 짜증을 잘 내기도 하고 반대로 근거 없이 행복해하거나 조증 상태가 되는 다행증이 생기기도 한다. 한편 윗부분이 손상되면 무관심, 무기력, 둔함, 그리고 무감정을 나타낼 가능성이 높다. 자폐증은 자기이해지능이 손상된 전형적인 예다.

음악지능

음악지능은 소리, 리듬, 진동 같은 음의 변화에 민감하고 음의 유형을 잘 구분하는 능력으로, 음악뿐 아니라 소리 전체를 다루는 능력을 가리킨다. 어릴 때부터 리듬을 만들어 박자를 치거나, 처음 듣는 음악에 맞춰 몸을 흔들고, 동요나 다른 음악을 듣고서 따라 부르거나 혼자서 흥얼거리며 직접 노래를 지어서 부르는 아이는 음악지능이 뛰어나다고 볼 수 있다. 그러나 음악지능이 높다고 해서 무조건 악기를 잘 다루는 것은 아니다. 음악지능을 효과적으로 발휘할 수 있는 분야가 연주 분야에 한정된 것은 아니다. 피아노의 정확한 음을 조율해내는 것이나, 방송에서 나오는 효과음을 만들어내는 것도 음악지능이 뛰어나야 할 수 있는 일이다. 음악지능은 주로 뇌의 우반구에서 담당하는 것으로 보인다. 언어를 담당하는 두뇌 영역처럼 분명한 위치를 점하고 있는 것은 아니지만, 우뇌가 감성적인 부분과 음악적인 부분을 담당하는 것으로 알려졌다.

신체운동지능

신체운동지능이란 자신의 몸을 통제하고 운동, 균형, 민첩성 등을 조절해 사물을 다루는 능력을 말한다. 신체운동지능이 높은 아이는 여기저기 잘 돌아다니며, 이것저것 만져보면서 이야기를 하고, 몸으로 자신의 감정을 표현하는 것을 좋아한다. 스포츠, 댄스, 연극이나 손을 이용한 신체적 활동을 잘하며, 공이나 악기 같은 도구를 기술적으로 다루는 일에도 능하다.

신체운동지능은 활동적이고 몸을 크게 써야 하는 대근육 운동을 통해서 발휘되는 경우도 있지만, 손동작이나 정교한 움직임을 통해서 발휘되는 경우도 있다. 축구선수와 공예 명장은 겉으로 보기에는 전혀 다른 특성을 갖고 있지만, 다중지능의 관점으로는 둘 다 신체운동지능이 높은 것으로 볼 수 있다. 달리기는 잘하지 못해도 연극공연을 할 때 동작을 부드럽게 처리한다거나, 배운 내용을 직접 실험을 해봐야 직성이 풀리는 경우, 다른 과목에서 학습한 것을 곧잘 신체적으로 응용하거나 표현하는 경

대측 ●

대측성은 좌우상칭 동물에 있어서 한쪽 몸에 주어진 외전자극이 반대쪽의 몸에 나타나는 현상 또는 반응을 말한다. 인간 두뇌에서 우반구가 몸의 왼쪽을 조절하고, 좌반구가 오른쪽을 조절하는 것이 그 예다.

우도 신체운동지능이 높은 것이다. 신체의 움직임을 통제하는 일은 **대측**contralateral side이나 각각의 반구에 자리 잡은 운동피질이 담당한다. 이 부위가 손상되면 운동능력이나 신체 움직임에 변화가 생긴다.

자연친화지능

자연친화지능은 인간의 역사에서 오랫동안 중요한 역할을 담당해왔다. 사냥을 하고 농사를 짓는 것은 자연과 더불어 살아가는 법을 모르고서는 불가능했기 때문이다. 자연친화지능이 높은 사람은 식물이나 동물을 좋아하고, 이를 잘 보존하기 위해 노력하며, 채집이나 자연관찰 등을 즐긴다. 또한 기후에 관심이 많거나, 날씨를 잘 예측하기도 한다. 자연과학에 대한 흥미와 더불어 환경보존에 대한 관심도 높아서 사회 주변에서 일어나는 각종 환경 문제에 관심을 보이기도 한다. 누가 가르쳐주지 않아도 화분이나 열대어를 잘 키우는 사람이나, 애완동물이 유독 잘 따르는 사람도 자연친화지능이 높은 것이다. 자연친화지능도 두뇌와 연관이 있는 것이 밝혀졌는데, 뇌가 손상된 사람 중에는 무생물 대상을 인식하고 이름을 붙일 수는 있지만 생명체를 확인하는 능력은 상실한 사람이 있다는 연구 결과가 보고된 바 있다.

각각의 지능은 서로 대비되는 특징끼리 묶어 다시 세 종류의 지능군으로 나뉜다. 우선 어떤 학습을 더 좋아하는가를 구분한 계열선호별 지능군이 있다. 언어영역 학습을 더 좋아하는 언어지능과 수리영역 학습을 더 좋아하는 논리수학지능이 여기에 속한다. 두 번째는 어떤 학습이 아이에게 더 효과적인가를 구분한 학습유형별 지능군이다. 다른 사람과의 상호작용에 익숙한 인간친화지능과 자신을 이해하고 탐구하는 것을 좋아하는 자기이해지능이 포함된다. 마지막으로 인지 양식, 즉 어떤 도구, 환경, 소재 등을 더 수월하게 받아들이느냐를 구분한 인지양식별 지능군이 있다. 음악지능, 신체지능, 공간지능, 자연친화지능 등이 속한다.

세 가지 강점지능의 조합

다중지능 이론을 주장한 초기만 해도 가드너는 인간이 자신에게 요구된 각각의 행동이나 역할을 할 때는 단 하나의 발달한 지능에만 크게 의존한다고 주장했다. 하지만 지속적인 연구를 통해 그는 우선 지능과 영역의 차이를 구분하게 되었다.

그는 지능을 일종의 계산능력이라고 말한다. 예를 들어 높은 음악지능을 지닌 사람은 음악과 관련된 계산을 잘하는 것을 의미한다. 쉽게 멜로디를 외우고, 음의 높낮이를 알며, 리듬을 재창조하고 곡을 변주할 수 있는 계산능력을 가진 것이다. 이와 달리 음악영역이라고 했을 때는 조직화된 사회에서 나타나는 음악의 다양한 모습을 말한다. 음악영역에는 음악교사가 들어가고, 작곡가, 지휘자, 가수가 포함되며, 피아노 조율사도 들어갈 수 있다. 이렇듯 지능과 영역은 언뜻 일대일 대응을 하는 것처럼 보이지만 실제로는 그렇지 않다.

지속적인 연구를 통해 가드너는 성공하기 위해서는 단순히 하나의 분야에서만 두각을 나타내는 것이 아니라 여러 분야의 지능이 결합되어야 한다는 것을 증명해냈다. 예를 들어 바이올린 연주를 할 때 필요한 지능은 음악지능만이 아니다. 성공적인 바이올리니스트가 되기 위해서는 음악지능 외에도 민첩한 연주를 위한 신체운동지능과 청중을 다루는 인간친화지능이 필요하고, 최고의 연주력을 갖추기까지 자신을 컨트롤할 수 있는 자기이해지능이 요구된다.

즉 가드너는 다중지능 이론을 발전시키는 과정에서 모든 인간에게는 여덟 가지 영역의 지능이 모두 있으며, 이 중 강점을 보이는 지능도 하나뿐 아니라 그 이상이라는 것을 발견한 것이다.

사람마다 능력이 다른 이유는 지능의 조합이 각기 다르기 때문이다. 일란성 쌍둥이조차 지능 프로파일은 같지 않다. 이는 지능이 발달하는 환경에도 기인한다. 유전적인 요소가 동일하다고 해도 **사회문화적 경험**이 다르기 때문에 지능의 조합은 다르게 나타난다. 그런데 다중지능에 있어 각각의 지능 조합이 만들어내는 시너지는 각 부분의 지능이 독립적으로 작용하는 것보다 더 크다. 물론 어떤 사람의 경우 두드러지는 강점지능을 나타내는 반면, 어떤 사람은 어느 하나의 지능이 특별히 눈에 띄지는 않지만, 전 영역의 지능이 고루 발달해 강점을 만드는 경우도 있었다. 가드너는 이를 고려해 지능 프

사회문화적 경험

우리의 활동은 대부분 사회적·문화적 영향 속에 놓여 있다. 특히 직업이나 특기 같은 것은 사회와 떨어뜨려 생각하기 힘들다. 밀림의 부족사회에서는 활을 쏘는 능력이 더 대우를 받기 때문에 많은 아이들이 활쏘기 능력을 키우기 위해 노력을 할 테지만, 현대사회에서는 좀 더 좋은 직업을 갖기 위해 학과수업, 그중에서도 '영어'를 정복하기 위해 노력하고 있다. 전자에는 신체적인 능력이 우선적으로 필요하고, 후자에는 언어적인 능력이 우선이다. 이렇듯 사회와 문화에 따라 강조하고 요구되는 지능은 각기 다르다.

로파일을 두 유형으로 나누었다.

먼저 레이저형 프로파일은 두뇌 프로파일에서 한두 가지 현저한 강점을 보이는 유형이다. 특정한 분야에 몰입하는 예술가, 과학자, 학자, 발명가 등에서 보이는 경우가 많다. 모차르트나 아인슈타인이 그 예다. 모차르트는 음악지능이 두드러졌고, 아인슈타인은 논리수학지능과 공간지능이 정점을 이루었다. 이들은 대부분의 시간을 음악적, 과학적 관심을 추구하는 데 바쳤다.

이에 비해 서치라이트형 프로파일은 단일영역이 아닌 세 가지 이상의 영역에서 강점을 보이는 지능 형태를 말한다. 이 프로파일을 가진 사람을 광범위한 레이더망을 갖추었으나 특별하게 두드러지는 지능은 없다고 할 수도 있다. 대부분의 정치가나 사업가 등이 이에 속한다. 다양한 분야에 고른 지능을 갖는 이들은 어떤 한 분야보다는 사회 전체를 바라보는 시각으로 보다 큰 그림을 그려나가는 일을 할 수 있다.

각각의 지능 중에서 어떤 것이 더 중요하고 덜 중요한지를 가릴 수는 없다. 중요한 것은 아이가 갖고 있는 지능 프로파일을 잘 계발해준다면 누구나 성공을 거머쥘 수 있다는 점이다. 실제로 성공한 사람들의 다중지능을 살펴보면 지능군별로 강점을 보이는 지능이 서로 결합되어 나타남을 알 수 있다.

디자이너 이상봉 씨는 여덟 개의 지능 중 디자인에 필요한 공간지능이 가장 높고 그 뒤를 언어지능과 자기이해지능이 뒤따르고 있었다. 그가 유명한 디자이너가 될 수 있었던 데는 일차적으로 좋은 디자인을 만들어낸 공간지능의 역할이 컸겠지만 자신의 디자인을 다른 사람들에게 보이고 설명할 수

심장전문의 송명근 박사	⫸ 논리수학지능 ⫸ 자연친화지능 ⫸ 자기이해지능	발레리나 박세은 씨	⫸ 신체운동지능 ⫸ 대인관계지능 ⫸ 자기이해지능
디자이너 이상봉 씨	⫸ 공간지능 ⫸ 언어지능 ⫸ 자기이해지능	가수 윤하 씨	⫸ 음악지능 ⫸ 언어지능 ⫸ 자기이해지능

있는 언어지능도 많은 도움을 주었을 것이다.

송명근 박사는 논리수학지능이 높았지만, 자연친화지능과 자기이해지능도 강점을 보였다. 그의 강점지능을 그저 논리수학지능으로만 판단했다면, 왜 그가 의사라는 직업을 택했는지 의아했을지도 모른다. 수학자가 될 수도, 첨단공학자가 될 수도 있기 때문이다. 하지만 그는 생명의 소중함과 관련된 자연친화지능에도 강점을 보였고, 이를 자신의 진로와 연결한 끝에 최고의 자리에 오를 수 있었다.

가수 윤하 씨는 직접 작사와 작곡을 하는 싱어송라이터다. 음악지능이 가장 높았지만, 언어지능 또한 그에 못지않았다. 그리고 그 뒤로 자기이해지능이 뒤따랐다.

발레리나 박세은 씨도 유려한 동작에 필요한 신체운동지능 외에 청중과 교류할 수 있는 대인관계지능 즉 인간친화지능이 높았다. 고된 훈련을 견디며 스스로의 목표를 추구하는 데는 자기이해지능이 도움이 되었을 것이다.

　이렇듯 성공한 사람들은 강점지능의 조합을 통해 자신에게 가장 잘 맞는 꿈과 직업을 선택했다. 또한 이를 통해 자신의 능력을 최대치로 끌어올리며 성공할 수 있었던 것이다. 비밀은 그것이었다. 상위 세 가지의 강점이 가장 효과적으로 조합된 곳, 바로 그곳이 성공의 자리였다.

박물관 교육이 아이의 관심사를 넓힌다

초등학교 2학년인 기웅이는 좋아하는 것이라고는 컴퓨터 게임밖에 없다. 특별히 무엇 하나에 관심이 있는 것도 아니고, 좋아하는 것도 그때그때 달라진다. 아이의 적성을 발견해서 지속적으로 키워주고 싶은데, 무엇부터 시작해야 할지 엄마는 난감하다. 아이의 관심사도 넓히면서 어떤 것에 호기심을 갖는지 알 수 있는 방법은 없을까?

세상의 다양한 직업군을 아이에게 한꺼번에 모두 경험시켜줄 수는 없다. 하지만 다양한 분야를 접하는 데 가장 좋은 방법은 아이를 데리고 박물관에 가는 것이다. 자연사박물관, 민속박물관, 역사박물관 등 학문의 전체 계열을 살펴볼 수 있는 곳에서 시작해 평소 아이가 궁금해했던 분야, 시계박물관이나 축음기박물관, 철도박물관 등으로 아이의 관심사와 경험을 확대해간다. 관람 태도나 관람 후 반응을 보면 아이의 호기심이 어느 분야에 있는지를 확인할 수 있다.

● 박물관 제대로 활용하는 법

1 출발하기 전에 이용에 관한 자세한 정보를 수집한다.
   관람시간과 휴관일 등 정보를 알고 가는 것이 좋다. 자칫하다가는 허탕을 치고 돌아오는 일이 생길 수 있다.

2 효과적인 학습을 위해서 예습은 필수다.
   대부분의 박물관은 자체 사이트가 있으며, 전시 유물에 대한 정보나 아이들이 흥미를 가질 만한 온라인 놀이 등도 함께 있다. 이렇게 미리 아이의 흥미를 북돋우면 직접 방문했을 때 학습 효과가 더 높아진다.

3 아이의 눈높이로 본다.

아이의 호기심과 상상력이 최대한 발휘될 수 있게 하자. 아이가 느낌을 솔직하게 말할 수 있게 해주고, 엄마도 함께 동감해준다. 관람 코스도 아이가 앞서서 찾아보게 한다. 꼭 정해진 코스는 없으므로 엄마는 옆에서 약간의 도움이나 정보를 주는 역할을 하면 된다.

4 한 번에 다 보겠다는 욕심을 부리지 않는다.

아이는 관심이 있는 유물 앞에서 하루 종일 앉아서 관찰을 할 수도 있다. 한 번에 다 보여주겠다는 욕심을 부리기보다, 자주 데려가서 다양한 유물에 관심을 갖게 해주는 것이 좋다.

5 팸플릿이나 도록, 기념품을 구입한다.

팸플릿이나 도록, 기념품 등 추억할 수 있는 구체적인 물건이 있으면 아이의 기억력을 더욱 강화시킬 수 있고, 경험을 회상하면서 대화를 진행할 수 있다. 특히 팸플릿이나 도록은 기념품이기도 하지만, 유물에 대한 설명이 잘 되어 있기 때문에 학습용도로 사용할 수도 있다.

강점지능을
더욱 특별하게 만들어라

다중지능을 증명하는 서번트 신드롬

한 소년이 있다. 1995년생인 말레이시아 소년 핑 리안Ping Lian. 그는 어린 나이지만 2006년에는 뉴욕 예술전시 투어를 할 만큼 미술에 놀랄 만한 천재성을 보이며 주목받고 있다. 태어나서 한 번도 정확한 미술 수업을 받아본 적이 없는 리안은 여섯 살 때 처음 연필을 잡고 그림을 그리기 시작했는데, 그때부터 그의 그림솜씨는 비약적으로 발전하며 재능을 꽃피웠다. 그의 능력이 더욱 놀라운 것은, 그가 자폐증에 ADHD를 갖고 있음에도 보통 사람들보다 뛰어난 능력을 보인다는 점이다.

자폐증은 뇌기능 장애로 인해 생기는 질병으로 대부분 선천적이다. 다른 사람과의 소통이 쉽지 않으며, 인지능력도 정상인에 비해 떨어진다. 그런데 리안처럼 자폐아임에도 어떤 한 분야, 또는 몇몇 분야에서 특별한 천재성을 보이는 사람이 있다. 이른바 바보천재, 서번트 신드롬savant syndrome 이다.

또 다른 서번트 신드롬인 킴 픽Kim Peak의 예를 살펴보자. 그는 영화 〈레인맨〉의 실제 주인공으로도 유명한데, 가공할 정도의 언어기억력을 갖고 있다. 미항공우주국NASA에서 픽의 기억력을 연구한 바에 따르면, 그는 인간 기억능력의 98.7% 정도까지 사용하고 있다고 한다. 전화번호를 통째로 외우고 몇 백 년 분량의 달력을 외우고, 도서관의 모든 책을 모조리 외우고, 세계의 모든 역사를 알고 있는 픽. 그의 능력은 도대체 어떻게 생기게 된 걸까? 그의 두뇌 사진이

핑 리안의 작품

비밀을 밝혀주었다. 그는 일반인과는 달리 좌뇌와 우뇌를 연결하는 뇌량이 없기 때문에 한쪽 뇌만을 집중적으로 사용했고, 그 과정에서 좌뇌의 언어능력이 폭발적으로 증가한 것이다.

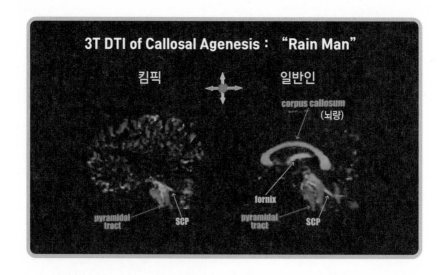

3T DTI of Callosal Agenesis : "Rain Man"

킴픽   일반인

corpus callosum
(뇌량)

pyramidal tract   SCP   fornix   pyramidal tract   SCP

위스콘신 의과대학 임상심리학과의 대럴드 트레퍼트Darold Treffert 교수는 서번트 신드롬을 다중지능을 증명할 수 있는 집단이라고 말한다. 왜냐하면 이들은 일반적으로 지능을 측정하는 방식으로는 크게 뒤떨어져도 한 분야, 또는 두세 분야에서는 놀라운 능력을 보이기 때문이다. 이는 각각의 지능이 독립적으로 존재함을 증명할 수 있는 증거다.

서번트 신드롬의 4분의 3 정도는 IQ가 70 미만이다. 그럼에도 불구하고 이들이 보이고 있는 특정 영역에서의 천재성은 기존의 지능 개념으로 설명하려면 별다른 연관성을 찾지 못할 것이다.

서번트 신드롬은 두뇌의 발달은 전 영역에 걸쳐 고르게 이루어지는 것이 아니라, 강점인 부분과 약점인 부분이 나뉘어 발달한다는 것을 보여준다.

이때 강점인 부분을 자극하면 폭발적으로 능력이 증가하는 반면, 약점인 부분은 계속 남아 핸디캡이 될 수도 있다.

누구에게나 약점은 있다

서번트 신드롬과 다중지능 기억력 테스트에서 살펴본 것처럼, 사람들은 각자 강점을 보이는 지능영역이 따로 있다. 다중지능은 유전인자나 경험의 영향으로 더 발달하기도, 덜 발달하기도 한다. 잘하는 것이 있으면 못하는 것도 생긴다. 이것은 성공한 사람들도 예외는 아니다. 자신의 분야에서 성공했다고 평가받는 이들도 잘 못하는 부분이 하나씩은 있었다.

공간지능이 뛰어난 발레리나 박세은 씨와 패션 디자이너 이상봉 씨는 논리수학지능이 약해 순서 외우는 것이 둔하고, 논리수학지능이 뛰어난 송명근 박사와 음악지능이 뛰어난 가수 윤하 씨는 공간지능이 약해 사람의 얼굴을 잘 못 알아보거나 길을 자꾸 헤맨다고 고백을 했다.

아이는 선천적으로 강점지능과 약점지능을 가지고 태어난다. 이것은 개인의 의지나 의도와는 큰 연관성이 없다. 그렇다고 절망할 필요는 없다. 가드너가 강점지능과 약점지능을 나눈 이유는, 단순히 그것이 극복할 수 없는 벽이라서가 아니라, 이를 파악함으로써 사회문화적 경험 속에서 약점을 극복해나갈 수 있다고 생각했기 때문이다. 아이들은 가능성의 존재다. 가드너는 어린아이들의 경우 못하는 부분을 근육처럼 발달시키는 것이 중요하다고 말한다.

아이가 논리수학지능보다 공간지능이 좋다면 비행기 조종사가 될 수 있다. 그러나 확신하는데, 열심히 노력하고, 좋은 선생님을 만나고, 동기부여가 확실히 되고, 좋은 자료만 있다면 논리지능 또한 좋아질 것이다. 그러므로 어떤 부모도 아이를 포기해서는 안 된다.

사람의 지능은 사회문화적 경험으로 인해 다양한 방식으로 발달한다. 강점지능과 약점지능도 마찬가지다. 강점지능을 키워주며 약점지능을 보강해준다면, 아이의 두뇌는 보다 균형 잡힌 발달을 이룰 것이며, 그것을 토대로 다양한 사회적, 문화적 결과물을 만들어낼 수 있다.

그런데 이때 아이의 강점지능을 이용해 약점지능을 계발하는 데 열쇠가 되어주는 것이 지각 채널이다. 우리는 강점지능이 다른 것처럼 지각 채널 또한 개인차가 있다. 시각적 · 청각적 · 촉각적 · 운동감각적 · 후각적 · 미각적 채널 중 어떤 지각 채널이 발달되어 있느냐에 따라 자극에 대한 감수성의 강도가 달라지는데, 이것 또한 잘하는 것과 못하는 것을 나누는 또 다른 기준이 된다. 여기서 주목해야 할 점은 지각 채널의 능력과 다중지능에서 강점을 보이는 영역이 서로 연관되어 있다는 점이다. 공간지능이 뛰어난 사람은 높은 시각적 감수성을 갖고 있으며, 언어지능에 강점을 가진 사람은 청각적 자극을 잘 받아들인다. 신체운동지능이 높은 사람은 신체감각을 통해 외부의 자극을 학습해나간다.

아이의 학습능력을 향상시키는 데도 이런 방법을 적용해볼 수 있다. 예를 들어 시각적 감수성이 높은 아이에게는 정보와 학습 내용을 눈으로 보고 읽으며 습득할 수 있도록 시각자료를 많이 제시해주는 것이 좋다. 청각적 감수성이 높은 아이들에게는 구연동화를 들려주거나 책을 읽을 때 소리를 내서 읽게 하는 것이 좋으며, 운동감각적 감수성이 높은 아이들은 신체감각을 통해 학습내용을 습득하도록 유도한다. 즉 아이의 강점지능을 이용해 약점지능을 보완해주는 방법이다.

물론 부모가 가르쳐주지 않아도 아이들은 사물의 특성을 파악할 때 강점지능을 적절히 사용해 본질에 접근하는 자신만의 방법을 만들기도 한다. 예를 들어 축구를 하기 위해 필요한 지능을 살펴보자. 우선 축구경기의 규칙을 익히려면 축구에 관련된 자료를 읽어야 하고, 그러기 위해서는 언어지능이 필요할 것이다. 그리고 친구들과 골을 잘 넣기 위해 계획을 하는 과정에서는 논리수학지능이 필요할 것이다. 팀워크를 다지는 과정에서 자연히 인간친화지능이 발휘될 것이고, 공이 어디로 날아갈지를 예측하기 위해서는 공간지능이 필요하다. 물론 공을 잘 다루려면 신체운동지능은 필수적이다. 더불어 승리를 위해 최선을 다하는 모습 속에서 자신도 모르게 발동되는 것이 자기이해지능이다. 각 영역의 지능은 이렇게 독자적으로 작용하는 것이 아니라 서로 협응하면서 작용한다.

여기서 언어지능이 강점인 아이들은 축구 관련 만화책이나 동화책을 보면서 축구에 대한 지식과 흥미를 배워나갈 수 있다. 신체운동지능이 높은 아이들은 일단 운동장에서 신나게 뛰어놀며 그 안에서 축구의 원리를 깨우쳐나간다. 인간친화지능이 높은 아이들은 친구들과 함께 작전을 세우고 협력을 하면서 자연스럽게 축구에 대한 흥미와 재능을 발전시킬 것이다. 방향은 모두 다르지만 축구라는 지식을 배웠다는 종착역은 같다.

기존의 지능 이론과 다중지능 이론의 커다란 차이 중 하나는, 기존의 지능 이론이 지능 수준은 일생동안 변하지 않는다고 여겼던 반면, 가드너와 다중지능 이론가들은 모든 사람은 지능을 향상시킬 수 있다고 보았다는 점이다.

특히 가드너는 세계적인 바이올리니스트인 스즈키 신이치鈴木鎭—의 재능 교육 프로그램을 그 예로 들었다. 신이치는 뛰어난 연주자이기도 하지만 아이들의 가능성에 주목한 음악 교육법으로도 유명하다. 재능은 타고나는 것이 아니라 누구든지 열심히 노력을 하면 인재가 될 수 있다는 철학에 따라 그는 제자들을 모두 무시험으로 뽑았다. 또한 마음이나 감수성, 성격 등도 알고 보면 모두 능력이라고 주장했고, 올바른 교육이란 아이에게 좋아하지 않는 일을 하게 만드는 것이 아니라 아이가 흥미를 갖고 좋아하는 놀이를 통해 능력을 발전시키는 것이라고 했다.

19세기 독일의 교육학자 카를 비테Karl Witte의 주장도 이와 유사하다. 그는 아이들이 타고난 재능은 분명 다르지만, 그 차이는 아주 미미하므로 교육방법만 적절하다면 모두 비범한 사람이 될 수 있다고 주장했다.

다만 가드너는 사람에 따라 지능의 향상 속도에는 차이가 있다고 말한다. 이는 선천적인 두뇌의 능력에 차이가 있다기보다는 두뇌계발 활동에 대한 흥미도나 적극성의 차이에서 기인한다. 이런 차이를 인정하되 각각의 아이를 비범하게 키우는 방법이 바로 강점지능을 살리는 교육이라는 것이다. 반면 아이의 강점지능을 무시하고, 똑같은 방법으로 다가갈 경우, 오히려 아이들은 학습에 흥미를 잃어버리기 쉽다. 더불어 강점지능마저도 제대로 발전시키지 못할 가능성이 크다.

다중지능 이론을 도입한 학교들

가드너의 다중지능 이론은 교육학계에 많은 영향을 주었다. 그는 자신을 교육학자라기보다는 심리학자로 생각하지만, 그의 이론은 아이들의 전인발달을 위해 다양한 학습방법으로 변용되었다. 특히 강점지능을 북돋우고 다양하게 활용할 수 있도록 하는 수업방식은 세계 곳곳의 학교에서 적용하고 있으며, 실제로 아이들의 학습 성취도 향상에 도움을 주었다.

민디 콘하버Mindy Kornhaber 등의 연구팀은 1997년에서 2000년까지, 3년 이상 다중지능 이론을 교육현장에 응용해온 42개의 학교를 대상으로 '서미트SUMIT, 다중지능 이론을 활용하는 학교
School Using Multiple Intelligence Theory 프로젝트' 연구를 진행했다. 그 결과는 매우 고무적이었다. 78%의 학교에서 학생들의 성적이 향상되었고, 학습부진을 겪던 학생들의 수업 태도가 향상되었다는 보고가 있었다. 80%의 학교에서는 학부모의 참여도가 높아졌고, 그중 75%의 학교가 다중지능 이론에 그 공을 돌렸다.

다중지능을 이용한 수업방법에는 어떤 것들이 있을까? 현재 다중지능 학교에서 이루어지고 있는 프로젝트project 수업, 파드pod 수업, 플로flow 수업을 통해 아이들이 어떻게 자신의 다중지능을 강화해나가는지를 살펴보자.

레지오 에밀리아

이탈리아의 로리스 말라구치|Loris Maraguzzi 에 의해 만들어진 레지오 에밀리아의 교육 프로그램으로, 레지오 접근법이라고도 한다. 간단하게 설명하면, 아이들 스스로 주제를 정하고, 가설을 세워 1차작업을 한 후 직접 주제와 관련된 사물과 현장을 관찰 탐색하고 처음의 가설을 수정 보완해 결론을 내리며, 그 과정을 기록으로 남겨 아이들에게 새로운 개념을 인지시키는 프로그램이다. 듀이의 프로그램과 유사하지만, 이탈리아만의 역사적, 문화적 배경이 조합된 점이 다르다.

프로젝트 수업

다중지능 학교의 가장 큰 특징은 프로젝트 수업이다. 이는 일정 기간 하나의 주제를 정해서 모든 과목이 그 주제와 연계될 수 있도록 하는 방식이다. 프로젝트 수업은 다중지능 이론을 적용한 학교에서 처음 시작한 것은 아니다. 미국의 교육학자인 존 듀이|John Dewey의 프로젝트 접근법이나 **레지오 에밀리아**의 프로젝트 접근법이 다중지능 프로젝트 수업의 모태가 되었다.

미국 세인트루이스의 뉴시티스쿨. 이곳에서는 프로젝트 수업을 실시하고 있다. 유치원의 프로젝트 수업을 한번 살펴보자. 우선 함께 탐구해나갈 프로젝트의 주제를 정한

프로젝트(Project) 수업
일정 기간 하나의 주제를 정해서 모든 과목이
그 주제와 연계될 수 있도록 하는 수업

다. 아이들은 '바쁜 우리들의 몸'이라는 주제로 1년간 공부를 하는데, 이번 시간은 '머리카락'에 대해 공부한다. 아이들은 우선 다양한 가발을 써보면서 이 세상에는 머리카락의 색이 다양한 만큼 다양한 인종이 살아가고 있다는 것을 배우고 깨달았다. 공부가 사회과목으로 확장된 셈이다. 그다음에는 머리카락에 대한 책을 통해 읽기와 쓰기를 했다. 자연스럽게 언어 교육으로 확장이 이루어졌다. 그리고 머리카락과 신체를 연결시키고 머리카락의 성분을 살펴보면서, 자연스럽게 학습이 과학영역까지 연결되었다. 이렇듯 다중지능 프로젝트 수업은 아이들에게 통합적인 사고방식을 키워줌으로써 여러 가지 지능을 동시에 사용하도록 유도한다.

한편 미국 인디애나폴리스의 키러닝스쿨에서는 파드 수업과 플로 수업을 통해 아이들의 학습능력을 키워주고 있었다.

파드 수업

파드 수업은 학생들 스스로 자신의 강점영역이나 관심영역과 관련된 수업을 선택하는 일종의 특성화 수업이다. 이 수업은 아이마다 좋아하는 영역이 다르다는 것을 전제로, 일단 아이가 자신이 흥미를 느끼는 과목에 집중하도록 한다. 학생들은 특정 기술이나 교과목에 통달한 유능한 교사가 이끄는, 일종의 도제제도와 같은 파드에 매일 참여한다. 파드에는 다양한 연령층의 학생이 소속되어 있기 때문에 수준에 따라 개별 활동에 참여할 수 있다. 아이들은 자신보다 지식이 많은 사람들과 활동하면서 전문가의 활동 모습을 옆에서 지켜볼 수 있는 소중한 기회도 얻게 된다.

파드(Pod) 수업
학생들 스스로 자신의 강점영역이나 관심영역과
관련된 수업을 선택하는 일종의 교양수업

더불어 교사는 아이들이 좋아하는 과목을 통해 다른 영역의 학문을 접하도록 유도한다. 키러닝스쿨의 학생인 열두 살 소녀 베키는 현재 자신이 좋아하는 음악을 통해 파드의 경험을 확장시키고 있는 중이다. "저는 지금 음악에 완전 빠져 있어요. 그래서 되도록 모든 수업에 음악을 끌어오려고 하고 수학시간에도 음악과 어떻게 연관돼 있는지 생각하고 음계를 활용해요."

플로 수업

한편 플로 수업은 외부의 간섭 없이 스스로 좋아하는 것에 집중함으로써 완벽한 몰입 상태에 도달할 수 있도록 돕는 수업을 말한다. 교장인 크리스 컨켈Chris Kunkel은 하루에 정말로 좋아하는 수업이 하나라도 있으면 거기서부터 플로 수업을 시작할 수 있다고 한다. 특히 아이들에게 자신의 강점이 무엇인지 스스로 알게끔 도와준다면, 아이가 자기 가치를 이해하고 이를 통해 자신감을 기를 수 있을 것이라고 말한다. 강점지능을 활용한 플로 수업은 다양한 학문적 확장을 통해 학습능력을 풍부하게 키워주고 있었다.

그런데 지금 아이가 보이고 있는 흥미가 진짜 강점지능인지 단순한 호기심인지를 알기는 쉽지 않다. 그래서 키러닝스쿨에는 플로실을 따로 마련해 아이들이 무엇을 할 때 가장 몰입하고 집중하는지를 교사가 관찰해 아이의 진정한 강점지능을 체크한다. 아이가 어디에 흥미와 호기심을 보이는지 관찰 기록한 일지는 곧 그 아이의 지능에 대한 포트폴리오가 된다. 이렇게 축적된 포트폴리오는 이후 아이가 진로를 선택하는 데 결정적인 역할을 한다.

플로(flow) 수업
외부의 간섭 없이 스스로 좋아하는 것에 집중함으로써 완벽한 몰입상태에 도달할 수 있도록 돕는 수업

다중지능 학교의 성적표는 한눈에 봐도 매우 복잡하다. 점수와 석차가 기재되지 않는 대신, 아이의 발달 단계와 참여도, 수행능력이 표시된다. 특히 각 수업별로 기록된 참여도는 자발적, 조건적, 소극적, 훼방적 등의 항목으로 나뉘어 있는데, 이는 관심영역과 강점지능을 판단하는 데 중요한 기초자료가 된다. 다중지능 학교의 아이들은 다른 아이들과 경쟁을 하고 성적을 매기는 대신 스스로 이루는 발전을 평가받고 자신과 경쟁을 한다. 다중지능 교육에서는 스스로의 동기부여가 중요하지 남과 비교하거나 경쟁하는 것은 중요하지 않기 때문이다.

세 아이를 모두 다중지능 학교에 보내는 빅스 부부는 아이들의 강점지능을 파악해 이에 맞춰 미래에 대한 고민을 나누고 있었다. 첫째아이 잭은 음악지능이 높게 나타났고 장래희망도 자연스럽게 그쪽으로 기울고 있다. 둘째 로라는 언어지능과 자연친화지능이 높고, 막내 찰리는 신체운동지능이 높다. 아이들의 어머니인 테레사는 다중지능 학교 수업의 장점을 이렇게 말하고 있다.

　　다중지능 학교가 가장 마음에 드는 점은 아이들을 평가하면서 자연스
　　럽게 강점과 약점을 분석하며 이를 모두 다룬다는 점이다. 반대쪽도
　　늘 다루는 것이다. 한 학생이 어느 한 분야에서 뛰어나면 잘하는 것을
　　할 수 있도록 하지만, 약한 부분이 있으면 그것에도 노력을 투자한다.
　　그리고 아이들은 자신이 어느 쪽에 강하고 어느 쪽으로 도움이 필요
　　한지 알고 있다. 그러니 균형 잡힌 교육을 받을 수 있는 것이다.

　다중지능 학교에 다니는 아이들은 어릴 때부터 자신의 강점과 약점이 무
엇인지를 자연스럽게 파악하기 때문에 미래를 설계할 때도 잘할 수 있는 분
야와 직업을 선택해 성공과 만족의 가능성을 높인다. 자신의 강점을 파악하
고 약점을 보완한다는 것은 인생을 살아나가는 데 큰 자산이다.

다중지능 트레이닝

성희는 누가 따로 가르쳐주지 않았는데도 클래식 음악만 나오면 손과 발이 저절로
박자에 맞춰 움직일 정도로 음악에 관심이 많고 음악을 좋아한다. 그런데 성희에게
는 아쉬운 것이 하나 있다. 다른 사람이 말하는 의도를 정확하게 파악하지 못한다는
점이다. 축구실력이 뛰어난 영재는 운동장에만 두면 펄펄 날아다닌다. 그러나 영재에

게도 아킬레스건이 있다. 평소 행동이 산만하고 어수선하다는 것이다. 엄마를 능가하는 요리 솜씨를 자랑하는 예현이는 학교에서 너무 조용해 친구들과 잘 사귀지 못해 걱정이고, 반대로 무척 사교적이어서 친구가 부르면 자다가도 벌떡 일어나 달려 나가는 민찬은 너무 착해서 자신의 일보다 다른 사람을 도와주는 일에 더 열심이어서 부모님의 걱정을 사고 있다.

아이의 강점지능을 살려 약점지능을 보완하는 것이 어떠한 효과를 가져오는지를 알아보기 위해 EBS에서는 다중지능 이론가의 도움을 받아 6개월간 실험을 하기로 결정했다.

우선 아이들의 다중지능 트레이닝에 앞서 부모를 대상으로 1차 상담에 들어갔다. 아이의 다중지능을 이끌어내기 위해서는 부모가 다중지능에 대한 정확한 이해를 갖고 있어야 했기 때문이다. 2차 상담이 진행되는 동안 부모들은 아이들의 뇌가 지닌 고유한 프로파일, 즉 강점과 약점지능을 세밀하게 파악할 수 있었다. 이를 기초로 6개월 동안 다중지능 전문가들의 도움을 받아 트레이닝을 진행했다.

윤옥인서울 서일초등학교 교사, 한국다중지능교육학회 부회장, 황순희서울 아주초등학교 교사, 한국다중지능교육학회 이사, 김영자광성 드림초등학교 교장, 한국 다중지능교육학회 회장, 윤옥균광성 드림초등학교 교사, 한국다중지능교육연구회 연구원 등 네 명의 전문가는 실험 기간 동안 지속적으로 아이들의 강점과 약점지능의 특성에 대해 코칭을 했다.

영재의 경우 신체운동지능이 강점인 반면 사물을 구성하고 기획하는 공간지능이 약점으로 나왔다. 스스로도 운동을 좋아하는 대신 그림 그리기는 어려워하면서 거부감을 갖고 있었다. 좋아하는 소재를 가지고  가족이 함께 벽에 장식을 하며 집을 꾸며보거나 그림을 그려보라는 트레이닝 과제를 주었다. 그러나 좀처럼 흥미를 보이지 않았고 심지어 화를 내기도 했다. 일단 아이의 반응을 지켜보며 천천히 행동을 유도해보기로 했다.

 성희의 경우 음악지능과 자연친화지능이 강점인 반면 언어지능이 약점이었다. 아이는 상담에서 친구들과 어울리고 싶기는 하지만, 친구들의 말을 이해하기가 어렵기 때문에 오히려 스스로 아이들과 어울리는 것을 피한다고 했다. 부과된 첫 번째 과제는 노랫말 바꿔 부르기. 음악지능이 높은 강점을 이용해 어휘력을 높이도록 유도하는 과정이었다. 또한 자연친화지능이 높은 것을 활용해 강아지와 함께 계속 대화를 하게 했다. 이 과정을 통해 말문을 트이게 하려는 것이다.

예현의 경우 공간지능이 강점으로 나왔지만, 인간친화지능이 최대 약점이었다. 예현이는 친구를 잘 사귀었으면 좋겠다는 바람을 털어놓았다. 우선 사물의 배치나 색감에 민감한 공간지능을 사람들이 많은 공간과 접목했다. 박물관에서 다양한 사물을 체험하면서 사람들과 접촉하는 기회를 넓히는 것이 예현의 과제였다.

민찬의 경우 너무 착하다는 것이 흠이었다. 인간친화지능에서 강점을 나타낸 반면 자기이해지능에서는 약점을 보였다. 친구를 도와주는 게 재미있고, 심부름이 재미있다는 민찬은 용돈의 많은 부분을 자기를 위해서가 아니라 남을 위해 쓰고 있었다. 민찬이의 문제는 자신의 욕구가

너무 억제되어, 해야 할 일과 하고 싶은 일을 제대로 구분하지 못하는 데 있었다. 민찬이에게 해야 할 일이 아닌 하고 싶은 일과 취미를 적어보게 했다. 그런데 오랜 시간을 들여 적어놓은 것을 확인해보니, 그마저 모두 가족을 돕는 일이었다.

전문가들이 아이의 특성에 맞게 짠 다양한 프로그램을 제공했지만 아이들은 상당기간 별다른 흥미를 보이지 않았다. 그러나 전문가들은 인내심을 갖고 지속적으로 프로그램을 제공했고 트레이닝은 계속되었다. 중간평가를 통해 본 아이들은 아직까지 많은 행동이 달라진 것은 아니었지만, 스스로 변화해야겠다는 마음을 먹는 데까지는 도달한 상태다.

트레이닝 2

영재의 경우 여러 트레이닝 방법 중에 사진 찍기에 관심을 보였다. 신체운동지능에 강점이 있는 영재는 사진촬영을 통해 공간지능을 강화시킬 수 있었다. 산만함이 완전히 고쳐진 것은 아니지만, 영재는 이제 뭔가를 하고 싶다거나 해야겠다는 마음이 생겼다. 성희는 강아지를 주인공으로 소설을 쓰는 트레이닝을 받는 중이었다. 눈에 띄는 변화는 일기를 쓰는 데 표현하는 단어가 많아지고 길이도 조금 더 길어졌다는 점이다. 예현이는 친구들과 함께하는 퍼즐놀이와 꾸미기를 통해 인간친화지능을 강화시키려

고 했다. 관계 맺기를 힘들어하는 예현은 그간의 테스트를 힘들어하고 있었지만, 스스로 끝까지 해내겠다고 의지를 표현했다.

민찬의 경우 가족회의를 직접 이끌어보면서, 다른 사람의 의견을 듣고 조율하며 자신의 생각과 감정을 표현하기 시작했다. 이전에 비하면 자신을 표현하는 부분이 많이 발전되어가고 있었다.

영재

강점 : 신체운동지능　　　약점 : 공간지능

신체운동지능(사진촬영) ···▶공간지능 강화

예현

강점 : 공간지능　　　약점 : 인간친화지능

공간지능(퍼즐, 꾸미기) ···▶인간친화지능 강화

성희

강점 : 음악지능, 자연친화지능
약점 : 언어지능

자연친화지능(강아지를 주인공으로 소설쓰기)
　　　　　　　　　　　···▶언어지능 강화

민찬

강점 : 인간친화지능
약점 : 자기이해지능

인간친화지능(가족회의 주도)
　　　　　　　　　　　···▶자기이해지능 강화

그런데 트레이닝 기간 중에 예상하지 못했던 변화가 눈에 띄었다. 그것은 아이들보다 부모들이 먼저 변화를 보였다는 점이다. 예현 엄마는 아이가 친구와 싸우거나 다툼이 있을 때 아이의 감정을 이해하고 받아들여주는 것이 아니라 아이의 잘못부터 지적했다. 그렇게 해야 아이가 자신의 잘못을 알고 다음에 같은 실수를 범하지 않을 것이라고 생각했던 것이다. 하지만 지금은 그런 태도가 오히려 아이의 대인관계만 위축되게 만들었던 것 같다는 생각을 하고 있다. 성희 아빠는 자신이 생각했던 아이의 장점이나 약점이 트레이닝 과정을 거치다 보니 조금은 틀렸다는 것을 깨달으며, 아이를 살펴볼 때는 부모의 선입관에 치우치지 않고 객관적이고 정확하게 파악해야 한다는 것을 깨달았다. 영재 엄마 또한 부모의 양육태도가 아이의 변화를 좌우한다는 것을 깨닫고, 영재에게 맞는 양육방법이 무엇인지 고민하고 있었다. 민찬이 아빠는 아이를 바라보는 시선에 여유가 생겼다고 했다. 아이 스스로 해볼 수 있도록 시간을 주고 기다리는 것이 아이가 자신의 생각을 키우는 데 도움이 된다는 것을 깨달았다.

트레이닝 이전의 양육방법이 부모의 기대에만 초점을 맞춘 것이었다면, 트레이닝을 거치는 동안 부모들은 시선을 아이에게로 향하게 되었다. 내가 해주고 싶은 것, 가르치고 싶은 것이 아니라 아이가 하고 싶은 것, 잘하는 것이 무엇인지를 살펴보니 전혀 다른 아이가 보이기 시작한 것이다.

이런 점에서 트레퍼드 박사의 말은 주목할 필요가 있다.

'아이에게 무엇이 결여됐는지'를 보는 것이 아니라 '아이에게 무엇이 있는지'를 찾아내는 것이 부모의 역할이다. 더불어 부모는 아이가 갖

서번트 신드롬인 리안이 자신의 능력을 펼쳐 보일 수 있었던 것도 장애보다는 능력에 관심을 보였던 엄마 덕분이었다. 부모의 긍정은 서번트 신드롬을 만들어내는 아주 강력한 요소이며, 이는 우리 모두에게도 해당하는 이야기다. 그렇다면 부모의 변화는 아이의 변화에 어떤 영향을 미쳤을까? 6개월간 트레이닝을 받은 네 아이를 다시 찾아가보았다.

> **트레이닝 3**
>
> 영재의 경우 색감에 둔하고 구성도 단조로웠던 그림이 6개월 만에 역동적으로 변했다. 그리고 직접 찍은 사진으로 멋진 가족 앨범도 만들었다. 언어지능이 취약해 일기장의 반도 채우지 못했던 성희는 어느 날부터 일기 내용이 점점 길어지는가 싶더니, 마침내 삼십 쪽에 달하는 창작동화 한 편을 만들어낼 정도가 되었다. 친구를 사귀지 못해 늘 집에만 있던 예현이는 꾸미기를 좋아하고 색감에 민감한 공간지능을 자극해주자 한결 자신감 있는 소녀로 변했고, 친구 관계에도 이를 적용하게 되었다. 민찬이는 하고 싶은 일이 점점 많아져서 목록을 적어 하나씩 실천하는 중이다.

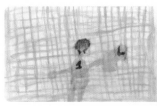

➡ 6개월 후

영재
강점 : 신체운동지능
약점 : 공간지능

성희
강점 : 음악지능, 자연친화지능
약점 : 언어지능

➡ 6개월 후

예현
강점 : 공간지능
약점 : 인간친화지능

➡ 6개월 후

민찬
강점 : 인간친화지능
약점 : 자기이해지능

➡ 6개월 후

강점지능을 통해 약점지능을 계발해주니 아이들은 6개월 만에 전혀 달라진 모습을 보였다. 이를 통해 우리는 부모의 역할에 대해 다시 한 번 되살펴보게 된다. 어떤 부모도 아이를 포기해서는 안 된다. 못하는 것만 보면서 "얘는 뭘 해도 안 돼"라고 규정하면, 아이는 부모의 말대로 자신감 없고 늘 실패하는 인생을 살기 쉽다. 반면 강점지능을 살려 아이의 재능을 이끌어낸 다면, 아이들은 누구나 자신이 가진 최고의 능력을 발휘할 수 있다.

이는 20세기 초 이탈리아의 의사이자 교육학자인 마리아 몬테소리Maria Montessori의 교육법과도 유사하다. 부모의 역할을 중요시하는 이 교육법은 끊임없이 아이의 잠재된 세계를 이해하고자 노력하고, 아이의 성장에 안내자로서의 역할을 다할 때 비로소 진정한 부모의 자격을 가질 수 있다고 말한다. 이에 따르면 참다운 부모가 되는 첫걸음은 바로 아이를 그들 삶의 주체로 인정하는 것부터 시작한다.

성공한 사람들의 공통분모, 자기이해지능

우리는 앞서 성공한 사람들의 다중지능 검사 결과를 살펴보았다. 가수 윤하, 디자이너 이상봉, 외과의사 송명근, 발레리나 박세은 씨의 검사 결과를 보면 강점지능으로 꼽힌 것 중에서 한 가지 공통적인 지능을 살펴볼 수 있다. 자기이해지능이 바로 그것이다. 서울대학교 교육학과 문용린 교수는 자기이해지능이 뛰어난 사람은 더 일관되고 지속적으로 자신이 원하는 일에 몰두할 수 있다고 말한다.

: 　운동을 좋아하는 사람 중에서도 운동이 재미있어서 그냥 하는 사람이

있는 반면, 가끔씩 내가 왜 이 운동을 해야 하는지 그 이유를 생각하는 사람이 있다. 이렇게 생각하는 사람은 자신이 운동을 해야 하는 이유가 더 굳건하게 세워질 것이고, 장애물이나 힘든 일이 생길 때 절망하기보다는 더 일관되게 지속적으로 일에 몰두할 수 있다.

특히 자기이해지능이 뛰어난 사람의 경우, 다른 사람의 평가보다도 자신의 기준에 맞는 평가가 더욱 중요하다. 이것이 바로 자기이해지능이 뛰어난 사람이 성공할 수 있는 이유다. 다른 사람이 모두 잘한다고 칭찬할 때 만족하고 그만둔다면, 그는 능숙한 사람은 되겠지만 탁월한 사람은 되기 힘들 것이다. 그러나 자기이해지능이 높은 사람은 어려운 상황에서도 끊임없이 자신이 가고 있는 방향을 생각하며 가장 좋은 결과를 내기 위해 고민을 하고 최선의 노력을 한다.

성공하는 아이로 키우고 싶다면 아이가 스스로 자신이 나아갈 방향을 정하게 하고, 노력하는 습관을 키워주어야 한다. 가장 좋은 방법은 일기를 쓰게 하는 것이다. 단순히 하루 일과를 정리하는 것도 좋지만, 아이 스스로 목표를 세우게 하고 그 목표를 위해 오늘은 무엇을 했는지, 아쉬운 점은 무엇인지 등을 적어보게 하자. 아이는 스스로 반성하며 노력하는 과정에서 자연스럽게 좋은 결과를 만들어낼 수 있다.

또한 아이가 어떤 문제에 몰두하고 있다면 부모는 여유를 갖고 아이가 혼자서 풀어낼 수 있도록 도와주는 것이 좋다. 급한 마음에 답을 먼저 알려주거나 채근할 경우 자신감이 떨어진 아이는 끈기와 투지를 키우기가 쉽지 않다. 오히려 아이가 힘들어도 포기하지 않도록 응원을 해주어야 한다. 불가

피하게 문제를 풀어주어야 하는 상황일 때도 처음부터 부모가 다 풀어주는 것이 아니라, 아이와 함께 대화를 하면서 어떤 단계에서 막혔는지 체크하고 이야기 속에서 자연스럽게 스스로 방법을 찾아낼 수 있도록 유도해주는 것이 좋다. 이렇게 되면 아이는 어려운 문제를 맞닥뜨렸을 때 힘들다고 피하는 것이 아니라, 새로운 도전에 자신도 모르게 가슴이 뛰며 몰입하게 될 것이다.

우리는 지금까지 성공을 이야기했지만, 성공보다 중요한 것은 행복일지도 모른다. 공자는 『논어論語』의 「옹야편雍也篇」에서 "알기만 하는 사람은 좋아하는 사람만 못하고, 좋아하는 사람은 즐기는 사람만 못하다"라는 말을 남겼다. 이 말은 진정한 성공을 위해서는 자신이 하는 일을 좋아하고 즐겨야 한다는 뜻이다.

많은 부모들이 성공의 기준을 세워놓고 아이가 성취해놓은 것을 평가하지만, 진정으로 아이가 그 일을 즐기고 있는지 생각해본 사람은 많지 않을 것이다. 중요한 것은 스스로 즐기도록 도와주는 것이다. 자기이해지능이 뛰어난 아이야말로 스스로가 원하는 일을 찾아 즐길 수 있다는 것을 명심하자.

다중지능의 발견, 아이마다 시기가 다르다

이제 만으로 네 살이 된 지현이의 엄마는 첼리스트이고, 아빠는 성악가다. 부모를 닮았다면 음악에 특별한 재능이 있을 터. 엄마 아빠는 지현에게 어릴 때부터 악기를 하나 가르쳐 장한나나 장영주 같은 세계적인 연주자로 키우고 싶다. 그런데 조기에 다중지능 교육을 할 때 부모가 주의해야 할 점은 없을까?

아이의 발달 시기를 잘 체크하고 스스로 할 수 있도록 의욕을 북돋우는 것이 중요하다. 지능은 어릴 때부터 자극을 통해 발달한다. 하지만 부모의 욕심이 잘못 강요되었을 경우, 아이가 오히려 거부감을 가질 수 있으므로 조심스럽게 접근하는 것이 좋다. 아이들의 성장 발달에는 자기만의 시기가 있기 때문이다. 장영주나 장한나처럼 어릴 때부터 음악적 소질을 보이는 아이가 있는 반면, 피아니스트 임동창처럼 초등학교 6학년이 되어서야 음악에 눈을 뜬 사람도 있다. 아이가 음악을 싫어하거나 잘 못하는데도 하루에 몇 시간씩 음악을 시키는 것은 좋은 방법이 아니다.

설령 아이가 좋아한다고 해도 지나치게 시키는 것은 좋지 않다. 그보다는 좋아해서 더 하고 싶을 때 그만두게 하는 것이 아이의 지능을 자극한다. 예를 들어 피아노를 가르치고 싶다면 몇 개월 동안 아이에게 피아노 치는 모습을 보여준다. 누군가 치고 있을 때는 손을 못 대게 한 다음 나중에 몇 분 동안만 쳐보게 한다. 오히려 이렇게 아이의 호기심을 북돋우고, 스스로 할 수 있게 만들어주는 것이 지능을 계발하는 데 훨씬 효과적이다.

아이의 재능과 행복을
찾아주는 법

아이의 강점지능을 찾아주어야 하는 이유

모든 아이에게는 꿈이 있다. 그러나 그 꿈을 어떤 식으로 펼칠지, 자신의 미래를 어떤 방향으로 설계할지는 미지수다. 아이들의 지능은 무궁하게 발전할 수 있기 때문이다. 아이들은 좋아하는 분야가 바뀔 때마다 꿈도 바뀌곤 한다.

그런데 아직까지 자아가 제대로 서 있지 않은 아이들은 남들이 좋다는 것을 마치 자신이 좋아하는 것처럼 착각하는 경우가 많다. 대통령을 꿈꾸는 아이에게는 대부분의 부모가 칭찬을 한다. 하지만 청소부가 되고 싶다는 아이에게 정말 멋있는 꿈을 가졌다고 칭찬할 부모가 몇이나 될까? 부모의 표정만 봐도 아이는 자신의 꿈이 부모에게는 멋있게 느껴지지 않는다는 것을 안다. 그러면서 아이는 자신도 모르게 부모의 뜻에 맞춰 꿈을 수정한다.

　더욱이 부모가 제시한 방법이 아이의 흥미를 끌지 못할 경우 교육은 참으로 어려워진다. 방향을 잡지 못한 교육은 아이에게도 스트레스를 주면서 지속적인 시행착오만 반복할 수 있다. 그러다 보면 나중에 원하지 않는 일을 하게 되는 경우도 생기고, 뒤늦게 직업을 바꾸는 경우도 생기는 것이다.

　물론 좋아하는 일을 하면 반드시 성공한다고 단언할 수는 없지만, 자신이 원하지 않는 일, 좋아하지 않는 일을 하면서 성공하는 것은 훨씬 어렵다. 성공을 하기 위해서는 남들보다 몇 배의 노력을 기울여야 하는데, 싫어하는 것에 대해 그만큼의 노력을 기울이기란 쉽지 않다. 탈출하고 싶고, 벗어나고 싶은 마음 때문에 성공의 길에서 더욱 멀어지게 된다.

　그래서 강점지능을 아는 것이 필요하다. 부모가 아이의 강점지능을 알고 있다면 아이의 교육을 계획할 때 조금 더 구체적인 방향을 잡아나갈 수 있다. 아이들의 꿈이 이리저리 방황하는 이유는 자신의 강점이 무엇이고 약점이 무엇인지를 정확하게 파악하지 못했기 때문이다. 하지만 강점지능을 파악하면 지금 꿈꾸는 일이 자신이 잘할 수 있는 일인지, 적성에 맞는지를 판단하는 데 도움이 된다. 또한 어릴 때부터 자신의 강점지능을 아는 아이는 방황하지 않고 꿈을 구체화할 수 있다.

　예를 들어 언어지능이 강점인 아이는 언어와 관련된 일 중에서도 글을 쓰는 것이 좋은지, 말을 하는 것이 좋은지, 외국어를 배우는 것이 좋은지를 스스로 점검해볼 수 있다. 그 과정에서 친구들과 이야기하는 것이 가장 재미있다는 것을 깨달으면, 다른 사람과 소통하는 직업이 더 어울린다고 생각하게 되고, 인간친화지능이라는 또 다른 강점지능도 찾을 수 있다. 그러면 각각의 강점지능이 합쳐져 최상의 능력을 발휘할 수 있는 직업을 찾아나가면 된다. 즉 미래의 직업을 교사나 심리치료사, 방송인, 기자 등의 직업군으로 좁힐 수 있다. 그리고 그 분야에 적성이 맞는지 살펴보면서 자신의 능력을 시험해나갈 수 있는 것이다.

또한 자신의 강점지능을 알고 있는 아이는 자신감에 넘치고 자존감도 높다. 자신이 잘하는 영역에 더 많은 관심을 쏟아 능력을 계발하고 이를 통해 다른 사람들에게 인정을 받기 때문이다. 자존감이 높은 아이는 스스로 자신의 길을 개척해나갈 수 있는 동력 또한 크다. 성공의 열매를 쥘 수 있는 아이는 바로 이런 아이들이다.

호기심을 포착하라

아이의 강점지능, 즉 재능을 발견하기 위해서는 어릴 때부터 부모의 세심한 관찰이 필요하다. 항상 옆에서 지켜보고 생활하는 부모야말로 가장 정확하게 아이의 특성을 파악할 수 있기 때문이다. 특히 자신이나 배우자의 기질을 참고한다면, 아이가 어떠한 강점지능이나 재능을 갖고 있을지 찾아내기가 조금 더 쉬울 것이다.

아이의 재능이 유전적 영향에 더 크게 좌우되는지, 아니면 환경적인 영향에 더 크게 좌우되는지는 현재까지도 학자들 사이에서 숙제로 남아 있다. 하지만 이 두 요소 중 어느 하나도 배제할 수 없다는 점에는 이견이 없다. 부모에게서 유전형질을 대물림한 아이가 부모와 비슷한 성향과 흥미를 갖는다는 것은 유전적으로 당연한 인과관계를 갖는다. 하지만 단순히 유전적인 영향에만 초점을 맞출 수 없는 것은, 아이는 부모가 만들어놓은 환경의 영향도 크게 받기 때문이다. 클래식을 좋아하는 부모 밑에서 자란 아이는 어릴 때부터 클래식을 들었을 것이고, 자연히 이에 대한 관심과 호기심이 더 많아질 것이다.

이와 비슷한 맥락에서 아이의 호기심의 동인도 개인적인 성향과 사회적인 영향에 의한 것으로 나뉜다. 개인적인 성향의 호기심은 강점지능으로 인해 나타나는 경우가 많다. 예를 들어 아이가 음악지능이 뛰어나다면 어릴 때부터 다른 아이들에 비해 음악을 더 좋아하거나, 리듬과 박자에 더 예민하게 반응할 것이다. 이에 비해 사회적 영향으로 생기는 호기심은 부모가 만들어준 환경이나 아이의 주변환경, 교육 등으로 발현되는 호기심을 말한다. 특별히 음악지능이 뛰어난 아이가 아니라도 어릴 때부터 피아노학원에 다니다 보면 자연스럽게 음악에 대한 호기심이 생겨날 수 있는 것이다.

유전의 영향을 많이 받든 환경의 영향을 많이 받든, 개인적인 성향 때문이든 사회적 영향 때문이든, 아이들은 호기심을 통해 자신의 재능 여부를 시험한다. 호기심은 모든 재능의 출발점이다.

아이들은 어떤 대상에 흥미나 호기심을 느끼면 그것에 몰입하게 되는데, 부모가 귀찮을 정도로 질문을 해오는 아이는 일차적으로 그 분야에 대한 재능이 잠재되어 있다고 판단할 수 있다. 그런데 아이가 보이는 호기심은 특정한 분야에 두각을 나타내며 일정한 계통을 따라 발전하는 경우도 있지만, 분야에 상관없이 넓은 영역에서 펼쳐지는 경우도 있다. 이럴 경우 아이의 호기심 영역이 여러 분야에 동일하게 퍼져 있기 때문에 언뜻 보면 별다른

몰입 ●

칙센트미하이의 몰입 이론에 사용된 말
로, 몰입을 체험하는 사람은 자신이 하는
일에 완전 집중하며 몰두한 상태가 된다.
몰입의 영어가 '흐름'을 뜻하는 'flow'인
것은 삶이 고조되는 순간에 물 흐르듯이
행동이 자연스럽게 이루어지는 것을 표
현한다.

재능이 없는 듯한 인상을 주기도 한다. 하지만 아이들은 성장하는 과정에서 외부의 영향을 받아 자신의 호기심을 특정 분야로 집중시키고, 그 안에서 자신의 길을 선택하게 된다.

피터드러커 경영대학원 심리학과 교수인 미하이 칙센트미하이Mihaly Csikszentmihalyi는 아이들의 능력 계발에 있어 호기심이 가장 중요하며, 아이들이 호기심을 갖는 분야에 **몰입**한다면 창의적인 사람이 될 수 있다고 말한다. 그런데 몰입하기 위해서는 전제조건이 있다. 우선 아이가 흥미를 보이는 대상을 정확히 파악해야 하고, 대상과 아이 사이에 적당한 긴장감을 주어야 한다는 점이다.

예를 들어 수영을 갓 배워 이제 호흡을 하며 몇 미터를 갈 수 있는 아이에게 국가대표와 시합을 해보라고 한다면, 아이는 둘 사이의 실력 차가 엄청나다는 것을 알고 도전 자체가 불가능하다고 생각할 것이다. 이 경우 아이는 노력하기를 포기하고 만다. 반대로 국가대표에게 이제 갓 수영을 배운 아이와 시합을 하라고 한다면, 그 또한 결과를 알고 있기 때문에 어이없어 할 것이다. 이때 아이를 몰입하게 하는 가장 좋은 방법은 바로 한 단계 위 클래스에 있는 선배와의 시합이다. 아이는 이기기 위해 최선을 다하는 과정에서 몰입을 경험할 것이고, 자신이 좋아하는 것이 잘할 수 있는 것이라는 자신감을 바탕으로 다른 분야에도 흥미와 호기심을 키워나갈 것이다.

호기심은 확장을 통해 다양한 영역을 넘나들며 창의적인 성과물을 만들어낸다. 칙센트미하이는 위험을 즐기는 사람이나 실패를 두려워하지 않는 사람, 낯선 것에 매력을 느끼는 사람이나 현재의 상태에 만족하지 못하는 사람들이 창의성을 발휘하는 경우가 많다고 했는데, 이는 호기심 많은 아이들의 특성에 그대로 부합하는 설명이다.

특히 강점지능과 연관된 호기심은 끊임없는 탐구를 통해 창의적인 사고를 만들어나가는 기반이 된다. 타고난 재능이 정해져 있다고 해도 끊임없는 탐구와 훈련은 아이의 능력을 더욱 키워준다. 인간은 태어나서 두뇌의 10% 정도만 사용할 뿐이라고 한다. 두뇌를 최대한 활용하는 것은 몇몇 천재에게만 해당하지만, 누구나 훈련을 하면 어느 정도까지는 끌어올릴 수 있다.

이와 더불어 부모는 아이의 질문에 진지하게 귀를 기울이고, 아이가 보이는 관심 영역에 대해 충분히 탐구할 수 있도록 적극적으로 후원을 해줘야 한다. 이로써 아이 스스로가 자존감을 가질 수 있도록 도와주는 것이 중요하다.

가족과 육아에 대해 연구해온 임상심리학자 토니 험프리스Tony Humphreys
는 아이가 자신의 가치를 충분히 알 수 있도록 부모가 도움을 주어야 한다.
'난 못해', '난 자격이 없어'라며 본래 자신의 자아, 자신의 가치를 사소하게
생각하는 아이는 학습에도 흥미를 느끼지 못하며 성인이 되어서도 재능을
펼칠 기회를 스스로 놓치기 쉽다고 말하며, 호기심이 풍부한 아이로 자라기
위해서는 우선 자존감이 높아야 한다고 주장했다. 그는 자존감이 높은 아이
일수록 배우고자 하는 열망이 높고 도전을 즐기며 배움에 대한 호기심이 살
아 있다고 말했다.

아이의 자존감을 높이는 데 무엇보다 중요한 것이 부모의 역할이다. 아이
들이 세상에서 가장 인정받고 싶어 하는 대상은 바로 부모다. 사랑하는 사
람들에게 인정받은 아이는 자신감과 적극적인 자세를 갖게 된다. 특히 성공
하는 아이로 만들기 위해서는 부모가 아이의 행동에 긍정의 힘으로 대하는
것이 필요하다. 성공한 사람들의 부모는 대개 아이를 긍정적으로 대하면서
믿어주었다. 아이가 어떤 부분에 호기심을 보이든 아이를 믿고 지지해준다
면, 부모는 아이에게 가장 좋은 마법을 걸 수 있다. 그것은 바로 "너는 할 수
있어" 마법이다.

강요도 포기도 금물,
동기는 아이 스스로 만들어야 한다

미국의 교육학자 콜린스와 슈엘은 흥미와 호기심이 학습에 어떠한 영향을 미치는지 실험을 했다. 우선 실험대상인 학생들을 네 그룹으로 나누었다. 독서능력도 뛰어나고 야구에 관심도 많은 학생들은 A그룹, 독서능력은 뛰어나지만 야구에 관심이 없는 학생들은 B그룹, 독서능력은 낮지만 야구에 관심이 많은 학생들은 C그룹, 독서능력도 낮고 야구에 관심도 없는 학생들은 D그룹으로 나눠 야구경기에 대한 글을 읽게 한 다음 어떤 그룹이 내용을 가장 잘 기억하는지 비교했다.

당연히 A그룹이 기억을 가장 잘했다. 그런데 유의미한 결과는 그다음에 나타난다. A그룹 다음에 뛰어난 기억력을 보인 아이들은 독서능력이 뛰어난 B그룹이 아니라, 야구에 흥미가 높은 C그룹이었다. C그룹의 결과는 A그룹과 거의 차이가 없었다. 이는 흥미가 성취도에 얼마나 많은 영향을 미치는지를 보여준다.

부모가 아이의 강점지능을 알고 있다고 해도 아이가 스스로 배우려는 의지가 없다면 강점지능은 발달하기 힘들다. 그러므로 아이의 지능을 계발시켜주려면 우선 배우고 싶다는 동기를 부여해주어야 한다. 강요는 오히려 의욕을 떨어뜨릴 뿐이다.

하버드 대학에 가장 많이 입학하는 외국인이 바로 한국인이라는 것은 널리 알려진 사실. 그런데 하버드 입학생 중에서 가장 많이 졸업을 포기하는 외국인도 한국인이다. 이는 공부에 대한 동기부여가 고작 최고의 학부에 입학하는 것으로만 잡혀 있기 때문이다. 그 목표를 위해 최선을 다한 아이들은 목표를 성취했으니 더 이상의 의욕도 없고, 이제는 조금 쉬고 싶다. 그러나 막상 하버드 대학에서는 이전에 했던 공부 이상의 고민과 노력을 필요로 하기 때문에 결국 그것을 못 따라가는 아이들은 중도에 포기를 해버리고 마는 것이다.

성공하기 위해서는 동기가 뚜렷해야 한다. 그 동기는 남들이 보기에는 하찮고 아무것도 아닌 것 같아 보여도 자신에게만큼은 최고의 동력이 된다. 예를 들어 좋아하는 일본 스타의 말을 통역 없이 알아듣기 위해 일본어를 배우는 것은, 다른 사람들에게는 이해가 가지 않는 동기라고 하더라도 본인에게는 의욕을 불러일으킬 수 있다. 이 동기가 일본어 능력시험 1급을 따게 만들 수도 있다.

동기를 불러일으켜 주기 위해서는 부모는 아이가 제시하는 아이디어나 기발한 착상에 관심을 기울이며 동참해주는 것이 좋다. 특히 칭찬은 고래를 춤추게 하듯 아이의 의욕도 풍선처럼 부풀린다. 부모에게 칭찬과 인정을 받는 경험이 많으면 많을수록 아이의 만족감과 행복감은 커질 것이고, 이런 행복감으로 인해 아이는 계속해서 새로운 영역에 도전할 동력을 얻는 것이다.

부모가 아니더라도 아이가 각별하게 생각하는 사람에게 칭찬을 받는다면 그것은 아주 강한 동기부여로 작용할 수 있다. 예컨대 처음에는 수학문제를 잘 풀었다고 선생님에게 칭찬을 받아서 수학을 좋아하기 시작했다고 해도, 나중에는 스스로 문제를 풀고 답을 맞혀가는 과정에서 성취감을 맛보기 위해 공부를 하는 아이가 된다. 그러므로 아이가 성취감을 키우게 하려면 작은 성공을 많이 맛보게 하는 것이 필요하다. 성공을 경험한 아이는 자신이 스스로 해냈다는 쾌감을 느끼게 되는데, 이것이 자라면서 내적 동기로 발동한다. 이때 부모의 역할은 아이가 중간에서 포기하지 않도록 용기를 북돋워주며, 성공할 수 있도록 방법을 코치해주는 정도로 족하다. 예를 들어 커다란 학습서 한 권을 처음부터 끝내게 하는 것은 쉽지 않다. 이때는 단원별로 나누어서 풀어보게 하는 것도 방법이다. 그런 후 모두 끝냈을 때 아이가 다 푼 학습서를 모아서 주자. 처음에는 할 수 있을까 자신 없어 하던 아이도 스스로 해낸 결과를 통해 학습에 대한 의욕을 북돋울 수 있다.

또한 무엇이든 풍족한 생활을 하는 아이들에게는 동기부여를 해주기가 쉽지 않다. 아쉬운 게 없으니 얻고 싶은 것이 없다. 말만 하면 부모가 무엇이든 다 사주고, 원하는 대로 해주는 아이들은 무엇인가를 얻기 위해서 간절히 바라거나 노력을 하지 않는다. 풍족함은 다른 말로 게으름으로 바꿀 수 있다.

세계 최고의 갑부인 빌 게이츠는 자신의 아이들에게 1주일에 용돈을 1달러만 준다고 한다. 그가 아이들에게 이렇게 짠 용돈을 주는 이유는 부족하지 않으면 스스로 얻으려는 노력을 게을리 한다고 생각하기 때문이다. 다른 집에 뒤처지지 않기 위해서, 자신의 과시욕을 채우기 위해 혹시 우리는 성공으로부터 아이들을 점점 더 멀어지게 만드는 것은 아닐까? 아이의 성공을 위한다면 조금은 부족한 듯이 키우는 것이 좋다. 이는 아이의 성공에 대한 의지를 지속적으로 자극해준다.

아이의 발달에 맞게 흥미를 관찰하고
꿈을 구체화시켜라

미국 시애틀의 한 병원에서 산모에게 '아기가 언제부터 주위를 인식할 수 있을까?' 라는 질문을 던졌다. 응답자의 13%가 '아기가 태어나자마자'라고 했고, 36%는 '생후 2개월 후', 나머지는 '1년 후'라고 대답했다. 이 설문 조사 후에 아기가 4개월, 8개월, 12개월일 때 가정을 방문해 다시 조사를 했는데, 태어날 때는 발달 정도가 비슷한 수준이었던 아기들이 차이를 보였다. '아기가 태어나자마자' 주위를 인식할 것이라고 응답한 엄마들의 아기들이 다른 아이들에 비해 발달 정도가 현저히 앞섰다.

이 조사 결과는 흥미로운 사실을 알려준다. 즉 엄마가 아기에 대한 기대치가 높을수록 아기의 발달 정도가 앞서간다는 것이다. 출생 직후부터 아기에게 많은 말을 건네고 다양한 지적 발달 경험을 제공한 엄마는 그렇지 않은 엄마에 비해 아이의 발달에 많은 도움을 준 것이다.

아이의 재능과 관심이 어떤 분야와 방향으로 쏠리는지는 아이가 성장하는 과정에서 드러나는 것이 일반적이므로, 취학 전부터 세심히 관찰해야 한다. 단, 어릴 때의 소질만으로 아이의 재능을 단정짓는 것은 위험하다. 재능은 아동기를 지나 청소년기가 진행되면서 비로소 드러나는 경우도 적지 않기 때문이다. 아이들의 발달 잠재력은 무궁무진하며 육체의 가변성 및 뇌의 학습능력 또한 무한히 열려 있다. 아이의 재능을 정확하게 파악하기 위해서는 유아기, 초등기, 중등기, 고등기로 나누어 아이의 발달을 살펴보며, 이에 맞는 적절한 자극을 더해주는 것이 재능과 적성을 연결시키는 데 도움을 줄 수 있다.

첫 번째, 유아기는 여러 영역에 관심을 갖는 시기다

이 시기에 가장 중요한 것은 부모와의 상호작용이다. 스킨십을 하며 아이에게 부드럽게 이야기를 해주거나, 아이와 눈을 맞추고 공감하는 식으로 정서적인 안정을 주는 것이 필요하다. 또한 유아의 두뇌는 스펀지처럼 무엇이든 흡수할 준비가 되어 있는데, 두뇌의 전반이 활발하게 발달하기 때문에 어느 한 분야의 자극에 집중하기보다는 다양한 분야와 영역을 경험하게 해주는 것이 좋다. 아이의 오감을 자극해주는 다양한 놀이법을 통해 자연스러운 발달을 유도하고 흥미를 보이는 분야가 무엇인지 살펴봐야 한다. 음악에 맞춰 춤을 추거나 놀이터에서 신나게 뛰어노는 것을 좋아하는지, 아니면 앉아서 블록놀이를 하거나 그림 그리기, 책 읽기를 좋아하는지 파악해야 한다. 다양한 것을 경험해가는 과정에서 아이가 상대적으로 더 좋아하는 것과 덜 좋아하는 것을 발견할 수 있을 것이다. 이런 모든 활동 속에서 부모의 적극적인 참여와 세심한 관찰은 무엇보다도 중요하다. 아이를 관찰한 후에는 아이가 어디에 흥미와 호기심을 보이는지 일지 식으로 기록하는 것이 좋다. 아이들의 강점지능과 관심의 변화 과정을 한눈에 알아볼 수 있도록 정리해놓은 포트폴리오는 이후 아이가 진로를 선택하는 데 결정적인 영향을 준다.

두 번째, 초등기는 조금씩 자신의 재능과 적성에 눈을 뜨는 시기다

아이는 본격적인 학습을 시작하며, 특정한 분야에서 두각을 나타내기 시작한다. 아이의 재능을 발견하고 키우기 위해서는 두각을 보이는 분야를 찾아 그 분야를 중심으로 학습을 설계할 수 있도록 도와주는 것이 좋다. 피아제는 아이들은 스스로 탐색하고 발견하는 것을 좋아하며, 자신의 지적 욕구를 일방적인 주입식 학습이 아닌, 사물과의 관계 등을 이해함으로써 보다 빠르고 정확하게 지식을 습득하고 싶어 한다고 말했다. 그러므로 아이의 학습을 설계해줄 때는 단순한 지식 전달에서 벗어나 스스로 다양한 지적 탐구를 할 수 있도록 도와주어야 한다. 만들기나 조립, 그리기, 음악 감상이나 노래, 조별 과제수행, 연극, 동화 낭독 등의 다양한 탐색 활동을 통해 아이가 두드러지는 분야를 찾았다면, 이러한 재능을 더 잘 계발할 수 있도록 도와주어야 한다. 자신이 좋아하고 잘할 수 있는 일이 무엇인지, 관련된 직업에는 어떤 것이 있으며 꿈을 위해서는 어떠한 노력을 해야 하는지 등을 부모와 아이가 함께 이야기하며 미래에 대한 그림을 공유해보자. 자신의 재능을 알고서 이를 발전시켜나가는 아이는 학습에 있어서도 보다 적극적인 자세를 취한다. 또한 아이의 꿈이 자주 변화한다고 하더라도, 큰 그림으로 볼 때는 자신의 재능 분야를 심화시켜가는 과정이므로, 지나치게 개입하지 않는 것이 좋다.

세 번째, 중등기는 자신의 재능과 적성을 사회적으로 연결하는 시기다

이미 아이는 자신이 좋아하고 잘하는 것이 무엇인지 어느 정도 알고 있는 상태다. 하지만 자신의 재능이 사회적으로 어떠한 의미가 있으며, 미래의 직업과 어떠한 연관성이 있는지는 아직 정확하게 파악하지 못하고 있다. 부모는 아이에게 구체적인 미래 직업에 대해 다양한 정보를 주어야 한다. 현장 방문이나 실습 활동을 통해 다양한 직업군을 경험하게 도와주자. 이때 중요한 것은 부모의 시각이다. 전통적으로 '성공'이라고 생각하는 몇몇 직업군만 경험하게 할 것이 아니라, 미래에 대한 비전을 바탕으로 남들이 가지 않은 블루오션을 펼쳐주는 것이 좋다. 미래에 성공할 만한 직업은 현재 우리에게 인기 있는 직업과는 아주 다를 수 있다. 환경이 중시되어 친환경 유기농 농장을 일구는 사람이 최고의 직업인이 될 수도 있고, 노년층이 늘어나면서 힐링 센터를 운영하는 사람이 많은 수입을 가져갈 수도 있다. 아이를 블루오션의 직업으로 인도할지, 아니면 레드오션에 밀어 넣을지는 부모가 보여주는 비전에 많은 영향을 받는다.

네 번째, 고등기는 재능을 진로로 연결해 미래를 계획하는 시기다

재능을 일찍 발견해 그 계통의 길을 가겠다고 일찌감치 마음을 먹은 아이들도 있지만, 대부분은 이 시기가 되어서야 진로에 대해 본격적인 고민을 시작한다. 아이들은 어떤 대학 어떤 과에 들어갈지 고민을 하면서, 자신이 갖고 싶은 직업에 대해 구체적인 방향을 정한다. 어떤 아이는 직업과 미래를 설계할 때 '대학'이라는 과정을 빼기도 하는데, 이 과정에서 부모와 격렬하게 대립하기도 한다. 하지만 남들이 다 가는 길이 성공을 보장하는 것은 아니다. 아이가 정말로 공부에 흥미가 없다면, 우선 사회생활을 몇 년 경험하게 한 후에 학업 방향을 정하게 해주는 것도 방법이다. 자신이 생각한 것과 직접 사회에 진출한 후에 느끼는 학업의 종류와 방향은 많이 달라질 수 있기 때문이다. 물론 이때도 아이에게 특정 직업을 강요해서는 안 된다. 앞으로는 현재와는 비교할 수 없을 정도로 직업들이 다양해지고 전문화될 것이기 때문이다. 중요한 것은 스스로 설계하는 미래에 아이 자신이 열정적으로 빠져들 수 있어야 한다는 점이다. 게다가 이 시기에는 부모의 강요가 잘 먹히지 않는다. 아이가 진로를 고민할 때는 사회 선배로서, 인생 선배로서 대화를 나누는 것이 필요하다. 아이의 선택에 대해 옳고 그름을 판단하기보다 선택한 길에 성공적으로 도달하는 법에 대해 대화를 나눈다면, 아이는 미래를 설계할 때 조금 더 현명한 방법을 선택할 수 있다.

실존지능, 그 밖의 무한한 가능성

가드너는 지능의 요건을 정해놓고 우선 여덟 가지 지능을 발견해냈지만, 이것이 완성된 지능의 종류라고 하지는 않는다. 과학이 더욱 발달하면 우리가 몰랐던 새로운 지능들이 드러나리라는 것이 그의 말이다.

현재 새롭게 힘을 얻고 있는 지능 중 하나가 실존지능이다. 실존지능이라는 개념은 철학자나 종교지도자 등을 떠올리게 한다. "왜 사는가? 우리는 어디서 오는가? 인간은 왜 전쟁을 일으키는가? 사랑이란 과연 무엇인가?" 등의 질문에 답을 하려면 어떤 지능을 사용해야 할까? 현재 밝혀져 있는 지능만으로는 철학적 문제나 깨달음의 영역을 설명하기 어렵다. 논리수학지능이나 언어지능이 높다고 해서 철학적 문제를 쉽게 푸는 것은 아니다. 자기이해지능과 비슷한 부분이 있기는 하지만, 이는 자신의 내부에 있는 동기를 유발하는 지능이지, 세계와 세상의 틀을 그려가는 작업과 연결시키기에는 다소 이질적인 점이 있다. 김수환 추기경이나 테레사 수녀의 일생을 자기이해지능만으로 이야기하기에는 그들의 그릇이 너무 크다. 가드너는 실존지능을 '큰 질문과 관련된 지능'이라고 명하며, 현재 주의 깊게 연구하고 있다고 밝혔지만, 정확한 답을 내리고 있지는 않다. 실존적 문제와 특별하게 관련을 맺고 있는 뇌가 어느 부분인지 밝혀줄 증거가 부족하기 때문이다. 앞으로 또 어떤 지능이 밝혀질지는 후대 과학자들의 몫으로 남아 있다.

　다중지능이 나오게 된 계기는 인간의 다양하고 무한한 가능성 때문이었다. 다중지능 이론은 천재란 결정된 것이 아니라 적절한 환경과 적절한 자극을 제공하고 아이의 능력을 믿어주며 북돋아준다면, 누구나 최고의 지능을 이끌어낼 수 있다고 말한다. 가드너는 아이의 능력에는 우열이 나뉜 것이 아니며, 누구나 최고가 될 수 있는 지능을 갖고 있다는 것을 증명했다. 그리고 최고가 되기 위해서는 강점지능을 바탕으로 소질을 키워나가는 것이 중요하다고 덧붙인다.

　그런데 다중지능에 대해 우리가 알아야 할 것 한 가지는 지능이 높다는 것이 반드시 지적인 사람이 된다는 의미는 아니라는 점이다. 우리 두뇌의 능력은 하나의 신호일 뿐, 이것이 사람을 판단하거나 규정짓는 근거가 되어서는 안 된다. 논리수학지능이 높은 사람은 중요한 물리학 실험을 하거나 새로운 기하학적 증명을 풀기 위해 자신의 능력을 사용할 수도 있지만, 반대로 하루 종일 복권을 긁어대며 확률만 계산할 수도 있다.

그러므로 아이의 지능을 어떻게 키워주는가도 중요하지만, 아이가 그 지능을 가지고 앞으로 세상에서 어떻게 자신의 자리를 찾으며 가치 있는 일을 할지 가르치는 것도 무척 중요하다. 결국 성공이란 자신이 가장 잘할 수 있는 능력을 가장 가치 있는 일에 사용하며 즐거움을 느끼는 것이 아니겠는가?

아이 관찰일기가 지능 프로파일을 대신한다

초등학교 1학년 은명이의 엄마는 평소 다중지능에 관심이 많았다. 아이의 강점지능을 알아 보기 위해 다중지능 프로파일을 만들고 싶은데 엄마가 임의로 만들기에는 너무 어려울 듯 하다. 간단하게 아이의 능력을 파악하려면 어떻게 기록하는 것이 좋을까?

아이에 대한 엄마의 집착이나 욕심은 사소한 능력 하나를 잠재력이나 재능으로 잘못 평가하게 만들어 결국 아이의 진로를 그르치게 만든다. 아이의 잠재력과 적성을 제대로 파악하기 위해서는 순수한 양육자로서 아이의 행동 하나하나를 따뜻한 시선으로 '관찰'하는 것이 중요하다. 육아일기가 아니라 관찰일기를 써서 아이의 적성을 파악하는 것도 좋은 방법이다. 특히 초등학교 입학 전까지는 아이가 다양한 행동 변화를 보이기 때문에 관찰일기를 통해 아이의 변화를 추적하고 파악하면, 관심의 변화와 적성에 대해서 조금 더 세밀하게 파악할 수 있다.

관찰일기는 말 그대로 아이가 그날그날 했던 일이나 행동을 관찰하듯 적는 것이다. 아이가 장난감을 가지고 놀다가 뒤집어서 꼼꼼히 살펴보았다든지 일일이 분해해보았다든지, 놀이터에 나가서 바닥의 개미를 한참동안 들여다보았다든지 하는 놀이형태나 탐색형태 등 아이의 특성을 기록으로 보관한다. 매일매일 기록해두면 좋겠지만 1주일에 2회~2주일에 1회로도 충분하다. 이렇게 모아놓은 자료를 훗날 교육전문가에게 보여주면 아이의 적성을 평가하는 데 중요한 자료가 된다.

내 아이 강점지능 발견하기

강점지능의 또 다른 말은 재능이고, 잠재능력이다. 내 아이에게 숨어 있는 능력이 무엇인지 알기 위해서는 아이의 안테나가 어디로 뻗어 있는지, 즉 무엇에 호기심을 갖는지를 파악해야 한다. 그 다음에는 평소 아이의 행동 패턴을 유심히 관찰해보는 것도 좋다. 다음에 예시된 문항을 잘 읽고 내 아이에게 더 가깝다고 생각하는 것에 체크를 해보자. 아이가 좀 더 강점을 보이는 지능이 무엇인지 파악해 학습에 다양하게 적용할 수 있다.

만약 세 가지 지능군(언어지능·논리수학지능/인간친화지능·자기이해지능/공간지능·음악지능·신체운동지능·자연친화지능) 중 같은 군의 지능에서 체크한 문항이 같다면 몇 가지 질문을 더 해 아이가 더 좋아하는 분야를 찾아내도록 한다.

● **언어지능**

1 유치원에서 있었던 일을 엄마에게 재미있게 말해준다. ☐

2 일기나 독후감을 잘 써서 상을 타곤 한다. ☐

3 다른 사람이 이야기하는 것의 요점을 잘 파악한다. ☐

4 자신이 상상한 것을 말로 잘 표현한다. ☐

5 다른 사람 집에 가면 먼저 어떤 책이 있는지 살펴본다. ☐

6 또래와 말싸움을 하면 꼭 이기는 편이다. ☐

7 끝말잇기 놀이나 쿵쿵따 놀이를 좋아한다. ☐

8 자신이 읽은 책을 동생에게 재미있게 이야기해준다. ☐

9 자신의 의견을 정확하게 표현한다. ☐

10 유행어를 상황에 맞춰 잘 구사할 수 있다. ☐

11 밤에 잠을 잘 때 엄마에게 책을 많이 읽어달라고 한다. ☐

12 도서관이나 대형 서점에서 집중하며 책을 본다. ☐

13 인형 놀이나 역할 놀이를 할 때 혼자서 여러 배역을 소화하며 논다. ☐

Bonus Page

14 자신의 생각이나 느낌을 다양한 어휘로 표현한다. ☐

15 사람들 앞에서 발표하는 것을 좋아한다. ☐

● **논리수학지능**

1 수학이나 과학 과목을 좋아한다. ☐

2 장기나 바둑 등 머리를 쓰는 보드 게임을 좋아한다. ☐

3 이야기를 할 때 앞뒤 순서에 맞춰 조리 있게 말한다. ☐

4 돈 계산이나 물건 개수를 셈하는 게 빠르다. ☐

5 "왜?"라는 질문을 많이 하는 편이다. ☐

6 로봇, 우주과학 체험전이나 과학관 나들이를 좋아한다. ☐

7 틀린 문제는 반드시 해결하고 넘어가야 한다. ☐

8 궁금증에 대한 답을 구체적인 숫자로 듣는 것을 좋아한다. ☐

9 컴퓨터나 가전제품 등 기계의 작동 원리를 궁금해 한다. ☐

10 방을 정리할 때 계통별로 분류를 잘해 놓는다. ☐

11 원리에 대해 설명을 해주면 이해가 빠르다. ☐

12 스무고개 놀이, 수수께끼를 좋아한다. ☐

13 직접 과학 실험을 하고 결과를 유추하는 것을 좋아한다. ☐

14 시간이나 날짜 개념이 정확하다. ☐

15 부분을 보고 전체를 예상하는 퍼즐 게임을 잘한다. ☐

● **인간친화지능**

1 놀이터에 나가면 친구를 금세 사귄다. ☐

2 처음 만난 어른들에게도 인사를 잘한다. ☐

3 혼자서 노는 것보다는 여럿이 함께 노는 것을 좋아한다. ☐

4 사람 많은 곳에 가서 함께 있으려고 한다. ☐

5 동생을 잘 챙긴다. ☐

6 인기가 많아 학급 회장이나 임원으로 자주 뽑힌다. ☐

7 친구나 형제가 울면 같이 슬퍼한다. ☐

8 아픈 친구들을 잘 도와준다. ☐

9 할아버지 할머니의 짐을 잘 들어드린다. ☐

10 친구들이 싸우면 나서서 중재하려고 한다. ☐

11 엄마 아빠의 기분 변화에 민감하며 상황에 잘 대처한다. ☐

12 팀을 만들어 하는 놀이를 좋아한다. ☐

13 또래 친구나 동생들을 집에 잘 데려와서 논다. ☐

14 친구들이 모르는 것을 물어보면 친절하게 잘 가르쳐준다. ☐

15 친한 친구를 이야기하라고 하면 너무 많다고 대답한다. ☐

● **자기이해지능**

1 자신의 성격이 어떤지 말로 표현할 수 있다. ☐

2 일기를 꼼꼼하게 쓴다. ☐

3 자신이 스스로 정했거나 하고 싶은 일은 지키려고 애쓴다. ☐

4 여럿보다 혼자 하는 일을 더 편안해 한다. ☐

5 존경하거나 닮고 싶은 사람이 있다. ☐

6 사람들 앞에서 당당하고 자신감에 넘친다. ☐

7 자기소개를 재미있게 잘 한다. ☐

8 장래희망에 대해 구체적이고 진지하게 접근한다. ☐

9 친구들의 의견을 자신의 의견에 맞춰 조율해 나간다. ☐

10 좋고 나쁜 것에 대한 자신의 감정을 잘 파악하고 있다. ☐

11 엄마가 시키지 않아도 숙제는 스스로 한다. ☐

12 동화책을 볼 때 주인공에 자신을 대입해보는 일이 많다. ☐

13 '나라면~' 하고 자신이 행동했을 때를 자주 상상해본다. ☐

14 친구들과 싸웠을 때 무엇이 잘못됐는지 차근차근 설명한다. ☐

15 자신이 못한 것보다 잘한 것을 더 강조한다. ☐

● **공간지능**

1 가베나 블록놀이를 할 때 입체물을 잘 만든다. ☐

2 사람의 얼굴과 생김새의 특징을 잘 기억하는 편이다. ☐

3 찰흙이나 밀가루 반죽 등으로 입체물을 잘 만든다. ☐

4 그림으로 설명해주면 더 잘 알아듣는다. ☐

5 한 번 간 길은 잘 잊지 않는다. ☐

6 마을이나 동네 그림을 그릴 때 건물들을 세세히 표현한다. ☐

7 미술관이나 박물관 나들이를 좋아한다. ☐

8 나이에 비해 퍼즐 맞추기를 잘한다. ☐

9 물을 따를 때 눈대중으로 양을 잘 맞춘다. ☐

10 그림을 그릴 때 가르쳐주지 않아도 원근법을 사용한다. ☐

11 엄마의 휴대폰이나 카메라로 사진 찍기를 좋아한다. ☐

12 방에 자기만의 공간을 꾸며놓는 것을 좋아한다. ☐

13 동서남북 방위에 관심이 많고 정확하게 안다. ☐

14 미술시간에도 입체적으로 꾸미는 활동을 더 좋아한다. ☐

15 옷 입는 센스가 다른 아이들에 비해 좋다. ☐

● **음악지능**

1 다양한 악기 소리를 잘 구분해낸다. ☐

2 춤을 출 때 반주되는 곡의 리듬을 잘 탄다. ☐

3 노래를 잘 부르며, 음감이 뛰어나다. ☐

4 혼자서 놀 때에도 곧잘 흥얼거린다. ☐

5 기분 좋으면 즉흥적으로 노래를 만들어 부른다. ☐

6 어릴 때는 박자에 맞춰 두드리는 것을 잘 한다. ☐

7 슬프다, 기쁘다 등 음악의 분위기를 읽어낼 수 있다. ☐

8 평소 노래나 연주곡 등 음악 틀어놓는 것을 좋아한다. ☐

9 노래나 악기에 소질이 있어 곧잘 상을 탄다. ☐

10 노래를 듣다가 음이 틀린 것을 잘 찾아낸다. ☐

11 한두 번 들어도 노래를 잘 따라 부른다. ☐

12 어린이 음악회나 뮤지컬을 보러 가서 집중한다. ☐

13 마이크를 잡고 노래 부르는 것을 좋아한다. ☐

14 악기를 직접 다루는 것을 좋아한다. ☐

15 특별히 좋아하는 음악 장르가 따로 있다. ☐

● **신체운동지능**

1 다른 아이들보다 일찍 걷고 달렸다. ☐

2 운동이나 춤추는 것을 좋아한다. ☐

3 다른 아이들에 비해 몸이 유연하다는 소리를 많이 듣는다. ☐

4 가수나 개그맨의 몸동작을 잘 따라한다. ☐

5 가위질이나 종이접기를 좋아한다. ☐

6 어떤 사물이든 직접 조작해보면서 확실히 이해한다. ☐

7 야외에서 노는 것을 더 좋아한다. ☐

8 종종 산만하다는 이야기를 듣는다. ☐

9 태권도 학원이나 무용 학원에 가는 것을 좋아한다. ☐

10 한쪽 발을 들고 잘 서 있거나, 평균대에서 균형을 잘 잡는다. ☐

11 하루 종일 뛰어 놀아도 잘 지치지 않는다. ☐

12 블록이나 조립장난감 맞추는 것을 좋아한다. ☐

13 말을 할 때 손짓 발짓과 함께 표현하는 편이다. ☐

14 다른 아이에 비해 자전거나 인라인스케이트를 빨리 배운다. ☐

15 엄마보다 아빠랑 격하게 노는 것을 좋아한다. ☐

● **자연친화지능**

1 야외에 나가면 동물이나 식물에 관심이 많다. ☐

2 엄마에게 나무나 꽃 이름을 많이 물어본다. ☐

3 동물이나 식물 그림책을 즐겨 읽는다. ☐

4 자연관찰도감을 유난히 좋아한다. ☐

5 집에서도 작은 식물 화분을 기르는 것을 좋아하고 잘 키운다. ☐

6 인공적인 식물원보다는 직접 산, 바다, 강에 가는 것을 좋아한다. ☐

7 바람소리, 물소리, 새소리 등 자연의 소리를 좋아한다. ☐

8 텔레비전 프로그램도 자연이나 우주 다큐멘터리를 잘 본다. ☐

9 강아지를 무서워하지 않고 좋아한다. ☐

10 환경 보호에 대해 가르쳐주면 잘 따라한다. ☐

11 별자리를 찾아보고 천문대에 가는 것을 좋아한다. ☐

12 감수성이 풍부하고 약한 동물에 대해 동정심이 많다. ☐

13 생명이 소중하다는 것을 안다. ☐

14 식물이나 꽃 등을 말려서 잘 보관한다. ☐

15 그림을 그릴 때도 귀여운 동물이나 예쁜 꽃을 잘 그린다. ☐

강점지능 살리는 방법

● 언어지능

태어나서 세 살까지는 어휘력이 폭발하는 시기이다. 이때 부모가 언어적 자극을 충분히 주는 것이 아이의 언어지능을 키우는 데 도움이 된다. 아이는 옹알이를 통해 말을 연습하며 소통하는 법을 익히는데, 엄마가 아이의 눈을 맞추며 반응하는 것이 아이가 자연스럽게 언어에 관심을 가질 수 있도록 도와준다. 말문이 트이기 전의 아이라도 언어 자극을 충분히 해줘야 하는데, 함께 놀 때 놀이 과정을 말로 설명해주거나 잠자리에서 동화책을 읽어주는 것 또한 좋은 자극이 된다.

스스로 말문을 떼기 시작하는 시기가 되면 아이는 간단한 단어를 연결하여 자신의 의사를 표현한다. "엄마, 물!" " 저거 줘." 식의 두 단어 문장을 구사하는데, 이때 엄마가 아이의 문장을 보다 구체적으로 만들어주면 아이의 언어지능을 높이는 데 도움이 된다. 예를 들어 "냉장고 속의 시원한 물을 마시고 싶은 거구나."나 "우리 현수가 식탁 위의 빵을 먹으려고?" 식으로 문장을 완성해주면 아이의 어휘력 향상에 도움이 된다.

또한 언어지능을 높이기 위해서는 자신이 경험한 것을 구체적으로 이야기할 수 있는 능력을 키워주는 것이 좋다. 여행을 다녀온 후 가장 좋았던 곳에 대한 감정을 솔직하게 표현하도록 유도한다. "좋았어." "별로야." 식으로 단답형의 답을 하는 아이라면 엄마가 무엇이 좋았는지, 왜 별로인지 이유를 물으면서 아이의 표현을 조금씩 늘려주는 것도 방법이다. 언어지능을 키우기 위해서는 각 상황에 맞는 언어를 선택하고 사용할 수 있어야 하는데, 자연스러운 질문으로 아이가 자신의 감정과 느낌에 맞는 단어를 선택하도록 도와준다.

무엇보다 언어지능을 높이는 가장 좋은 방법은 독서이다. 즐겁게 책을 읽은 후 독후감을 쓰게 한다거나 책에 대한 토론을 하거나 내용을 요약해서 발표하게 하면 언어지능을 키우는 데 도움이 된다. 처음부터 욕심을 부려 10줄 이상 쓰게 하기보다, 글로 표현하기 어렵다면 그림으로 이야기를 만들어보게 한 후 설명을 하는 것도 좋은 방법이다.

주제를 정해 부모와 아이가 한 문장씩 이야기를 주고받으며 한 편의 이야기를 완성시키는 것도 효과적. 부모는 아이가 연결하는 문장이 문맥에 맞는지 확인하고 체크해준다. 이때 '틀렸다'고 지적하면 아이가 주눅 들어 오히려 자신감을 잃게 된다. 가급적 아이의 표현을 그대로 살리되 "이런 내용이지?" 하는 의미로 올바른 문장을 엄마가 한 번 더 말하면 된다.

집에서 쉽게 해볼 수 있는 언어지능 높이는 놀이에는 끝말잇기나 낱말 맞히기 등이 있다. 엄마가 설명을 해주면 아이가 그 낱말이 무엇인지 맞히고, 반대로 엄마가 낱말을 말하고 아이가 낱말의 뜻을 설명하게 하면 자연스럽게 어휘력이 늘어난다. 역할놀이를 통해 다양한 경험을 하는 것도 아이가 각각의 상황에 적응하며 언어지능을 키우는 방법이 된다. 또한 아이와 대화를 할 때는 "오늘 어땠어?" 식의 포괄적인 질문보다는 "오늘 과학시간에 어떤 실험을 했어?" 식으로 구체적인 질문을 한다. 아이가 적합한 어휘력을 키우는 데 도움이 된다.

| 언어지능 높은 아이의 학습법 |

언어지능이 높은 아이는 이해력이 뛰어나다. 특히 시험 볼 때 가장 중요한 것이 문제에 대한 이해력인데 언어지능이 높은 아이의 경우 문제의 뜻을 정확하게 파악할 수 있어 높은 점수를 받는 경우가 많다. 그러므로 학습에 필요한 이야기를 전달할 때에도 기본 개념이나 목표, 아이디어 등이 잘 전달되도록 설명해주어야 한다. 또한 아이와 함께 학습 주제와 관련된 이야기나 토론을 하면서 더욱 심도 깊은 주제에 접근할 수 있도록 이끌어준다.

자신의 생각을 조리 있게 표현하기 위해서는 스스로 어떻게 말을 하는지 직접 들어보는 것도 한 방법이다. 아이가 좋아하는 주제를 주고 1분 정도 이야기를 하게 해 녹음을 한다. 1분 스피치는 자신의 생각을 간결하게 정리하고 적합한 언어를 선택하는 데 도움이 된다. 녹음 내용을 듣고 자신이 말한 것이 마음에 들지 않아 다시 하길 원한다면 아이의 의욕을 북돋아준다. 한두 단어 정도만 엄마가 조언해줘도 아이의 1분 스피치는 무척 세련되어질 수 있다. 일기 쓰기는 어떤 과목에도 적용할 수도 있다. 또한 엄마나 선생님께 보여드리기 위해 쓸 수도 있다. 중요한 것은 일기를 쓰면서 조리 있게 글로 표현하는 법과 생각을 풀어내는 법을 배워간다는 점이다.

| 언어지능 높은 아이의 유망직업 |

시인, 소설가, 정치가, 변호사, 방송인, 기자, 쇼 호스트 등

● **논리수학지능**

앞뒤 맥락을 유추하고, 다양한 수의 개념을 익히게 하려면 따로 학습 시간을 갖기보다 일상 놀이에서 자연스럽게 접할 수 있도록 하는 것이 좋다. 어린 아이에게는 순서나 차례, 간단한 수 개념을 익히게 해주고, 초등학교에 들어가면서부터는 원인과 결과를 관찰하면서 아이의 논리력을 계발해준다. 특히 학교에서 배우는 많은 과목에서 반드시 논리수학지능이 필요하기 때문에 어려서부터 관련 지능을 키우는 것이 필요하다.

거창하고 어려운 것보다는 집에서 누구나 쉽게 할 수 있는 놀이로 접근한다. 예를 들어 구슬 꿰기, 치즈 잘라서 도형 만들기, 자동차 번호판 읽기, 사물 분류하기, 짝짓기 등이 논리수학지능을 키우는 놀이이다.

구슬 꿰기를 할 때 형태나 색깔의 순서를 나누어 꿰어가는 동안 아이가 배열이나 규칙을 배울 수 있으며, 수를 세는 능력을 기를 수 있다. 조금 어린 아이라면 도형 맞추기 게임도 논리수학지능을 키우는 데 도움이 된다. 엄마가 이야기하는 도형을 통에 넣게 하는데, 이때 엄마가 동그라미-세모-네모의 순서를 정해서 그에 맞춰 넣게 하면 아이가 배열이나 규칙을 익히는 데 효과적이다.

원인과 결과를 추론하기 위해서는 아이가 직접 이야기를 만들어보는 것도 좋은 방법이다. 단, 상상력 위주의 이야기보다는 객관적이거나 과학적인 사실을 이야기하게 한다. 예를 들어 강낭콩을 심었을 때 물을 주면 어떤 현상이 일어날 것인지 생각해서 이야기하게 한다. 이후 실제로 직접 관찰하며 자신의 추론이 맞았는지 살펴보는 것이다.

| 논리수학지능 높은 아이의 학습법 |

논리수학지능이 강점인 아이는 개념이 명확하고 분명한 것을 좋아하기 때문에 규칙과 질서를 좋아하는 경향이 있다. 이런 아이들에게는 단순하게 "옛날 옛적에~" 하는 식의 이야기보다는 "고려 시대 때 그러니까 지금으로부터 천 년 전에 말이야" 하는 식으로 시간과 수의 개념을 강조하는 것이 아이의 관심을 끌 수 있다. '고인돌'에 대해 가르친다면 모양보다는 만들어진 시기, 몇 명이 돌을 옮겼는지 등을 이야기해주는 식이다.

수수께끼 놀이도 논리수학지능이 높은 아이의 학습에 도움이 된다. 엄마가 제시한 단어의 의미를 무슨 책, 몇 페이지에서 찾아보게 한다거나, 수수께끼 책을 구입한 후 서로 문제 내기를 해본다. 수수께끼 놀이를 통해 여러 방면의 지식을 습득하고 더불어 논리적인 답을 찾는 과정 속에서 학습 능력도 향상된다.

"왜?"를 좋아하는 아이에게는 엄마가 질문을 하고 아이가 답을 하면서 조금씩 생각의 틀을 깊어지게 만든다. 아이가 자신의 생각을 논리적으로 답할 수 있는 질문을 던짐으로써 논리수학 영역에 재능 있는 아이를 말하기 행동에 끌어들일 수 있다.

| 논리수학지능 높은 아이의 유망직업 |

수학자, 회계사, 통계학자, 법률가, 컴퓨터프로그래머, 과학자 등

- **공간지능**

공간지능이 높은 아이들은 주변의 생활 용품을 다양하게 바꾸어가며 희열을 느낀다. 선, 형태, 색, 공간 등의 세부적인 것을 표현해 가면서 아이는 공간 속에서 이들이 어떻게 구현되는지 살펴볼 수 있으며, 자연스럽게 창의력도 키워진다. 단순히 그리기 위주의 미술 활동이 아닌, 다양한 재료를 경험하며 이를 파격적으로 실험해볼 수 있는 활동이 아이의 창의력을 높인다.

공간지능을 키워주기 위해서 꼭 만들기만 집중할 필요는 없다. 커다란 종이 위에 마음껏 표현하는 것도, 색색의 실을 마음대로 붙여가며 표현하는 것도 모두 공간을 활용하게 하는 방법이다. 특히 공간지능이 높은 아이에게는 하나의 재료를 다양한 방법으로 표현해볼 수 있는 기회를 선사한다. 같은 크기와 모양의 전지를 주고 한 번은 세상에서 가장 큰 종이비행기를 접어보게 하고, 그 다음에는 종이를 모두 뜯어서 펄럭이는 깃발을 만들어보게 하는 식이다. 아이와 함께 박물관이나 미술관에 갈 때는 안내도를 보여준 후 아이가 직접 그 곳을 찾아보게 만드는 것도 공간지능을 키워주는 데 좋다.

| 공간지능 높은 아이의 학습법 |

아이들은 시각적인 자극에 더 예민하게 반응한다. 그 이유는 인간의 주된 인지 활동인 생각하기가 주로 심상의 영역에서 이루어지기 때문이다. 특히 공간지능이 높은 아이들은 시각적인 교구에 더 잘 반응하기 때문에 이것을 이용해 아이의 학습에 도움을 주는 것이 좋다.

한글을 가르칠 때도 단순하게 글자를 읽어가며 가르치기보다 스티커 교재로 낱말을 하나씩 붙여가는 방식이 더 효과가 좋다. 에듀테인먼트 사이트를 통해서 다양한 분야의 학습을 접하게 하는 것도 아이가 첫 학습에 관심을 갖는 데 도움이 된다.

생각의 크기를 키워주기 위해서는 마인드맵을 활용하는 것도 좋다. 마인드맵이란 가운데 주제어를 적은 후 가지를 뻗어 연관된 단어나 생각을 적어나가는 것이다. 이렇게 계속적으로 가지를 뻗다보면 하나의 주제에 다양한 생각이 들어가 있다는 것을 눈으로 확인할 수 있는데 공간지능이 높은 아이들은 이를 통해 개념 정리를 더 빨리 해낼 수 있다. 처음에는 엄마가 도와주지만 익숙해지면 아이가 스스로 마인드맵을 그려나가게 해보자. 다양한 학습에 적용하면서 자연스럽게 논리력이나 어휘력도 키워진다. 아이에게 수학적인 내용을 설명할 때도 말로만 설명할 것이 아니라 직접 그림을 그려서 설명해준다면 아이는 조금 더 쉽게 이해할 수 있다.

| 공간지능 높은 아이의 유망직업 |

조종사, 디자이너, 건축가, 조각가, 바둑기사, 그래픽아티스트, 가이드, 발명가 등

● **인간친화지능**

다른 사람과 관계 맺는 것을 즐거워하고 이를 통해 생각의 폭을 넓혀나가는 인간친화지능이 높은 아이에게는 대리 경험, 간접 경험이 가장 좋은 학습법이다. 즉 유사 체험을 통해 가족 생활을 재구성해보거나, 아이가 관심 있는 직업을 대신 체험해보게 하는 것이다.

특히 부모는 이런 역할 놀이를 통해 아이가 어떠한 상태에 있는지 관찰할 수 있다. 엄마와 함께 소꿉놀이를 하거나 인형으로 역할놀이를 하면서 아이가 가족 사이에서 어떤 불만과 어떤 요구를 갖고 있는지 알 수 있다. 갑자기 욕을 하는 아이라면 혹시 아이 앞에서 부모가 거친 말들을 쓰지는 않았는지 되돌아보자. 한숨만 쉬며 짜증부리는 연기를 하는 아이를 보면서 그 사람이 바로 부모 자신은 아닌지 반성해보자. 아이는 부모의 거울이다. 내 아이가 하는 거친 행동은 부모로부터 연유된 경우가 많다. 아이의 행동에 고쳐야 할 점이 있다면 충분한 대화를 통해 아이와 마음으로부터 소통하는 것이 중요하다.

가족과의 유대감이 안정적으로 이루어진 아이는, 밖에 나가서도 자신감 있고 타인에게 대범하고 친절한 사람이 된다. 혼자서 하는 운동보다는 단체 운동을 통해 협동심이나 상대방을 배려하는 방법을 키울 수 있다. 이때 부모는 아이의 의견을 무조건 반대하기보다, "네 말도 일리가 있어. 하지만 엄마가 친구였다면 다른 생각을 가졌을 것 같아." 하는 식으로 아이의 시선이 다른 쪽을 향할 수 있도록 대화를 유도하는 것이 좋다.

| 인간친화지능 높은 아이의 학습법 |

인간친화지능이 높은 아이에게는 혼자서 가르치는 것보다는 동생과 함께, 또래 친구들과 함께 공부하는 시간을 마련해주는 것이 학습능력 향상에 도움이 된다. 모임을 만들었을 때도 아이가 주도적으로 이끌어갈 수 있도록 역할을 주는 것이 좋다.

동생이 있다면 자신이 배운 내용을 동생에게 가르쳐 보게 한다. 누구보다 친절하게 설명하는 아이는 이 과정 속에서 스스로 내용을 더 깊이 이해할 수 있다. 윷놀이나 보드 게임 등을 통해 다른 사람과 힘을 합쳐 게임을 즐기다보면 자연스럽게 규칙이나 다른 지식들을 습득해 나갈 수 있다.

| 인간친화지능 높은 아이의 유망직업 |

교사, 정치인, 심리치료사, 사업가, 영업사원, 종교지도자 등

● **자기이해지능**

자기이해지능은 자존감과 연결되어 있다. 스스로에 대한 자존감이 없다면 아이는 도전하는 힘도 성공에 대한 의욕도 갖기 힘들다. '너 자신을 알라'는 말처럼 아이가 자신의 진정한 힘을 알 수 있도록 도와주는 것이 필요하다. 부모 중에는 "너는 어쩜 그 정도밖에 안 되니?" 하는 식으로 말하며 아이의 자존감을 무너뜨리는 경우가 많다. '칭찬은 고래도 춤추게 한다'

는 말처럼 아이의 기를 살려주는 말이 아이의 성격과 능력까지 좌우한다는 사실을 잊어서는 안 된다.

아이와 함께 미래의 꿈에 대해 이야기하고 설계해보는 것도 자기이해지능을 키우는 데 도움이 된다. 무엇이 되고 싶은지 아이에게 물어본 후, 꿈을 이루기 위해서 어떤 노력을 해야 하는지 함께 이야기해본다. 이 과정을 통해 아이는 현재 자신이 해야 할 일이 무엇인지 고민하며 자신의 꿈을 이루기 위해 최선을 다할 것이다.

아이의 자기이해지능을 키워주기 위해서는 부모가 자신을 충분히 믿고 지지한다는 것을 알 수 있게 해준다. 자신에 대한 분석은 편안한 환경에서 더 잘 이루어지기 때문이다. 불우한 환경은 아이의 자기이해지능을 자극하기도 하지만, 때로는 자기이해지능을 현저하게 떨어뜨려 자신의 삶을 주체적으로 살 수 없게 만들기도 한다.

| 자기이해지능 높은 아이의 학습법 |

자기이해지능이 높은 아이는 스스로 계획을 세워서 지켜나가는 것을 좋아한다. 부모의 간섭이 오히려 아이의 의욕을 떨어뜨리므로 학습 계획을 세울 때는 아이가 스스로 계획표를 세우도록 조용히 지켜봐준다. 학습 시간도 아이가 스스로 결정하게 두는 것이 자발성을 키워줄 수 있다. 계획표는 1일 계획표에서 1개월 계획표, 다시 1년 계획표, 10년 계획표 식으로 아이가 자신의 미래를 구체적으로 확대해 생각할 수 있도록 세워준다. 오늘 하루가 단순한 하루가 아닌, 미래의 꿈을 위한 초석이라는 것을 알면 자기이해지능이 높은 아이의 학습 의욕은 더욱 커질 수 있다.

'누구는 이것도 하고 저것도 하고' 하는 식의 이야기는 아이의 자존감을 떨어뜨리므로, 엄마가 아이의 계획을 인정해주었다면 아이가 혼자서 어느 정도 성취했는가를 두고 평가하도록 한다.

자기이해지능이 발달한 아이들은 혼자서 사색하기를 좋아하고 지나치게 여러 사람이 모인 곳을 싫어할 수 있으므로, 너무 당황하지 말고 아이의 이런 성격을 존중해주는 것이 좋다. 이때는 부모의 생각을 강요하기보다 아이 스스로 자기 발전을 할 수 있도록 배려해준다.

| 자기이해지능 높은 아이의 유망직업 |

성직자, 정신분석학자, 작가, 예술가, 상담사 등

● **음악지능**

사람마다 음악적 감수성에는 차이가 있다. 유명한 가수 못지않게 노래를 잘 부르는 숨은 고수들이 있는 반면, 아무리 열심히 노력을 해도 음치에 박치인 사람도 있다. 음악지능이 높은 사람은 소리에 민감하기 때문에 반음의 차이도 잘 알아들을 수 있는 반면, 그렇지 않은 사람은 소리에 둔감해 음의 차이를 잘 모르는 것이다.

아이의 음악지능을 키우는 가장 좋은 방법은 어릴 때부터 음악적 환경에 많이 노출시키는 것이다. 보통 우리는 태교를 하면서 아이의 두뇌 발달을 위해 음악을 많이 듣는데, 이렇게 뱃속에서 접한 음악은 출생 이후에도 아이가 반응할 정도로 강력한 영향을 준다. 특히 모차르트 이펙트나 바흐 이펙트처럼 규칙적이고 수학적인 음의 반복은 태아의 두뇌를 발달시키는 좋은 자극이 된다. 음악은 단순한 멜로디에서 더 나아가 음과 음의 수학적인 연결로 이루어진 것이기 때문에 두뇌 발달에도 도움을 준다고 학자들은 말한다.

그렇다고 무조건 클래식만 들려주기보다 아이가 즐겁게 들을 수 있는 다양한 음악을 선택한다. 흥겨움을 전달하기 위해서는 동요를 들려주거나 재즈, 왈츠의 선율을 경험하게 해주는 것이 좋고, 리듬에 대한 감수성을 키워주기 위해서라면 우리나라의 사물놀이나 타악기 연주를 들려주는 것이 좋다. 가끔은 공연장에 데려가 사람들이 직접 악기 다루는 모습을 보여주는 것도 음악에 대한 호기심을 키우고 음악지능을 높이는 데 도움이 된다.

어릴 때 악기를 직접 연주하는 경험도 음악적 감수성을 높이는 데 효과적이다. 그렇다고 작은 건반의 전자식 장난감 피아노만 준다면 오히려 음악에 대한 민감성을 떨어뜨릴 수 있다. 타악기라고 하더라도 제대로 된 악기로 직접 여러 소리를 내보게 하는 것이 아이의 음악지능을 키울 수 있다.

엄마와 아이가 서로 한 소절씩 노래를 나누어 부르거나 허밍에 맞춰 노래를 불러보게 하는 것도 좋은 방법이다. 가끔은 엄마가 일부러 한 소절씩 틀려 아이에게 들려주어도 되는데, 이렇게 기존에 알던 음정, 박자가 아닌 틀린 멜로디가 오히려 아이의 음악적 감각을 자극하기도 한다.

| 음악지능 높은 아이의 학습법 |

학습할 때는 너무 조용한 것보다 약간의 백색 소음이 들려야 집중이 더 잘 된다고 한다. 또한 바흐, 모차르트 등의 클래식 음악이나 규칙적이고 일정한 박자가 반복되는 바로크 음악은 심리를 안정시키는 알파파와 세타파를 유도하고 도파민이나 세로토닌의 생성을 자극하기 때문에 집중력을 높이는 데 효과적이라고 한다. 특히 바로크 음악은 심박 수와 비슷하기 때문에 아이가 학습할 때 이 음악을 틀어주면 학습 내용에 더 쉽게 집중할 수 있다.

아이들의 학습 효과를 높이는 데에는 노래를 이용하는 것만큼 좋은 것이 없다. 특히 외국어의 경우 보통은 그냥 잘 안 외워지기 때문에 노래로 만들어 외우면 보다 쉽게 실력 향상을 이룰 수 있다. 영어 교재 중에 「노부영—노래로 부르는 영어」나 「위씽」 시리즈는 아이의 음악지능을 자극해 외국어 실력을 향상시킬 수 있도록 만들어진 것이다. 그날 학습한 내용을 노래 가사처럼 만들어 부르면, 아이도 더 흥미를 갖고 학습에 임할 수 있다. 아이가 암기하기 싫어하는 내용을 노래로 만들어 불러주어도 좋다. 이 방법은 초등 고학년으로 올라갈수록 더 도움이 된다.

음악지능에는 멜로디뿐 아니라 리듬이나 박자를 잘 맞추는 것 또한 포함하는데, 요즘에는 랩을 이용해 학습 요점을 외우는 방법도 아이들 사이에서 인기를 끌고 있다. 음악은 시대에 따라 변화하므로 엄마의 방법을 고집하기보다 아이와 함께 가장 재미있는 방법을 찾는다.

| 음악지능 높은 아이의 유망직업 |

가수, 연주가, 작곡가, 음악비평가, 효과음향기사, 피아노조율사 등

● **신체운동지능**

몸이 튼튼한 아이가 마음이 튼튼하다. 어릴 때 마음껏 뛰어논 아이가 심리적으로도 스트레스가 적기 때문에 매사에 적극적인 태도로 활동할 수 있다는 뜻이다. 또한 유아기에는 신체놀이를 통해 또래 관계를 맺기 때문에, 아이의 사회성을 발달시키기 위해서도 신체운동지능을 잘 키우는 것이 중요하다.

신체운동지능은 아이의 연령에 따라 난이도가 달라지기 때문에 부모는 아이의 연령과 발달에 맞는 활동을 제대로 매치시켜주는 것이 필요하다.

태어나서 첫돌까지는 자신의 몸을 스스로 조절할 수 있는 능력을 키워준다. 손으로 물건을 잡고 혼자서 잡고 서고 드디어 걸음을 걷기 시작하는 아이에게는 신체 마사지와 '단동 십훈' 같은 신체놀이로 운동능력을 발달시키는 것이 좋다.

혼자서 걷기 시작하면 주변을 탐색하는 것으로 신체운동지능을 키워줄 수 있다. 혼자서 숟가락질을 하며 밥을 먹게 하거나, 신발을 신거나, 단추를 꿰게 하는 것 등은 생활습관을 키우는 것과 함께 신체운동지능을 키우는 방법이라는 것을 명심하자. 그렇기 때문에 부모는 아이의 손이 더디다고 조바심을 내기보다 스스로 해낼 수 있도록 도와주고 아이가 제 힘으

로 성공했을 때는 충분한 격려를 해주는 것이 중요하다.

아이의 신체운동지능을 키워주기 위해서는 어려서부터 온몸을 사용하는 대근육 놀이와 손가락을 사용하는 소근육 놀이를 고루 해준다. 블록만 좋아한다고 하루 종일 블록만 갖고 놀게 하는 것은 아이의 운동능력 발달에 도움이 되지 않는다. 낮에는 놀이터에서 신나게 뛰어 놀고, 오후에는 마음을 가라앉힐 수 있는 작은 놀이를 하는 것이 좋다. 아이가 유치원생 정도의 연령이 되었다면 본격적인 스포츠를 가르치는 것도 좋다. 초등학교에 입학했다면 아이가 선호하는 스포츠 종목을 하나 정해 취미나 여가로 꾸준히 즐길 수 있도록 한다. 만약 특정 종목에 소질이 엿보인다면 전문적인 교육을 시작해도 좋다.

| 신체운동지능 높은 아이의 학습법 |

신체 감각을 이용해서도 학습 효과를 높일 수 있다. 신체운동지능이 높은 아이는 말 그대로 신체가 마음을 표현하는 도구가 된다. 단어를 외울 때 그냥 눈으로 보며 외우는 것보다 직접 손으로 써서 외우는 게 더 잘 된다. 바로 신체운동지능의 역할 때문이다. 신체운동지능이 높은 아이들은 앉아서 조용히 공부하는 것보다 직접 몸을 사용하여 공부를 하거나, 자신이 좋아하는 운동에 공부를 접목하는 것이 효과가 높다.

운동을 좋아하는 아이라면 운동 속에서 발견할 수 있는 과학적 원리나 수학 원리를 알려주고 직접 함께 그 운동을 해보며 확인하는 식으로 아이의 학습 능력을 키워준다. 교구와 교재를 활용하는 것은 신체운동지능이 높은 아이에게 효과적인 학습 방법이 될 수 있다. 교실에서 가만히 앉아 수업을 듣는 것보다는 직접 체험하는 것을 좋아하기 때문에 과학 시간 등에는 직접 실험을 하게 하거나, 영어 시간에는 카드나 그림책을 만들면서 영어를 익히는 것도 좋다.

무용가, 배우, 운동선수, 공예가, 조각가 등

● **자연친화지능**

아이의 자연친화지능을 키우려면 자연이 있는 곳으로 나가 직접 경험하게 하는 것이 가장 좋다. 집에서는 식물도감이나 동물도감, 생태 동화 등을 보여주면서 지속적으로 자연에 대한 흥미를 일깨운다. 특히 자연친화지능이 높은 아이들은 사물의 모양이나 형태를 구분하는 데도 특별한 능력을 보이기 때문에, 도감에서 본 식물들을 직접 찾게 하는 것이 아이의 능력을 북돋운다.

도시에서는 자연을 가까이 하기 쉽지 않은데, 강낭콩이나 양파를 물에 담가 싹이나 뿌리가 자라는 것을 관찰하게 하거나, 봉숭아꽃, 나팔꽃 씨를 뿌려 키워보게 하는 것이 자연의 신비를 쉽게 체험할 수 있는 방법이 된다. 식물의 변화를 아이가 일지로 세세히 기록할 수 있도록 도와준다면, 아이의 관찰력은 더욱 향상될 수 있다.

아직 실험을 하기 어리다면 나들이를 다녀온 후 아이가 본 동물이나 식물의 기억을 되살려 그림을 그리게 하는 것도 좋은 방법이다. 그림카드를 구입해 땅에 사는 동물, 물속에 사는 동물, 하늘에 사는 동물 등 기준을 정해주고 아이가 직접 분류하게 하는 것도 좋다.

| 자연친화지능 높은 아이의 학습법 |

자연친화지능이 높으면 야외에서 자연과 접촉하며 시간 보내길 좋아하며, 자연물을 관찰하고 수집하며 그 내용을 기록하는 것을 좋아한다. 자연친화지능이 높은 아이는 학습을 할 때 학습 주제와 자연물을 연결해 설명하면 좋은 효과를 얻을 수 있다. 곤충의 다리와 거미의 다리 수를 비교해 덧셈과 뺄셈을 한다거나, 복숭아와 자두의 크기를 비교하고 무게를 달아보

는 식으로 가르치면 아이가 더욱 흥미를 갖고 학습에 임한다. 독서교육을 할 때도 생태 동화나 환경 동화를 읽게 하거나 동물이 주인공인 우화나 동화를 읽게 하는 것도 좋다.

특히 자연친화지능이 높은 아이는 오감이 발달해 있기 때문에 학습대상을 분석할 때도 자신의 다양한 감각을 동원해 분석하도록 돕는 것이 좋다. 아이가 우주에 대해 공부한다면 우선 망원경으로 우주를 바라보고, 컴퓨터로 내용을 알게 한 후, 과학관에서 운석을 직접 만져보고, 우주 탐험대로서 우주복을 입어보거나 우주에서는 어떤 소리가 나는지 등을 복합적으로 익힐 수 있게끔 도와준다. 또한 이 지능이 높은 아이들은 분류하거나 분석하는 데 뛰어나므로 공부하려는 내용을 분류해보고 원인이나 원리를 찾아보게 하는 것이 효과가 높다.

| 자연친화지능 높은 아이의 유망직업 |

식물학자, 동물학자, 과학자, 조경사, 조련사, 수의사, 한의사, 지질학자 등

Part
4

도덕성,
작지만 위대한 출발

만약 당신의 아이가 시험에서 백점을 받아 왔는데
딱 한 문제를 몰라서 몰래 공책을 봤다고 고백한다면?

만약 당신의 아이가 지하철 선로에 떨어진 아이를 구하기 위해
지하철에 뛰어들겠다고 한다면?

아직도 풀리지 않은
인간에 대한 수수께끼
도덕지수와 경쟁력, 행복지수에 관한
새로운 심리학
최초의 연구

도덕성이 가지고 오는 행복,
그 위대한 발견이 시작된다.

도덕성, 그 불편한 진실

스포츠교실에서 생긴 일

EBS에서는 〈아이의 사생활〉도덕성 편을 준비하면서 서울대학교 심리학과와 공동으로 '도덕성 변인에 관한 연구'를 실시했다. 실험 일시는 2007년 10월 25~26일, 경기도의 2개 초등학교 학생 300명이 도덕성 테스트에 참여했다. 도덕성과 행동의 연관관계를 알아보는 국내 최초의 실험이었다.

총 280문항 중에는 '숙제할 때 오랫동안 재미있게 공부하는가', '또래 친구들이 대체로 나를 좋아하는가', '화가 난다면 그들을 때릴 것인가 등 다소 까다로운 질문도 포함되어 있었다. 테스트 이후 12명의 남녀 아이가 실험 참가자로 선정되었다. 6명은 도덕성지수 최상위에 속했고, 나머지 6명은 평균 수치였다. 초등학교 4~5학년인 이 아이들은 3일 동안 스포츠교실을 오가며, 또래들과 여러 가지 게임을 할 터였다. 자, 지금부터 실험 과정을 찬

찬히 들여다보자.

도덕성지수 최상위 그룹 6명은 빨간 조끼, 도덕성지수 평균 그룹 6명은 파란 조끼를 입었다. 이 아이들은 자신의 도덕성지수 점수나 이 실험이 도덕성과 관련 있다는 것을 모른다. 또한 카메라로 촬영한다는 사실도 몰랐다. 지도교사는 자연스럽게 실험 장소에서 빠져나가 게임 과정을 지켜보지 않았다.

첫 번째 게임은 단체전인 탁구공 나르기. 반으로 가른 대나무통을 1인당 1개씩 나누어준다. 6명씩 한 조가 되어 서로 대나무통을 연결한다. 통 위에 탁구공을 굴려 지정된 물그릇까지 옮긴다. 이때 탁구공에 손을 대거나 공이 도중에 멈추거나 통 밖으로 떨어지면 반칙으로 규정, 처음부터 다시 시작한다. 이 게임의 의도는 관찰자가 없을 때 도덕성과 규칙 따르기의 관계를 알아보려는 것이었다.

먼저 도덕성지수 최상위의 빨간 조끼팀. 공이 물그릇 근처까지 왔다가 떨어지자 누군가 집으려 한다. 그러나 한 아이가 "하지 마, 하지 마!" 하며 만류한다. 처음부터 다시. 이번에는 탁구공이 굴러가기 시작한 지 얼마 되지 않아 또 다른 아이가 외친다. "내 손 닿았어!" 이번에도 처음부터 다시다.

스포츠교실 참가자들

도덕성지수 최상위 빨간 조끼팀

도덕성지수 평균인 파란 조끼팀

반칙을 하지 않은 이 팀이 성공한 공은 단 한 개였다.

도덕성지수 평균의 파란 조끼팀은 조금 달랐다. "빨리, 빨리!" 누군가 큰 소리로 재촉하자 다른 한 명이 바닥에 떨어진 탁구공을 주워 올렸다. 물그릇 근처에서 공이 떨어지자 이렇게 외치는 소리도 들린다. "들어간 거야, 들어간 거야. 튕겨진 거야!"

반칙을 15회나 저지른 이 팀이 옮기는 데 성공한 공의 개수는 7개였다.

> 두 번째 게임은 개인전으로 진행된 눈 가리고 표적 맞히기. 게임 장소에는 아이 혼자밖에 없다. 안대로 눈을 가린 채 공을 던져 앞의 표적을 맞히면, 맞힌 공의 개수에 따라 선물을 받는다. 이 게임은 선물이나 보상 같은 유혹이 있을 때 도덕성과 규칙 따르기의 관계를 알아보기 위한 것이다.

빨간 조끼팀은 처음부터 끝까지 눈을 가린 채 경기에 임한다. 계속해서 엉뚱한 방향으로 공을 던지는 아이들. 규칙을 지킨 결과는 참담하다. 공은 과녁을 하나도 맞히지 못한다.

반면 파란 조끼팀은 지도교사가 나가자마자 공을 던지기 전에 안대를 내려 과녁의 위치부터 확인한다. 심지어 과녁을 맞힌 공의 개수를 직접 센다.

놀랍게도, 두 팀의 차이는 확연히 드러났다. 도덕성이 높은 아이들은 누가 보든 말든, 혹은 적절한 보상이 있든 말든 게임의 규칙을 성실히 지켜냈다. 하지만 도덕성이 보통 수준인 아이들은 게임에서의 성공과 선물이라는 보상을 얻기 위해 반드시 지켜야 할 규칙을 소홀히 했다. 물론 규칙을 위반

빨간 조끼팀과 파란 조끼팀의 공맞히기 실험 비교

했다고 해서 게임에 참가한 아이들의 도덕성에 문제가 있는 것은 아니다. 도덕성의 발달 과정상 이 시기 아이들은 딱 그만큼의 도덕성을 갖췄을 뿐이며, 이 게임에서는 아이들의 도덕성을 시험하는 '함정'이 있었다.

문용린 교수는 초등학교 때는 결과적으로 칭찬받는 행동이 좋은 행동인 것으로 안다. 선생님이 칭찬 한번 해주면 신이 나고, 자기가 아는 사람들에게 잘 보이는 것이 도덕적인 것이라고 생각한다고 말한다. 스포츠교실에 참가한 아이들은 게임에서 좋은 결과를 얻으면 선물을 받게 될 것이므로 이것이 칭찬받는 행동이라고 여겼다. 머릿속으로는 게임의 규칙을 준수하고 공명정대하게 하는 것이 당연하다고 생각하지만, 선물의 유혹을 이겨내지 못하고 그릇된 행동을 보인 것이다.

앞으로 우리는 도덕성에 관한 불편한 진실을 만나게 된다. 우리가 이제껏 자부해온 도덕성이 권위에 의해, 때로는 유혹에 의해 얼마나 도전받고 상처 입는지 알게 될 것이다. 그럼에도 우리는 왜 아이의 도덕성을 지켜야 하는지, 그리고 아이의 도덕성을 위해 할 수 있는 것은 무엇인지 차근차근 배워야 한다.

도덕성에는 용기가 필요하다

도덕성에 관한 간단한 실험을 위해 남녀 대학생 11명을 초대했다. 방송국에서 만나기로 한 전날, 제작팀은 그들에게 도덕성에 대한 간단한 인터뷰가 있으며, 사례비는 10만 원이라고 했다.

예정대로 인터뷰가 끝나고 나서 약속한 사례비를 내밀었다. "사례금 얘기 들으셨죠? 15만 원." 제작진이 봉투를 내밀며 대수롭지 않게 묻는다. 약속과는 달리 15만 원이 든 봉투. "15만 원 맞으시죠?" 대부분의 피실험자는 "네"라는 답변과 함께 주저 없이 봉투를 받았다.

잠시 후 제작진이 돈 봉투의 진실을 알린다. "어제 작가가 사례금이 얼마라고 했죠?"

그제야 그들은 생각보다 넉넉한 돈 봉투의 진실을 간파했다. 15만 원이든 봉투를 스스럼없이 받았던 그들은 민망해했고, 부끄러워했다. "어쩐지, 이상하더라고요." "창피해요." "나는 도덕적으로 행동하는 사람이라고 생각했는데, 이렇게 무너지네요." "갑자기 뒤통수를 맞은 느낌이에요."

평소 자신의 도덕성에 대해 어느 정도 자부심이 있었던 그들은, 자신의 도덕성이 누군가 손을 대면 톡 터질 만큼 가벼운 것임에 안타까워했다. 그런데 나라면 똑같은 상황에서 5만 원을 돌려줬을까?

도덕이라고 하면 우리는 전쟁, 부패, 탈법, 정치, 범죄 같은 크고 무시무시한 것들을 먼저 떠올린다. 하지만 도덕성은 일상에서, 전혀 예측하지 못했던 곳에서 우리를 습격한다. 게임에서 이겼을 때 주어지는 작은 선물이나 약속보다 더 들어 있는 5만 원처럼, 선물, 보상, 칭찬 등이 주어졌을 때 우리의 도덕성은 함정에 빠진다. 여기에 '권위'까지 더해져 비도덕적 행동에 복종해야 할 상황까지 처해진다면 어떻게 될까. 나보다 힘이 센 누군가가 명령 또는 부탁을 할 때 우리의 도덕성은 어떻게 될까. 이것을 증명하는 유명한 실험 하나가 있다.

미국의 유명한 사회심리학자인 스탠리 밀그램Stanley Milgram은 예일 대학 재직 중 도덕성과 관련된 '복종 실험'을 진행했다. 1961년 그는 신문에 모집공고를 하나 낸다. 학생들에게 공포감이 주어질 때 학습능력이 더 높아지는지 알아보는 실험을 실시하는데, 교사 역할을 해줄 사람을 찾는다는 광고였다. 무서운 교사 역할을 하는 대가는 4달러였다. 이 광고를 보고 40명이 신청을 했다.

교사 역할을 맡은 이들 앞에는 전기충격기 버튼이 놓여 있다. 그들은 칸막이 너머 얼굴이 보이지 않는 학생이 답을 틀릴 때마다 버튼을 눌러야 했다.

15V, 30V, 45V……. 버튼은 1부터 10단계까지 있고, 누를 때마다 전기충격의 강도와 그에 따른 고통은 점차 더해질 터였다. 실제로 전기는 연결되어 있지 않았고 학생도 가짜였지만, 교사 역할을 맡은 사람들은 그것을 알지 못했다.

실험을 시작하기 전, 밀그램은 대규모 설문조사를 했다. '만약 누군가 나에게 비인간적인 행위를 요구한다면 따를 수 있겠는가'라는 질문이었다. 이 질문에 92%의 사람들이 그럴 수 없다고 대답했다. 이 설문을 토대로 밀그램은 복종 실험에서도 단지 0.1%만이 '극도의 위험'이라고 표시된 버튼을 누를 것이라고 예상했다.

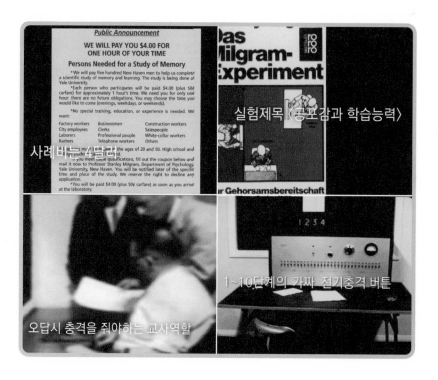

그러나 예측은 빗나갔다. 무려 65%의 실험 참가자가 가장 높은 단계의 전기충격 버튼을 눌렀다. 평범한 일상 중에서 우리가 비인간적인 행위를 거절할 확률은 92%. 하지만 예일대라는 권위, 제복의 위력, 실험 대가로 4달러를 받았다는 의무감 때문에 65%의 실험 참가자가 자신의 도덕성을 맡겨버렸던 것이다.

당시 이 실험은 비윤리적이라는 비판과 함께 사회적으로 대단한 파문을 일으켰다. 밀그램은 학문적 성취를 위해 인간을 '비도덕적인' 상황에 몰아넣은 것에 대해 비난을 받았고, 학회에서 1년간 자격 정지를 당했다. 하지만 인간의 도덕성이 여러 가지 변수에 의해 충분히 장악될 수 있다는 점은 그야말로 충격이었다.

그런데 권위에 복종해야 할 순간은 어린아이들에게 더 자주 나타난다. 부모님 말씀, 선생님 말씀을 잘 들어야 한다는 말에 익숙한 만 6, 7세의 유아에게 선생님의 부탁은 권위라는 무게로 다가오게 마련이다.

유치원 선생님이 아이를 따로 불러 한 가지 부탁을 한다. "이것 우리가 소풍가서 찍은 사진이에요. 세상에 한 장밖에 없거든. 선생님이 ○○이를 사랑하니까 보여주는 건데, 이것 좀 찢어줄래요?"

선생님의 부탁을 받은 아이들은 놀라거나 당황하게 마련이다. 아이들은 세상에서 한 장밖에 없는 소중한 사진을 찢고 싶지 않다는 마음과, 선생님의 부탁을 거스르면 안 된다는 마음, 선생님의 말씀을 듣지 않으면 혼이 날지도 모른다는 불안감 속에서 갈등한다. 결국 아이들 대다수는 선생님의 눈치를 보며 조심스럽게 사진을 찢는다.

이처럼 도덕성은 권위와 만났을 때 위협받게 된다. 그 존재가 나보다 더 높은 사람이거나 나를 보호하고 있는 관계라면 신념이나 의지는 꺾이기 쉽다.

특히 유아기에는 부모, 즉 주양육자의 도덕적 기준이 아이에게 고스란히 전해진다. 아이가 한 일에 대해 엄마 아빠가 혼을 냈다면 그것은 도덕적으로 나쁜 것으로 주입된다. 반면 엄마 아빠가 칭찬을 했다면 그것은 착한 행동으로 기억된다. 어른들의 말씀을 잘 듣는 것은 아이에게 대표적인 착한 행동이다. 아직까지 어른들이 자신에게 지시한 것이 좋은 일인가, 나쁜 일인가에 대해서는 판단할 능력이 없다.

초등학교에 입학한 이후에도 이런 상황은 지속된다. 아이에게 부모는 친밀감, 애착 관계에서의 권위를 갖지만, 학교와 선생님은 그보다 더 강력한 권위를 갖게 마련이다. 이 무렵 아이에게 도덕적 가치를 판단하고 행동할 수 있는 힘을 길러주지 않으면, 아이의 도덕성은 끊임없이 도전받게 되고, 어른이 되어서까지 영향을 미칠 수 있다.

도덕성을 지키기 위해서는 의지와 용기가 필요하다. 올바른 도덕적 가치관을 지키기 위해서는 유혹을 물리쳐야 하며, 때로는 불의에 맞서 과감히 권위와 싸워야 한다. 하지만 안타깝게도 도덕성에 대한 의지와 용기는 단번에 생기는 것이 아니다. 어린 시절부터 꾸준히 연습하고 훈련하고 다듬어져야 한다.

아이 눈에 비친 부모의 도덕성

아이에게 도덕성을 길러줘야 한다는 데 반론을 제기할 부모는 없다. 실제로 부모들은 아이의 도덕성을 위해 지속적으로 훈육해왔다. "길거리에 쓰레기 함부로 버리지 마, 친구를 때리면 나쁜 아이야, 차례차례 순서를 지켜야지, 남의 것 함부로 가져오면 안 돼, 어른들께 인사 잘해야지, 파란불이 켜지면 건너는 거야, 꼭 지하보도나 횡단보도로 건너야 해……." 아이가 말귀를 알아듣는 순간부터 엄마는 이런 잔소리를 달고 살았다. 이는 사회 구성원으로서 당연히 지켜야 할 도덕성, 사회성 같은 인성의 중요한 덕목을 가르쳐주려는 것이었다. 문제는 부모가 얼마나 도덕적이며, 그 도덕적 잣대를 공평하게 사용하는가다.

한 엄마가 업무 마감시간이 임박해서야 우편물을 발송하기 위해 우체국으로 가고 있다. 세 살 난 아들을 집에 혼자 둘 수 없어 아이 손을 잡아끌고 종종걸음을 친다. 이제 찻길 하나 건너면 우체국. 하지만 백 미터를 돌아서 횡단보도로 건너면 우체국이 문을 닫을지도 모른다. 엄마는 잠깐 고민하다가 아이의 손을 꽉 쥐고 주위를 살핀 다음, 아이와 함께 4차선 도로를 한달음에 뛰어 건넌다. 시간을 절약했다는 뿌듯함으로 우체국으로 향하는 엄마의 발걸음은 가볍기만 하다.

그러나 교통신호를 잘 지켜야 한다고 누누이 말해왔던 엄마가 자신이 가르쳐왔던 것을 스스로 무너뜨리는 행동을 한다면, 아이는 그 상황을 쉽게 잊지 않는다. 아이는 앞으로 엄마가 정한 규칙을 신뢰하지 않을 것이고, 엄마의 잘못된 행동을 모방할지도 모른다. 엄마는 도덕성에 관한 한 신뢰와 권위를 조금씩 잃게 된다.

대형마트에서 장난감을 사달라는 아이와 안 된다는 엄마가 신경전을 벌이고 있다. 미운 세 살 아이는 안 된다는 엄마의 경고에 바닥에 드러누워 바락바락 악을 쓰면서 울기 시작한다. 이런 상황이 눈앞에서 펼쳐진다면 제3자인 우리는 어떻게 생각할까. '쟤는 왜 저럴까? 왜 쟤 엄마는 아이를 저렇게 키우지? 다른 사람 불편하게시리. 나 같으면 가만히 있지 않을 텐데.' 그런데 이런 엄마들 중 몇몇은 어제 자신의 아이가 패스트푸드점 안을 휘젓고 다니며 다른 손님들의 식사를 방해했다는 사실은 까맣게 잊고 있다.

똑같은 잘못에 대해 내 아이와 남의 아이를 다른 잣대로 구분하는 것은 편파적이다. 공정하지 못한 도덕적 잣대를 들이대는 것은 엄마들이 자주 저지르는 실수 중 하나다. 내 아이의 기를 살리겠다며 무조건적인 방임을 허락하는 엄마 역시 아이에게 적절한 통제가 필요한 순간에 권위를 잃게 된다.

오늘 아이가 백점을 받아 왔다. 기특해서 칭찬도 하고 간식도 만들어주었다. 그런데 아이가 사실 한 문제를 몰라 선생님 몰래 책을 들춰봤다고 고백했다. 엄마는 난감하다. 선생님께 사실을 말씀드리고 점수를 고쳐 오라고 할지, 아니면 이번만 그냥 넘어갈지 고민이다. 결국 엄마는 "부정행위를 해서는 안 돼. 다음부터는 그러지 마" 하고 말았다. 상황은 종료되었다.

엄마의 도덕성 또한 시험을 받을 때가 있다. 아이가 한 순간 부정행위를 했지만 백점이라는 거대한 보상이 뒤따른 것이다. 공부 잘하는 것이 지상 최대의 과제인 요즘, 좋은 성적은 모든 것을 대변하기도 한다. 하지만 아이의 행동에 대해 적절한 훈육이 뒤따르지 않으면 아이는 백점을 위해 약간의 편법이나 부정을 저질러도 괜찮다는, 칭찬받는 결과가 모든 것을 용서한다는 생각을 품게 될지 모른다.

"위험하니까 절대 그러면 안 돼. 네가 나서서 도울 필요 없어." "아무도 보지 않을 때는 사소한 공중도덕은 무시해도 괜찮아." "다른 사람들도 다 그렇게 하는걸." 이것이 보통 엄마인 우리의 생각이며 도덕성이다. 그러나 아이는 가장 가까운 양육자를 모방하며 하나씩 배우기 시작한다. 아이의 도덕성이 중요한 만큼 아이를 훈육하는 부모의 도덕성 또한 중요하다. 아이의 도덕성을 키우기 위해서는 부모인 우리의 도덕성부터 먼저 되돌아봐야 한다.

세 살 아이의 거짓말은 눈감아줄 필요가 있다

지원 엄마가 잠깐 설거지를 하고 돌아와 보니 거실이 난장판이다. 휴지통을 엎었는지 휴지 조각에 빈 과자봉지에 머리카락 뭉치까지 널려 있지만, 세 살배기 지원이는 시치미를 떼고 블록놀이에 빠져 있다. "이 휴지통 누가 엎었니?" 아이는 그제야 엄마를 힐끗 쳐다본다. "뽀로로가 그랬어!" 만화 주인공 뽀로로? 엄마는 아이의 천연덕스러운 대답에 그만 멍해지고 말았다.

아이의 거짓말에 놀라 과잉 반응을 보여서는 안 된다. 만 3세 아이들은 현실과 환상을 잘 구분하지 못한다. 잘못을 저질렀을 때 누가 그랬냐고 물어보면, 다른 누군가에게 책임을 돌리곤 한다. 하지만 이것을 거짓말로 받아들여서는 안 된다. 이는 발달 과정의 일부일 뿐이다. 세 살짜리 아이는 착한 사람은 나쁜 짓을 하지 않는다고 여기기 때문에, 나쁜 결과의 행동과 자신을 일치시키지 못한다. 아이를 혼낼 것이 아니라, 우선은 간접적으로 아이가 '실수'를 한 것에 공감해주고, 그다음 자신이 저지른 행위에 대한 뒷수습을 할 수 있게 이끈다. "그랬구나? 뽀로로가 실수했나 보네. 치우는 걸 도와주면 고마울 텐데……" 하고 말이다.

아이가 자라면
도덕성도 자란다

도덕성의 3요소, 정서 · 인지 · 행동

우리는 종종 도덕성이 문제라고 말한다. 탈세로 부정하게 부를 축적한 기업인, 비리를 저지르는 공직자, 범법과 위법을 일삼는 범죄자, 부모와 자식의 도리를 저버리는 패륜아들을 보면서 그들의 행위를 비난한다. 오해하지 말아야 할 것은, 법과 도덕은 비슷한 듯 보이지만 다르다는 사실이다. 범법행위는 사회 구성원이 정한 법의 테두리 안에서 처벌이 가능하지만 비도덕적 행위는 처벌이 아닌, 비난의 대상인 경우가 많다. 비난의 대상이 된 누군가는 때로는 처벌보다 무거운 양심의 가책을 떠안게 되지만 법적으로 처벌받는 것은 아니다.

도덕성을 한마디로 규정하기는 매우 어렵다. 도덕성은 이제껏 수많은 학자들에 의해 연구되어왔지만, 시대에 따라 그리고 철학, 심리학, 정신분석학, 교육학 등 연구 분야에 따라 다르게 정의되어 왔다. 초기에는 양심이나 죄의식, 또는 자신을 희생하고 남을 도와주는 이타심, 사회적 규범에 맞게 행동하는 것, 공정함, 옳고 그른 것을 판단하는 능력 등으로 간주되었다. 근래에 와서는 다른 사람에 대한 관심과 공감하는 능력 등을 더해 감정이입이나 자신보다 남을 먼저 생각하는 행동까지 도덕성의 개념에 포함하고 있다.

그동안 도덕성은 두 가지 측면에서 연구되어왔다고 정리할 수 있다. 양심, 동정심, 이타심, 죄의식 같은 정서적 측면마음과 공정성, 분별력, 책임감, 자제력 같은 인지적 측면생각이 바로 그것이다. 하지만 이것만으로 도덕성을 온전히 정의한다고 볼 수는 없다. 개개인이 갖는 도덕성을 측정하는 것은 매우 까다로운 일인데다, 마음과 생각만으로 도덕이 완성되지 않기 때문이다. 약속한 금액보다 돈이 더 들어 있을 때 우리는 당연히 돌려주어야 한다고 생각한다. 하지만 실제로 그런 상황에 맞닥뜨렸을 때 돈을 돌려주는 경우는 흔치 않았다. 곽금주 교수는 생각과 행동을 일치시킬 때 비로소 도덕이 의미를 갖는다고 설명한다.

생각과 마음에서 비롯된 도덕의 씨앗이 행동이라는 열매가 되기까지 우리의 내면은 여러 가지 요소에 의해 화학작용을 일으킨다. 수많은 경우의 수를 거쳐 하나의 도덕적 행위로 귀결되기까지 수많은 갈등을 극복해야 한다. 또한 도덕성의 개념 중 하나인 사회적 정의와 규범에 적합한 행동을 취하기 위해서는 자신이 속한 사회가 정한 규범과 규칙, 질서를 이해하고 습득하는 과정이 필요하다. 그리고 도덕성 발달에 중요한 근거가 되는, 즉 도

양심
공감
이타성

자제력
책임감
분별력
공정성

정서

인지

행동

도덕성의 요소

덕적 행동을 판단하고 이끌어내는 '정서'와 '인지'도 연령에 따라 순차적으로 발달해야 한다.

요컨대 도덕성 교육은 여러 가지 위험 요소를 극복하고 가치 있고 의미 있는 행동으로 결실을 맺을 수 있도록, 씨앗에 물을 주고 거름을 주며 해충이 생기지 않도록 정성껏 돌보는 일이다.

만2~3세, 모두 다 내 것

놀이방이나 엄마들의 모임 등에서 하나의 장난감을 잡고 서로 자기 것이라고 우기며 싸우는 아이들을 흔히 볼 수 있다. 대개 만 두세 살 이전의 아이들로, 엄마가 아이 간 싸움을 타일러 중재하기란 실로 불가능하다. 억지로 아이를 안고서 그 자리를 회피하는 것이 상책인데, 그 자리를 벗어나면 아이는 언제 그랬나 싶게 금세 달래지기도 한다.

여기서 엄마가 알아야 할 것은 이 무렵의 아이는, 정서나 인지발달상 아직 내 것과 남의 것을 구분하지 못하는 단계라는 사실이다. 아이는 세상이 자기중심으로 돌아가고 있다고 믿는다.

1930년 캐서린 브리지스Katherine Bridges는 아기가 태어난 직후부터 기쁨이나 슬픔, 행복, 분노, 놀람, 공포 등의 **1차정서**primary emotions를 표현하며, 이것은 세계 어느 문화권의 아기들에게나 똑같이 나타나는 선천적인 것으로 보았다. 또한 생후 12개월이 되면서는 양육자나 다른 사람들과의 상호작용을 통해 부끄러움, 죄책감, 수치, 자부심 등 **2차정서**secondary emotions를 보인다고 했다. 2차정서는 기본적으로 자신 외에 타인과의 상호작용을 전제로 하기 때문에 이 시기의 아기는 다른 아기들이나 사람들에게 반응을 보이고, 또 상대방에게도 반응을 얻으려고 한다. 엄마 아빠에게 애정이 생겨나고 타인에게는 낯을 가리기도 한다. 양육자에 대한 애착이 강해져 엄마와 오랜 시간 떨어져 있으며 불안해하고, 새로운 환경에 놓여 있을 때는 조심스럽게 분위기를 파악하려는 경향도 있다.

1차정서

생후 6, 7개월 무렵까지 아기에게 나타나는 기본 정서를 말한다. 갓 태어날 때는 불쾌, 혐오, 흥미 등이 있으며 생후 4~6주 무렵에는 기쁨, 생후 0~3개월 사이에 슬픔, 생후 3~4개월에는 분노, 생후 5~7개월에는 공포가 나타난다.

2차정서

2차정서는 부끄러움, 수치, 당황, 죄책감, 자부심 등으로, 생후 6개월 이후 대인 상호작용을 통해 습득하기 시작한다. 1차정서가 생활 문화에 영향을 받지 않는 선천적인 것이라면, 2차정서는 아기가 속한 생활 문화권의 영향을 받고, 아기의 자아의식이나 행동에 대한 인식이 생기면서 발달한다.

생후 13~18개월 무렵에는 엄마의 말귀를 알아듣는 것은 물론 자신의 감정이나 욕구를 더욱 적극적이며 강하게 표현하게 된다. 이 시기 아이는 걸을 수 있게 되어 주변을 탐색하며 호기심을 충족하고 정서와 인지발달에 더욱 힘을 얻는다.

생후 24개월이 가까워오면 당황, 부끄러움, 부러움, 죄책감, 자부심 같은 2차정서가 더욱 발달한다. 혼자서 하는 놀이를 즐기고, 과제에 성공하면 자랑스러움을, 실패하면 부끄러움을 보이는 것은 물론, 자신을 당황하게 하는 누군가에게 적극적으로 대처하는 모습을 보이기도 한다. 이것은 아이가 대인관계를 통해 후천적으로 습득하는 것으로, 기쁨과 행복, 뿌듯함 등 긍정적인 정서는 표현하고, 화가 나는 등의 부정적 정서를 숨기는 식으로 사회적으로 수용되는 형태를 띤다. 이것은 사회성 발달의 기초가 된다.

정서발달과 더불어 인지발달 또한 가속화되는데, 유아기의 인지발달과 정서발달은 상호 유기적으로 작용하여 발달을 가속화한다. 피아제의 유아 인지발달 이론에 따르면, 출생부터 생후 24개월까지는 주로 운동발달과 감각에 의한 경험으로 인지능력을 발달시키는 '감각운동기'이다. 이 무렵, 가장 위대한 능력은 대상영속성을 습득하는 것인데, 이것은 사물이 보이지 않더라도 어딘가에 존재한다는 것을 깨닫는 것이다. 이런 인지발달은 아이의 애착 형성에도 영향을 미친다. 애착을 형성하려면 아이는 친숙한 사람과 낯선 사람의 얼굴을 구별할 수 있어야 하고, 엄마가 눈앞에 안 보이더라도 어딘가에 존재할 것이며, 곧 자신에게 돌아올 것이라는 믿음이 있어야 하기 때문이다.

한편 생후 18~24개월이면 아이는 서서히 자아개념의 토대를 마련한다. 자신의 얼굴을 인식하며, 자신의 이름과 자기 사진을 연결하는 것이 가능하다. 자아 인식은 자아개념의 시작이며, 자아개념이 확립되어야 타인의 입장을 이해하고 도덕성을 발달시킬 수 있다. 자신에 대한 인식과 이해가 바로 서야 자신과 타인을 구별하고, 다른 사람에게도 그들만의 입장이나 관점, 시선이 있다는 것을 알 수 있는 것이다.

이렇게 만 3세경 아이는 운동능력, 안정적인 애착 형성, 언어, 인지능력 등이 발달하지만, 도덕성의 중요한 요소인 자아개념이나 타인에 대한 감정이입 등은 이제 막 싹을 틔웠을 뿐이다. 피아제는 초기 유아 언어의 특징으로 자기중심적 언어를 쓰며 반복이나 독백을 하는 경향이 강하다고 설명했다. 이것은 아직 두세 살 아이의 사고력이 다른 사람 입장에서 생각할 만큼 발달하지 못했기 때문이다. 가령 같은 방 안에서 두세 명의 아이가 놀고 있어도 가만 살펴보면 각자의 장난감을 가지고 제각각의 놀이에 심취해 있는 경우가 많다. 놀이를 하면서 혼잣말을 하기도 한다. 심지어 같이 놀이를 하는 것처럼 보여도 아이는 상대방의 놀이나 말에 관련성 없는 다른 말로 놀이를 지속시킨다. 이때는 어울려 노는 것보다 단독 놀이를 즐기며, 여러 사람이 같이 있더라도 자신이 하는 말의 의미가 상대방에게 전달되기를 기대하지 않는 형태의 집단독백을 하는 모습을 보인다. 이 또한 타인의 입장이나 시선을 이해하는 것이 아직 어렵기 때문이다.

피아제는 만 2세부터 7세까지를 '전조작기'라고 했는데, 전조작기의 특징 중 하나로 자아중심성을 꼽았다. 이 시기 아이는 자신과 다른 관점이나 시선이 있다는 사실을 모른다. 다른 사람의 입장을 이해하지 못한다는 것이다.

이처럼 0~3세 유아기 동안 아이는 자아를 인식하고 자신을 평가하기 시작하고, 놀랍게 발달한 언어능력으로 자신의 감정이나 정서를 표현하게 된다. 또한 주변 사람들과 접촉하면서, 또래와 놀이를 즐기면서 사회적 관계를 맺고 자신의 감정과 타인의 감정에 대처하게 된다. 도덕성은 여기에서 출발한다.

만 4세, 미숙한 거짓말

만 4세, 이제 아이는 어른과 완전한 의사소통이 가능해졌으며, 또래와 규칙을 정해 집단놀이를 할 줄 알며, 더욱 많은 사회적 관계를 맺게 되었다. 하지만 자기중심적인 특징은 여전히 남아 있다. 이는 '보존개념conservation 실험'이나 '타인시각 실험'을 통해 알 수 있다.

아이 앞에 똑같은 양의 물이 가득 차 있는 넓적한 그릇 두 개가 있다. 몇 번이고 같은 양이라는 것을 확인시킨 다음, 둘 중 한 그릇에 담긴 물을 아이가 보는 앞에서 길쭉한 그릇에 옮겨 담았다. 원래의 넓적한 그릇과 새로 옮겨 담은 길쭉한 그릇. 실험자는 아이에게 어느 쪽 물이 더 많은지 물었다.

네 살 아이들은 같은 양의 물이 그대로 옮겨지는 것을 앞에서 보았지만, 물의 높이가 더 올라간 길쭉한 그릇의 물이 더 많다고 답한다.

보존개념은 사물의 양, 수, 길이, 면적, 형태, 위치를 변화시키더라도 동일하다는 개념이다. 피아제의 이론에 따르면 만 2~7세 무렵의 전조작기 유아에게는 아직 보존개념이 없다. 이 시기 아이는 같은 무게의 밀가루 반죽을 보여준 후, 반죽 하나를 납작하게 만들면 그 양이나 무게가 바뀐다고 생각한다. 아이는 시각적으로 가장 두드러진 자극에 초점을 맞추고 다른 면은 무시해버린다.

하지만 만 6, 7세 이후가 되면 더 이상 그릇의 속임수에 속지 않는다. 아이는 그릇 높이나 물 높이에 상관없이 물의 양이 똑같다는 것을 알게 된다.

이번에는 타인시각 실험. 아이 앞에 뿅뿅이 인형이 놓여 있다. 그리고 뿅뿅이 인형의 뒤쪽에 있는 아이 반대편 의자에는 '노랑이'라고 이름 붙인 인형이 하나 놓여 있다. 실험자는 아이에게 노랑이에게는 뿅뿅이 인형의 어디가 보일지 물었다.

노랑이는 뿅뿅이 어디를 볼까? 발가락

등 등 등 엉덩이 등

네 살 아이들은 눈이나 입, 발 등 자신이 보는 곳과 다른 신체 부위를 말하긴 했어도, 노랑이가 자신처럼 뿅뿅이의 정면을 바라보고 있을 것이라는 점은 의심하지 않았다. 자신의 눈에 보이는 것이 반대편에 앉은 노랑이에게도 보일 것이라고 믿는다. 다른 사람의 입장이나 시선이 존재한다는 것을 알지 못하는 것이다.

그러나 이처럼 편협한 시각은 만 6, 7세만 되면 보이지 않는다. 이 나이의 아이는 다른 사람의 시각이 있다는 것을 알게 되고, 동일한 실험에서 등이나 엉덩이라고 말할 수 있다.

이처럼 만 3, 4세 유아는 자기중심적 시각을 가지고 있음에도, 도덕성은 조금씩 기미를 드러내기 시작한다. 여기에는 아이의 도덕성을 발현시키는 몇 가지 이유가 있다.

우선 자아개념이 더욱 발달한다. 1962년 미국의 사회심리학자 고든 올포트Gordon Allport는 만 3, 4세가 되면 사람이나 사물에 대해서 소유개념이 발달한다고 보았다. 이것은 자아에 대한 개념이 자기에게 속하거나 관련된 사람, 사물에게까지 확장되어가는 과정이다. 우리 엄마, 우리 집, 내 인형, 내 원피스 등 소유개념을 드러낸 표현이 가능하다. 안정적이면서 순차적인 자아개념의 발달은 자신이 어떠한 사람인지, 그리고 어떤 사람이 되면 좋을지 생각하게 하고, 자신과 타인을 구별하면서 긍정적인 대인관계를 맺도록 도와준다.

정서지능

미국의 심리학자 대니얼 골맨Daniel Goleman의 1996년 저작 『정서 지능』에 따르면 정서지능은 정서 인식능력, 감정 조절능력, 자기 동기화, 감정이입, 대인관계기술 등 5가지 요소로 이루어져 있다. 이것은 어려운 상황에서도 자신을 지켜낼 수 있도록 하는 힘, 충동을 다스리는 힘, 합리적인 사고를 방해하는 스트레스를 이기는 힘, 타인에 대해 공감하는 힘, 희망을 버리지 않는 능력에 해당한다.

또한 **정서지능**emotional intelligence이 발달한다. 만 3세 이후 어른과 의사소통에 어려움이 없을 만큼 언어능력이 발달한 아이는 다양한 어휘를 통해 자신이나 다른 사람의 정서, 즉 기쁨, 슬픔, 놀람, 화남, 두려움 등을 표현할 수 있다. 이것은 아이가 다른 사람의 표정이나 말, 행동을 통해 상대방의 정서를 이해하고 자신의 행동을 결정하는 데 도움이 된다. 만 3세 이전의 아이는 정서 기복이 심해 무척 즐거워하다가도 사소한 일 하나에도 자지러지게 울고 발버둥을 친다. 하지만 만 4세 이후가 되면 정서적인 기복이 완만해지면서 적절하게 자신의 기분을 드러내거나 상황에 따라 통제할 수 있는 능력을 갖추게 된다.

1974년 발표된 버나드 위너Bernard Weiner의 이론에 따르면 3, 4세 무렵의 유아는 이전 경험들을 통해 기쁨, 슬픔, 화남, 두려움 같은 정서적 반응을 일으켰던 일들을 정확하게 인지하고 있으며, 이에 대한 다른 사람의 정서 반응 또한 정확히 인지하고 그 이유를 제시할 수 있다. 바로 정서지능의 기초, 또는 정서 인식의 단계다. 정서 인식은 자신의 감정을 있는 그대로 인식하고, 자신의 감정을 읽고 이해하는 능력을 말하는데, 여기에는 다른 사람의 정서를 인식하는 것도 포함되어 있다. 정서지능의 요소인 '감정 조절'과 '자기 동기화'의 토대 또한 이 시기에 마련된다. 이는 도덕성을 논할 때 꼭 기억해야 할 만족지연 능력, 자제력과 맞닿아 있다. 욕구를 자제하고 더 바람직한 행동을 취할 수 있는지가 우리가 이야기하는 도덕성이기 때문이다.

이처럼 일정 수준의 정서, 인지발달이 이루어지면, 아이는 이와 함께 친사회적 행동을 익히게 된다. 사회적으로 바람직하다고 여겨지는 행동인 돕기, 나누기, 위로하기, 보살피기, 협조하기 등이 가능해지는 것이다. 대개 만 3세 이후가 되면 아이는 다양한 교육기관, 놀이시설, 외출 등을 통해 더욱 많은 사회활동을 하게 된다. 또래 친구는 물론 가족이 아닌 다른 어른들과의 접촉은 아이에게 사회 구성원으로서 지켜야 할 규범과 규칙을 무의식적으로 익히게 하고 친사회적 행동을 유도한다.

선생님이 3~4세 아이들에게 손으로 절대 만지지 말고 프라이팬 뒤집개만으로 통 속의 탁구공을 꺼내야 한다는 과제를 냈다. 아이가 지시에 따르는 동안 선생님은 잠깐 밖으로 나갔다. 어린아이가 지키기에는 다소 어려운 규칙이어서, 아이들은 모두 탁구공을 만지고 줍는 등 손을 댔다. 잠시 후 선생님이 들어와 아이에게 물었다. "이것 힘들었을 텐데 손댔어? 안 댔어?"

아이들은 모두 "안 댔어요"라고 대답한다. 잠시 머뭇거리며 "딱 한 개만 만졌어요"라고 대답하는 아이도 있기는 하다.

이것은 규칙 위반 여부를 알아보는 실험이 아니다. 이 실험에서 알 수 있는 한 가지는 거짓말의 출현이다. 실험 속 아이들은 손을 대지 않았는지 묻는 선생님에게 아주 꿋꿋하게 자신의 결백을 주장한다. 그런데 우리가 이 실험을 통해 알아야 할 것은 아이가 어떻게 거짓말을 배웠는가가 아니다. 거짓말이라는 단적인 예를 통해 드러나는 3, 4세 아이의 도덕성의 현실이다.

자아개념, 정서지능, 친사회적 행동 등 만 3세 이후 다양한 변화에도 불구하고 아이의 도덕성은 아직 우리의 기대에 미치지 못한다. 아이는 완전한 도덕적 판단을 내리기에는 아직 발달 과정에 있는 미숙한 존재다. 권위 있는 어른인 선생님이 시키는 대로 따라야 한다는 마음과 이왕이면 탁구공 옮기는 과제를 잘 해내고 싶다는 마음 때문에, 덜 자란 자제력은 탁구공에 손이 가게 만든다. 선생님이 지시를 잘 따랐는지 물어보자 거짓말을 하지만, 어른이라면 누구나 눈치 챌 수 있을 만큼 서툴러 보인다. 이것이 만 3, 4세 아이들의 귀여운 도덕성이며, 이 시기에 부모가 어떤 양육태도를 갖느냐에 따라 이후 아이의 도덕성이 어떤 모양새로 자리 잡을지 결정되는 것이다.

만 7세, 남을 배려하는 마음

만 3, 4세 이후 아이의 자아개념이나 정서, 인지발달 등 도덕성의 기초가 되는 요소들이 발달했다면, 만 6~7세 무렵에는 좀 더 본격적인 도덕성 발달이 이루어진다. 즉 도덕적 판단 능력의 발달이다. 이는 어떤 행동이 옳고 그른지 가늠하게 만들어 도덕적 행동을 유발하는 중요한 잣대가 된다.

피아제의 '의도성에 관한 연구'에는 다음과 같은 에피소드가 나온다.

> 존이라는 아이가 있다. 엄마가 저녁식사를 하라고 부르자, 존은 식당으로 가 문을 열었는데, 그만 문 앞 의자에 놓여 있던 열다섯 개의 접시가 모두 깨지고 말았다. 한편 헨리는 엄마가 외출하고 없는 사이 찬장에 있는 잼을 몰래 꺼내려고 한다. 의자를 놓고 올라가 손을 뻗어 잼을 꺼내려던 헨리는 결국 컵 한 개를 깨뜨리고 말았다.

피아제는 만 4세부터 12, 13세 아이들에게 이 밖의 여러 가지 상황을 설명해주고, 등장인물의 행동에 대해 질문을 던졌다. 그 에피소드 안에는 거짓말, 훔치기, 규칙 위반, 단순 실수 등의 예시가 있었다. 아이들은 그 에피소드를 들으며, 누가 더 나쁜가에 대해 자신의 생각을 표현했으며, 피아제는 이를 통해 아이들의 도덕성이 어떤 발달단계를 거치는지 제시했다.

6~10세의 아이들에게 존과 헨리 중, 누가 더 나쁜가라고 질문하면 대개 컵 한 개보다 접시 열다섯 개를 깨뜨린 존이 더 나쁘다고 이야기한다. 존과 헨리가 그런 행동을 한 의도에 대해서는 생각하지 않고, 15개와 1개라는 결과의 차이만 가지고 도덕적 선악을 구분하는 것이다. 피아제 이론에 따르면 6~10세의 아동은 '타율적 도덕성'을 갖는다. 이 시기 아이들은 규칙을 우리가 복종해야 할 권위적인 누군가에 의해 만들어진 것으로, 결코 변경될 수 없으며 반드시 복종해야 하는 것으로 받아들인다. 이 아이들에게는 소방차가 출동하면서 교통신호를 무시하는 것이 잘못으로 받아들여질 수 있다. 빨리 도착해서 불을 끄지 않으면 안 될 위급한 상황이지만 아이들은 그것을 감안하지 못한다. 다만 규칙을 어기면 벌을 받는다고 생각한다.

10, 11세 이후가 되면 아이는 도덕성의 두 번째 단계인 '자율적 도덕성'을 갖게 된다. 즉 하나의 규칙이 어떤 사정에 의해서나 사회 구성원의 동의에 따라 변할 수도 있다는 것을 알게 되는 시기다. 행동의 결과로만 판단하는 것이 아니라, 그 결과를 불러오기 전 어떤 의도가 있었는지가 중요한 판단 기준이 된다. 불을 끄러 가는 소방차가 교통신호를 무시하는 것에 대해 그럴 수 있다고 생각하는 단계다. 그래서 이 시기 아이들은 권위자로부터 칭찬을 받기 위해 규칙을 어기거나 경쟁자를 방해하기도 한다. 죄책감보다는 칭찬받고 싶다는 욕구가 더 크다.

타율적 도덕성 단계에 있는 만 6~7세 이 아이들도 곧 자율적 도덕성으로 진입할 것이다. 그 전조를 엿볼 수 있는 실험이 있다.

유치원 선생님이 만 6, 7세 아이들에게 선물을 주겠다고 한다. 예쁘게 포장된 커다란 선물 상자. "어떤 선물이었으면 좋겠어?" 하며 아이의 기대감을 부풀린다. "자, 그럼 열어볼까? 하나 둘 셋!" 하지만 막상 상자를 열어보니 선물은 한눈에도 시시한 것이다. 선생님이 묻는다. "어때?" 이때 아이들은 어떻게 대답할까?

받으니까 어때?
좋아요

집에 가서 엄마한테 자랑하고 싶어요

상자를 열고 내용물을 확인하는 순간 아이들은 웃는 듯, 우는 듯 묘한 표정이다. 차마 싫은 내색은 하지 못하고 어정쩡한 태도를 취하다 이내 상대방을 실망시켜서는 안 된다는 생각에서인지 좋다고 대꾸한다. "좋아요." "집에 가서 엄마에게 자랑해야지." 이것은 거짓말이 아니다. 이러한 아이의 말과 행동에는 선물을 준 선생님을 실망시키고 싶지 않다는 '착한 의도'가

전제되어 있다. 이처럼 남을 배려하는 태도는 친사회적인 것이며, 유아기에서 벗어나 감정과 행동이 다를 수 있다는 것을 이해하는 아동기 단계로 진입함을 의미한다. 조만간 아이는 자신의 자아는 명확히 알지만 타인의 자아를 완전히 알아채기란 어렵다고 인정하게 되고 감정이입에도 익숙해질 것이다.

피아제가 도덕성의 발달을 '타율'과 '자율' 두 가지로 구분했다면, 콜버그는 비교적 단순했던 피아제의 도덕성 발달 이론을 좀 더 세분화해 6단계로 나눈다. 콜버그는 특정한 상황에서 그 행동의 옳고 그름을 가리는 것을 뛰어넘어, 왜 옳고 왜 그른지를 밝히는 도덕적 판단을 분류의 중요한 근거로 삼았다. 콜버그의 도덕적 딜레마 중 유명한 '하인즈 딜레마'라는 것이 있다.

하인즈라는 남자에게는 죽을병에 걸린 아내가 있다. 병원에서는 아내를 살리기 위해서는 새로 개발된 약을 써야 한다고 한다. 하지만 그 약을 개발한 사람은 약을 제조하는 데 시간과 비용이 너무 오래 걸렸다는 이유로 하인즈가 엄두도 내지 못할 비싼 값을 불렀다. 하인즈는 그 약을 사기 위해 아는 사람을 찾아다니며 돈을 구하러 다녔지만 약값의 절반밖에는 구할 수 없었다. 약사에게 자신의 형편을 말하고 싼값에 약을 팔 수 없는지도 부탁해보았으나 약사는 자신이 노력한 데 대한 정당한 대가를 받아야 한다며 거절했다. 결국 아내를 살리고 싶었던 하인즈는 약을 훔치고 말았다.

약사는 수고에 대한 정당한 대가라며 비싼 약값을 책정할 권리가 있을까? 하인즈는 약을 훔치는 것 외에 방법이 없었을까? 하인즈는 약을 훔쳤으니 벌을 받는 것이 마땅할까? 아내를 살리겠다는 명분이 있으므로 하인즈는 처벌받지 않아도 될까? 약사가 약을 팔지 않아서 아내가 죽었다면 그 책임은 약사에게 있을까? 만약 하인즈의 아내가 사회적으로 중요한 사람이었다면 약사는 더 큰 벌을 받아야 할까? 그렇다 혹은 그렇지 않다고 생각한다면 그렇게 판단한 이유는 무엇일까? 콜버그는 이런 질문

콜버그의 도덕성 발달

Lawrence Kohlberg
(1927~1987)

Step1. 벌 회피·복종
Step2. 욕구충족·거래
Step3. 착한아이 평판중시
Step4. 법 질서
Step5. 사회계약
Step6. 보편적 윤리

에 대해 각 연령대의 아이들이 어떻게 대답했는가를 구분해 도덕성을 6단계로 구분했다. 그리고 우리는 도덕성이 1단계부터 6단계까지 순차적으로 발달한다고 보았다.

1단계와 2단계의 도덕성은 상당히 주관인 잣대로 판단된다. 우선은 자신보다 권위 있는 사람으로부터 벌이나 책망을 피하기 위해 복종하는 수준이다. 유아기의 도덕성은 부모와 선생님이 정해놓은 규칙에 어긋나는 것이 비도덕적이고 잘못하는 것이라고 판단하는 것이다. 친구가 놀이규칙을 어기면 선생님께 일러바쳐 벌을 받게 하는 것이 마땅하다고 여긴다.

이후 유소년기가 되면 자신의 욕구충족이 도덕적 판단의 기준이 된다. 선생님께 일러바치는 것보다 반 친구들과 잘 지내기 위해 침묵을 지키는 것이 더 낫겠다고 판단하게 되는 것이다.

따라서 만 6~7세의 유아에게는 단순한 규칙, 질서, 약속 형태의 도덕성을 가르치고, 잘못을 했을 때는 단호하게 벌을 주거나 제재를 가하는 것이 도덕성 형성에 효과적이다. 초등학교 입학 직전에서 초등 저학년 아이들은 개

인차가 있긴 하지만, 피아제가 제시한 타율적 도덕성이 자율적 도덕성으로, 콜버그가 제시한 2단계에서 3단계로 진입하는 과도기에 놓여 있다. 과도기를 어떻게 보내느냐에 따라 아이의 평생 도덕성이 결정된다.

초등생, 칭찬과 평판을 중시하다

10, 11세 이후가 되면 아이는 피아제의 이론에서 도덕성의 두 번째 단계인 자율적 도덕성을 갖게 된다. 또한 콜버그의 이론으로 봤을 때는 3단계와 4단계에 진입하는 시기다. 이때 도덕성은 상당히 객관적인 판단으로 접어든다. 사회 구성원으로서 자신이 속한 사회의 질서와 규범을 지키는 것을 올바른 행동으로 여기고 다른 구성원과의 상호작용에 중요한 가치를 둔다. 앞서 예로 들었던 하인즈의 경우, 아내를 살리기 위해 약을 훔친 행위는 결국 남의 것을 훔치면 안 된다는 사회적 규범을 어기고 제3자인 약사에게 피해를 입혔기 때문에 절대 해서는 안 되는 일이라고 생각한다. '칭찬'과 '평판'을 중시하고 '착한 아이'를 지향하는 것은 바로 3단계의 과정이며 12~17세의 청소년기에 나타나게 된다.

이후 18~25세의 청년기가 되면 도덕성은 4단계에 접어들어 사회 질서를 유지하는 것에 더 큰 가치를 둔다. 법과 질서는 어떠한 경우에도 지켜져야 하며, 자신 역시 사회 구성원으로서 의무를 다해야 한다고 여긴다.

도덕성의 발달 단계는 환경이나 주변 요소에 따라 조금씩 차이가 있지만, 대개 성인은 4단계의 상태까지 발전해 거기에 머무르며, 일부만이 5, 6단계를 얻을 수 있다고 한다.

그런데 초등학생의 도덕성은 여전히 불완전하다. 해도 되는 일, 해서는 안 되는 일을 판단할 수는 있지만, 그 기준은 그것을 정하거나 자신에게 일러준 사람이 단순히 자신보다 힘센 어른, 즉 권위 있는 누군가이냐 아니냐 하는 것이다. 어른이 지시한 일이 우리 사회의 도덕률에 부합되는 것인지 판단할 수 있는 능력은 아직 없다. 어른이 하라는 일을 그대로 따르는 것이 착한 일이라고 판단할 뿐이다.

그런데 힘 있는 어른이 지시했는데도 아이들이 말을 잘 듣지 않는 경우가 있다. 아빠가 컴퓨터 게임은 하루 한 시간이라고 규칙을 정해두었다. 하지만 부모가 모두 외출한 사이, 아이는 하루 종일 컴퓨터 게임에 열중하고 만다. 때로는 권위보다 유혹의 힘이 더 강하기 때문이다.

아이가 스스로 도덕적인 판단을 하게 된 시기에는 잘못을 저질렀다고 해서 무조건 다그칠 것이 아니다. 왜 그랬는지 묻고 어떤 의도가 있는지 파악해야 한다. 결과만 가지고 논할 것이 아니라 어떤 과정을 거쳐 행동에 옮기게 되었는지 아이의 입장에서 이해하는 태도가 우선이다.

또한 이 시기의 아이는 비도덕적인 행위를 저질렀을 때 부끄러움을 느낀다. 사회규범이나 질서를 어겼을 때도 언젠가 발각될지 모른다는, 누군가 보았을 것이라는 불안감을 갖는다. 이는 어릴 때부터 학습되어온 착한 아이를 지향하는 태도와 도덕성은 사회 구성원이 유지해야 할 규범이라는 전제가 있기 때문이다. 콜버그의 이론 중 3단계와 4단계는 왜 비도덕적인 행동이 부끄러운지를 알 수 있는 근거가 된다. 칭찬과 평판에 좌우되며 규범과 질서를 중시하는 사회 구성원에게 비도덕적인 행동은 비난받아 마땅한 것이다. 크고 작은 차이가 있지만 자신이 비난받을 행동을 했다는 것, 그리고 다른 누군가가 그 사실을 알게 되었다는 것에 대해 부끄럽지 않을 사람은 아무도 없다. 인간 내면에 있는 양심이 두려움을 주기 때문이라는 견해도 있다.

이와 비슷한 맥락에서 프로이트가 주장한 '초자아superego'라는 개념이 있다. 초자아의 역할은 자신의 행동에 대해 스스로 선악의 판단을 내리게 함으로써 그 행동을 발전시키거나 반대로 제약하는 것이다. 즉 나쁜 행동을 하게 되면 죄책감을 불러일으키고 착한 행동을 하게 되면 자존감을 높이는 것이다. 유아기에는 '착하다', '나쁘다'라는 것이 부모나 선생님 등 권위 있는 누군가의 판단에 좌우되지만 성장할수록 이러한 가치는 점차 자신의 것으로 체화되어간다.

다행인 것은, 우리가 도덕성을 지켜내지 못했을 때 느끼는 부끄러움이 우리의 행동을 교정할 수 있는 또 다른 계기를 마련해준다는 것이다. 어찌보면 우리는 부끄러움을 통해 뒤늦게나마 도덕성을 지키기 위한 자제력과 용기를 발휘할 수 있는 것인지도 모른다.

자기중심적인 유아에게도 남의 것은 명확히 일러준다

승희 엄마는 네 살 된 승희와 함께 오랜만에 친구 집에 방문했다. 친구에게는 승희 또래인 아들이 있다. 친구와 이야기하는 동안 두 아이는 장난감을 가지고 잘 노는 듯싶었다. 그런 데 갑자기 친구 아들의 울음소리가 들렸다. 놀라서 달려가 보니 승희가 장난감을 빼앗고 있 었다. 승희는 자기 집이 아닌데도 장난감이 자기 것이라며 남자아이가 갖고 노는 것마다 훼 방을 놓았다.

네 살, 만 3세라면 사회성의 기초가 형성될 무렵이면서도 아직은 자기중심적 사고를 할 때다. 집에서는 모든 장난감이 자기 것이었는데 다른 집에서는 그 상 황이 변한다는 것을 모를 수도 있다. 더구나 상대 아이가 같은 또래라면 이런 충돌은 으레 있게 마련이다. 이때 엄마가 다짜고짜 아이의 행동에 대해 잘못을 지적하고 혼을 내거나 장난감을 도로 빼앗는다면 아이는 잘 이해하지 못한다. "우리 승희가 이 블록으로 놀고 싶었구나. 그런데 이 장난감은 친구 것이란다. 친구 장난감을 가지고 노는 건데 승희가 빼앗으면 친구가 얼마나 화가 나겠 니?" 하며 먼저 아이의 마음을 읽어준 후 장난감은 친구 것이라는 점을 명확히 알려준다. 아직은 네 것과 내 것에 대한 구분이 모호하지만 엄마의 말을 이해할 수는 있으므로 점차 아이에게 소유에 대한 개념을 심어줄 수 있다. 상황을 종료 한 후에는 아이를 위로할 수 있도록 해결책을 제시해주는 것도 좋다. "승희는 전화기 좋아하니까 친구한테 전화기를 잠깐 빌려달라고 해서 놀자. 블록은 우 리 집에도 있으니 집에 가서 하자."

도덕성이 경쟁력인 이유

도덕성이 삶의 질을 바꾼다

아기를 갖게 된 순간부터 엄마 아빠는 아이의 미래를 구상한다. 처음의 바람은 소박했다. 아무 탈 없이 건강하게만 자라주면 충분하다 싶었다. 심성 곱고 반듯한 아이면 더 바랄 것이 없을 것만 같았다. 하지만 아이를 키우며 엄마 아빠는 하나둘 욕심을 보태기 시작한다.

이제 첫돌을 맞이한 아이가 왜 옆집 아이보다 걸음마를 빨리 떼지 못하는가 안달하더니, '엄마' '아빠'라는 말을 언제 시작하는지 조바심 내고, 생후 18개월에 기저귀 뗐다는 것을 자랑거리로 삼는다. 그러고는 누구보다 한글을 빨리 떼겠다며 교재, 교구의 힘을 빌려 경쟁에 돌입한다. 아이가 태어나자마자 대기자 명단에 올려둔 유명 어린이집이나 유치원에서 언제 연락이 오나 노심초사 하고, 막 세 돌이 되었을 뿐인데 요즘 트렌드라는 각종 교육기관으로 아이를 내몬다……. 처음의 소박한 바람으로 일관했던 부모도 '남들은 다 한다'는 생각에 점차 불안해지긴 마찬가지. 웬만한 강심장 부모 아니고서는 소신 있게 아이를 가르치기가 쉽지 않다.

이미 초超조기교육이라는 말로 대체된 조기교육과 조기유학, 교육 이민, 영재교육, 국제중, 특목고 등의 단어는 언제나 신문과 인터넷 뉴스를 장식하며, 엄마 아빠의 입을 오르내린다. 2008년 통계청에서 발표한 '사교육비 실태조사 보고서'에 따르면 2003년 13조 6,000억 원이었던 사교육비가 2007년 20조 400억 원으로 5년간 무려 6조 4,400억 원이나 증가했다. 특히 이 중 초등학교 사교육비가 전체 비용의 50%를 넘어섰다고 한다. 국내외 경제 사정은 불안하지만 우리나라의 교육 열풍은 도통 식을 기미가 없다.

부모 입장에서 그럴싸하게 포장하자면, 내 아이가 잠재된 능력을 마음껏 키울 수 있도록 자양분을 제공해 아이가 원하는 사회적 지위를 얻게 함으로써, 사회 구성원으로서 안락하고 행복한 삶을 영위할 수 있도록 이끌어준다는 것이다. 그러나 여기에는 우리 아이가 남들보다 잘나고 똑똑했으면, 그래서 성공했으면 하는 희망사항이 전제되어 있다. 또래와의 경쟁에서 순조롭게 우위를 차지하고 학교에서는 영재, 사회에서는 인재로 인정받을 수 있도록 부모가 미리 손쓰지 않으면 안 된다는 사고가 지배적이다.

이런 사회현상이 빚어낸 또 다른 모습. 몇 해 전부터 우리 동네 골목, 놀이터에는 아이들 웃음소리가 사라졌다. 각종 학원으로 내몰리는 통에 초등학생도 직장인의 하루 노동 시간과 맞먹게 공부한다. 과도한 조기교육 스트레스로 소아정신과를 찾는 아이들이 늘어났고 유사자폐나 ADHD, 분노발

작, 소아우울증 등의 용어는 더 이상 낯설지 않다.

설령 지금까지는 부모가 기대했던 대로 아이가 잘 따라주었다 해도 정말 부모가 원하는 성공한 인재가 될 것인가는 아무도 장담하지 못한다. 성장 과정에서는 언제든 돌발상황이 일어날 수 있고, 성공지상주의는 자칫 아이에게 그릇된 가치관을 심어줄 수 있기 때문이다. 자신이 최고라는 자만심, 자신의 이익만 생각하는 이기심, 성공을 위해서라면 불법과 편법도 괜찮다는 도덕불감증 등, 한눈에 드러나진 않지만 가정과 학교의 잘못된 교육으로 인한 부작용이 아이 내면 깊숙이 잠재되어 있을 수 있다. 정작 아이가 성장하는 데 있어 부모가 꼭 심어줘야 할 기본 덕목을 간과했기 때문이다.

하지만 도덕성 같은 아이의 내면보다 영어능력, 컴퓨터 자격증, 한자 급수 같은 스펙 키우기에 연연해온 부모라도, 선의善意에 대해서는 의심할 수 없다. 부모의 욕심은 단지 '아이가 행복했으면'이기 때문이다. '행복'이라는 상자의 겉포장이 어떻게 생겼는지에 대해 오해가 있었을 뿐이다. 더 늦기 전에 지금부터 시작하면 된다.

이제 우리는 내 아이를 진짜 행복하게 만드는 조건은 도덕성이라는 것에 대해 이야기할 것이며, 도덕성의 참된 정의는 무엇인지, 부모가 아이의 도덕성을 키우기 위해 무엇부터 어떻게 해야 하는지 차근차근 풀어갈 것이다. 도덕성에 주목해야 하는 이유, 내 아이가 현명하게 행복한 삶을 영위할 수 있도록 해주기 위해서다.

만족지연 능력이 성공을 가져온다

미국 스탠퍼드 대학의 월터 미셸Walter Mischell 박사는 자기가 하고 싶은 것을 조금 참았다가 할 수 있는 능력, 즉 만족지연 능력이 인생에 미치는 영향을 연구하기 위해 '머시멜로 실험'을 진행했다. 그는 아무것도 없는 널찍한 방에서 4세 유아 600명에게 머시멜로를 나누어주었다. 단 지금 먹어도 괜찮지만, 자신이 잠깐 바깥에 다녀올 동안 먹지 않고 기다리면 하나씩 더 주겠다는 단서를 덧붙였다. 그 결과 아이들의 모습은 확연히 구분되었다. 박사가 뒤돌아서자마자 먹는 아이, 망설이면서 눈치를 보다 먹는 아이, 하나를 더 얻기 위해 눈을 감고 꼭 참는 아이……. 그 결과 3분의 2가량은 머시멜로를 먹지 않고 기다렸다.

이 실험의 백미는 '15년 후'다. 세월이 흘러 대학에 들어갈 무렵이 된 아이들을 추적 조사했더니 결과는 놀라웠다. 먹고 싶다는 욕구를 참지 못한 아이는 작은 어려움에도 쉽게 좌절하고 포기하는 일이 많았다. 대인관계도 제한적이었으며 스트레스로 인해 소극적인 학교생활을 보냈다. 반면 욕구를 잘 참아낸 아이는 학교에서나 친구들 사이에서 적극적이고 원만한 생활을 하고 있었으며 인기도 많았다. 두 부류의 차이는 성적에서 더욱 두드러졌다. 미국의 대학 입학자격시험인 SAT에서 두 부류의 점수 차는 125점이나 되었다. 먹고 싶다는 욕구를 참지 못한 아이들이 500점대 점수를 얻은 데 비해, 자신의 욕구를 자제한 아이들은 600~700점대 점수를 기록했다.

이 실험은 아이의 만족지연 능력이 사회성과 성취도에 얼마나 중요한 영향을 미치는지에 대한 실험이었다. 도덕성의 3요소 중 하나인 '인지'에는

도파민
도파민은 사람의 기분, 쾌감, 의욕, 학습
과 기억 등을 조절하는 신경전달 호르몬
이다.

자제력, 책임감, 분별력, 공정성 등이 내포되어
있으며, 자제력은 바로 만족지연 능력과 맞닿아
있다. 유혹이나 충동적 행동을 자제할 수 있는 아
이들은 도덕성이 높으며, 도덕성이 높은 아이들
이 학습 성취도 또한 높다는 사실은 우리에게 시사하는 바가 크다.

만족지연 능력은 몇 년 전 베스트셀러였던 『마시멜로 이야기』를 통해 우리에게 익숙해졌는데, 흔히 운동선수의 경우에서 그 예를 찾아볼 수 있다. 운동선수들은 금메달이나 우승을 목표로 고통스러운 훈련 과정을 참아내곤 한다. 이들은 꿈을 성취하기 위해 순간의 작은 만족을 버리지만, 그로 인해 얻는 성공은 순간의 만족과 비교할 수 없는 커다란 행복감을 안겨준다. 역경을 이겨낸 후 성공을 맛보면 우리 뇌에서는 **도파민**이라는 신경전달물질이 분비되어 짜릿한 쾌감을 느낄 수 있다. 이런 경험은 중독이 되고 또다시 그런 흥분과 쾌감을 얻기 위해 고통스러운 훈련 과정을 이겨내게 한다.

비단 운동선수뿐만이 아니라, 사람의 인생은 현재의 달콤한 유혹을 어떻게 이겨내는가에 따라 성공 여부가 갈린다. 시험을 잘 치르기 위해 잠을 줄여가며 공부하는 학생이나, 주말에 가족과 여가를 즐기기 위해 평일 야근을 하는 직장인이나, 내집 마련을 위해 허리띠를 졸라매는 주부에게도 만족지연 능력은 어김없이 발휘되고 있다.

만족지연 능력을 키워주기 위해서는 아이에게 성공의 경험을 맛보게 하는 것이 필요하다. 노력으로 성공을 얻은 아이들은 그 기쁨을 또 경험하기 위해 수고와 노력을 아끼지 않는다. 이제 초등학교 1학년인 아이에게 막연히 공부 열심히 해서 좋은 대학 가라고 부추기는 것은 다소 요원하다. 승급

심사를 통과하면 도복 띠 색깔이 바뀌는 태권도나 기초부터 바이엘, 체르니 순으로 한 단계씩 올라가는 피아노처럼 성실한 과정 뒤 실력이 상승하는 즐거움을 자주 맛보게 하는 과정이 필요하다.

아이가 좋은 성적을 거뒀을 때도, 결과 자체보다 노력하는 과정에 대해 칭찬하는 것이 만족지연 능력을 높이는 데 더 효과적이다. 편법이나 요행이 아니라 정당한 땀의 대가로 인한 성공은 그만큼 값어치 있다는 것을 알려주어야 한다. 이것은 아이에게 동기부여가 되면서 또 다른 목표를 위해서도 열심히 노력하겠다는 마음을 갖게 한다.

: 내 만족을 지연시킬 수 있는지도 도덕성의 일부라고 볼 수 있다. 이런 만족지연을 4, 5, 6세 때 잘하던 아이가 결국 고등학교에 가서도 학업 성적이 좋았다. 우리는 살아가면서 여러 가지 유혹을 만날 수 있고, 자기 충동대로 행동할 수도 있지만, 여기에서 중요한 것은 내가 나를 자제할 수 있는 자제력이다.

곽금주 교수의 말대로, 도덕성이 높은 아이들이 갖는 덕목, 즉 만족지연 능력은 장래의 성공을 가져다주는 핵심 키워드다. 우리가 살아가면서 만나게 되는 여러 가지 유혹이나 충동을 이기거나 절제할 수 있다면 인생에 있어 더 의미 있는 것들을 성취하는 것은 어렵지 않다.

자제력, 집중력, 공감, 배려가
리더십을 키운다

스포츠교실에 참가했던 아이들의 또 다른 실험이다.

1. 누구나 쉽게 맞출 수 있는 조각 퍼즐을 검은 상자에 넣어 보지 못하게 한 후, 아이들에게 맞춰보라고 한다. 방 안에는 아이 혼자뿐이다.

2. 아이들에게 글자가 나오는 화면을 보여준 후 글자가 아닌 글자의 색을 말하라고 했다. 예를 들어 파랑색으로 쓰인 '빨강'이라는 글자는 '파랑'이라고 읽어야 한다. 화면으로 여러 차례 글자가 지나갔다.

3. 빈 교실에 아이를 혼자 두면서 1분 동안 움직이지 말고 가만히 있으라고 한다.

　이 세 가지 테스트는 모두 자제력을 알아보는 실험이었다. 실험의 결과는 어떠했을까? 도덕지수가 높은 그룹과 평균 그룹은 놀라운 차이를 보였다. 보고 맞추면 몇 초 안에 뚝딱 완성할 수 있는 조각 퍼즐을, 도덕지수가 높은 아이들은 우직하게 규칙을 지키며 완수해냈다. 하지만 도덕지수가 평균인 아이들은 모두가 한두 번씩 상자 안을 힐끔거리거나 아예 퍼즐을 꺼내놓고 맞추는 모습을 보였다. 글자 색깔 맞추기 실험에서도 도덕지수가 높은 아이들은 뛰어난 자제력으로 좋은 결과를 기록했다. 빨간 조끼팀이 테스트를 완료한 평균 시간은 49초. 반면 파란 조끼팀의 평균 시간은 1분 27초였다. 색깔이 아닌 글자를 읽고 싶은 욕구 때문에 자꾸 틀리는 바람에 시간이 지체되었다. 1분 동안 가만히 앉아 있는 실험에서도 빨간 조끼팀과 파란 조끼팀의 구분은 확연했다. 파란 조끼팀 아이는 1분이라는 짧은 시간을 참지 못해 몸을 자꾸 들썩거렸다. 자아를 통제하는 능력도 도덕성에 좌우되었다.

　자아를 통제하는 능력은 현재의 작은 만족을 지연시키게 도와주며 목표에 대해 집중력을 발휘해 성공 가능성을 높인다. EBS와 서울대학교 심리학과가 공동 작업한 '도덕성 변인에 관한 연구'에서 초등학생 300명의 테스트 결과에 따르면 '숙제할 때 오랫동안 재미있게 공부한다'는 질문에 도덕지수 상위 30%의 점수는 20.55, 도덕지수 하위 30%의 점수는 18.18이었다. 이것은 집중력을 알아보는 문항으로, 도덕지수가 높은 아이들이 그렇지 않은 아이들에 비해 집중력이 더 높다는 결과를 보여준다.

또한 도덕성이 높으면 또래관계에 있어서도 좀 더 긍정적인 자아상을 갖는 것으로 나타났다. '내 또래 애들은 대체로 나를 좋아한다'라는 질문에 대해 도덕지수 상위 30%의 점수는 7.42, 도덕지수 하위 30%의 점수는 6.73이었다. 왕따 피해에 대한 '여러 명의 친구들이 나를 험담하고 놀린다'는 질문에 대해서는 도덕지수 상위 30%의 점수는 3.71, 도덕지수 하위 30%의 점수는 7.43으로 많은 차이를 보였다.

여기에서 생각해볼 것은 도덕성이 높은 아이가 또래 문제에 있어서도 긍정적이라는 점이다. 도덕성의 3요소 중 하나인 '정서'는 공감, 양보, 이타심, 배려 등 대인관계에 필요한 기술을 아우르고 있다. 도덕성이 높은 아이는 자연히 다른 사람의 입장에 공감하고 배려하며, 때로는 양보하는 이타심을 발휘하는 경향이 높다.

서번트 리더십

경영관련 교육 전문가인 로버트 그린리프Robert Greenleaf가 저서인 『서번트 리더십』에서 처음으로 소개했다. 다른 사람에게 봉사하는 것은 물론 고객, 조직원과의 소통을 원활하게 함으로써 그들의 욕구를 만족시키기 위해 헌신하는 리더십이다. 기업에서 확장되어 사회 전반의 리더에게 적용되고 있다.

이 덕목은 자연히 아이의 리더십으로 확장될 수 있다. 이제는 리더십에서 절대적인 카리스마나 일방적인 주도를 거론하지 않는다. 최근에는 타인과의 의사소통을 중시하며 봉사하는 **서번트 리더십**servant leadership 이나 감성 리더십이 각광받고 있다. 리더로서 조직 구성원의 욕구를 자제하는 대신 구성원의 입장에 공감하고 배려하고 헌신하는 것이야말로 21세기 리더의 자질로 꼽힌다.

문용린 박사의 이야기는 그래서 더 곱씹어볼 만하다. "어떻게 하면 우리 아이가 성공할까요?" 하고 묻는 부모들에게, 그는 '도덕성, 도덕지능'을 키우면 된다고 강조한다.

> 아이를 성공시키려면 어려서부터 도덕성을 키워주어야 한다. 공부를 못해도 성공할 수 있는 경우의 수는 얼마든지 있으며 공부가 인생의 전부가 아니다. 도덕성이란, 옳고 그름을 판단할 수 있는 능력이다. 남에게 부끄럽지 않게 행동하는 것, 대인관계에 있어 남의 입장을 공감하고 이해하는 능력, 더불어 배려하는 능력, 자신의 욕구나 감정을 조절하고 다음으로 미룰 수 있는 자제능력 등이 모두 도덕성이다. 리더의 조건이 서번트 리더십과 감성 리더십인 것도 모두 이와 관련이 있다. 구성원에 공감하고 배려하지 못하면 조직이나 사회에서 인정받고 존경받을 수 없기 때문이다.

도덕성이 성공 가능성과 리더로서의 자질에 영향을 미친다는 면에서 곽금주 교수 또한 도덕성이 높으면 그 아이의 경쟁력이 높아진다고 말한다.

아이가 착하면 손해를 본다는 것은 부모의 착각이다. 도덕성이 낮은 아이들이 또래에게 왕따 당했던 경험치가 더 높았다는 결과는 의미 있게 다가온다. 다른 사람의 입장을 이해하고 배려하지 못한다면 자신 또한 상대방에게 공감을 얻을 수 없다. 공감이 없으면 인정도 얻지 못한다.

과잉행동·공격성이 낮은 도덕성 탓?

도덕성이 낮은 아이들은 집중력도 낮았고 또래 문제에서도 어려움을 겪는다. 더욱 놀라운 것은 엄마들의 고민거리 중 하나인 과잉행동이나 문제행동 역시 더 많이 표출된다는 것이다. '도덕성 변인에 관한 연구'에서 도덕지수가 낮은 아이들은 공격성 역시 높은 점수를 보였다.

과잉행동에 대한 질문, '누군가가 내가 싫어하는 것을 한다면 소리 지를 것이다' 라는 질문에 대해 도덕지수 상위 30%의 점수는 8.07, 도덕지수 하위 30%의 점수는 9.62로 나타났다. 공격성에 대한 질문 '화가 난다면 그들을 때릴 것이다' 라는 질문에서도 도덕지수 상위 30%의 점수는 12.61, 도덕지수 하위 30%의 점수는 17.46으로 높은 편차를 드러냈다. 왕따 가해에 대한 질문 '고의로 어떤 아이를 놀이에 빼놓았다' 는 질문에서도 도덕지수 상위 30%의 점수는 4.75, 도덕지수 하위 30%의 점수는 10.95로 차이가 컸다.

아들 둔 엄마라면 아이가 초등학교에 입학하기 전 한두 번쯤은 우리 아이가 과잉행동장애는 아닐까 의심하곤 한다. 왕따 문제는 어떨까. 특히 중고생들 사이에서의 집단따돌림 현상은 사회 문제로까지 대두할 정도다. 내 아이는 예외일 것이라고 장담할 수는 없다. 이런 현상의 이면에는 텔레비전, 비디오, 컴퓨터 게임 같은 매스미디어가 미치는 악영향도 있지만, 도덕성 문제로 살펴보면 자아를 통제하거나 충동을 조절하는 능력이 부족한 탓이다. 결국 유아기 때부터 도덕성의 일부인 자제력, 만족지연 능력 등을 길러주지 못한 부모의 양육태도에서도 원인을 찾아볼 수 있다.

가장 대표적인 것은 지나친 방임이나 과잉보호로 아이가 원하는 것을 하도록 방치하거나 무조건적으로 허용하는 경우다. 아이가 갖고 싶다고 하는 것, 하고 싶다는 것이 있을 때 즉각 욕구를 해결해주는 경우, 아이가 원하는 것을 말하지 않았는데도 부모가 미리 쏟아 붓는 경우에도 아이는 자신의 욕구를 자제하거나 만족을 지연시키는 방법을 모르게 된다. 자신이 원하는 것, 하고 싶은 것을 어떤 대가나 조정의 과정 없이 획득하게 되면, 아이는 그때그때마다 자신의 욕구를 충족시키는 것이 당연하다고 여긴다. 잘못을 했더라도 나무라지 않는 부모의 그릇된 애정은 어떤 행동이 잘못된 것인지 판단할 능력조차 빼앗아버린다. 충동을 조절할 수 있는 자제력과는 점차 거리가 멀어진다. 지나친 방임과 과잉보호는 아이에게 타인의 욕구는 전혀 안중에 없게 만든다. 오로지 자신의 욕구를 위해 타인을 괴롭히거나 이용하게 하는 것이다.

반대로 아이의 욕구를 지나치게 억압할 때도 과잉행동, 공격적인 행동을 보일 수 있다. 지나친 억압은 아이가 어릴 때는 효과적인 것처럼 보이지만, 아이가 자라면 욕구 또한 다양해지고 커지게 마련이다. 아이는 부모에 대한

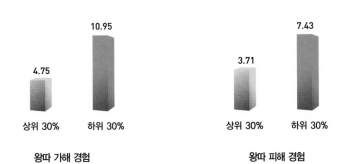

고의로 어떤 아이를 놀이에 빼놓았다　　　여러 명의 친구들이 나를 험담하고 놀린다

왕따 가해 경험　　　　　　　　　　　　왕따 피해 경험

반항이나 보복 심리로, 또는 자신이 원하는 것을 얻기 위해 충동적, 공격적 행동을 하게 될 수 있다. 왕따의 가해자가 되는 것 역시 공격성을 표출하는 형태다. 이렇듯 통제 불가능한 아이에게는 충동조절 능력이 낮다. 결국 도덕성과 연관된 문제인 것이다.

겉으로 드러나지 않은 도덕성이 아이의 모든 행동을 규정하고 조정한다. 도덕성은 어느 한 순간, 잠시만 주의를 기울이면 습득할 수 있는 영어단어나 수학공식과는 다르다. 아이가 태어난 순간부터 발달 과정에 맞춰 꾸준한 훈련과 연습으로 다듬어지고 성숙하도록 이끌어야 한다. 도덕성이 높은 아이로 키운다는 것은 그만큼 어렵지만, 어려운 만큼 아이의 인생 전체를 아우르는 거대한 자산이 된다.

좌절을 극복하는 힘

일정 수준의 도덕성을 쌓았다고 해서 안심하기에는 이르다. 우리의 도덕성은 여러 변수에 의해 영향을 받기 때문이다. 때로는 돈이나 선물 같은 물질의 유혹 때문에, 칭찬이나 승진 같은 보상 때문에, 권위 있는 누군가의 명령 때문에 흔들리고 훼손될 수 있다. 도덕적 판단을 내리더라도 상황, 환경, 관계에 의해 도덕적 행동으로 도달하는 데는 난관을 겪게 된다. 이렇게 도덕성은 정서적 측면과 인지적 측면뿐 아니라 행동적 측면까지 연결되어 있다. 여기에 인생관 하나를 추가해보자.

도덕성이 높은 아이와 평균인 아이들은 미래 인생관에서 어떤 차이를 보이는지 간단한 설문을 해보았다. 점수는 1점부터 6점까지. 아이들에게 삶의 만족도, 지능, 낙관성, 좌절 극복, 희망에 관한 5가지 질문을 던져보았다. 그리고 자신이 생각하는 점수를 표시하게 했다.

'내 삶은 정말 좋다'_{삶의 만족도}는 질문에 대해 도덕성이 높은 그룹의 아이들은 모두 5~6점대의 점수를 준 반면, 평균인 그룹의 아이들은 1~3점대의 점수를 매겼다. '지능도 노력하면 좋게 만들 수 있다_{지능}', '나는 매일매일 새로운 일이 생길 것이라고 생각한다_{낙관성}', '안 좋은 일이 생길 때 더 나아질 것이라고 기대한다_{좌절 극복}', '다른 사람이 포기하더라도 나는 그 문제를 해결할 수 있다_{희망}' 등 각각의 질문에 대해 도덕성이 높은 그룹의 아이들은 5~6점대의 높은 점수를 표시했지만, 평균인 그룹의 아이들은 1~3대의 점수를 표시했다.

요컨대 도덕성이 높은 아이들은 자신의 삶을 만족스러워했으며, 지능도 얼마든지 변할 수 있다고 여겼다. 안 좋은 일이 있더라도 잘될 것이라며 좌절을 극복하려는 자세, 낙관적인 태도를 보였다. 누구에게나 좌절은 찾아오지만, 나아질 것이라는

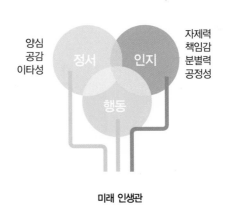

미래 인생관

기대감이 높으면 좌절을 극복하는 힘 또한 높게 마련이다. 이것은 한 개인이 인생을 살아갈 때 어떤 태도를 갖느냐 하는 문제와 직결되어 있다. '나는 할 수 있다'는 생각으로 노력하는 사람과 그렇지 않은 사람의 인생은 그 결과가 다르다. 남들은 포기했을지라도, 자신이 인생의 주체라는 생각으로 잘 해결할 수 있다는 믿음을 가질 때 삶은 조금씩 발전한다.

반면 도덕성이 평균인 아이들은 '나는 못할 거야', '타고난 지능은 변하지 않아', '상황이 이런데 좋은 일이 있으려고' 하는 편견과 고정관념을 가지고 있었다. 도덕성지수가 낮을수록 아이들은 어느새 어른과 맞먹는 편견과 고정관념으로 지레 실망하고 체념하는 태도를 보인다. 여기에서 흥미로운 사실 하나. 아이들의 연령에 따라 편견과 고정관념의 정도에 차이가 있다는 것이다.

도덕성지수가 평균인 그룹의 초등생 6명과 유치원생 6명에게 똑같은 질문을 던져보았다. 인물에 대한 질문에는 문제당 세 가지 보기를 주고, 그중에서 도둑, 공주, 박사를 골라보게 했다. 그리고 두 가지 집 모형을 보여주고 둘 중 어느 쪽이 더 행복할지를 물어보았다.

도둑

❶ ❷ ❸

　흑인종, 백인종, 황인종 남자의 사진을 보여주며 '도둑은 누구일까'를 묻자, 초등생은 모두 흑인 남자를 고른 반면 유치원생 중 흑인을 고른 경우는 없었다. 흑인종, 백인종, 황인종 여자의 사진을 보여주며 '공주님은 누구일까'를 묻자, 초등생은 모두 백인 여자를 골랐지만 유치원생은 백인과 황인을 고른 비율이 비슷했다. 초등생은 '누가 박사님일까'라는 질문에 대해서는 뿔테 안경에 나비넥타이를 한 백인 중년 남자를, '어느 집이 더 행복할까'에 대해서는 크고 화려한 2층집을 골랐지만, 유치원생의 답변은 고르게 분포되었다.

이 결과는 유치원생이 초등생보다 편견이 한결 적고 사고가 유연하다는 것을 보여준다. 하지만 아이들은 점차 자라면서 각종 매스미디어의 영향으로 눈에 보이는 것을 진실이라고 믿게 되고, 이것이 편견이나 고정관념으로 자리 잡는다.

유아들에게 잔에 주스를 가득 채우는 모습을 텔레비전 화면을 통해 보여준다. 그리고 텔레비전을 엎으면 주스가 어떻게 될지 물어보았다.

아이들은 하나같이 주스가 쏟아질 것이라고 답했다. 텔레비전에서 보이는 모습이 아이들에게는 진실이 된다.

초등학생에 불과하지만 이미 자신의 인생을 평가하는 데 편견과 고정관념을 갖게 된 아이들. 아이가 살아갈 인생 기로에는 수많은 선택과 결정이 남아 있다. 그때마다 '나는 못할 거야', '좋은 일이 생기겠어?' 하며 포기하거나 체념한다면, 아이는 앞으로 패배의식이 가득 찬 어른으로 성장할 수밖에 없다. 내 아이에게 좌절을 극복하는 힘, 인생을 낙관적으로 개척하는 힘을 길러주기 위해서는 도덕성이 밑바탕이 되어야 한다. 또한 편견이나 고정관념을 없애기 위해, 존경받을 만한 인물들의 삶을 간접 경험하게 도와주는 일도 필요하다. 부모의 이런 도움은 빠르면 빠를수록 아이의 도덕성을 더욱 단단하고 굳건하게 만드는 힘이 된다.

도벽 있는 아이, 양육방식을 점검하라

만으로 네 살이 된 승민이. 엄마는 요즘 승민이와 슈퍼마켓 가는 일이 무섭다. 승민이는 평소 단것을 즐겨 먹는 탓에 충치가 많다. 그래서 슈퍼마켓에서 껌이나 젤리, 사탕을 사달라고 떼써도 무시했는데, 어느새 엄마도 모르는 사이에 그것들을 슬쩍 챙겨 나오는 것이다. 처음에는 좋은 말로 타일렀지만 이런 일이 몇 차례 반복되니 습관으로 굳어질까 봐 걱정이다.

이 경우 아이는 일부러 남의 것을 훔쳤다고 보기 어렵다. 자기중심적인 성향이 강하고, 소유의 개념이 명확하지 않아 생긴 일이다. 이 시기의 아이는 마음에 들면 무조건 갖고 싶어 하고, 빼앗거나 훔쳤어도 죄의식을 잘 느끼지 못한다. 이때는 아이가 갖고 나온 물건이 남의 것임을 명확히 알려주고 절대 해서는 안 되는 일임을 인식시켜야 한다. 만 3, 4세 아이라도 반복적으로 설명하면 해도 되는 일과 해서는 안 되는 일을 충분히 인지할 수 있다. 아이와 함께 슈퍼마켓으로 가서 사과하며 물건을 돌려주거나 값을 치른 후 가져오는 모습을 보여준다.

그리고 아이가 이런 행동을 하게 된 저변에 부모의 양육태도는 문제가 없는지 점검해본다. 아이가 자라서까지 도벽이 있는 경우는 애정결핍으로 욕구불만을 느껴 다른 것으로 대리만족하려는 경향이 있다. 또한 강압적인 부모에 대한 반항이나 보복 심리 때문일 수도 있고, 반대로 지나친 방임이나 과잉보호가 충동이나 욕구를 자제하는 능력을 떨어뜨린 것일 수도 있다.

도덕성 높이는 부모 노릇

도덕성은 훈련과 연습으로 생긴다

앞서 설명한 것처럼, 도덕성을 이루는 정서와 인지가 아무리 발달했다고 해도 이것이 '행동'과 일치되지 않으면 의미가 없다. 유아기부터 학습되어 온 도덕성이 행동으로 표출되는 과정은 다소 복잡하다. 미국 미네소타 대학 도덕발달연구센터 소장 제임스 레스트 James Rest 교수는 도덕적 행동을 하기까지 4단계 측면을 고려해볼 수 있다고 정의했다.

1단계는 자신이 처한 상황을 해석하되, 과연 어떤 행동이 사람들의 이익에 도움이 될지 생각해보는 과정이다. 자신의 행동이 사회의 다른 구성원에게 어떤 영향을 끼치는지, 그들이 원하는 것은 무엇인지, 그들에게 도움을 줄 수 있는 행동은 무엇인지, 자신이 취한 행동에 그들은 어떤 반응을 보일지를 추려내는 단계다. 하지만 이런 판단은 개인에 따라 차이가 있다. '나 하나쯤이야' 하는 생각으로 구성원의 이익에 반하는 행동을 취하는 사람도 있는 것처럼 말이다.

2단계는 도덕적으로 가장 올바른 행동이 무엇인지 밝혀내는 것이다. 1단계에서 상황을 해석하고 어떤 행동이 사람들에게 도움이 되는가 생각을 해보았다면 자신이 판단하기에 그중에서 가장 '도덕적인' 행동을 결정하는 것이다. 이 결정은 개개인의 특성에 따라 경우의 수가 얼마든지 많아진다.

3단계는 결정된 행동을 실행에 옮기는 일이다. 상황을 해석하고, 어떤 행동을 취하는 것이 가장 좋은지 결정했다면 이제는 실행에 옮기는 일만 남았다. 어떤 행동을 할지 결정하고 실천하는 것은 기본적으로 그 사람이 정서적, 인지적으로 갖고 있는 도덕성이 좌우한다.

4단계는 처음에 의도했던 행동을 실천하는 과정이다. 구체적인 행동의 순서를 정하고, 예기치 못한 난관이 생겼을 때 극복하는 것, 의도한 행동 목표를 잊지 않는 것 등이 포함될 수 있다. 여기에는 한 개인의 결단력, 인내, 자신감, 성격, 자기조절력 등이 중요한 요소로 작용한다.

레스트 교수가 이 과정을 통해 보여주고자 한 것은 '도덕적 민감성'이다. 어떤 성장 과정을 거치고 어떤 것을 학습했으며 무슨 경험을 했느냐에 따라 동일한 상황에서 각자가 취하는 행동은 달라지게 마련이다. 여러 가지 변수에 의해 다양하게 변화할 수 있기 때문에 도덕성이 민감하다는 것이다. 이렇듯 4단계의 복잡한 과정을 거쳐 처음 의도했던 대로 행동을 구체화하는 것에는 당연히 용기와 결단력이 필요하다.

불량 청소년들 사이에서 한 아이가 협박을 받고 있는 것을 보았다. 어떻게 행동할 것인가. 당연히 위협받고 있는 아이를 구해줘야 한다고 생각한다. 행동을 취하기까지는 여러 가지 생각이 스치고 지나간다. '괜히 나섰다가 해코지를 당할지도 모르니까 그냥 못 본 척 지나칠까, 그래도 아이를 도와주어야 하니까 경찰서에 전화를 걸어 신고를 할까, 하지만 경찰이 오기 전에 이미 상황이 종료될 수 있으니 내가 직접 도와주어야 할까, 하지만 나는 여자인데 오히려 나까지 위험에 처하지 않을까, 내가 소리를 지르면 가까이 있는 사람이 달려올까, 위협하고 있는 청소년들도 어린 학생이므로 경찰에 넘기는 것은 너무 가혹하지 않을까……' 목격자는 행동을 결정하기까지 복잡한 사고의 과정을 거치게 된다. 모든 정황을 따져본 후에도 위험에 처한 아이를 용감하게 구해주는 것, 이것이 바로 도덕적 행동이다.

하지만 도덕성의 진정한 비극은, 누구나 같은 순서로 발달하지도 않고, 같은 양만큼 얻어지는 것도 아니라는 사실이다. 우리의 도덕성은 환경, 대인관계, 교육 등의 여건에 따라 전혀 다른 무게감을 갖는다. 도덕적 민감성도 중요하지만, 용기와 결단력으로 도덕적 행동을 하기 위해서는 무엇보다 훈련과 연습이 필요하다. 문용린 교수는 이렇게 지적한다.

도덕적 행동은 연습이다. 연습되지 않으면 도덕적 행동은 나오지 않는다. 판단력, 의사결정, 의지가 필요하다. 도덕은 대단히 복잡한 심리적인, 정신적인 과정을 거쳐 이루어진 판단이다.

한 초등학생이 복도를 걸어가던 중 만 원이 떨어져 있는 것을 보게 되었다. 복도에는 아무도 없다. 만 원을 주운 아이는 이것을 선생님께 드릴지,

아니면 자신이 가질 것인지 갈등한다. 만 원이면 얼마 전 문방구에서 점찍어둔 예쁜 필통을 살 수 있다. 양심과 예쁜 필통을 갖고 싶은 마음이 서로 충돌한다.

만약 그 돈으로 필통을 산다면? 매일 필통을 볼 때마다 마음속에서 양심의 소리가 들릴 것이다. '이것은 네 것이 아니야. 너는 남의 돈으로 샀어. 너 때문에 만 원을 잃어버렸을 친구를 생각해봐. 그 친구 집은 너희 집보다 형편이 어려울 수도 있어. 그 돈으로 학용품이나 참고서를 사려고 했을 거야⋯⋯.' 아이는 자신의 부끄러운 행동이 자꾸 떠올라 마침내 그 필통이 보기 싫어진다.

반대의 경우라면? 아이가 주인을 찾아달라며 선생님께 만 원을 드리자, 선생님은 많은 친구들 앞에서 아이의 머리를 쓰다듬으며 칭찬했다. 다른 친구들이 아이를 부러워하자 자신도 모르게 어깨가 으쓱하다. 아이에게는 이 기억이 자부심으로 남을 것이며 앞으로 같은 일을 맞닥뜨릴 때 똑같은 행동을 하게 될 것이다. 아이가 경험한 도덕적 행동은 한 번의 훈련 또는 연습이 되어 도덕성이 성숙하는 밑거름이 된다. 도덕성은 아무도 보지 않을 때 가장 많이 위협받지만 그 상황을 잘 이겨내면 더욱 강력해진다.

아이는 자라면서 끊임없이 도덕적 판단에 대해 훈련하며, 도덕적 행동을 연습하게 된다. 이 훈련과 연습을 도와주는 것이 부모의 역할이다. 엄마와 아이가 함께 길을 가는데 꼬마가 넘어져서 울고 있다면, 머뭇거리지 말고 "우리가 가서 일으켜 세워줄까?" 하고 남을 도와보자. 나중에 아이는 혼자 있더라도 누군가를 일으켜 세우는 일에 머뭇거리지 않을 것이다. 버스나 지하철에서 할아버지 할머니에게 자리를 양보하는 일, 처음에는 쑥스럽지만 습관이 되면 저절로 일어나게 된다. 이처럼 도덕성은 훈련과 연습이 반복되면서 습관처럼 몸에 배게 된다. 한번 몸에 밴 습관은 평생을 따라가게 마련이다.

결과보다 의도와 과정을 칭찬하라

칭찬은 아이의 도덕적 행동을 더욱 탄탄하게 만든다. 특히 유아와 아동은 칭찬받는 행동이 곧 도덕적이고 올바른 행동이라고 이해한다. 하지만 이 공식에는 위험이 도사리고 있다. 부모가 아이의 어떤 행동을 어떻게 칭찬하는가에 따라 그릇된 도덕관을 심어줄 수도 있기 때문이다. 칭찬의 기술에서 가장 미숙한 단계는 결과만을 칭찬의 대상으로 삼는 것이다.

다섯 살 된 아이가 식탁 위에 있던 값비싼 꽃병을 깨고 말았다고 하자. 평소 엄마는 식탁에 이것저것 놓인 것이 많으니, 밥 먹을 때 외에는 의자에 올라가지 말라고 했다. 하지만 아이는 바쁜 엄마를 대신해 시든 꽃에 물을 갈아주고 싶었던 것이다.

이런 상황에서 엄마들의 반응은 대략 두 가지로 나뉠 수 있다. 우선 평소 엄마가 주의를 준 부분을 지키지 않았다고 아이를 혼내고 다그치는 경우다. 또 다른 경우는 아이가 다치지 않았는지를 먼저 보살피는 경우다. 모양새로는 후자가 훨씬 긍정적인 대처법으로 여겨진다. 하지만 실제로는 전후 상황만 바뀔 뿐, 꽃병을 깨뜨린 아이를 혼내지 않을 부모는 없다. 중요한 것은 아이를 혼내기 전, '어떻게 꽃병을 깨뜨리게 되었는지'를 물어보는 것이다.

아이의 이야기를 듣지 않는 이상, 엄마는 아이가 꽃병에 물을 주려 했다는 선한 의도는 알아채기 어렵다. '어떻게'라는 질문을 통해 아이가 꽃에 물을 주려고 했다는 사실을 확인한 다음에는 '꽃에 물을 주려고 했다니 착하다'고 칭찬해주고, '하지만 꽃병은 무거우니까 다음에는 엄마에게 도와달라고 하라'고 가르쳐준다. '무거운 꽃병이 깨지면 네가 다칠 수도 있다'는 것도 일러주어야 한다.

여기에서 의문이 들 수 있다. 아이의 선한 의도를 알아내려면 '왜'라고 물어야 할 텐데, '어떻게'라는 표현을 쓰라는 것은 무슨 영문일까. 부모들은 흔히 급한 마음에 '왜'라는 질문을 많이 하지만, 이는 아이에게 잘잘못을 따져 묻는 느낌을 줄 수 있다. 이에 반해 '어떻게'는 아이가 상황을 조금 편안하게 말하게 만든다. 또한 부모가 비난을 목적으로 질문하는 것이 아니라 자신에 대한 관심 때문에 질문한다는 것을 이해하게 한다. 아이를 무조건 혼내는 것보다는 '왜'가 낫고, '왜'보다는 '어떻게'가 한수 높은 질문이다. "왜 안 했니?"와 "어떻게 하고 싶니?", "왜 싸웠니?"와 "어떻게 된 일인지 설명해줄 수 있겠니?", "왜 말 안 하니?"와 "어떤 생각을 하고 있니?" 두 개씩 짝지어진 질문 중 어느 쪽에 아이의 기분이 상하지 않을지 선택하기란 어렵지 않다. 의도와 과정을 먼저 파악한 후, 칭찬할지 꾸중할지 결정해도 늦지 않다. 선한 의도는 칭찬하고 위험상황에 대한 대비책을 알려주어야 아이는 자신의 착한 행동에 대해 자신감을 갖게 된다.

아이를 칭찬할 때 실수하기 쉬운 또 다른 상황은 아이가 긍정적인 결과를 가져왔을 때, 즉 백점을 받아 왔거나 1등을 했을 때다. 사람은 누구나 이기고 싶고, 1등이고 싶다는 욕심이 있다. 게다가 요즘처럼 외동아들, 외동딸이 많은 시대에는 모든 아이가 집 안에서는 하나밖에 없는 귀한 자식이고 부모의 기대를 한 몸에 받는다. 그러나 이런 애정이 편협한 방식으로 남발되는 것이 문제다. 게다가 조기교육 열풍이라는 사회적 분위기와 맞물려 경쟁에서 이겼을 때 지나친 보상까지 더해지면, 아이에게 그릇된 경쟁 심리나 강박관념을 심어주기 십상이다. 과도한 경쟁이 지배하는 사회 분위기 속에서는 최선보다 최고가 인정받고 칭찬받는 일이 많다. 부모 역시 아이가 어떤 일에 최고가 되었을 때 칭찬을 아끼지 않는다.

아이가 시험에서 백점을 맞았다. "우리 아들이 이번에 백점 받았네. 다음 번에도 꼭 백점 받자"라는 칭찬은 아이에게 늘 백점을 받아야 한다는 강박을 심어줄 수 있다. 백점이라는 결과만 칭찬하면 백점을 받기 위한 그간의 노력은 자취를 감춘다. 부모님의 기대를 저버리지 않기 위해 반드시 백점을 받아야겠다고 생각하는 아이에게는 부정행위를 저지를 수 있는 위험성이 잠재되어 있다. 이것이 아이의 가치관이나 정서에 **내면화**internalization되면, 훗날 자신이 원하는 바를 얻기 위해 편법이나 불법까지 허용하게 될지 모른다.

결과를 칭찬하는 대신 "하루 30분씩 학습지를 풀었더니", "수업태도가 좋아지더니", "모르는 문제는 꼭 질문을 하더니" 등 평소 좋은 점수를 받기 위해 꾸준하게 노력한 과정에 더 큰 의미를 두고 구체적으로 칭찬한다. 이런 칭찬은 경쟁에서 정당하게 이기는 법을 가르치고, 최선을 다하는 과정이 중요하며, 모든 가치가 결과로만 평가되

내면화 ●

내면화는 여러 가지 사회적 영향이 한 사람의 사고, 감정, 행동 등 내부로 흡수되는 현상을 말한다. 사회적 영향은 특정인이나 단체가 개인의 신념, 태도, 행동을 의도적으로 변화시키려는 시도인데, 예를 들어 기업에서 상품을 광고함으로써 소비자가 해당 제품을 선택하게 만드는 행위는 물론 엄마가 아이의 생활습관을 길들이려고 하는 행위 또한 포함할 수 있다.

지는 않는다는 사실을 깨닫게 한다. 정당하게 이기는 법을 터득한 아이, 즉 도덕성이 높은 아이가 훗날 더 많은 경쟁력을 갖추게 됨은 당연한 일이다.

아이는 부모의 도덕성을 모방한다

편견에 대해 이야기하면서 우리는 아이들이 매스미디어에 많은 영향을 받는다는 사실을 알았다. 이와 관련해 제작진은 만 5~7세 아이들을 세 그룹으로 나누어 실험을 해보았다.

> 우선 각각의 그룹을 6~9명으로 구성했다. 1그룹에게는 텔레비전으로 공격행동을 보여주었다. 장난감이 널브러져 있는 방 안에 한 남자가 들어오더니 바닥의 칼이나 몽둥이를 들고 가운데 서 있던 인형을 마구 치거나 때리는 장면을 보여주었다. 2그룹에게는 인형에게 다가서서 껴안고 쓰다듬는 등의 친절행동을 보여주었다. 3그룹에게는 인형에게 어떠한 관심도 보이지 않고 소파에 앉아서 책을 보거나 방 안을 배회하는 등 무관심행동을 보여주었다. 각각의 행동을 본 아이들이 텔레비전 화면에서 본 것과 똑같은 방에 들어갔을 때 어떤 모습을 보였을까?

아이들은 방 안에 들어서자마자 텔레비전에서 본 행동을 그대로 모방하는, 일치된 행동을 보였다. 공격행동을 본 1그룹 유아 9명 중 7명이 텔레비전 속 주인공이 했던 그대로 공격행동을 모방했다. 2그룹 7명은 바닥의 칼이나 몽둥이에 관심을 보이지 않았고 그중 3명은 친절행동을 모방했다. 3그룹은 6명 모두 무관심행동을 모방했다.

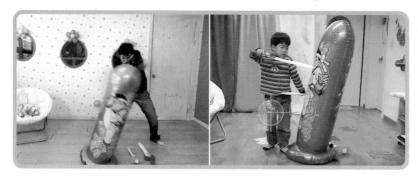

공격행동 본 후-공격 모방

친절행동 본 후-친절 모방

무관심행동 본 후-무관심 모방

이는 매스미디어가 유아기에 어떤 영향을 미치는지를 알려주었을 뿐 아니라, 대부분의 아이들은 모방과 경험을 통해 자신의 행동을 결정짓는다는 사실 또한 보여주었다.

최근 아이들의 문제행동이 증가하는 이유 중 폭력적이고 선정적인 텔레비전, 비디오, 컴퓨터 게임 등의 영향력을 무시할 수 없다. 부모 세대에 비해 접할 수 있는 매스미디어의 종류가 많아졌고, 그 시간 또한 늘어났다.

하지만 그보다 파급효과가 대단한 것은 바로 부모의 행동이다. 아이는 태어난 순간부터 부모의 행동을 모방하고 따라하면서 성장한다. 아이는 모방을 통해 부모 또는 사회 구성원과의 **동일화**identification 과정을 겪으며 점차 사회화되고, 도덕, 양심, 사회규범 등을 내면화하게 된다.

● 동일화

심리학에서는 '동일시'라고도 하는데, 크게 세 가지 의미가 있다. 우선 대인관계에서 상대방의 반응 태도를 받아들이는 것으로, 환자가 의사를, 학생이 선생님을 부모처럼 보는 경우를 말한다. 두 번째는 다른 사람을 자기 대신이라고 여기는 것인데, 부모가 자식에게 자신의 꿈을 대신 이루게 한다든가, 자신을 문학, 영화, 연극 속 등장인물처럼 느끼는 경우를 말한다. 세 번째는 한 집단이나 다른 사람과 밀접한 관계를 맺고 그들의 목적이나 가치를 자신의 것이라고 여기는 경우다. 특히 아이들이 사회화 과정에서 보이는 여러 모방행동은 동일화를 이루는 것이라고 설명할 수 있다.

미국 워싱턴 대학의 심리학자인 앤드루 멜초프Andrew Meltzoff는 동료와 함께 아기의 모방능력에 대해 실험을 진행했다. 요람에 아기를 눕히고 엄마와 마주보게 한 상태에서 혀 내밀기, 입 크게 벌리기, 입술 내밀기, 손가락 움직이기 등 몇 가지 동작을 보여주었다. 그리고 젖꼭지를 2분 30초간 물린 다음 아기의 행동을 지켜보았다. 2분 30초라는 시간은 아기가 자신이 본 행동을 기억하는지 여부를 알아보기 위한 장치였다. 아기들은 젖꼭지를 떼자마자 자신이 본 행동을 그대로 따라했다.

이 결과는 아기에게 모방능력과 기억능력이 모두 있다는 것을 보여주었다. 태어난 지 36시간밖에 되지 않은 아기도 부모의 감정, 즉 슬픔이나 놀람, 기쁨 등까지 모방한다는 마이애미 대학의 연구 결과도 아기의 모방능력을 잘 설명해주고 있다.

모방으로 삶의 기술을 배우는 아기는 의도하든 의도하지 않든 부모의 감정, 사고, 행동, 말투까지 닮아가게 된다. 부모가 가장 좋은 선생님인 것은 바로 이 때문이다. 아이가 매스미디어에 길들여지기 이전부터, 부모는 아이가 보고 따라할 가장 가까운 모델이 된다. 부모가 아이에게 어떤 모델이 되고, 어떤 선생님이 될지는 부모 자신에게 달려 있다.

부모는 텔레비전을 보느라 온 집 안의 불을 환하게 켜둔 채로 아이에게 일찍 잠자리에 들라고 한들 통하지 않는다. 아이에게 책을 많이 읽어야 한다고 잔소리하면서 엄마가 책 읽는 모습을 한 번도 보여준 적 없다면 아이는 부모의 말을 신뢰하지 않는다. 교통법규를 지켜야 한다고 늘 말하던 엄마가 바쁘다는 핑계로 무단횡단을 하는 것은 아이에게 혼란을 준다.

아이의 도덕성을 위해 부모는 자신들의 도덕성부터 점검해보아야 한다. 버스나 지하철에서 노약자에게 자리를 양보하는 것, 어른들이 수저를 먼저 들고 난 다음 식사하는 것, 지갑을 주웠을 때 주인을 찾아주는 것, 부부 간에 서로 존경하고 배려하며 존댓말을 쓰는 것, 다소 시간이 걸리더라도 교통법규나 질서를 지키는 것 등이 아이 눈에는 절대적인 모방, 따라하기의 대상이 된다. 부모가 직접 몸으로 보여주는 실천이 백 마디 말보다 강력하다.

유아기, 일관된 육아 원칙을 갖는다

: 출세하고 성공하는 것이 중요하지만 마지막 마무리는 아마 도덕성일 것이다. 출세하고 성공했다 하더라도 도덕적이지 못하면 이 세상 살아가는 의미와 가치를 느끼지 못하게 된다. 결국 인생의 마지막에서는 도덕적으로 얼마나 가치 높고 의미 있는 삶을 살았느냐 하는 것이 가장 중요한 삶의 요건이 될 것이다.

문용린 교수의 충고는 도덕성을 강조하고 있다. 모든 엄마 아빠는 아이에게 좋은 부모이기를 원한다. 아이의 든든한 후원자이면서 때로는 친구가 되기도 하고 때로는 인생의 선배이자 스승이기를 바란다. 무엇보다 내 아이가 가치 있고 의미 있는 인생을 살아가도록 소중한 교훈을 물려주고 싶어 한다. 나름의 육아 원칙을 정하고 엄격하게 지키고자 하는 것도 모두 아이의 인성을 올바르게 기르기 위해서다. 아이가 원하는 것을 따뜻하게 이해해주는 친구 같은 부모도 좋지만, 옳은 것은 지키고 그른 것은 하지 말아야 한다는 점 또한 엄격하게 알려주어야 한다. 도덕적인, 바른 인성의 소유자로 키우기 위해서는 아이가 말귀를 알아듣기 이전부터 무엇을 해야 되고, 해서는 안 되는지 원칙을 정해 일관성 있게 키우는 것이 좋다. 아이에게 충분한 애정을 주되, 일관된 육아 원칙에 따라 되는 것과 안 되는 것을 분명하게 이해시켜야 한다.

만 2세 전에는 부모가 아이에게 무조건적인 허용을 하기 쉬운데, 건강이나 안전에 직결되는 위험행동에 대해서는 단호하게 제지해야 한다. 하지만 이 시기에는 무엇보다 부모와 아이 간의 애착 형성이 중요하다. 애착 형성은 자아정체감의 기반이 되는데, 훗날 자아정체감이 잘 구축된 아이는 나와 타인을 다르다는 것을 인식하고 공감이나 배려 같은 정서를 발달시킨다. 이것은 도덕성을 비롯한 인성 교육에 있어 중요한 요소가 된다.

만 3세 이후가 되면 아이에게 고집이 생겨난다. '떼쟁이'가 되어 자기 뜻대로만 하려고 한다. 이때 아이의 뜻이나 고집에 대해 공감을 해주는 것도 중요하지만, 무엇이 되고, 무엇이 안 되는지를 본격적으로 일러주어야 한다. 큰소리로 윽박지르기보다 아이가 이해할 수 있도록 차근차근 설명해줄 필요가 있다. 특히 위험한 장난으로 안전사고를 일으킬 위험이 있을 때, 아이의 건강을 해치는 나쁜 습관일 때, 사회규범이나 공중도덕에 어긋나는 행동을 할 때는 엄격하게 제지한다. 젓가락으로 콘센트 구멍을 찔러보려는 아이, 호기심 때문에 그러려니 넘기기에는 위험천만한 장난이다. 슈퍼마켓에서 몰래 과자를 집어오는 일도, 식당에서 함부로 뛰어다니며 다른 사람의 식사를 방해하는 일도 단호하게 안 된다고 일러주어야 한다. 이런 행동을 방치하는 것은 아이의 도덕성에, 그리고 자존감에도 도움이 되지 않는다. 물론 건강이나 안전, 도덕성과 직결되지 않는 문제라면 아이의 뜻이나 고집에 공감을 해주어도 좋다. 가령 그림책을 볼 것인지 블록으로 놀 것인지, 놀이터에 갈 것인지 집에 있을 것인지, 빨간 원피스를 입을 것인지 청바지를 입을 것인지 같은 경우라면 충분히 아이의 의사를 듣고 상황에 따라 조율한다.

주의할 것은 착한 행동에 대한 지나친 보상이다. 만 3세 이후의 유아기에는 부모와 아이 간의 약속이 난무한다. 아이가 고집을 부리기 시작하면서 엄마는 아이를 설득하기 위해 보상을 내세워 자신의 뜻을 따르도록 유혹하기 때문이다. 장난감을 제자리에 정리하면 맛있는 간식, 동생과 사이좋게 놀면 찜해두었던 장난감 하나, 그림책을 다섯 권 읽으면 주말에 놀이동산 가기……. 하지만 아이를 엄마 마음대로 움직이게 하기 위해 매번 보상을 주는 것은 바람직하지 않다. 어느 순간 아이는 무엇인가 보상받지 않으면 부모의 이야기를 듣지 않게 된다. 갈수록 더 큰 보상을 요구하거나 착한 일에는 당연히 보상을 받아야 한다고 여길 수 있다. 보상이나 대가를 바라고 하는 착한 일은 무의미하다. 도덕성이나 인성 교육을 위해서는 선물과 같은 물질적 보상보다 따뜻한 스킨십, 구체적인 표현의 칭찬 한마디가 더 효과적이다.

그리고 일단 육아 원칙을 정했다면 일관성 있게 지켜나가야 한다. 공중도덕, 질서, 예의, 사회규범 등에 위배되는 행동에 안 된다고 단호히 말했다가, 어느 순간에는 허용을 한다면 아이는 혼란을 느끼게 된다. 처음부터 안 되는 것은 앞으로도 안 되는 것임을 알려준다.

특히 일관된 육아 원칙은 엄마와 아빠 사이에서 어그러지기 쉽다. 아이의 요구에 대해 엄마는 안 된다고 했는데, 아빠는 된다고 하는 것. 엄마는 잘못했다고 꾸중하는 것을 아빠는 괜찮다고, 잘했다고 부추기는 것 등의 상황이다.

아이가 놀이터에서 놀다가 친구와 싸우고 들어왔다. 보아하니 우리 아이가 친구를 많이 때린 모양이었다. 평소 엄마는 아이에게 친구를 때려서는 안 된다고 일러왔다. "친구랑 왜 싸웠니?" 엄마가 묻자, 아이는 이렇게 대답한다. "내가 그네 타는데 자꾸 내리라고 해서요." 엄마는 아이에게 왜 싸웠는지 이유를 묻고 왜 그러면 안 되는지 차근차근 나무라려던 참이었다. 그런데 불쑥 아빠가 끼어든다. "때리고 들어왔으니 맞는 것보다 낫다. 됐어!" 아이는 엄마와 아빠 얼굴을 번갈아 바라보며 어리둥절한 표정을 짓는다.

물론 엄마 아빠가 한 편이 되어 아이 하나를 잡으라는 것은 아니다. 엄마가 일방적으로 혼을 냈다면, 아빠는 아이 입장을 이해하며 다음부터 그러지 않을 것이라고 편을 들어주는 것이 좋다. 일관된 태도란 '그것은 잘못한 것'이라는 원칙의 공유를 말한다. 부부 사이에 원칙이 공유되어 있지 않으면 아이는 혼나야 할 상황을 모면하기 위해 힘이 센 쪽을 이용하려 들 수 있다. 육아 원칙을 일관성 있게 지켜야 아이가 혼란스러워 하지 않는다는 점을 기억하자.

아동기, 사소한 규칙과 약속을 지켜라

육아 원칙을 세우고 그것을 지키는 것뿐 아니라 아이와의 약속을 지키는 것도 중요하다. 만 6~10세, 타율적 도덕성을 가진 아이들은 자신의 욕구만 고집하는 단계에서 벗어나 사회규범이나 공중도덕, 질서에 대해 지켜야 한다고 생각하게 된다. 부모가 정한 육아 또는 훈육 원칙도 마찬가지다. 부모를 모방하고 부모로부터 습득한 원칙이 이제는 강력하게 행동을 제어하게 된다. 이 시기에는 아이와 정한 원칙이나 규칙은 사소한 것이라도 지키는 것이 좋다. 아이 입장에서는 상황에 따라 규칙이나 약속이 변할 수 있다는 것을 아직 이해하지 못하기 때문이다. 하지만 우리는 숱하게 자녀와의 규칙, 약속을 어기곤 한다.

초등학교 1학년인 아이가 받아쓰기에서 백점을 받고 신이 났다. 받아쓰기 시험을 잘 보면 아빠가 주말에 축구를 함께 해주기로 약속했기 때문이다. 아빠가 퇴근하자마자 받아쓰기 공책을 자랑스럽게 펼쳐 보이며 "아빠, 이번 토요일에 축구 하는 것 맞죠?" 하고 들떠서 물었다. 그런데 아빠는 주말에 출장이 있다며 다음에 하자고 약속을 미뤘다. 어른 입장에서 보면 회사 출장은 피치 못할 사정이지만, 아직 어린 아이에게 아빠의 사정은 이해가 되지 않는다. 이것이 이 시기 아이만의 특권이다. 불가피한 사정이 생겨 아이와의 규칙이나 약속을 지키지 못할 때는 우선 아이의 속상한 마음에 대해 공감해주어야 한다. 실망한 아이의 마음을 이해하고, 미안하다고 사과하며, 꼭 지킬 수 있는 다음 날짜를 다시 약속해야 한다.

또 어떤 경우에는 허용이 되었다가 다른 경우에는 허용이 되지 않는 원칙, 규칙이 난무하는 것도 문제다. 똑같은 잘못을 저질렀을 때 어떤 날은 심하게 꾸중을 하고 다른 날은 대수롭지 않게 넘어가는 일도 많다. 이 시기 아이에게는 사소한 규칙과 약속도 지키는 양육태도가 필요하며, 유아기와 마찬가지로 원칙과 규칙을 일관성 있게 적용해야 한다.

칭찬은 물론 꾸중 또한 일관성 있게 이뤄져야 한다. 아이에게는 규칙과 약속이 부모에 대한 신뢰와 권위를 형성한다. 엄마의 기분에 따라 아이를 꾸짖는다면 아이는 부모의 권위에 의구심을 갖게 되고, 훈육효과 또한 반감될 수 있다. 앞서 말한대로 아이를 혼낼 때는 아이가 어떻게 해서 그런 행동을 했는지 이유를 정확히 들어보고, 아이의 입장을 공감한 다음 올바른 행동과 해결법을 알려주어야 한다. 여기서 가장 주의해야 할 점은 아이는 부모의 소유물이 아니라는 점이다. 인격적으로 무시하거나 비난하지 말아야 한다. 인격적으로 무시당한 아이는 자신의 잘못된 행동을 수정하려는 의지를 갖기는커녕 자신감을 잃고 소극적인 태도를 가질 수 있다.

또한 규칙을 절대적인 것으로 받아들이는 시기에는 기초적인 사회규범을 교육하는 것이 효과적이다. 특히 아이는 초등학교에 입학하면서 새로운 사회생활을 시작하게 되는데, 학교에서 정한 규칙, 학교생활을 병행하면서 이루어지는 가정에서의 규칙, 공중도덕, 교통규칙, 예의범절 등이 자연스럽게 몸에 배도록 해야 한다. 교통신호 지키기, 차례 지키기, 시간 약속 지키기, 안전습관 지키기, 웃어른께 인사하기, 노약자에게 자리 양보하기, 존댓말 쓰기, 거짓말 하지 않기, 준비물 스스로 챙기기처럼 기초 생활습관이나 규칙의 대부분은 초등 저학년 때 습득할 수 있도록 해야 한다. 이런 기술이 부모의 잔소리만으로 이뤄지는 것은 아니다. 차근차근 설명해주고, 아이가 보는 앞에서 모범을 보이고, 스스로 할 수 있는 기회를 선사해야 한다.

모든 아이는 착하다

다시 밀그램의 복종 실험으로 돌아가보자. 밀그램은 0.1%의 참가자만이 '극도의 위험'이라는 버튼을 누를 것이라고 예상했지만 결과는 충격적이게도 무려 65%에 달했다. 그러나 우리가 주목할 것은 나머지 35%의 참가자다. 실험 과정 중 자신의 행위가 비도덕적이라는 사실에 자책감을 느꼈던 35%의 사람들. 그들은 실험 주관자의 권위, 4달러에 대한 의무감에도 불구

하고 용기와 결단력으로 실험을 거
부했다. 권위나 돈에 대한 부담감
도 그들의 도덕성을 훼손시키지는
못했다. 큰 수치에 가려졌던 작은
수치의 사람들, 어쩌면 인간의 도
덕성에 대한 이야기는 거기에서 시
작되어야 하는지도 모른다.

"더 이상 못하겠습니다"

　사진을 찢어달라는 부탁을 했을 때, 대부분의 아이들은 거부하지 못했다.
약속과는 달리 오만 원이 더 지급됐을 때 대부분은 모르는 척 돈을 받았다.
그러나 그것은 다수일 뿐, 모두가 그랬던 것은 아니다.

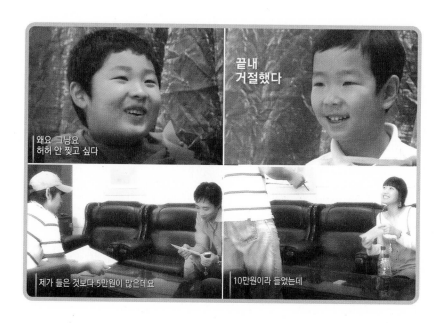

끝내
거절했다

왜요 그냥요
허허 안 찢고 싶다

제가 들은 것보다 5만원이 많은데요

10만원이라 들었는데

희망적인 결과는 또 있다. 스포츠교실에 참가한 아이들, 그들에게 자신의 행동을 녹화한 화면을 보여주자, 아이들은 부끄러워하며 자신의 모습을 차마 제대로 보지 못했다. 5만 원을 더 받은 실험 참가자들도 마찬가지, 그들은 한결같이 자신의 행동을 후회하고 부끄러워했다. 부끄러움, 그것은 도덕성의 다른 이름이다.

물론 도덕적인 행동을 실행하기까지의 과정에는 여러 가치판단이 작용하고, 그래서 우리는 동일한 상황에서도 자신의 판단에 따라 서로 다른 행동을 결정한다. 그래도 다행인 것은 보편적으로나 확률적으로 따졌을 때 대개의 사람들은 '선의'로 행동한다는 점이다. 이 부분에 대해 일부 심리학자들은 도덕성이 인간의 본성이기 때문이라고 이야기한다. 시대를 거슬러 올라가 맹자의 성선설과 순자의 성악설부터 시작된 인간 본성 논쟁에서 어느 쪽이 옳고 그른지를 떠나, 아이의 도덕성에 희망을 품을 만한 단서가 있다는 것은 분명하다.

도덕성이 과연 인간의 본성인가에 대해 제작팀은 흥미롭고 희망적인 실험을 시작했다. 바로 '착한 세모 실험'이다. 첫돌도 지나지 않은 어린 아기를 대상으로 한 실험으로, 과연 사회적으로 도덕성이 학습되지 않은 아기에게도 도덕성이 존재할지를 알아보려는 것이다.

비디오 화면 속에서 동그라미 하나가 힘겹게 산을 오르고 있다. 산을 오르려고 하지만 동그란 몸 때문에 자꾸만 굴러 떨어진다. 이때 노란 세모가 나타난다. 세모는 동그라미를 밀어 올려준다. 동그라미는 무사히 산꼭대기에 올라서게 된다.

다음 장면에서도 역시 동그라미 하나가 굴러 떨어지기를 반복하면서도 열심히 산 오르기를 시도한다. 그런데 이번에는 산 정상에서 네모가 나타나 동그라미를 밀어뜨린다.

생후 10개월 된 아기에게 두 장면을 보여준 다음 아기가 앉아 있는 책상 위에 세모와 네모 모형을 실물로 올려놓았다. 아기를 안고 있는 엄마는 어떤 말이나 행동도 하지 않는다. 자, 과연 아기는 어떤 조각을 집을까?

결과는 100%, 모든 아기가 착한 세모를 집었다. 예외는 없었다. 세모나 네모의 색깔을 바꾸어 여러 번 반복 실험을 해도 아기가 선택한 것은 동그라미를 도와준 세모 모형이었다.

도덕성은 후천적으로 습득되는 것이며, 끊임없는 훈련과 연습으로 다져지는 것이라 해도, 우리 아이들의 도덕성이 희망적인 이유는 여기에 있다. 인간의 도덕성은 바로 여기에서 출발한다. 착한 행동을 보았을 때 기분이 좋아지고 누군가 어려움에 처했을 때 자신도 모르는 사이 손을 뻗는 존재.

똑같은 스타트라인. 아기는 연령에 따라 운동 · 언어 · 인지 · 정서 · 사회성 등 다양한 영역에서 순차적인 단계를 거쳐 성장한다. 하지만 양육환경에 따라 경험하고 습득하고 모방하는 것에서 차이가 나게 마련이고, 아이가 자라면서 그 차이는 점점 벌어지기도 하고 반대로 좁혀지기도 한다. 출발은 같았지만 점차 자라면서 각자의 도덕성에 차이가 생기는 이유, 이것을 알았으니 아이에게 도덕성을 선물하기 위해 부모가 해야 할 일이 무엇인지 파악하기란 어렵지 않다.

같은 소리를 열 번, 백 번 해도 듣는 것 같지 않고, 꾸중을 해도 매를 들어도 그때뿐인 것 같지만, 아이의 본심은 옳고 바른 일을 선택하려 한다. 부모의 역할은 그 마음이 더 빛날 수 있도록 닦고 기름 치는 일이다. '모든 아이는 착하다'라는 전제를 믿어보자. 아이는 믿는 만큼 자란다.

내 아이부터 혼내는 것, 때로는 삼가라

문화센터에서 만난 또래 아이의 엄마들이 민재네 집에 모여서 조촐한 다과회를 하고 있다. 정신없이 수다를 떨고 있는 사이. 갑자기 아이 방에서 소란스러운 소리가 난다. 얼른 달려가 보니 민재가 친구 수민이의 로봇 장난감을 빼앗으려고 밀쳐 넘어뜨린 것이다. 민재 엄마는 "친구한테 이러면 못써. 얼른 사과해!"라며 민재를 혼냈다. "수민아, 아줌마가 대신 사과할게. 미안하다." 무엇인가 말하려던 민재는 고개를 푹 숙인다.

아이들 간에 싸움이 나면 대부분의 부모는 우선 내 아이부터 혼내는 것이 미덕이라고 생각한다. 하지만 내 아이의 입장은 전혀 들어주지 않고 무턱대고 혼내는 것은 아이의 도덕성에 좋지 않은 영향을 끼친다. 아이의 마음속에 '억울하다', '엄마는 내 마음을 모른다'라는 생각이 생기기 때문이다. 아이들 싸움이라도 어떻게 싸우게 되었는지 상대방 아이와 내 아이의 말을 모두 들어보고 둘의 심정을 충분히 공감해준 후, 혼낼 것이 있으면 혼내고 아니면 어른으로서 해결책을 찾아주면 된다. 싸우지 않고 해결할 수 있는 대안을 아이에게 가르쳐주면 더 좋다. 상황을 들어봐서 내 아이의 잘못이 없다면 사과를 강요할 필요는 없다. 어떤 상황이든 아이의 마음을 알아주는 것이 우선이다.

도덕성의 기초, 공중도덕을 가르쳐야 할 때

식당에서 돌아다니면 안 돼, 차례를 지켜야지, 신호등을 잘 보고 건너야 해……, 늘 말로만 이루어졌던 공중도덕과 기초 생활습관 교육. 언제, 무엇부터 가르쳐야 효과적일지 알아보자.

● **식사 예절 지키기 : 혼자서, 제자리에 앉아서 먹는 연습부터 시작**

- 돌이 지나면 혼자서 먹기를 시도한다. 아이의 성공을 도우려면 손잡이가 크고 깊이가 어느 정도 있는 숟가락을 고르고, 잘 떠지는 음식을 준비하는 것이 좋다. 또한 스스로 혼자 먹어보고 싶다는 동기가 들게 하려면 첫 시도는 아이가 좋아하는 음식을 선택하는 것이 효과적이다.

- 생후 18개월이 되면 아이가 잘 걷게 되어 이리저리 돌아다니며 먹는 버릇이 생긴다. 식탁을 떠난 아이에게 엄마가 숟가락을 들고 가서 떠먹이는 것은 잘못된 식사습관으로 굳어질 수 있다. 이름을 부르며 아이가 제자리로 돌아올 때까지 기다려야 하며, 20분 정도 되어도 돌아오지 않는다면 식탁을 치우는 것이 낫다. 한두 번의 강력한 행동은 아이가 '식탁을 떠나면 식사가 끝난다' 라는 사실을 인지하게 한다.

- 만 2, 3세 무렵에는 반드시 어른과 같이 먹는 습관을 들이도록 한다. 가족이 한 식탁에서 먹게 되면, 어른이 먼저 수저를 들고 난 다음 먹어야 한다는 것을 알려주고, 식사 도중 텔레비전을 보거나 이리저리 돌아다녀서는 안 된다는 점을 가르친다. 만 3세가 되면 다 먹고 난 그릇을 싱크대로 옮기는 것까지 완성해본다. 아직 키가 작아서 스스로 그릇을 넣을 수 없다면 엄마나 아빠가 도와준다. 평소 아빠가 다 먹고 난 그릇을 싱크대로 옮기는 모습이 아이에게 가장 효과적인 교육이다.

- 아이가 식당 안을 이리저리 휘젓고 다니며 다른 사람의 식사를 방해한다면 부모가 아이를 제자리로 데려와 안 된다는 점을 명확하게 일러준다. 아이로 인해 소란이 일어나면, 부모

가 정중하게 사과하는 모습을 보여주는 것도 필요하다. 아이를 제지하는 것이 역부족이면, 식탁 위에 놓인 물건으로 아이의 관심을 끌어본다. 숟가락의 오목하고, 불룩한 부분으로 아이의 얼굴을 비춰보게 한다. 모든 방법이 통하지 않는다면 얼른 식사를 마무리하고 아이를 식당에서 데리고 나온다. 나중에 다시 식당을 가게 된다면, 아이에게 돌아다니거나 장난치지 않을 것을 미리 약속 받아두는 것이 좋다.

● **교통규칙 지키기 : 초등학교 입학 전 반드시 습득해야**

- 만 2~3세 무렵부터 그림책이나 자동차 놀이를 통해 자연스럽게 일러줄 수 있다. 놀이를 통해 알게 된 규칙을 실제 거리에 나섰을 때 다시 한 번 말과 행동으로 각인시켜주면 아이가 기억하기 쉽다. 이 시기에는 파란불과 빨간불의 역할과 기능만 알아도 교통규칙의 절반을 아는 것이다.

- 찻길은 반드시 파란불이 켜진 것을 보고 난 다음 좌우를 살핀 후 손을 들고 건너게 한다. 특히 한창 신체 움직임이 왕성한 유아기에는 파란불이 켜지자마자 바로 횡단보도를 뛰어 건너는 경우가 많은데, 사고의 위험이 높으므로 반드시 좌우를 살핀 후 걸어서 건너도록 한다.

- 전철을 탈 때는 문이 열리면 전철 안 사람들이 내릴 수 있도록 문 가장자리로 비켜서고, 사람이 다 내리면 승차하도록 한다. 전철, 버스 등 흔들리는 차 안에서는 반드시 손잡이를 잡게 하고, 차 안에서 이리저리 돌아다니거나 신발을 신고 좌석에 올라서지 않게 한다. 특히 손잡이를 철봉이라고 생각해서 매달리는 아이가 많은데 다른 사람에게 피해주는 행동은 하지 않도록 주의시킨다. 누군가 자리를 양보하면 반드시 "고맙습니다" 하고 인사하게 한다.

- 초등학교 입학 전에 반드시 교통규칙을 준수하는 습관을 들이고, 외출 전에는 미리 당부함으로써 환기시켜준다.

● **차례 지키기 : 만 3~4세, 자제력 훈련의 기회로 삼아야**

- 차례 지키기는 자제력, 자기조절 능력, 만족지연 능력을 훈련시키기에 좋은 공중도덕이다. 원하는 것을 얻기 위해 자신의 순서를 참고 기다려야 한다는 것은 좋은 경험이다. 만 3~4세 아이는 자기중심적인 성향이 강해 자신이 갖고 싶거나 하고 싶은 것을 참고 기다리기 어려워하지만, 이 시기부터 아이에게 차례를 지켜야 한다는 것을 알려주고 지키도록 유도해야 한다.

- 우선 차례나 순서를 기다려야 할 상황에 대해 다양한 경험을 쌓게 한다. 예를 들어 그림책을 볼 때 차례대로 보지 않고 한 번에 몇 페이지씩 넘기려 하면 한 페이지씩 차례차례 넘기도록 엄마가 도와준다. 놀이를 통해서도 차례를 일러줄 수 있다. 사탕을 여러 개 펼쳐놓고 엄마 한 번, 아이 한 번 번갈아가면서 하나씩 가져가게 한다. 이런 놀이는 차례나 순서를 알려주기도 하지만, 자신 외에 다른 누군가의 존재를 인식하도록 한다.

- 처음에는 아이가 기다리는 상황을 못 견뎌할 수 있다. 이때 아이에게 언제까지 기다려야 할지 명확한 규칙을 일러주면 아이가 자기 차례를 기다리는 데 도움을 준다. 가령 놀이기구를 탈 때 다섯 바퀴를 돌고 난 다음 차례가 바뀐다는 것을 알려준다든가, 게임은 한 사람이 10분씩 하면 차례가 바뀐다는 식으로 일러준다.

- 외출했을 때 차례대로 줄을 서는 모습을 많이 접하게 한다. 버스 정류장이나 지하철 승강장, 매표소, 계산대 앞에서 엄마와 함께 손을 잡고 기다리는 경험을 하게 한다.

● **인사하기 : 부모가 먼저 인사하는 모습 보일 것**

• 예절은 부모를 모방하면서 습득하는 것이 가장 빠르고 확실하다. 부모가 예절바른 사람이면 아이에게 굳이 잔소리를 하지 않아도 아이는 옆에서 지켜보고 부모의 행동을 따라하게 된다. 돌 이전 아기라도 아빠가 출근할 때 배웅하며 손을 흔들게 하면서 인사 교육을 시작한다.

• 만 3세 무렵에는 집에 손님이 오셨을 때, 가실 때의 인사 예절을 일러준다. 손님이 초인종을 누르면 현관까지 나서서 맞이하고 "안녕하세요?" 하고 인사한다. 손님이 들고 온 물건을 받는 것이 예의지만, 아직 아이가 하기에는 어렵기 때문에 엄마가 대신 받는다. 음식이 나오면 반드시 손님이 먼저 드신 다음 먹게 한다. 손님이 가실 때는 현관에 나와서 "안녕히 가세요" 인사하게 하고, 가급적 엄마와 함께 대문 밖까지 나와 배웅하도록 한다.

• 만 4~5세가 되면 방문 예절을 가르쳐준다. 남의 집을 방문하기 전 예절에 대해 차근차근 설명하고 엄마가 먼저 모범행동을 보인다. 우선 현관에 들어서면 큰 소리로 "안녕하세요?" 하고 인사한다. 집 주인이 들어오라고 하면 신발을 벗고 들어서는데, 이때 자신의 신발을 한쪽에 가지런히 정리해야 한다. 소지품은 엄마의 것과 함께 놓도록 하고 남의 물건을 함부로 만지거나 허락 없이 아무 방에나 불쑥 들어가지 않도록 주의한다. 집에 돌아갈 때도 신발을 신은 다음 현관에 서서 "안녕히 계세요" 인사하게 한다.

• 인사 예절은 부모가 본을 보이는 것이 가장 좋다. 아이와 함께 동네를 거닐다 웃어른을 만나면 걸음을 멈추고 "안녕하세요" 인사한다. 어른이 무언가를 주시면 두 손으로 "고맙습니다", 가게를 들렀다 나오더라도 "안녕히 계세요" 하고 인사한다.

Part
5

또 하나의 경쟁력,
자아존중감

인간의 짧은 생애에서

작은 상처 하나가 성격을 바꿀 수도 있고,

지나치는 경험이 삶의 태도를 결정짓기도 한다.

아이의 거의 모든 것을 결정하는 단 하나의 비밀,

가장 사소한 것 같지만

가장 깊숙한 곳에서 인간을 조종하는

'자존감'에 대한 이야기

성공을 배우는 아이 vs. 실패를 배우는 아이

나는 소중한 존재일까

> ⧖ 12명의 초등학생에게 스스로 생각하는 자신의 모습, 즉 신체상을 그려보게 했다. 그림을 그리는 방법은 전적으로 아이가 결정한다. 도화지는 16절지, 8절지, 4절지 등 다양한 크기로 준비했고, 그리기 도구 역시 파스텔, 크레파스, 물감, 색연필, 연필, 매직, 볼펜 등으로 다양하게 제공했다.

실험이 시작되자 아이들은 자신을 그리기에 가장 적합하다고 생각하는

크기의 종이와 도구를 골라 그림을 그리기 시작했다. 어떤 아이는 커다란 종이를 선택해서 자신을 커다랗게 그리고 다양한 색으로 색칠했다. 또 어떤 아이는 작은 종이에 단지 연필로만 작고 세밀하게 그림을 그렸다. 한 아이는 춤을 추는 자신을 그리고, 다른 아이는 경직된 차렷 자세의 자신을 표현했다. 굵은 선으로만 그리는 아이가 있는가 하면 가는 선으로 그리는 아이도 있고, 눈을 강조해서 크게 그리는 아이가 있는가 하면 눈을 아예 그리지 않은 아이도 있었다.

이것은 아이들의 자존감을 알아보기 위한 첫 번째 실험이었다. 실험 결과, 아이들은 슈퍼맨이나 백설 공주처럼 멋지고 대단하게 자신을 그릴 수 있는 상황임에도 불구하고 생각보다 객관적으로 자신을 그렸다. 심지어 몇몇 아이들은 아주 작고 초라하게 자신을 표현했다. 두원공과대학 아동복지학과 홍은주 교수는 이런 아이들의 그림을 다음과 같이 설명한다.

신체 외모는 8~12세 아이들에게 가장 영향을 미치는 요소다. 아이들이 그린 '자신의 모습'에는 자신에 대한 신체에 대한 이미지뿐만 아니라 심리적으로 자아를 어떻게 느끼는지도 함께 담겨 있다. 아이들의 그림은 어떤 크기의 종이를 선택했는지, 그리고 그 안에 어떤 모습으로 어떤 크기로 자신이 묘사했는지, 그리고 어느 정도 진하게 아니면 흐리게 힘없이 그렸는지, 다양한 색을 사용했는지, 운동성이 어떤지 등 전체적인 인상을 함께 관찰하게 된다.

높음

신체상

낮음

윗줄은 대체로 신체만족도가 높은 아이의 그림이고 아래는 신체 만족도가 낮은 아이의 그림이다. 신체만족도가 높은 아이는 밝은 색을 많이 사용하고 자신을 또렷하고 크게 그린다. 운동성도 높게 나타난다.

이 실험은 1949년 미술치료학자 매코버K. Machover가 실시한 실험을 재현한 것이다. 매코버는 아이들의 그림 중 인물화, 특히 자화상에는 스스로 생각하는 자아가 그대로 드러나는 경우가 많다고 말한다. 일반적으로 아이의 그림이 중앙에 아주 작게 그려져 있으면 소심한 경향이 있을 가능성이 높고, 그림 속 자신의 눈을 아주 작게 그렸다면 부끄러움을 많이 탈 가능성이 있다는 것을 추측할 수 있다. 큰 발이나 벌린 다리를 그렸다면 안정된 정서를 가졌을 수 있으며, 팔을 짧게 그렸다면 내성적이고 소극적이며 대인관계가 좋지 않을 수 있다.

자신을 대단하다고 생각하는 아이와 자신은 보잘것없다고 생각하는 아이. 사랑스러운 어린아이들 속에 이처럼 자신에 대한 극과 극의 평가가 존재하는 이유는 그들이 가진 '자아존중감' 또는 '자존감'의 차이 때문이다. 자존감이란 글자 그대로 '자기 스스로를 존중하는 마음'으로, 한 개인이 자신에 대해 스스로 어떻게 생각하는가를 나타내는 것이다. 역시 12명의 초등학생을 대상으로 자존감에 대한 한 가지 실험을 더 해보았다.

이번에는 다양한 크기의 상자가 주어졌다. 상자는 한 면이 열려 있어 안과 밖을 모두 사용할 수 있다. 아이들에게 상자의 안은 내가 생각하는 나의 모습을, 밖은 남들에게 보이는 나를 표현해보라고 했다. 상자를 꾸밀 때는 잡지를 오려붙이거나 그림을 그리는 등 다양한 방법을 쓸 수 있게 했다.

첫 번째 실험과 마찬가지로 아이들이 선택한 상자는 크기부터 각각 달랐다. 어떤 아이는 안팎을 꼼꼼하게 채웠는가 하면 어떤 아이는 상자를 거의 꾸미지 않았다. 어떤 아이는 다양한 색으로 화려하게 표현했는가 하면 어떤 아이는 매우 단순하게 묘사했다. 현실을 묘사한 아이도 있고, 비현실의 꿈을 담은 아이도 있었다.

이 실험은 인간중심 상담치료를 중요시했던 심리학자 칼 로저스Carl Rogers가 한 개인 안에 있는 '현실자아'와 '이상자아'를 알아보기 위해 고안해냈던 것이다. 아이들의 이번 작품은 어떻게 분석해야 할까? 실험 결과를 분석한 홍은주 교수의 설명이다.

　:　상자의 안과 밖으로 자신을 표현하는 실험으로 현실자아와 이상자아
　　　를 연결 지어 생각해볼 수 있다. 누구나 현실자아와 이상자아의 차이
　　　가 클 때 자신이 초라하다고 느끼게 마련이다. 그 차이가 크면 클수록
　　　자존감이 낮다고 보게 된다. 분석은 상자의 크기, 충실도, 완성도, 색
　　　깔, 메시지 등을 비교해 이루어진다.

자존감이 높은 사람은 자신을 긍정적으로 여기는 사람이다. 로저스는 자신을 긍정적인 존재로 여기기 위해서는 다른 사람들의 인정을 받는 것이 필요하다고 말한다. 다른 사람들이 자신을 형편없는 사람으로 여기는데, 유독

자신만 스스로 괜찮은 사람이라고 여기는 것은 어려운 일이다. 결국 자신을 긍정적으로 생각하려면 자신을 대하는 다른 사람의 태도가 중요하다는 말이다.

윗줄에 있는 상자는 자존감이 높다고 분석된 아이의 작품이고 아랫줄에 놓인 상자는 자존감이 낮다고 분석된 아이의 작품이다. 그런데 흥미롭게도 자화상 그리기와 꾸미기 실험의 결과는 연관성을 가지고 있다. 완성된 그림과 상자의 순서는 만든 사람에 따라 배치했다. 첫 번째 실험에서 위칸 첫 번째 그림을 그린 아이가 두 번째 실험에서 위칸 첫 번째 상자를 만든 것이다. 즉 첫 번째 실험에서 신체만족도가 높았던 아이는 두 번째 실험에서의 자존감도 높게 나왔다. 반대로 첫 번째 실험에서 신체만족도가 낮았던 아이는 자존감 역시 낮았다. 우연의 일치일까? 그렇지 않다. 신체만족도가 높은 아이는 대체로 자존감이 높고, 현실자아와 이상자아의 차이가 적은 아이는 자존감이 높다.

사실 이 두 실험에 참가한 아이들에 대해 밝히지 않은 것이 있다. 이들은 EBS와 서울대학교 심리학과 연구팀이 200명의 초등학생을 대상으로 실시한 '자존감지수 조사연구'에서 자존감지수가 가장 높은 6명과 낮은 6명이었다. 짐작대로 윗줄의 그림과 상자를 만든 아이들은 자존감지수가 높은 그룹, 아랫줄은 자존감지수가 낮은 그룹이다. 이 아이들은 앞으로 나올 각종 실험에서 자존감의 비밀을 알려줄 것이다.

성공의 핵심요소, 자존감

자존감지수 조사연구는 200명의 아동을 대상으로 진행되었다. 각각의 아이에게는 시계와 수첩이 하나씩 배포되었다. 아이들의 손목에 채워진 시계는 특수하게 제작되어 하루에 총 여섯 번 울렸다. 아이들은 시계가 울릴 때마다 수첩을 펼쳐들고, 그 순간에 자기가 하고 싶은 일, 함께 있는 사람, 그리고 재미있다든지 심심하다든지 하는 느낌이나 기분을 체크했다. 운동을 하든, 길을 걷든, 텔레비전을 보든, 숙제를 하든, 심지어 수업시간에도 예외 없이 기록을 하게 했다.

경험표집법
경험표집법은 일상생활의 경험을 무작위로 표집해 순간의 행동과 심리를 측정하는 방법이다.

이것은 **경험표집법**Experience Sampling Method(ESM)이라 불리는 조사방법이다. 이를 통해 아이들의 행동과 심리적인 특성이 측정된다. 동시에 같은 아이들을 대상으로 생활의식 조사 또한 병행했다. 연구팀은 두 가지 조사방법을 통해 특정한 성격요소, 즉 자존감지수를 알아냈다. 200명 중 최종적으로 조사에 성공한 아이는 126명.

그런데 무엇 때문에 수많은 사람들을 동원하면서 아이들의 자존감지수에 대해서 알아내려고 한 걸까? 일단 다른 실험 결과를 좀 더 지켜보자.

자존감지수 조사연구에서 자존감지수가 가장 높은 아이와 가장 낮은 아이로 밝혀진 12명을 대상으로 2인 1조의 물 나르기 게임을 실시했다. 지름 30센티미터의 유리 볼에는 옅게 물감을 푼 물이 가득 담겨 있어 조금만 흔들리면 물이 쏟아진다. 최대한 유리 볼이 흔들리지 않  게 하면서 가장 빨리 결승점에 도착하는 팀이 승자가 된다. 가장 빨리 들어왔더라도 물을 많이 흘렸다면 진다.

실험에 앞서 제작팀은 아이들에게 이번 승부에서 이길 것 같은지 물어보았다. "이길 것 같아요", "모르겠어요", "한 60%?"……. 자신의 성공을 믿는 아이와 질 것 같다며 지레 겁부터 내는 아이. 성공에 대한 아이들의 예측은 게임의 승부와 어떻게 연결이 되었을까? 신기하게도 이길 것 같다고 한 아이는 모두 이겼고, 질 것 같다고 한 아이는 모두 졌다. 아이들은 마치 자신이 게임에서 이길 것인가 질 것인가를 미리 알고 있었던 것처럼 게임의 결과를 정확히 예언했다.

이 실험의 결과를 자존감지수가 높은 아이와 낮은 아이로 나누어 다시 살펴보았다. 단 두 명을 뺀 나머지가 일치했다. 정리하자면 자존감지수가 높은 아이는 자신이 게임에서 이길 것이라고 예상했고 실제로 이겼으며 자존감지수가 낮은 아이는 자신이 질 것이라고 예상했고 실제로 졌다. 성공과 실패가 아이가 가지고 있는 자존감에 좌우되다니 놀랍지 않은가? 우리는 이러한 이유 때문에 아이의 자존감에 대해 좀 더 깊이 알아보려고 하는 것이다.

자존감이란 도대체 무엇일까? 교육학에서는 자아존중감을 '긍정적인 자아상'이라고도 표현한다. 간단하게 '내가 나를 긍정적으로 생각하는 정도'라고 이해해도 좋다. 원광아동상담센터 소장인 이영애 박사는 자존감은 자신을 제대로 사랑할 수 있는 방법이라고 말한다. 숙명여자대학교 교육학부 송인섭 교수는 모든 행동의 근원이 되는 핵심적인 인간 행동의 특성이라고 강조한다.

수많은 연구와 실험에서 밝혀진 바에 따르면, 자존감이 높은 아이는 대체로 학업성적이 우수하고 친구도 많으며, 자신의 지각과 판단에 확신이 있으며 새로운 과제에 대해 성공을 예상한다고 한다. 또한 자신이 다른 사람에게 영향을 줄 수 있다고 기대하며, 자신의 의견을 말하는 데 주저함이 없다. 어려움이 닥쳤을 때도 자신의 능력을 믿고 도전하며, 끝까지 매달려 해결하려고 노력한다. 혹시 실수를 하더라도 순순히 인정하고, 앞으로는 더 잘할 것이라고 믿고 새로운 도전과 모든 활동에 적극적이다. 게다가 자존감이 높은 아이는 책임감과 배려심이 있으며 다른 사람들과의 차이를 잘 알아차리고 그것을 인정할 줄 안다. 미국 하버드 대학 교육학과 조세핀 킴 Josephine Kim 교수는 자존감을 다음과 같이 설명한다.

﹕   자존감은 성공적인 인생을 살아가는 데 꼭 필요한 핵심 요소 중 하나

이며, 기본적으로 우리 자신에 대한 신념들의 집합이다. 자존감의 가장 중요한 핵심 두 가지는 **자기 가치와 자신감**이다. 그것이 바로 자존감이다.

심리학, 교육학, 의학 등 모든 분야의 전문가가 아이에게서 자존감만큼 중요한 것은 없다고 말한다. 킴 교수는 한 사람의 삶에 있어서 자존감이 미치는 영향은 상상 이상이라고 설명한다.

자존감이 비단 학업뿐 아니라 삶의 거의 모든 영역에 영향을 준다. 살아가면서 생기는 문제를 극복할 때 자존감이 낮은 사람보다 높은 사람은 더 잘 이겨내고 성공한다. 직업, 우정 또는 가족관계에 이르기까지 자존감이 높은 사람이 더 잘 해낼 것이다.

아이는 부모의 거울

아이의 자존감은 어디에서 오는 걸까? 3, 4세 아이 6명을 대상으로 자존감에 대한 실험을 해보았다. 이 연령만 되어도 아이에게는 자아존중감이 어느 정도 형성되어 있는 상태다.

아이들에게 동물 모양 퍼즐을 맞춰 보게 했다. 제한시간은 10분. 그런데 아이들이 맞추게 될 퍼즐 조각 10개 중에는 짝이 맞지 않는 조각이 하나 섞여 있다.

아이들은 퍼즐을 보자 흥미를 보이며 자신 있게 퍼즐 조각들을 집어 척척 맞춰나간다. 퍼즐 맞추기는 단숨에 끝날 것만 같다. 그러나 마지막 한 조각이 잘 맞춰지지 않자, 아이의 얼굴은 자못 심각해진다. 오른쪽으로 돌려보고 왼쪽으로 돌려보며 조금씩 불안해하고 스트레스를 받기 시작한다. 10분이 지난 후 선생님이 잘못된 조각을 줬다고 말하며 짝이 맞는 퍼즐을 주자, 아이는 재빨리 그 조각을 받아 퍼즐을 완성한다.

어른에게도 불가능한 이 과제를 진행하는 동안 아이들의 기분은 어땠을까? 이 실험은 아이가 퍼즐 맞추기를 잘하는지 못하는지를 알아보기 위한 것이 아니라, 불가능한 과제를 할 때의 기분을 조사해 자존감을 유추해보기 위한 것이었다.

실험이 끝난 아이들에게 웃는 표정과 찡그린 표정이 그려진 카드들을 주고 골라보도록 했다. 세 명은 웃는 표정을, 나머지 세 명은 찡그린 표정을 골랐다. 아이들이 고른 그림 카드는 바로 그 아이가 가진 자존감을 말한다. 어려움이 있었지만 과제를 완수했을 때 기분 좋게 느낀다는 것은 그만큼 자기 능력을 신뢰한다는 것을 의미하고, 과제를 완수했지만 어려움이 있었을 때의 기분만 남는다면 자기 능력을 불신한다는 것을 의미한다.

그런데 서너 살밖에 되지 않은 어린아이들에게 이러한 차이는 왜 일어나는 걸까? 그 이유는 다음 실험에서 밝혀졌다.

이번에는 앞의 실험에 참여한 아이가 엄마와 함께 있다. 역시 맞지 않는 조각이 섞인 칠교판을 준비한 후, 아이에게 칠교 조각을 맞춰보게 하면서 엄마에게 아이를 도와줘도 된다고 말해두었다.

처음에는 의욕적으로 칠교 조각을 맞추던 아이들은 맞지 않는 조각을 만나자 이전 실험처럼 조금씩 우왕좌왕하기 시작했다. 아이가 당황하는 모습을 보고 엄마는 어떻게 행동할까? 이것이 실험의 관찰 포인트였다. 어떤 엄

마는 아이가 조각을 잘 맞추지 못하자 얼굴에 초조한 빛이 역력해지더니 급기야 자신이 칠교 조각을 빼앗아들고 맞춰보려 했다. 반면 어떤 엄마는 아이의 고심하는 모습을 여유 있게 지켜보면서 간간히 조언만 했다.

실험 결과 아이가 칠교 조각을 잘 맞추지 못하자 조급해하며 자신이 직접 완성하려고 한 엄마는 네 명, 비교적 여유 있게 아이가 스스로 끝까지 해보도록 기다려준 엄마는 두 명이었다. 재미있게도 이 두 엄마의 아이는 앞선 실험에서 웃는 표정을 골랐다. 두 가지 실험에서 우리는 엄마의 양육태도가 아이의 자존감에 영향을 준다는 사실을 어렵지 않게 발견할 수 있었다.

부모의 양육태도와 자녀의 자존감의 관계에 대한 궁금증을 풀기 위해 부모들의 자존감지수를 알아보았다. 문항은 성인의 자존감지수가 어린 시절의 경험과 어떤 관련이 있는지를 알아보기 위한 것이었다. '부모와 자녀의 자존감 비교 조사연구'에 참

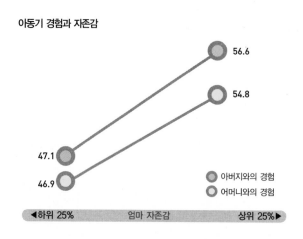

아동기 경험과 자존감

56.6
54.8
47.1
46.9

● 아버지와의 경험
● 어머니와의 경험

◀하위 25%　　엄마 자존감　　상위 25%▶

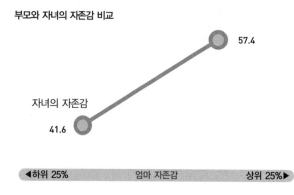

부모와 자녀의 자존감 비교

57.4

자녀의 자존감

41.6

◀하위 25%　　엄마 자존감　　상위 25%▶

여한 126명의 부모는, 앞서 '자존감지수 조사연구'에 참여한 아동 126명의 부모들이다.

조사연구 결과, 아동기의 경험은 그대로 그들의 자존감지수에 나타났다. 부모 경험이 좋은 경우 어김없이 성인이 된 지금도 자존감이 높았다.

놀라운 사실 또 하나, 부모의 자존감을 자녀의 자존감과 비교해보니 그 역시 정확히 일치했다. 부모의 자존감이 높으면 자녀 역시 자존감이 높았다.

결과는 분명해졌다. 아동기의 경험이 어른이 된 이후의 자존감으로 연결되고 그것은 다시 그들의 자녀에게로 전해졌다. 부모의 자존감은 양육태도를 통해 고스란히 아이의 자존감으로 대물림되는 것이다.

우리는 우리의 부모에 대해 어떻게 설명하는가? "두 분은 많이 다르셨어요. 아버지는 늘 무뚝뚝하시고 아들딸을 차별하셨고, 어머니는 따뜻하고 정이 많으셨어요." "너무 엄격하셨어요. 당신 앞에 앉혀두고 교육을 시키셨죠." "공부를 잘한다 못한다, 결과를 가지고 말씀하신 적은 한 번도 없어요." "못해도 잘했다고 하셨어요. 하고 싶은 일을 해야 행복하다고……." 그런데 우리는 스스로도 모르는 사이에 우리가 설명한 부모의 모습대로 아이를, 아이의 자존감을 키우고 있을지도 모른다.

자존감의 기반은 아동기에 완성된다

부모가 일상에서 별 뜻 없이 내뱉은 말이나 행동도 아이의 자존감에 큰 영향을 미칠 수 있다. 다음의 몇 가지 사례를 통해 우리 아이의 자존감에 대해 생각해보자. 그리고 그 상황에서 나도 모르게 아이에게 나와 내 부모의 경험을 대물림하고 있는 것은 아닌지 되짚어보자.

세 살 난 아이가 힘겹게 혼자서 신발을 신었는데 좌우가 뒤바뀌어 있다. 이때 칭찬을 하기는커녕 좌우가 바뀐 것에 대해서만 나무란 적은 없는가? 아이는 순간적으로 무안하고 속상해할 것이다. 그리고 이런 상황이 반복되면 자존감에 상처를 입는다. 이럴 때는 먼저 따뜻한 태도로 아이의 성공을 강조하고 칭찬해준 다음에 신발을 거꾸로 신은 것에 관심을 갖고 개선할 수 있는 방법을 가르쳐주는 것이 옳다. 성과를 무시하고 부족한 부분만 나무라면 아이의 자존감에 좋지 않은 영향을 미친다.

밥을 먹지 않으려는 아이에게 억지로 먹기를 강요하며 소리를 지른 적은 없는가? 부모는 아이의 보호자로서 아이에게 밥을 먹이는 것을 책임이라고 생각하지만, 밥을 먹고 싶지 않은 아이의 의사를 무조건 무시해서는 안 된다. 엄마의 이런 행동은 식습관을 들이는 데도 좋지 않다. 아이가 먹고 싶지 않다고 하면 밥상을 치우면 그만이다. 대신 아무 때나 밥을 먹을 수 없다는 것을 알려주고 다음 식사시간을 말해주면 된다. 배가 고프면 다음 식사시간에는 잘 먹을 것이다. 아이의 자존감을 키워주라는 것이 아이의 뜻을 무조건 받아주는 것을 의미하지는 않는다. 아이의 마음을 충분히 이해하되, 잘못된 행동을 하면 논리적이고 자연스럽게 고쳐주어야 한다.

통통한 아이에게 '돼지'라든가 '비만'이라고 놀린 적은 없는가? 악의 없이 장난삼아 한 말일지라도 이런 말을 자주 들으면 아이는 점점 자신의 신체를 창피하게 생각하게 된다. 어쩌면 한창 자라야 할 시기임에도 살을 뺀다는 이유로 밥을 먹지 않겠다는 극단적인 결심을 하게 될 수 있다. 이처럼 가끔 어른들은 아이에게 아주 생각 없이 말을 던질 때가 있다. 못생겼다든가 머리가 크다든가 눈이 작다든가 다리가 짧다든가……. 그런데 아이들은 직관이 뛰어나서 상대방이 자신의 어떤 면을 좋아하는지 싫어하는지를 분명하게 감지한다. 그래서 부정적인 신체 자아상을 갖고 위축된다. 아이가 모든 사물을 긍정적으로 바라보게 하려면, 우선 부모부터 긍정적으로 생각해야 한다. 나쁜 점이 아니라 좋은 점을 자꾸 일깨워줄 수 있게 긍정적인 별명을 붙여주자. 사랑스러운 눈으로 아이를 바라보면 별명으로 붙여주고 싶은 장점이 누구에게나 있다. 자기의 생각이나 고집이 생기는 만 2세 전부터 꾸준히 좋은 별명을 불러주면 아이가 자아를 알아가는 시기에 좋은 영향을 미칠 수 있다.

아이의 자아존중감은 생각보다 훨씬 어린 시절부터 형성된다. 식탁을 온통 밥풀투성이로 만들며 처음 숟가락을 잡았을 때, 수십 번의 실수를 하며 어렵게 대소변 가리기에 성공했을 때, 항상 바지의 한쪽으로만 들어가던 두 다리를 비로소 오른쪽 왼쪽에 맞춰 넣을 수 있게 되었을 때, 10리터는 족히 될 물을 마신 후에 드디어 양칫물을 뱉어내는 비법을 터득하게 되었을 때……. 그때부터 형성되기 시작한다.

특히 자존감은 성공 경험과 더불어 자신에게 중요한 타인인 엄마, 아빠의 평가를 통해 형성된다. 성공 경험도 중요하지만 이것에 대해 부모가 어떻게 바라보고 평가해주는지가 중요하게 작용하는 것이다. 또한 학교에 들어가서는 교사, 또래 친구들의 평가가 중요한 역할을 하게 된다. 그러다 초등학교를 졸업할 무렵이 되면, 아이의 자존감은 대체로 굳어진다. 인생이라는 마라톤에서 겨우 5킬로미터밖에 뛰지 않은 지점에서, '난 해도 안 돼' '난 왜 이렇게 생겨먹었지?' 또는 '난 무엇이든 할 수 있어', '난 제법 멋져' 하는 자기 평가를 고정관념처럼 품게 된다.

그러므로 아이의 자아상이 별 탈 없이 긍정적으로 발달해가려면, 무엇보다 자신에게 중요하고 의미 있다고 생각하는 사람으로부터 꾸준히 긍정적이고 호의적인 느낌을 받으면서 자라야 한다. 아이 주변의 다른 모든 사람이 긍정적인 말과 태도를 보여준다고 해도, 아이가 중요하다고 생각하는 특정한 사람이 부정적인 말을 하고 부정적인 느낌을 준다면 아이는 자존감을 갖는 데 어려움을 느낄 것이다. 그리고 일반적으로 그 역할은 부모가 담당한다. 아이는 어떤 행동을 한 후에 부모가 어떻게 생각하느냐를 궁금해한다. 이때 부모가 긍정적인 반응을 보이고 성과를 칭찬해주면 자신의 가치를 확신한다. 계속해서 이런 긍정적인 반응을 받은 아이는 자신에 대한 좋은 평가를 마음속에 담아두게 된다. 이렇게 건강한 수준의 자아존중감을 갖게 된 아이는 그렇지 못한 아이에 비해 자신의 잠재력을 충분히 발휘하고 다른 사람과 성공적인 관계를 맺을 가능성이 월등히 높아진다.

따라서 자존감이 형성되는 모든 과정에서 가장 중요한 것은 엄마의 양육 태도다. 아이는 엄마의 양육태도에서 엄마의 생각을 읽는다. 아니 느낀다. 언어로 자신의 느낌을 표시할 수 없는 아주 어린 시절부터 엄마가 기저귀를 갈면서 짓는 표정, 자신이 잘못을 저질렀을 때 혼을 내는 엄마의 손짓,

자신의 볼에 닿은 엄마의 따뜻한 볼, 이유식 숟가락을 내미는 몸짓, 심지어 자신의 방이 어떻게 꾸며져 있는지 등에서까지 엄마가 자신을 어떻게 생각하고 있는지 느낀다. 그리고 말을 하고 두 발로 설 수 있게 되면, 아이는 엄마가 자신의 말이나 행동에 어떻게 반응하는지에 따라 자신의 모습을 그려간다.

로저스가 자존감에서 타인의 인정을 중요시했던 것을 떠올려보라. 그는 인간은 보통 유아기의 경험을 통해 가치를 형성하게 되는데, 아이들이 스스로에 대한 가치를 발달시켜나가는 과정에서 결정적으로 중요한 것은 바로 어른들에 의해 부여된 **가치의 조건**conditions of worth이라고 말했다. 예를 들어 어린 시절에 의미 있는 존재가 좋다거나 잘했다고 반응한 것, 싫다거나 못했다고 반응한 것이 자신을 판단하는 데 중요한 조건이 된다는 것이다.

아이의 초기 경험이 자존감을 세우는 데 긍정적이었다면, 그 아이는 자기 가치에 대한 느낌을 내면화해 높은 자존감을 갖게 된다. 그는 집단생활을 할 때 다른 사람들이 자신을 조금 좋지 않게 말하더라도 크게 상처받지 않으며, 삶에서 어려움을 만나도 잘 극복해나간다. 하지만 초기 경험이 긍정적이지 않아 자기 가치의 내면화에 실패한 아이는 자존감을 유지하기 위해 다른 사람의 시선을 의식하게 된다. 자신의 존재를 확인하기 위해 항상 타

● **가치의 조건**

가치가 있고 없음을 규정짓는 외적인 조건을 말하는데, 여기서 가치란 우리의 일상생활에서 필요와 욕구를 충족시킬 수 있는 모든 것을 말한다. 상품으로 대표되는 경제적 가치는 물론, 건강 같은 육체적 가치, 인간의 정신과 정서를 만족시키는 논리적 가치, 도덕적 가치, 미적 가치, 종교적 가치 등도 포함된다.

아이들은 자신보다 권위 있는 누군가로부터 칭찬받은 경험을 토대로 가치를 판단하는 능력을 습득하게 된다. 이를 통해 왜 그것이 가치 있으며, 각각의 가치 중 어떤 것이 우선되어야 하는지를 결정하는 것이다. 이러한 경험은 스스로의 가치를 판단하는 데, 즉 자존감을 형성하는 데도 중요하다.

인의 행동과 반응에 신경 쓰는 것이다. 어쩌면 자신의 가치를 느끼기 위해 지나치게 성공에 집착하는 아이가 될지도 모른다.

아이의 자존감, 이것은 한 사람의 인생에서 거의 모든 것을 결정한다. 그러나 시간으로 따지자면 그리 길지 않은 유·소아기에 한 인간의 가장 많은 것이 결정된다는 것을 부모인 우리는 곧잘 잊는다. 엄마가 아이에게 던진 말 한 마디가 상처가 되어 성격을 바꾸기도 하고 아주 작은 경험이 나머지 삶의 태도를 결정짓기도 한다. 같은 조건 속에서도 어떤 아이는 성공을 배우는가 하면 어떤 아이는 좌절을 배운다. 그 경계 지점에서, 나의 아이는 어느 쪽을 선택하게 될까? 선택을 결정적으로 좌우하는 요인은 바로 '자아존중감'이며 이 결정적인 요인에 가장 강력한 영향을 끼치는 존재는 '부모'임을 잊어서는 안 된다.

공감, 이해받는다는 즐거움

초등학생 12명에게 실제로 엄마, 아빠가 되어보는 역할극을 시켜보았다. 여자아이는 뽀글뽀글한 가발을 쓰고 원피스 위에 앞치마를 입고, 남자아이는 까칠까칠한 콧수염을 달고 하얀색 셔츠에 넥타이까지 맸다. 아이에게 한 가지 상황을 주고 '엄마라면? 아빠라면?' 어떻게 말할 것인지 역할극을 해보도록 했다.

책가방 든 아이 역할의 연기자가 들어온다. 아이는 무엇에 화가 났는지 입이 뿌루퉁하게 부어 있으며 계속 알아들을 수 없는 말로 투덜거린다. 부모 역할을 맡은 실험 참가자는 화가 난 아이에게 질문한다.

"너 오늘 왜 그래? 무슨 일 있는 거니?"

아이 역의 연기자는 화가 난 이유를 설명하기 시작한다.

"아니, 그게 아니라, 우리 반 선생님이 있잖아, 나를 굉장히 화나게 해."

"왜 화가 나게 하는데?"

"우리 반 반장, 걔만 예뻐한다니까. 걔는 그냥 하는 일이 떠드는 애들 이름이나 적는 것뿐이야. 아 맞다, 반장한테는 청소도 안 시켜."

실험에서 제시된 대본은 여기까지다. 부모 역할을 맡은 아이들은 다음 대화를 이어가야 한다. 이들은 화가 난 아이에게 각각 뭐라고 말했을까?

- 아무리 그래도 선생님을 나쁘다고 그러면 안 되지. 선생님은 어른인데…….

- 너 공부 제대로 안 하면 나중에 평생 못살아.

- 네가 못하니까 그런 거야.

- 그럼 네가 한번 반장이 돼봐.

- 그럼 너도 열심히 노력해보렴.

- 뭐 그런 선생님이 다 있어.

- 네가 잘못을 하니까 걔가 네 이름을 적는 거 아니야.

- 네가 선생님을 기쁘게 해드려봐.

- 친구들하고 같이 놀면 친구들이 널 좋아하잖아. 그러면 반장 뽑을 때 널 잘 뽑지 않을까?

이 상황극을 관찰하던 제작진은 재미있는 사실을 발견했다. 실험 참가자들이 아이임에도 불구하고 단 한 명을 제외하고는 아무도 아이 편에서 말을 하지 않았다는 것이다. 아이들은 마치 자신이 진짜 부모라도 된 양, 아이의 기분이나 생각은 전혀 배려하지 않고 부모의 생각만 말했다. 그런데 단 한 아이만 아이 편에서 "뭐 그런 선생님이 다 있어"라고 말한다. 이 말에 아이는 반가운 듯 "그렇지? 아빠가 생각해도 그렇지?"라며 대화를 이어간다. 이 아이들의 반응의 차이, 그것은 어디에서 온 것일까?

부모 역할극에서 아이들이 대신 보여준 부모의 태도는 크게 세 가지 방식으로 구분된다. 이것은 세상 모든 부모가 아이들을 대하는 방식이기도 하다.

첫 번째는 "네가 잘못을 하니까 걔가 네 이름을 적는 거 아니야", "너 공부 제대로 안 하면 나중에 평생 못살아", "아무리 그래도 선생님을 나쁘다고 그러면 안 되지" 등은 아이의 행동을 '비판'하는 것에 해당한다. 부모들이 가장 흔히 취하는 태도다.

두 번째 "네가 선생님을 기쁘게 해드려봐", "친구들하고 같이 놀면 친구들이 널 좋아하잖아. 그러면 반장 뽑을 때 널 잘 뽑지 않을까?", "그럼 네가 한번 반장이 돼봐" 등은 '설득'에 해당한다. 설득형 부모는 자신은 아이를 잘 이해하고 있다고 착각하기 쉽지만 실제로는 그렇지 않다.

마지막 세 번째 "뭐 그런 선생님이 다 있어"라는 대답은 '공감'에 속한다. 이는 아이들이 가장 좋아하는 부모의 태도다.

여기서 아이의 자아존중감을 위해서 가장 바람직한 방식은 무엇일까? 전문가들은 대부분의 부모가 선호하고 이미 습관화되어 있는 '비판하기', '설득하기'보다, 아이 버릇 나빠진다며 삼가는 '공감하기'가 꼭 필요하다고 말한다. 이영애 박사는 부모의 시선으로 아이를 비판하고 문제해결 방법을 제시해주기에 앞서 아이의 마음을 있는 그대로 받아주고 이해하는 것이 우선이라고 지적한다.

비판하기, 설득하기는 아이들에게 '아, 나는 무능력하구나', '나는 정말 나쁜 아이인가 보다', '내가 할 수 있는 일은 하나도 없네'라고 생각하게 해 아이의 자존감에 손상을 줄 수 있다. 우선 아이의 마음을 충분히 받아준 후, 감정이 정리되고 아이가 이성을 찾게 되면, 그때 '그럼 이 문제를 어떻게 해결했으면 좋겠니?'라고 물어 문제해결 방법을 같이 찾아가면 된다. 그렇게 되면 아이의 자존감이 상처받지 않으면서 문제도 해결해갈 수 있는 일거양득의 성과를 얻을 수 있다.

앞서 본 역할극과 같은 상황에서 나라면 어떻게 할 것인가. 부모는 별 생각 없이 "아이고 이 바보야", "너 혹시 사고 친 것 아니야"라고 말할 수도 있다. 이런 말을 자주 듣게 되면 아이는 자신을 어리석고 가치 없는 존재로 느끼게 된다. 뿐만 아니라 자신에게 그런 말을 하는 부모도 존중하지 않게 되며, 이후로는 부모에게 자신의 진짜 감정을 숨기게 된다. "선생님이 왜 그런 행동을 했다고 생각하니?", "너의 행동에는 어떤 문제가 있다고 생각하니?" 같은 반응은 부모 입장에서는 사려 깊은 것 같지만, 아이는 자신의 말이나 행동에서 무언가 알아내려는 듯 꼬치꼬치 묻는다고 생각해 기분이 상할 수 있고, 심하면 말하고 싶은 의욕 자체가 사라진다. 또한 "반장 참 착하더라, 반장 반만 좀 해봐라" 하고 비교하는 부모는 아이에게 심한 열등감과 좌절감만 더 안겨준다. "너도 선생님께 사랑받으려고 노력을 좀 해보면 어떨까?" 식의 설득과 당부, 도덕적인 말은 부모가 아이의 판단능력을 믿지 않음을 느끼게 해 아이가 감정에 죄책감이나 열등감을 갖게 한다. 또한 지

나친 충고와 제안은 아이가 어려운 상황에 직면하면 그 해결책을 부모에게 의존하는 경향을 갖게 만든다.

그런데 부모의 공감은 비단 아이가 화를 낼 때만 필요한 것이 아니다. 아이는 여러 가지 감정을 표현한다. 슬퍼하고, 질투하고, 두려워하고……. 보통의 부모는 아이의 나쁜 감정을 축소하거나 부정하려고 애쓴다. 이는 아이가 항상 웃음 띤 얼굴로 희망과 행복만 품기를 바라기 때문일지 모른다. 그러나 부모의 편협한 행동 때문에 아이는 부모에게 이해받거나 인정받지 못한다고 생각하게 된다.

아이가 시험을 보았는데, 다른 과목은 모두 90점을 넘었지만 한 과목만 80점을 받았다. 아이가 80점인 점수를 놓고 속상해한다면 어떻게 말하겠는가? "어쩜, 너무 잘했네", "한 과목 정도는 80점이라도 괜찮아", "다음에 잘하면 되지 뭐", "이렇게 훌륭한 점수를 가지고 기분 나쁜 이유를 모르겠네", "옆집 철수는 다 80점이라는데 우리 딸은 정말 대단하구나……." 아마 모두 그럴듯한 정답으로 보일 것이다. 하지만 아이의 마음을 알아주는 데에는 모두 실패한 오답이다.

아이와 공감하려면, 아이의 감정을 부정하거나 반박하는 대신 인정해야 한다. 부모는 '아이'는 항상 무엇인가 가르쳐주어야 하고, 고쳐주어야 하고, 바꿔주어야 하는 존재라고 오해한다. 비판형, 설득형 부모가 종종 저지르는 실수다. 아이의 마음에 공감하는 것은 입장만 바꾸어 생각해보면 그리 어려운 일만은 아니다. '만약 같은 일이 나에게 일어났다면 기분이 어떨까?', '나는 어떤 말을 듣고 싶었을까'를 곰곰이 생각해보면 된다. 같은 상황에서 공감형 부모는 "정말 속상하겠구나", "네가 이번 시험을 얼마나 잘 보고 싶었는지 엄마도 잘 알아"라고 말할 것이다. 부모의 공감은 아이들이 자신을 유능하다고 느끼게 하는 가장 필수적인 조건이다.

하지만 자신이 비판형 혹은 설득형 부모라고 해서 좌절할 필요는 없다. 단 한 번 그런 표현을 썼다고 아이의 자존감이 단번에 낮아지는 것은 아니기 때문이다. 반대로 자신이 공감형인 것 같다고 기뻐하기도 이르다. 몇 번 공감하기 방식을 쓴다고 해서 자존감이 눈 깜짝할 사이에 높아지지는 않기 때문이다. 일상에서 수없이 맞닥뜨리게 되는 평범한 상황에서 부모의 공감이 차곡차곡 쌓여야 아이의 자존감이 점점 높아진다.

무조건 양보하는 아이, 문제 있다

옆집 영희가 민호네 집에 놀러왔다. 영희는 뭐든 자기가 갖고 싶은 것은 가져야 직성이 풀리는 아이다. 여느 때처럼 영희는 현관에 들어서자마자 민호가 가지고 놀던 장난감을 낚아채듯 뺏는다. 민호는 그런 영희를 멍하게 쳐다보더니 이내 다른 장난감을 가지고 논다. 민호에게 항상 참고 양보하라고, 싸우면 안 된다고 강조한 민호 엄마는 '역시 우리 아들은 이해심이 많다'고 생각한다.

절대 싸우지 않거나 무조건 양보만 하는 아이는 자존감이 낮은 아이일 수 있다. 부당한 상황인데도 반응하지 않는 것은, 자신이 나서봐야 아무것도 할 수 없다고 지레 포기하기 때문일 경우가 많다. 이렇게 내버려두면 아이는 적극적으로 대처하기보다 쉽게 포기하는, 자존감이 낮은 아이로 자랄 가능성이 높다. 그렇다고 해서 뺏긴 것은 다시 찾아와야 한다고 아이를 윽박질러서는 안 된다. 우선 "친구가 뺏어서 정말 속상하겠구나"라고 아이의 마음을 달래준 뒤, 장난감을 뺏는 친구의 마음을 알려주며 같은 상황에서 어떻게 말해야 하는지 해결책을 제시한다. "친구도 그 장난감을 가지고 놀고 싶었나 보네. 하지만 너도 더 가지고 놀고 싶다면 친구한테 '조금만 놀다가 이따가 줄게'라고 말하면 되는 거란다."

자존감의 거대한 영향력

자존감, 공감능력, 의사소통 능력, 리더십의 관계

우리는 누구나 사회의 구성원으로서 살아간다. 아이들 또한 마찬가지다. 성격이나 기질, 재능, 외모는 다르지만 학교에서, 학원에서, 동네에서 많은 친구들을 만나고 암묵적인 규칙 안에서 어울려 살아간다. 사회적 존재로서의 아이들, 그런데 이 아이들의 자존감은 서로 다르다. 자존감이 높고 낮음에 따라 이들의 사회적 행동에 차이가 있을까? 이들은 집단 안에서 어떤 행동을 보일까? 이런 차이를 알아보기 위해 EBS 제작팀과 이영애 박사는 몇 가지 실험을 진행했다.

⧖ 자존감이 높은 아이, 낮은 아이를 고루 섞어 네 명씩 총 3개 팀으로 나누었다. 그리고 텐트를 세워보라고 했다. 친구들과 상의해서 텐트를 완성하라는 교사의 말이 떨어지자, 아이들은 제각기 해머와 팩 등을 집어든다. 텐트를 처음 설치해보는 터라 우왕좌왕 하는 팀이 있다. 그런가 하면 서로 역할을 나누어서 별 어려움 없이 텐트를 설치하는 팀도 있다.

남들과 무엇인가를 함께 한다는 것은 어른이나 아이들에게나 매우 어려운 일이다. 텐트를 치면서 아이들은 다양한 상호작용을 하고, 의사소통 능력, 적극성, 갈등조절 능력, 문제해결 능력 등을 드러냈다. 분명한 것은 집단 속에서 누군가는 주도적인 역할을 한다는 사실이었다. 물론 주도적이라고 해서 리더십이 좋은 것은 아니다.

두 아이가 같은 일을 하려고 티격태격하자 다른 한 아이가 나서서 "됐어. 그건 네가 꽂아" 하면서 할 일을 지시한다. 어떤 아이는 폴을 조립하다가 잘되지 않자 "이거 빼야 한다니까" 하며 다른 팀원의 실수를 지적한다. 또 어떤 아이는 설치가 더딘 것에 화가 났는지 "너희가 노니까 빨리 안 되잖아" 하며 소극적인 팀원에게 짜증을 낸다. 한편 폴이 너무 길다며 짜증을 내는 팀원에게 "나한테 좋은 생각이 있어, 내가 할게"라고 하면서 다른 팀원을 도와 팩을 박는 아이도 있다. 얼마의 시간이 지나자 한 팀이 거의 마무리를 지어간다. 이 팀에 좋은 리더가 숨어 있다는 뜻이다. 다른 한 팀은 중간 정도 진행되었고, 나머지 한 팀은 아예 텐트를 세우지도 못한 상태다.

실험에서 나타난 아이들의 행동을 분석하자 리더십이 높은 아이 6명, 낮은 아이 6명으로 나뉘었다. 이것을 다시 자존감과 비교하자, 놀랍게도 높은 아이 그룹과 낮은 아이 그룹이 100% 일치했다. 리더십이 좋은 아이는 모두 자존감이 높았고, 자존감이 낮은 아이는 리더십 또한 부족했다.

같은 또래들을 모아놓았는데도 과제를 하면서 어떤 아이는 잘되지 않는다고 투덜대기만 하고, 어떤 아이는 팀원을 독려하며 문제를 해결해내려 한다. "야 이거 여기다 넣으면 안 되잖아"하면서 짜증 섞인 말을 하는 아이 옆에 "나한테 좋은 생각이 있어. 내가 할게" 하고 팀원을 위로하면서 해결책을 제시해주는 아이가 있었다. 실험 결과, 이 아이는 자존감이 높고 리더십 또한 좋은 것으로 밝혀졌다. 이영애 박사는 이 아이의 남다른 능력을 바로 '공감능력'이라고 말한다. 그리고 자존감이 높은 아이가 공감능력이 높고 또한 공감능력이 높은 아이가 리더십이 좋을 수밖에 없다고 지적한다.

> 자기에 대한 긍정적인 마음이 있는 아이들은 나를 사랑하는 마음이 있기 때문에 마음이 따뜻하다. 마음이 따뜻한 아이는 다른 사람이 실수하고 다른 사람이 나쁜 행동을 해도 책망하기보다는 이해하고 보듬어 안을 수 있게 된다.

결국 자존감이 높은 아이는 공감능력이 뛰어날 수밖에 없고, 이 따뜻한 능력은 다시 리더십을 키운다는 것이다. 공감은 다른 사람의 입장에서 볼 수 있고, 또 그 사람이 느끼는 바를 느낄 수 있는 감성능력이다. 교육학에서는 공감을 자신의 정서를 다룰 수 있는 능력이 생긴 후에 형성되는 타인의 정서 인식능력, 즉 '사람을 사귀는 기술'의 기본이라고 말한다. 타인의 정서에 더 많이 공감하는 사람은 다른 사람의 필요나 요구가 나타나는 미묘한 감정신호를 잘 받아들인다. 사람을 더 이해하게 되는 것이다.

우리는 흔히 리더는 외향적일 것이라고 생각한다. 그러나 역설적이게도 미국 1,000대 기업 CEO의 80%가 자신을 내성적이라고 말했다. 우리나라에서도 국회의원을 대상으로 한 설문에서 70% 이상이 내성적이라는 답이 나왔다. 우리가 리더를 외향적이라고 오해하는 것은 리더십을 단순히 다른 사람을 통솔한다는 의미로 받아들이기 때문이다. 하지만 진정한 리더십은 통솔이 아니라 더불어 잘 살아가도록 하는 것을 의미한다. 이영애 박사는 다음과 같이 설명한다.

> 다른 사람들이 각각 제 목소리를 낼 수 있도록 배려하는 것, 각 사람이 가지고 있는 긍정적인 면을 잘 찾아주고 존중해주는 것, 그리고 그것을 잘 조합해서 결국에는 원하는 결과를 도출해낼 수 있는 것, 이것이 리더십이다.

결국 좋은 리더십은 아이가 내향적이냐 외향적이냐가 아니라 다른 사람의 장점과 단점을 알고 그중 장점을 살릴 수 있게 해 목표를 달성하는 능력. 즉 다른 사람을 존중하고 공감하는 능력과 관련되어 있다. 자존감이 높고 공감능력이 높은 아이들에게 리더십이 더 많다는 것은 당연한 결과일지 모른다.

공감받은 아이가 공감한다

자존감과 공감의 관계를 알아보기 위해 열두 명의 아이를 대상으로 한 가지 실험을 더 해보았다. 아이들은 몸짓으로만 상황을 표현하는 마임공연을 보고 상황을 해석하게 된다.

엄마와 아들이 무대에 등장한다. 아이는 양반다리로 앉아 게임을 하는 듯 연신 양쪽 엄지를 눌러대고 있다. 엄마는 두 손을 허리춤에 대고 아이를 한참 못마땅한 듯 바라보더니 어느새 책을 꺼내 넘겨본다. 그러다가 게임을 하는 아이에게 엄마가 보고 있는 것을 같이 보자는 듯한 몸짓을 한다. 아이는 귀찮아하며 계속 게임에 몰두한다. 화가 난 엄마는 옥신각신 끝에 아이의 게임기를 빼앗아버린다. 아이는 게임을 못하게 되자 두 다리를 버둥대며 운다.

이 상황을 보고 아이들이 하는 말을 통해 공감능력이 높은지 낮은지를 알아낼 수 있다. 공감능력이 높은 아이는 이런 상황에서 아이의 마음과 엄마의 마음을 잘 읽어낸다. 아이들의 대답을 하나하나 살펴보자.

수인 게임을 더 하고 싶은 것 같아요. 왜냐하면 컴퓨터 게임은 재미있고 신나기 때문이에요.

경선 아이가 숙제는 안 하고 게임부터 하니까 엄마가 좀 화가 난 것 같아요.

미연 게임을 하고 싶은데 못하게 해서 좀 짜증이 났을 것 같아요.

상훈 자기가 하고 싶은데 뺏어 가면 짜증이 나잖아요. 그래서 막 울고 싶고 그럴 것 같아요.

서진 아들이 공부를 열심히 했으면 좋겠는데 공부할 생각은 안 하고 집에 들어오자마자 그냥 게임만 하니까 엄마가 화가 나서 게임기를 뺏은 것 같아요.

아이들의 다양한 상황 읽기. 같은 상황인데도 아이들의 대답은 조금씩 다르다. 어떤 아이는 아이의 입장만 보지만, 어떤 아이는 엄마의 마음까지 읽어낸다. 읽어내는 수준은 조금씩 다르다. 수인이의 대답은 겉으로 드러난 사실에 치중해 아이의 입장만 말하고 있다. 경선의 대답은 엄마에게로 시선이 조금 옮겨지기는 했으나 숙제를 시키려는 엄마의 마음까지는 읽지 못했다. 미연이 역시 겉으로 드러나는 아이의 입장만 이해하며 자신 있게 의견을 말하지 못하는 모습이다. 상훈이는 아이의 입장에 시선을 맞추고 있는데 아이의 감정을 한결 구체적으로 파악하고 있다. 아이의 감정에 어느 정도 공감이 일어났다는 증거다. 마지막 서진이의 대답은 엄마의 감정과 내면을 충분히 이해하고 있다.

모든 아이들의 대답을 종합해 공감능력이 높은 아이와 낮은 아이로 다시 구분해보았다. 그리고 다시 그 아이들을 자존감이 높은 아이와 낮은 아이로 구분해보니 단 두 명을 뺀 나머지가 일치했다. 즉 자존감이 높은 아이는 남을 이해하는 공감능력이 높았고, 자존감이 낮은 아이는 공감능력도 함께 낮았다.

가장 높은 공감능력을 가진 것으로 평가받은 서진이, 서진이는 텐트치기 수행과제에서 가장 리더십이 좋은 아이로 평가받았으며 자존감지수 조사연구에서도 자존감지수가 가장 높은 아이 중 한 명이었다. 서진이의 이러한 공감능력은 어떻게 키워진 걸까? 부모의 양육태도와 아이의 자존감이 밀접한 관련이 있음을 이미 알고 있기에, 서진이의 부모와 인터뷰를 해보았다.

인터뷰에서 서진 아빠는 아이와 많은 시간을 함께하려고 했으며, 뭐든 아이가 생각하는 대로 한번 해보도록 했다고 말했다. 아이가 하고 싶어 하는 마음을 이해하고, 무슨 행동을 하든 그 행동에 대해서 아이 입장에서 생각했다. 즉 아이의 마음을 공감해준 셈이다. 평상시 부모가 아이에게 보여준 소소한 공감이 모여 이렇듯 마음이 큰 아이를 만든 것이다.

부모의 공감이 아이의 공감능력까지 키워주는 이유는 무엇일까? 그 원리는 아주 간단하고 재미있다. 부모가 아이에게 공감해주면 아이는 자존감이 높아지고, 자존감이 공감능력을 키운다는 것이다. 이것은 마치 부메랑처럼 다시 부모에게 돌아온다. 공감능력이 높은 아이는 부모의 입장 역시 잘 이해하고 공감할 수 있기 때문이다. 어릴 때부터 엄마, 아빠의 공감을 많이 경험했다면 아이는 그것을 모델로 삼아 공감능력을 발전시키지만, 반대로 부모로부터 공감의 경험이 많지 않다면 상황은 완전히 달라진다. 이영애 박사는 이렇게 지적한다.

　　만일 아이가 어릴 적부터 충분히 사랑을 받지 못하고 자랐다면 스스로 '난 어려움이 많아, 난 정말 사랑 받을 가치가 없어'라고 생각하게 된다. 결국 다른 사람의 어떤 입장이나 생각을 제대로 읽을 만한 에너지를 갖지 못하게 된다. 그렇기 때문에 모든 상황을 자꾸 왜곡시키게 마련인데, 한마디로 공감능력이 없는 것이다. 그러다 보니 다른 사람들과의 사이에서 쉽게 오해를 불러일으키고 나아가 사람들과 건강한 관계를 맺는 것 자체에 어려움을 느끼게 된다.

부모 자식 관계에서의 공감은 아이가 자신에게 긍정적인 이미지를 갖게 해 자존감을 형성하는 데 무엇보다 필요하다. 대인관계에서의 공감은 서로의 차이를 인정해 사람들 사이의 갈등을 해결하고 함께 발전해나갈 방향과 에너지를 제공해준다. 저마다 성격도 다르고 능력도 다르고 생각도 다른 사람들이 모여 이루는 사회에서 서로의 차이를 인정하는 공감은 아이가 어떤 일을 하든 꼭 필요한 능력이다. 사람은 누구나 이해받고 싶어 한다. 그러므로 다른 사람의 말에 귀 기울일 줄 알고, 그 심정을 헤아려주고, 진심어린 말로 위로해주는 사람 곁에는 그를 좋아하는 사람들로 넘쳐난다. 다른 누군가에게 친해지고 싶은 사람, 믿음직한 존재, 의지하고픈 친구로 여겨지는 것이다. 물론 많은 이들이 믿고 따르는 사람은 리더가 될 가능성도 높아진다. 이렇듯 공감하는 능력이 있는 사람과 없는 사람의 삶은 매우 다르다.

남다른 의사소통 능력

남을 이해할 줄 아는 자존감 높은 아이들. 그들에게는 눈여겨보아야 할 능력이 하나 더 있다. 공감능력이 높기 때문에 가능한 능력, 바로 남다른 의

사소통 능력이다. 자존감이 높은 아이들은 자신의 생각과 아이디어, 정서적 느낌 등을 다른 사람에게 정확하게 표현할 뿐 아니라 다른 사람의 생각과 느낌을 제대로 파악할 수 있는 쌍방적 의사소통 능력도 뛰어나다. 의사소통 능력은 리더십을 구성하는 중요한 요소이기도 하다.

의사소통 능력의 핵심은 바로 '경청'이다. 의사소통 능력이 부족한 사람은 보통 상대방의 말에 귀를 기울이지 않는다. 따라서 종종 성급한 결론을 내리거나 상대방의 말을 자주 끊는 실수를 한다. 그러나 상대방의 말에 귀를 기울이지 않으면 주어진 상황에 어떤 문제가 있는지, 또 다른 좋은 해결책은 없는지를 알기가 쉽지 않다. 아무리 천재적인 능력을 가졌다고 해도 혼자서 할 수 있는 일은 많지 않다. 무슨 일을 하든 갈등은 발생하고 여러 사람의 의견을 물어 처리해야 하는 일들이 있게 마련이다. 무조건 내 생각은 옳으니 네 생각은 들을 필요도 없다는 듯한 태도라면, 그 생각이 아무리 탁월한 해결책이라고 하더라도 왠지 따르고 싶지 않아지는 것이 인지상정이다.

경청은 다른 사람과 의사소통을 하기 위한 기본자세다. 다른 사람의 말을 잘 들어야 그 사람의 생각이나 마음을 알 수 있고, 알아야 공감할 수 있으며, 공감해야 효율적인 의사소통이 가능하다. 이것은 내 의견이 중요한 만큼 다른 사람의 의견이 중요하다는 것을 아는 것, 즉 타인을 존중하는 마음이 필요하다는 것이다. 그런데 타인을 존중하는 것은 자기를 존중할 수 있는 사람만이 가능하다. 자존감이 높은 아이가 남의 이야기를 잘 들을 수 있고 공감하는 능력이 있으며 의사소통 능력도 뛰어난 이유는 이 때문이다.

그런데 경청하는 습관은 하루아침에 생기지 않는다. 다른 사람의 말에 주의를 기울이는 자세는, 부모의 말에 주의를 기울이는 습관에서 비롯되며, 이는 아이의 말을 주의 깊게 들어준 부모의 태도에서 생긴다. 경청하는 아이를 만들고 싶다면 다음의 원칙을 준수하라.

첫째, 주의 깊게 듣고 있다는 것을 행동으로 보여줘라

판소리의 추임새처럼 대화를 나눌 때도 흥을 돋워주는 행동이 필요하다. 예를 들면, 고개를 끄덕여주거나 적절하게 웃거나 슬픈 표정을 짓는 등의 행동을 말한다. 이러한 행동은 아이에게 부모가 자신의 말에 정말 귀를 기울이고 있구나 하는 느낌을 준다.

둘째, 감정이입된 감탄사를 하라

행동만으로는 부족하다. "정말 대단한걸", "슬펐겠구나", "재미있었겠다" 등 아이의 마음을 이해하고 있음을 말로 표현해준다. 이러한 표현은 아이와의 대화가 부모에게 중요하다는 것과 아이의 느낌이나 생각에 부모도 공감하고 있다는 것을 전하게 된다. 자신을 이해해주는 사람과의 대화는 즐겁다. 아이는 자신에게 무슨 일이 발생하거나 새로운 생각이 떠오를 때 가장 처음 부모에게 말하고 싶어질 것이다.

셋째, 아이가 말하는 도중에 끼어들지 마라

가끔씩 아이는 앞뒤가 맞지 않는 이야기를 중언부언하며 끝도 없이 해댄다. 그렇다고 아이가 말을 하는 중에 이야기를 끊어서는 안 된다. 그런 방해를 받으면 아이는 누군가와 자신의 생각과 감정을 나누는 것에 불안을 느끼게 될지 모른다. 또는 자신과 생각이 다른 사람의 말은 무시하는 아이로 자랄지도 모른다.

해낼 수 있다는 자신감

> 심리학자 스탠리 쿠퍼스미스Stanley Coopersmith는 아이들 앞에 목표물을 놓고 콩주머니를 던져 목표물을 맞히도록 했다. 더 멀리 있는 목표물을 맞힐수록 더 좋은 점수를 얻게 된다. 그런데 콩주머니를 던지기 전에 아이들에게 어떤 목표물을 맞히고자 하는지, 얻고 싶은 점수는 몇 점인지, 몇 점을 얻으리라고 예상하는지를 물었다. 어떤 아이는 목표를 높게 잡고 어떤 아이는 목표를 낮게 잡았다. 게임 결과, 목표를 높게 잡은 아이는 실제로 높은 점수를 얻었고 목표를 낮게 잡은 아이는 낮은 목표 점수조차 달성하지 못했다.

세상에서 신념처럼 무서운 힘이 없다. 자신감은 "나는 할 수 있다"라는 긍정적 · 적극적 · 능동적 암시를 가져다준다. 아이의 머릿속에 떠오른 승리에 대한 예감은 마치 최면처럼 마력을 발휘해 아이가 실제로 이길 수 있도록 움직이게 한다. 우리는 이미 자존감과 성취도를 알아보는 실험에서 이길 것 같다는 자신감이 실제로 승리를 가져다주는 것을 보았다.

또한 자존감과 리더십의 관계를 알아본 텐트치기 과제에서 자존감이 높은 아이들은 팀 과제에서도 두각을 드러냈음을 살펴보았다. 그들은 해낼 수 있다는 전제를 깔고 각종 문제를 솔선수범해 해결해간다. 그래서 결국은 팀원 전체에게 성공의 경험을 선사한다. 다른 아이들은 그 아이의 무한한 자신감에 도취되어 팀 활동을 할 때 은근히 그 아이가 자신들의 팀이 되기를, 팀의 리더가 되기를 바라게 된다.

자신감은 자아존중감의 기초이며, 자아존중감은 자신감의 기초다. 자신감이 있으면 자아존중감이 생기고, 자아존중감이 있으면 자신감이 생긴다. 그런데 아이의 자신감 역시 자존감을 단단하게 세우는 토대인 '부모의 믿음'에서 나온다. 실수를 할 때마다 아이의 약점을 대놓고 야단치면 어떤 아이나 '나는 능력이 없다'고 생각한다. 이런 일이 반복되면 아이는 모든 일에 소극적으로 변하고 늘 자신에 비판적이며 자신의 결점을 강조하는 아이로 자라기 쉽다. 당연히 자신에 대한 부정적인 이미지를 만들 것이며, 매사 자신감이 없을 것이다. 그러나 반대로 실수를 하더라도 부모가 감싸주고 노력하면 더 잘할 수 있다고 격려한다면 아이는 부모와 함께 자신의 결점을 극복하기 위해 노력하려 들 것이다. 또한 부모가 자신의 있는 그대로의 모습은 물론 결점까지 아낀다는 사실에, 자신을 긍정적으로 새롭게 바라보게 되어 자신감을 갖게 될 것이다. 부모의 믿음은 그런 엄청난 힘을 가진다.

한 심리학자가 초등학교에 찾아와 장래성을 예측하는 프로그램을 개발했다고 했다. 그리고 아이들에게 이 프로그램에 따라 시험을 치르게 했다. 그리고 실험 결과는 담임선생님에게만 알려주었다. 그는 몇몇 학생이 훗날 성공할 것이라고 지목한 후, 이 사실을 아무에게도 이야기하지 말라고 당부했다. 1년 뒤 심리학자가 다시 그 초등학교를 찾아가 지목 대상이었던 아이들의 지능과 성적을 다시 조사해보았다. 놀랍게도 해당 아이들의 지능과 성적은 다른 아이들에 비해 월등히 높아져 있었다. 그 아이들은 여전히 1년

전과 동일한 환경에서 공부하고 있었다. 그런데 무엇이 그들을 달라지게 한 것일까? 그 아이들의 떡잎이 달랐던 것일까? 그렇지 않다. 심리학자는 장래성을 예측하는 프로그램 따위는 개발하지도 않았으며, 지목된 아이들은 지능과 성적에 상관없이 무작위로 뽑힌 것이었다. 그 아이들의 지능과 성적이 달라지게 하는 데 결정적인 역할을 한 것은 단지 담임선생님의 믿음과 기대뿐이었던 것이다.

아이가 해낼 수 있다고 믿어라. 믿는 만큼 이루어진다. 한 가지 덧붙일 것은 아이의 자신감은 종종 부모의 긍정적 사고에서 시작된다는 사실이다. 무엇이든 부정적으로 말하는 부모는 무엇이든 부정적으로 말하는 아이를 만들어 좀처럼 자신감을 키울 수 없게 만든다. 하지만 같은 상황이라도 긍정적인 눈으로 보면 희망이 보이고 자신감이 생긴다. 따라서 평상시 아이를 대할 때는 긍정적인 말을 주로 쓰는 연습을 하라.

"내가 위대한 사람이 되려고 열망했던 것은 나에 대한 어머니의 믿음 때문이다." 프로이트의 말이다. 그는 또한 "인간은 강하다고 생각하는 만큼

강하며, 그들이 약하다고 생각하는 만큼 약하다"라고 말했다. 무엇이든 믿는 만큼 이루어진다.

내가 존중해야 남도 존중한다

구소련의 교육학자 안톤 마카렌코Anton Makarenko는 "한 인간을 최대한 존중해주면 최대한 요구할 수 있다"고 말했다. 아이가 무언가 되기를 바란다면 어떤 것을 요구하기 전에 최대한 존중해주는 연습을 해야 한다. 어른들도 직장 상사에게 존중받고 능력을 인정받으면 더 열심히 하고 싶어진다. 아이도 마찬가지다. 아이도 어른처럼 감정이 있고 자신이 하고 싶은 일과 하기 싫은 일이 있다. 존중이란 아이의 흥미, 기호, 발전에 대해 스스로 선택하고 결정할 수 있는 기회를 주는 것이다. 아이가 그림 그리기를 좋아한다면 낙서한다고 혼내서도 안 되고, 춤추기를 좋아한다면 얌전히 앉아서 책을 읽으라고 강요해서도 안 된다.

아이가 존중받고 있다는 것을 느끼게 하려면 항상 아이가 원하는 것을 스스로 선택하게 해야 한다. 그리고 평소의 대화 속에서 아이를 존중하는 마음이 느껴지게 해야 한다. 그런데 존중하는 말과 태도가 존중하는 마음에서 비롯되는 것은 물론이지만, 반대로 존중하는 말을 쓰고 그런 태도를 가지다 보면 존중하는 마음이 생기기도 한다. 말과 행동이 우리의 생각과 마음을 만들기도 하기 때문이다. 지금 자신이 아이에게 쓰고 있는 말을 한번 돌아보자. 아이를 존중하는 마음이 드러나는가? 만약 그렇지 않다면 의식적으로라도 노력해보자. 생활 속의 대화에서 존중하는 마음을 전하려면 다음 몇 가지 사실에 유의하라.

첫째, 사소한 이야기를 한다

사소한 이야기란 아이와 엄마 사이에 아무런 심리적 이해관계가 적용되지 않는 이야기, 쉽게 말해서 말하는 사람의 생각이 드러나지 않는 이야기다. 예를 들어 "꽃이 피었구나", "바람이 차구나" 같은 이야기인데, 혹시라도 추우니까 나가지 말라는 식의 훈계조가 되지 않도록 주의한다. 이런 사소한 이야기를 아이와 허심탄회하게 나누면, 아이는 스스로가 엄마와 동등한 대화의 상대로 존중받고 있음을 느낀다.

둘째, 솔직하고 자세히 말한다

아이가 이해하지 못하더라도 부모의 생활을 솔직하고 자세하게 설명해야 한다. 귀찮은 물음에도 친절히 답해주고 대화를 하려 한다면 아이는 그런 부모의 태도에서 어떤 상황에서라도 다른 상대방을 존중해야 한다는 것을 이해하게 된다.

셋째, 아이의 잘못에 대해서는 짧고 단순하게 말한다

아무리 아이를 열린 마음으로 존중한다고 해도 엄마가 잔소리를 해야 할 상황이 발생하지 않을 수는 없다. 그럴 때는 최대한 짧게 말한다. 보통 부모들은 아이의 잘못을 강조한다는 이유로 긴 잔소리를 늘어놓는데, 그러다 보면 아이의 자존감을 낮추는 말을 하기 쉽다. "장난감 좀 정리해주겠니?"라고 말하면 될 것을 "왜 이렇게 지저분해. 넌 항상 왜 이 모양이니? 엄마한테 반항하는 거야? 이렇게 놔두면 동생이 다칠 수도 있잖아. 당장 정리하지 못해. 아이고, 지겨워"라고 길게 말해버리는 것이다. 단점은 짧게 장점은 길게 말하는 것이 아이를 존중하는 대화의 핵심이다.

넷째, 아이의 말실수는 무시한다

아이는 자신의 상황이나 의견에 대해서 말하는 중 자주 말실수를 한다. 이때 말실수를 지적하지 않아야 아이가 다른 사람 앞에서 편안하게 말할 수 있게 된다. 이것은 정확한 발음으로 문법에 맞게 말하는 것보다 훨씬 중요하다. 굳이 정확한 발음과 문법을 강조하고 싶다면 아이 앞에서 부모가 모범을 보이면 된다. 아이가 이야기를 할 때는 우선 자연스럽게 말을 하도록 격려하고, 형식보다는 내용을 중심으로 받아들인다.

다섯째, 아이를 보고 말한다

부모는 종종 안방에 있으면서 거실에 있는 아이에게 "텔레비전 좀 그만 보면 안 되겠니?"라고 소리치거나, 점심을 차리다 말고 자기 방에 있는 아이에게 "얼른 와서 점심 먹어라"라고 소리를 지른다. 그런데 아이를 보지도 않고 하는 말은 훈계나 지시로 느껴지기 쉽다. 고함을 치는 대신에 아이가 무엇을 하는지 몇 분간이라도 지켜본 후 얼굴을 보면서 말을 하도록 한다. 존중받고 있다는 전제가 있으면, 부모의 꾸중도 아이의 자존감에 큰 상처가 되지 않는다.

여섯째, 아이의 이름을 적절히 불러준다

많은 부모들이 화가 나거나 아이를 야단치려는 순간에 아이의 이름을 크게 부르곤 한다. 그런데 이런 순간에 이름을 강조하면 아이는 자신을 탓하는 부모에 대한 부정적 이미지, 자신의 모습에 대한 부정적 이미지를 만들게 된다. 아이의 이름을 적절히 불러주어야 하는 순간은 아이 앞에서 다른 사람과 대화를 나누면서 아이를 칭찬할 때, 즉 아이에 대해서 좋은 말을 할 때다. 이런 상황에서 아이는 자신의 이름을 호감과 존중의 의미로 받아들이게 된다. 이름을 부르는 것은 다른 사람들과 관계를 맺는 아주 좋은 방법이므로 부정적인 상황에서는 사용하지 않도록 주의한다.

긍정적인 대화법이 자신감을 키운다

유치원에 다니는 수민이는 또래 아이들에 비해 낯도 많이 가리고 수줍음이 많은 편이다. 집에서는 곧잘 노래도 부르고 재미있는 이야기를 하기도 하는데, 낯선 사람들 앞에만 서면 입도 벙긋하지 않아 엄마를 애태우곤 한다. 자신감 있는 아이로 키우려면 어떻게 해야 할까?

『아이에게 행복을 주는 비결』이라는 책을 쓴 가족상담 전문가 스티브 비덜프 Steve Biddulph는 "부모의 말이 아이의 미래를 좌우할 정도로, 중요한 위치를 차지하고 있다"고 말한다. 아이를 성공으로 이끌기 위해서는 아이와 부모와의 커뮤니케이션이 적절히 일어나야 한다는 것이다.

그 방법으로 긍정적인 '너' 메시지 전달법이 있다. 부모가 아이에게 부정적인 메시지를 보내면 아이도 부정적으로 변하기 때문에 끊임없이 긍정의 메시지를 아이에게 전달해주어야 한다. 이것이 바로 '너' 메시지다. 아이들은 자신을 정의내리는 어른들의 말에 지대한 영향을 받는데, 어른들에 의해 내려지는 '넌 게을러'라든지, '넌 정말 좋은 애야' 같은 평가는 아이의 무의식 속에 깊고 단단한 뿌리를 내리게 된다. 문제투성이의 인생을 사는 수많은 어른들은 어린 시절에 "넌 아무짝에도 쓸모없어"라는 메시지를 듣고 자랐다고 회고하는 경우가 많다.

그러므로 자신감 있고 자존감 높은 아이로 키우려면 다음과 같은 메시지를 반복 전달해야 한다. "너는 긍정적인 사람이야." "너는 사람들과 잘 지내." "너는 이해력이 좋아." "너는 머리가 좋지." "너는 창의력이 뛰어나." "너는 건강하고 힘도 세지."

자존감을 높이는
사고방식

자존감은 변화할 수 있다

경험표집법 실험에 참가한 126명을 조사 분석한 한국체대 스포츠청소년 지도 전공 이미리 교수는 자존감이 높은 아이들은 대부분 새로운 자극을 받아들이는 것을 즐긴다고 설명한다.

> 자존감이 낮은 아이는 평소 컴퓨터 게임 등에 지나치게 몰입하고 그런 유의 혼자 하는 활동을 많이 하는 편이었다. 자존감이 높은 아이들은 혼자 시간을 보내는 것보다 친구들과 여러 가지 여가 활동을 많이 했다. 또한 부모들과 많은 시간을 보내는 편이었다. 정리하자면 자존감이 낮은 아이는 한 가지 활동만 몰입하고 즐기는 반면, 자존감이 높

은 아이들은 다양한 활동을 균형감 있게 하는 양상을 보여주었다.

김붕년 교수는 이에 대해 이렇게 설명한다.

⋮ 운동자극은 교감신경을 활성화시킨다. 교감신경의 활성화는 우리 몸
이 새로운 자극을 받아들이도록 준비시키는 역할을 한다. 새로운 자
극을 받아들일 준비가 되었다는 것은 새로운 동기가 부여되는 것과
유사한 경험이다.

요컨대 자존감이 높은 사람은 신체활동을 즐기고 이러한 신체활동은 다
시 새로운 자극을 받아들일 준비 상태를 만든다는 것, 새로운 동기를 부여
한다는 것이다. 자존감이 높은 사람은 대개 낮은 사람보다 새로운 일을 더
많이 시도한다. 그의 마음속에는 새로운 것에 도전하고 싶은 동기가 충만하
기 때문이다. 그리고 새로운 일에 대한 도전은 다시 자존감을 높이는 경험
으로 되돌아올 것이다.

새로운 자극이란 비단 새로 주어지는 과제를 의미하지 않는다. 새로운 학
원, 새로운 학습 내용, 새로운 친구, 새로운 책, 새로운 취미, 새로운 운동,
새로운 놀이 등 많은 것을 의미한다. 그런데 이러한 도전을 헤쳐 나가는 사
람은 지식을 쌓고 자존감을 키우는 경험을 하게 되지만, 조금만 낯선 상황
에 마주쳐도 자신이 상처를 받지 않을지, 도전이 안전할지만 따지는 사람은
낮은 자존감을 더욱 낮아지게 하는 결과를 자초할 것이다.

그런데 지금 내 아이의 자존감이 낮다면 어떻게 해야 할까? 이미 아동

기가 지났다면 자존감 형성은 끝난 상태이니 손을 쓸 수 없는 걸까? 자존감이 형성되는 시기는 학자에 따라서 차이가 있는데, 8세 이전이라는 견해도 있고, 아동기 즉 초등학생 시기라는 견해도 있다. 우세한 쪽은 초등학생 시기라는 의견이다. 유아기는 대부분의 아이들이 자신을 지나치게 긍정적으로 평가하기 때문에 아직 올바른 자존감이 완성되었다고 보기 어렵기 때문이다.

자존감은 자기도취와는 다르다. 둘 다 '자신을 사랑한다'는 공통점을 가지고 있기는 하다. 하지만 자기도취는 자신의 능력이나 외모, 성공을 과시하고 과대평가하며 다른 사람의 것은 과소평가한다. 늘 칭찬과 특별대우를 받기를 원하며 그렇지 못하면 쉽게 실망하고 분노한다. 반면 자존감은 자신에게 이미 만족하고 있기 때문에 자신을 과장해서 자랑할 필요를 느끼지 않고 다른 사람의 평가에 연연하지 않는다. 자기보다 뛰어난 사람을 만나도 자신의 무능함과 연결하지 않고, 자기보다 못한 사람을 만나도 그를 비하하지 않고 나름의 가치를 인정한다. 자존감이란 자신의 장점과 능력, 특징을 제대로 아는 것이지 무조건 좋게만 아는 것이 아니다. 무조건 다른 사람보다 자신이 낫다고 생각하는 것이 아니라 차이점을 인정하는 것이다. 따라서 인지발달 측면에서 볼 때, 자기중심적인 유아들은 아직 온전한 자존감을 가질 수 있는 발달 단계에 도달하지 않았다고 할 수 있다. 자존감은 다른 사람을 제대로 이해하는 사고가 가능한 아동기에 완성된다고 보아야 한다. 자존감은 유아기의 경험으로 만들어진 탄탄한 토대 위에, 아동기의 경험을 통해 각각 다른 내용으로 세워지는 것이라고 볼 수 있다.

그렇다면 초등학생 시기를 지난 아이는 더 이상 자존감이 바뀌지 않는 걸까? 2007년 10월 EBS가 초중고 아이들의 평균 자존감에 대해 비교한 자료, '시기별 자존감과 스트레스 비교'를 살펴보자. 비슷한 환경에서 자라고 있는 초중고 아이들의 평균 자존감을 비교해보았다. 초등학생 319명, 중학생 335명, 고등학생 227명이 조사에 참여했다. 집단 비교를 하자, 중학생의 자존감이 가장 낮게 나왔다. 송인섭 교수는 그 이유에 대해서 다음과 같이 설명한다.

:   과거에는 아이들의 자존감이 중학교 때까지 올라갔다가 고등학교 때 내려갔다. 왜냐하면 고등학교 때 대학입시를 준비했기 때문이다. 그런데 요즘은 중학교 때 이미 대학입시를 걱정한다. 중학교 때부터 이미 대학에 대한 압력, 공부에 대한 압력, 이런 것들이 작용하게 되는 것이다. 이 시기 아이들은 다른 아이와 비교를 당하게 된다. 자존감이 낮아질 수밖에 없다.

송인섭 교수는 중학생의 자존감이 가장 낮은 원인에 대해서 '다른 아이

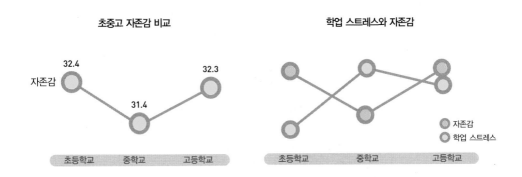

와의 비교'와 함께 '학업 스트레스'를 꼽았다. 자존감 조사 대상이 된 아이들에게 스트레스 지수를 조사해봤더니, 이번에는 정반대의 결과가 나왔다. 스트레스는 중학교 시기에 가장 높았다. 즉 스트레스 정도에 따라 자존감이 변하고 있었던 것이다.

자존감에 대한 여러 연구에서 자존감이 가장 높게 나타나는 시기는 유아기다. 앞서 언급했듯이 대부분의 유아들은 여러 영역에서 자신을 매우 긍정적으로 본다. 하지만 학령기에 접어들면 자존감은 다소 떨어지게 된다. 이전까지 가지고 있던 자존감에 엄청난 지각변동을 겪기 때문이다. 언제나 내 편이 되어주던 엄마와의 이별, 집단 속에서 익혀야 하는 새로운 규칙, 하기 싫지만 해야 하는 일들, 가족 외에 새로 사귀어야 하는 친구들, 집단 속에서의 비교와 경쟁…… 아이는 곧 자신이 글씨를 제일 잘 쓰는 사람이 아니며, 달리기는 못하는 축에 든다는 것을 깨닫게 된다. 그래서 이 시기를 '자존감의 위기'라고도 표현한다. 초등학교에서 만나는 외부자극을 이겨내는 힘이 있느냐 없느냐는 그 이전의 아이가 갖춰놓은 자존감이 결정한다. 초등학교 고학년 정도가 되면 자존감은 좀처럼 낮아지거나 높아지지 않는다. 아이는 여러 영역에서 사회적 순위를 인식하게 되고 그에 따라 자존감을 조정할 수 있게 되었기 때문이다. 초등학교를 마치고 중학교에 들어가면 자존감은 다시 떨어지는데, 이는 새로운 또래들과의 비교를 통해 새로운 순위를 인식하게 되고, 학업에 대한 스트레스가 가중되기 때문이다. 하지만 고등학교에 진학하게 되면 다시 자존감은 증가한다. 이는 초등학교 고학년 무렵에 자존감이 안정되는 것과 같은 이유다.

그런데 이 집단 샘플조사에서 가장 유의미한 부분은 자존감은 변한다는 사실이다. 알다시피 자존감은 영유아기를 거치면서 상당히 굳어진다. 하지만 조사 결과는 생각보다 고무적이었다. 자존감은 영유아기 때 상당 부분 고착되지만, 이후에도 주변 상황에 따라 높아지기도 하고 낮아지기도 했다. 자존감은 변했다. 변할 수 있는 것이다.

따라서 만약 아이의 자존감이 낮다고 생각된다면 그때부터 부모가 자존감을 높이는 훈련을 시키면 된다. 이때는 부모는 물론 주위 사람들의 노력도 절실하다. 아이의 긍정적인 측면을 보려고 노력하고, 아이가 잘한 것을 찾아보고 아이에게 그것을 깨우쳐주어야 한다. 또한 아이가 잘할 수 있는 쉬운 일을 찾아 자주 해보게 함으로써 성공의 경험을 늘려주어야 한다. 자신감이 없는 아이들은 대체로 무엇이든 스스로 잘 결정하지 못하는 경향이 있다. 이런 아이들에게는 스스로 선택할 수 있는 기회를 만들어줄 필요가 있다. 처음부터 선택의 폭이 너무 넓으면 아이가 움츠러들 수도 있으므로, 처음에는 세 가지 중에서 고르게 하고, 점점 그 가짓수를 늘려가는 것이 좋다. 물건을 사러 가거나 산책을 할 때 눈에 보이는 것 중 무엇을 좋아하는지 넌지시 물어보는 것도 좋다.

선택을 하는 것은 자신의 의사를 말하는 연습의 하나이며 또한 자신감을 키워주는 방법이기도 하다. 물론 아이가 잘 해내면 칭찬과 격려도 아끼지 말아야 한다. 밝은 미소를 지으며 머리를 쓰다듬어주거나 껴안아주거나 칭찬의 말을 건넨다. 부모의 따뜻한 칭찬과 격려는 아이의 자존감을 회복시키는 데 어떤 보상보다 효과적이다.

낙관성과 끈기를 키워라

미국의 30대 대통령 존 캘빈 쿨리지는 "재능이 아무리 훌륭한 사람이라도 끈기가 없다면 성공할 수 없다"는 말을 했다. 반대로 재능이 출중하지 않은 사람이라도 끈기 있게 접근한다면 완벽하게는 아니더라도 목표에 도달할 수 있다. 장애와 어려움이 있더라도 인내심을 가지고 끈기 있게 밀고 나가면 기대 이상의 결과를 얻게 된다.

자존감이 높은 아이들은 대부분 문제를 해결할 때 끈기 있게 접근한다. 시간이 오래 걸리더라도 결국은 해낼 수 있다고 자신의 능력을 믿기 때문이다. 그들의 자신감과 긍정적인 생각은 끈기 있는 태도만을 가져오는 것이 아니다. 그것은 뇌 속의 작용도 지배한다. 긍정적인 사고는 신경세포 사이의 회로를 활짝 열어주고 새로운 회로를 형성시킨다. 그래서 두뇌회전을 활발하게 해 문제해결을 위한 새로운 아이디어를 솟아나게 한다. 또한 긍정적인 생각은 근육의 긴장을 풀어주고 과민한 신경을 완화해주며 혈압을 정상화해 결과적으로 일의 효율성을 높여준다. 하지만 안 될 것이라는 부정적인 사고는 회로의 흐름을 방해하거나 억제시킨다. 해결책은커녕 점점 더 머릿속을 하얗게 만드는 것이다.

2007년 4월, 한겨레신문과 서울대학교 심리학과 곽금주 교수팀은 전국 6개 학교의 초등학생 386명을 대상으로 흥미로운 심리검사를 실시했다. 바로 긍정적인 사고, '낙관성'에 관한 것이었다.

검사 결과 낙관성이 높은 집단은 지능이 변하지 않는다고 여기는 '지능 불변론' 척도에서 낮은 점수를 받았고 '학습목표 성향' 척도에서는 높은 점수를 받았다. 이는 결과보다 과정을 중요하게 여기고 새로운 것을 배우고 자신의 능력을 키우는 것을 선호한다는 것을 의미한다. 그리고 시험에서 나쁜 점수를 받아도 좌절하지 않는 힘을 가리키는 '학업실패 내성'과 자신의 업무수행 능력에 대한 자신감인 '자아 효능감', 환경에 따라 자신을 적절히 조절할 수 있는 능력인 '자아 탄력성' 항목에서도 낙관성이 높은 집단이 더 많은 점수를 받았다. 게다가 이들은 다른 사람을 이해하는 '인지적 공감능력'이 높았고, 집단따돌림을 당하거나 시키는 수준은 낮았다. 부모나 가정, 학업으로부터 받은 스트레스도 적은 편이었다.

하지만 아이가 낙관적인 생각을 가지고 문제를 끈기 있게 바라보게 하기 위해서는 부모의 인내가 필요하다. 시간이 제법 오래 걸리더라도 재촉하지 않고 기다려주는 부모가 있어야 한다. 아이의 끈기를 위해서는 부모의 인내심도 필요하다는 말이다. 하지만 아이가 도저히 해결할 수 없는 문제인데도 끈기 있게 풀어보라며 방치해두는 것은 옳지 않다. 아이 나이에 걸맞은 현실적인 기대치를 가지는 것이 좋다. 우리 아이 나이면 어느 정도 할 수 있는지 각종 자녀교육서나 아동발달서를 찾아 미리 공부해둘 필요가 있다. 지나치게 높은 기대치를 가지고 아이를 대하면 너무 오랫동안 문제를 싸안고 있는 아이의 모습에 실망이나 비난 같은 부정적인 감정 표현을 하게 될지도 모른다.

만약 성격이 급해서 아이를 기다려주는 것이 너무 어렵다고 생각하는 부모가 있다면 구체적으로 기다리는 시간을 정해두고 연습을 해보자. 어떤 질문이든 아이에게 질문을 한 후 대답하기까지 적어도 7초는 기다려주는 것이다. 속으로 하나, 둘, 셋…… 일곱을 세면서 기다린다. 인내심을 키우는데 조금은 도움이 될 것이다.

부모가 본격적으로 인내심을 발휘해야 하는 상황은 아이가 충분히 할 수 있는 일, 조금만 노력하면 할 수 있는 일 등이다. 예를 들어 아이가 자전거를 배운다고 치자. 탈 때마다 중심을 잡기도 어렵고 조금 나가는 것 같다가 오른쪽 왼쪽으로 넘어지기 일쑤다. 아이는 무릎도 손바닥도 까지고 피가 난다. 이런 아이가 안쓰럽다고 해서 부모가 지레 포기하라고 설득해서는 안 된다. 가뜩이나 힘들어하던 아이는 부모의 말에 쉽게 포기를 결심할지 모른다. 이런 일들이 반복되면 결국 아이는 작은 어려움이나 장애만 있어도 쉽게 포기하게 되고 만다. 이럴 때 부모가 해야 하는 일은 아이의 포기하고 싶은 마음에 동조하는 것이 아니라, 잘 탈 수 있는 방법을 함께 찾아보는 것이다. 조금씩 나아지고 있다는 것을 아이에게 확인시키며, 끝까지 해낼 수 있도록 도와주는 것이다. 이렇게 인내한 다음에야 아이는 비로소 자전거를 타고 바람을 가르며 쌩쌩 달리는 가슴 벅찬 느낌을 알게 될 것이다. 또한 잠깐의 어려움을 참으면 그보다 훨씬 큰 희열을 느낄 수 있다는 것을 알게 되면, 앞으로 작은 어려움이나 장애물 따위에는 아랑곳하지 않는 끈기를 가지게 될 것이다.

실패는 없다

130여 년 전, 전구를 개발한 에디슨은 적합한 필라멘트를 찾기 위해 그의 조수와 함께 1,600가지 내열재와 6,000개가 넘는 식물질 섬유를 실험해보았다. 실험이 성공하기 전에 1억 2,000만 번이 넘는 실패를 한 것이다. 하지만 에디슨은 누군가 그의 실패를 위로하면 오히려 "나는 1억 2,000만 번 실패한 것이 아니라 필라멘트를 만들 수 없는 재료 1억 2,000만 개를 발견한 것이다"라고 말했다.

미국의 생물학자 오스월드 에이버리는 수년간 세포를 연구하며 수많은 실험을 했는데, 계속 실패를 거듭했다. 그럼에도 그는 포기하지 않고 계속 실험에 매달렸다. 주변에서 지켜보던 사람들이 안타까워서 그에게 힘들지 않느냐고 물었다. 하지만 그는 "넘어질 때마다 뭔가를 주워서 일어나거든요"라고 답했다. 결국 그는 DNA가 유전의 기본 물질임을 밝혀냈다.

에디슨과 에이버리, 그들은 결국 성공했다. 그들을 성공으로 이끈 결정적인 비밀은 자존감에 있다. 언젠가는 반드시 해낼 수 있다는 '자신감', 스스로에게 그런 능력이 있다는 '긍정적 이미지', 일에 대한 '끈기' 등이 성공의 비밀이다. 자신의 능력을 믿는 자존감 높은 사람에게는 문제를 해결할 새로운 아이디어가 샘솟을 것이고, 끈기 있게 문제를 바라보며 여러 가지 방법을 궁리하다 보면 성공이 따를 것이다. 한두 번의 시도로 성공을 말할 수 있는 사람은 없다.

그런데 세상에는 에디슨이나 에이버리만큼 재능이 있어도 그만큼의 성공을 이뤄내지 못하는 사람이 많다. 그들도 나름대로 실패 후에 다시 도전하지만 자꾸만 실패를 거듭한다. 같은 능력을 가졌음에도 누구는 몇 번의 실패 끝에 성공을 하는 반면, 누구는 그냥 실패로 끝나고 마는 것이다. 자존감이 낮은 사람은 한 번의 실패가 강하게 각인되어, 다음번에도 안 될 것이라고 짐작하면서 재도전을 하고, 실패가 누적되면 쉽게 포기한다.

아이의 자존감에 관심을 가져야 하는 이유가 바로 여기에 있다. 아이가 공부를 하면서 스트레스를 좀 많이 받은 듯했지만 그래도 수학시험에서 백점을 받았다면 마냥 좋아해도 될까? 억지로 영어학원에 집어넣었더니 영어 말하기대회에서 1등을 했다면 자랑해도 될까? 만약 그 과정에서 아이의 자존감이 손상되었다면, 백점과 1등이 아이의 인생에 성공을 가져다주지는 못한다. 부모의 강요로 이루어진 성공의 경험은 아이의 성공 경험이 아니라 부모의 성공 경험이다. 아이의 의지를 부인해서 억지로 성공 경험을 만들어 주어 봤자, 자신이 부인되는 순간 아이는 부정적인 자아상을 만들어 자존감이 손상된다.

19세기, 유치원 설립의 선구자인 프리드리히 프뢰벨Friedrich Fröbel은 유아는 부주의해서 많은 잘못을 하는데, 이는 제한된 경험 때문에 결과에 대한 지식을 가질 수 없기 때문이라고 말했다. 그런데 무지한 유아가 어떻게 처음으로 실패라는 것을 알게 되었을까?

아이는 태어나자마자부터 주위를 지속적으로 탐색한다. 새롭게 만나는 모든 것에 대해 계속해서 다양한 방법으로 경험을 시도해본다. 아이에게는 플라스틱 접시에 가득 담긴 과자를 흘리지 않고 옮기는 것도 큰 과제다. 아이는 과자 접시를 들고 비틀거리며 걷다가 수십 번이나 과자를 쏟고 다시 주워들기를 반복한다. 그렇게 실수를 반복하고 나서 비로소 사뿐사뿐 조심스럽게 걷는 법, 접시가 수평이 되게 과자를 드는 법, 눈으로 과자가 떨어지는지 관찰하면서 앞으로 걸어가는 법 등을 배운다. 하지만 아이가 성공하기 전에 엄마가 마룻바닥이 지저분해진다며 접시를 빼앗아버렸다면, 엄마가 아이에게 실패했다고 말하는 것과 같다. 아이는 그렇게 가장 가까운 사람에게서 '실패'라는 것을 처음 배우게 된다. 그 사람이 자신을 어떤 눈으로 쳐다보았는지, 목소리가 어땠는지, 행동은 어땠는지 등을 기억하고 그때 자신의 기분을 기억한다.

그런데 애초에 실패라는 것은 없다. 실패는 어떤 행위가 어떤 식으로 마무리되어야 한다는 개인적인 의견에 따른 것일 뿐이다. 에디슨의 경우, 남들이 1억 2,000만 번의 실패라고 말한 것을 스스로는 '발견'이라고 불렀다. 물론 스스로의 기준에 비추어 실패하는 경우가 있을 수도 있지만, 실패를 단순히 잘못된 일이라고 생각하는 사람은 그것과 자신의 가치를 동일시하는 일 따위는 하지 않는다. 실패가 아이의 자존감 형성에 좋지 않다는 것은 어린아이들은 실패를 자기의 가치와 동일시하는 경향이 강하기 때문이다. 하지만 실패를 일이 되어가는 과정의 시행착오 정도로 생각한다면, 실패가 자존감을 낮추는 일 따위는 발생하지 않는다. 오히려 시행착오를 겪으면서 자극을 받아 노력과 탐색을 할 수 있고 새로운 발견에 이르는 길을 찾는 기회가 될 수도 있다.

에디슨의 어머니는 병아리를 부화시키겠다고 달걀을 품고 있는 아들을 이해해주었다. 아이의 있는 그대로를 인정하고 스스로 즐겁게 해낼 수 있는 경험을 주어야 한다. 그래야 아이의 자존감이 높아지고, 자신의 삶을 성공으로 이끄는 사고방식을 갖게 된다. 자존감이 높은 아이는 대부분 성공한다. 아니, 정확히 표현하자면, 자존감이 높은 아이는 결국에는 성공한다. 실패를 딛고 흔쾌히 다시 도전할 수 있기 때문에 조금 늦더라도 반드시 성공할 수밖에 없다.

아이에게 실패가 무엇인지를 알려주는 것은 결국 부모다. 그렇다면 아이가 실패를 하더라도 툭툭 털고 일어나 다시 도전할 수 있게 하려면 어떻게 해야 할까? 다음의 다섯 가지 방법을 참고하라.

첫째, 아이의 능력보다 좀 더 높은 과제를 시킨다

이것은 아이가 실패할 수 있는 상황을 유도하는 것이다. 과제가 어렵기 때문에 아이는 노력 여하에 따라 성공할 수도 실패할 수도 있다. 시험 성적도 좋고, 달리기도 좋고, 장난감 조립하기도 좋다. 사소한 것에서부터 좀 더 높은 과제를 제시한다. 노력 이후 성공을 하게 된다면 더 큰 자신감으로 다음 과제에 도전할 수 있다.

둘째, 아이에게 성공할 때까지 최선을 다하라고 말하지 않는다

"네가 중요하다고 생각하는 것을 하고 싶은 대로 그냥 해봐"라고 말한다. 스스로 선택한 일은 책임감을 불러일으켜 실패해도 다시 도전하고 싶은 의욕이 생기게 한다.

셋째, 아이의 실패를 심각하게 받아들이지 않는다

실패를 통하지 않고는 아무것도 배울 수 없다. 만약 부모가 실패를 너무 심각하게 받아들이면 아이는 실패할지도 모르는 일은 무조건 피하려 들 것이며, 성공할 것 같지 않으면 결코 도전하지 않을 것이다. 아이의 실수에 대범하지 못한 부모라면 '친구의 아이가 이런 실수를 했다면 나는 어떻게 말해주었을까?'를 생각해보라. 한 발 떨어져서 해결책을 찾을 수 있을 것이다.

넷째, 자신의 실패를 순순히 인정하게 한다

실수를 인정해야 문제를 풀어갈 수 있다. 심각하게 말할 필요는 없지만 실패가 성공이라고 우기지 않도록 주의를 준다.

다섯째, 어떤 일이든 실패한 상태로 내버려두지 않는다

아이의 자존감을 향상시키는 것은 성공 경험이다. 실패는 성공 경험을 위한 자료를 제공하기는 하지만 그 자체가 자존감을 향상시키는 것은 아니다. 실패를 그대로 내버려두면 정말 실패가 된다. 하지만 실패한 후에 다시 시도할 수 있도록 격려해주면 한때의 실패가 결국은 성공으로 기록된다. 실패는 인정하되 그렇게 기록되도록 내버려두어서는 안 된다. 비슷한 일을 할 때마다 이전의 실패했던 경험이 떠올라 불안해하다 보면 자기 실력을 발휘할 수 없다.

성공과 실패보다 중요한 것은 도전

아이는 소소한 일상에서 아주 작은 도전을 해 성공하는 것만으로도 자신의 능력을 믿게 된다. 그런데 요즘 부모들은 마땅히 아이가 해야 할 일도 미리 알아서 해결해준다. 그러다 보니 아이들은 조금만 힘이 들어도 포기하고, 작은 실패에도 세상이 끝난 것처럼 절망한다. 요즘 아이들이 자기 의견을 똑 부러지게 밝힐 줄 알고 똑똑해진 것은 사실인지 모르나, 정작 자존감은 강하지 않은 듯 보인다. 탄탄한 자존감은 성공과 실패를 반복해서 겪으면서 만들어가야 하는데 아이들이 어리다는 이유로 부모가 문제를 막아주고 덮어주고 가리기만 하니 제대로 된 성공과 실패의 경험을 할 수가 있겠는가? 아마 남이 차려준 밥상 같은 절름발이 성공만 경험해보고 실패란 것은 구경도 못해봤을 것이다.

평범한 휴대전화 외판원에서 오페라 가수가 된 폴 포츠는 첫 내한 공연에서 이런 이야기를 했다. "예전에 슈퍼마켓에서 일할 때였습니다. 주인이 '그라나달라'라는 과일을 먹어보라고 권했죠. 하지만 먹고 싶지가 않았습니다. 맛이 없어 보였거든요. 결국 먹게 됐는데 정말 맛있는 과일이었습니다. 음반사에서 〈에브리바디 허츠〉라는 곡을 불러보라고 권했을 때도 마찬가지였습니다. 확신이 없었거든요. 그런데 부르고 나니 제가 가장 좋아하는 노래가 됐습니다."

자존감을 위해 아이가 겪어야 할 성공과 실패의 경험은 포츠가 말한 처음 먹게 되는 과일, 처음 부르게 되는 노래와 같은 것일 수 있다. 성공이냐 실패냐 하는 문제보다 해보느냐 해보지 않느냐가 관건이다. 막상 해보게 되면 우리가 미리 생각했던 것보다는 일이 쉽게 풀릴 수도 있다. 아이가 성공과 실패를 경험하게 하기 위해서는 부모가 좀 더 대범해질 필요가 있다. 아이를 믿고 뭐든 도전해보게 하되, 실패해도 된다는 것, 다시 하면 된다는 것을 말해주면 된다. 아이를 사랑한답시고 모든 일의 결과를 예상하고 일어나지도 않은 실패와 성공을 관리해서는 안 된다. 부모는 아이가 스스로 원하는 일을 할 수 있도록 독려하고, 실패하면 그 자리에 주저앉지 않도록 격려해주며, 성공하면 아낌없이 칭찬해주기만 하면 된다.

실패와 성공 그 자체가 무엇을 의미하는 것은 아니다. 실패와 성공의 경험으로 아이가 정말로 배워야 하는 것은 자신이 꽤 괜찮은 사람이라는 확신이다. 열심히 공부해서 시험을 잘 봤을 때, 수없이 넘어진 끝에 자전거를 타게 되었을 때, 힘들었지만 자랑스러운 일을 성취했을 때 등을 떠올리며 어떤 어려움이 있더라도 결국에는 잘 해낼 거라는 확신, 즉 자존감을 갖는 것이다. 우리는 당장 아이를 세계적인 과학자로, 정치인으로, 수학자로, 의학자로 만드는 영재교육을 하려는 것이 아니다. 또한 아이에게 성공하는 사람들이 가진 습관을 훈련시키려는 것도 아니다. 단지 아이가 적절하게 실패와 성공의 경험을 반복하면서, 청소년이 되고 성인이 되어 어떤 어려움을 맞닥뜨리더라도 헤쳐 나갈 수 있는 건강한 정신력을 갖기를 바라는 것뿐이다.

아이는 살아가면서 앞으로 여러 가지 도전을 하게 될 것이다. 그러나 자존감이 높은 아이는 새로운 자극을 받아들일 준비

가 되어 있으며, 아무리 힘들고 어려운 과제라도 끈기 있게 해결해나갈 것이다. 성공의 경험을 통해서 더 큰 자신감과 자존감을 획득할 것이고, 실패의 경험을 통해서는 인내와 강한 정신력을 키워, 다음 기회를 즐겁게 맞이하게 될 것이다. 이것이 자존감이 주는 또 다른 선물이다.

잘못을 했더라도 좋은 의도는 칭찬해야 한다

나연이는 음식을 다 먹고 나서 몰래 접시를 들고 개수대 쪽으로 가고 있다. 설거지를 하던 엄마는 나연이를 힐끗 한번 보고는 "엄마가 할게 그냥 둬. 가지고 오다가 흘리면 일만 더 많아져"라고 말한다. 엄마 말이 끝나기 무섭게 접시는 나연이 손에서 미끄러지듯 빠져나가 바닥으로 떨어진다. 쨍그랑 소리를 내며 접시는 산산조각이 났고 접시에 남아 있던 음식은 사방으로 튀었다. "그러게 엄마가 하지 말랬잖아. 넌 가만히 있는 게 도와주는 거라니까."

나연이가 접시를 나르려고 한 것은 엄마를 돕고 싶어서다. 칭찬받을 생각을 잔뜩 하며 한 행동이 오히려 꾸중으로 돌아왔으니 얼마나 속상할까? 아이가 실수를 저질렀을 때 현명하게 지도하려면 우선 아이의 마음을 알아주는 것이 중요하다. 그리고 그 다음 칭찬과 꾸중을 적절히 섞어야 한다. 지저분한 바닥이나 깨진 그릇을 보면 화가 나겠지만 아이에게 소리를 지르며 화낼 것이 아니라 "엄마를 도와주려다 그랬구나? 우리 나연이 속상하겠다"라고 마음을 알아준 후 "그런데 나연아, 그릇이 깨지거나 엎어질 수 있으니까 조심히 옮겨야 하는 거야"라고 타일러주는 것이 좋다. 꾸중을 먼저 듣게 되면 아이는 실패에 대한 두려움이 생겨 새로운 시도는 하지 않으려고 들지도 모른다.

공감형 부모가 자존감을 높인다

눈을 맞추고 안아주고 대화하라

갓 태어난 아이의 자존감은 완벽하게 차 있거나 완벽하게 비어 있는 상태가 아니다. 대단히 가변적이다. 마치 말랑말랑해서 쉽게 모양이 변하는 젤리와 같다. 손가락으로 누르면 한쪽이 쑥 들어가고, 손에 쥐면 금세 모양이 변하는 상태다. 그러나 자존감은 성장하면서 주변의 중요한 사람과 어떻게 상호작용하느냐에 따라 점차 특정한 모양으로 형성되고, 시간이 지나면 쉽사리 모양을 바꿀 수 없는 상태로 딱딱하게 굳어지고 고정되어버린다. 킴 교수는 이렇게 말한다.

아이는 부모가 자신을 어떻게 대하는지를 보면서 자기가 어떤 사람인지 정의한다. 예를 들어 엄마가 아이를 대할 때 항상 웃고 애정이 가득한 표정을 지으면 아이는 곧 그 모습을 자기 얼굴이 비친 거울로 받아들인다. 거울 속 모습을 보며 자기가 어떤 사람인지 알아가는 것이다. 자존감은 이렇게 형성된다. 순수한 애정만으로도 자존감이 형성될 수 있다.

우리는 지금까지 '부모가 아이의 거울이다'. '부모가 아이의 미래 모습이다'라는 말을 수도 없이 들었다. 만일 부모가 모범적인 생활을 한다면 아이는 그것을 자연스럽게 따라할 것이다. 어려운 일이나 난관에 부딪쳤을 때도 부모가 긍정적이고 자신감 있는 태도를 보여주면, 아이도 새로운 일이 주어지면 그렇게 해결해야 하는 줄로 안다. 부모의 태도가 곧 아이의 길잡이가 된다.

그러나 이러한 역할모델보다 더 중요한 것이 있다. 그것은 바로 '사랑'이다. 가정환경이 바람직하지 않고 양육태도가 모범적이지 않아도, 자존감 높은 훌륭한 아이가 나오기도 한다. 반대로 부모 행동이 모범적이고 훌륭한 외부환경이 주어져도 자존감이 낮은 아이가 나오기도 한다. 부모의 사랑이 부족하면 아무리 역할모델이 훌륭하고 환경이 탁월해도 자존감이 높은 아이를 길러낼 수 없다. 부모의 사랑은 자존감의 가장 중요한 필요조건이다. 사실 부모의 사랑은 아이의 자존감뿐 아니라 발달이나 학습의 모든 면에 영향을 미치는 가장 중요한 요소다. 아이는 부모의 사랑을 충분히 받은 다음에야 뭐든 받아들일 준비가 되기 때문이다.

부모와 자식 간의 단단한 사랑, 애착은 아이의 모든 발달과 교육의 우선

조건이다. 애착이 얼마나 안정적으로 잘 형성되었는가에 따라 정서적인 안정감이나 대인관계에 대한 신뢰감, 각종 변화에 따른 스트레스를 견디는 능력 등이 결정되기 때문이다. 뿐만 아니라 아이는 엄마의 행동을 편안하게 받아들이기 때문에 모방이 쉬워져 세상을 배워가기가 수월해진다. 그리고 자존감에 중요한 긍정적인 자아상과 세상에 대한 신뢰도 생기게 된다.

아이가 원하는 일을 하게 하라

앞서 실시한 각종 실험에서 자존감이 높이 평가된 아이들의 자존감은 자아에 대한 개념이나 공감능력, 리더십, 성취도 등에 그대로 연결되고 있었다. 무엇이 아이들의 자존감을 높였는지를 알아보기 위해 부모를 인터뷰했다. 방법적인 면에서는 조금씩 다르지만, 그들은 아이의 '성공 경험'을 무엇보다 중요시하고 있었다.

"우리 아이는 밖에서 친구들과 뛰어노는 것을 좋아하는 편이에요. 여느 남자아이들처럼 축구를 무척 좋아하죠. 저는 어릴 때부터 놀 땐 실컷 놀라고 했어요. 대신 공부할 땐 공부를 하라고 했죠. 하고 싶으면 하고 하기 싫은 일은 억지로 시키지 않았어요. 그렇지만 하기 싫은 일을 참고 했을 땐 엄마가 그에 대한 책임은 져준다고 했지요." 아이가 일단 하고 싶은 것을 최대한 허락해줌으로써 자존감을 키워준 경우다.

"뭐든 스스로 하려는 아이입니다. 자기 방 청소는 물론이고요. 숙제도 알아서 하지요. 그러다 보면 가끔은 어른인 제가 할 일을 본인이 하려고 들기도 합니다. 그럴 땐 잘 못할 것이 분명해 제재를 하고 싶지만, 그냥 하고 싶은 대로 하도록 하는 편이지요. '그래 한번 해봐라' 하면서 지켜봐줍니다. 중간에 아이가 잘 못하더라도 아이 생각대로 끝까지 해보도록 했어요." 이 아빠는 아이가 무엇인가 시도하다가 틀려도 최대한 개입을 하지 않음으로써 자존감을 높였다.

"아이와 많은 시간을 함께합니다. 옥상에서 각종 식물을 키우는 일도 함께 하지요. 아이에게 되도록 많은 경험을 하게 해주려고 합니다. 아이는 여러 가지 경험을 하면서 차츰 성숙해진다고 믿기 때문이지요. 아이와 어떤 일을 함께 할 때는 틀에 박힌 듯 굳이 아이가 할 일과 어른의 할 일을 나누지 않아요. 뭐든 자신이 생각하는 대로 한번 해보도록 합니다." 역시 아이에게 새로운 경험의 기회를 의도적으로, 또한 주기적으로 제공함으로써 아이의 자존감에 좋은 영향을 주었다.

'아이가 하고 싶은 일을 아이의 생각대로 하도록 두는 것'. 자존감의 핵심 비법 치고는 다소 싱겁게 느껴지지만, 자존감 높은 아이들의 부모는 모두 비슷한 대답을 했다. 김붕년 교수는 이 간단한 교육법이 아이의 자존감을 높이는 매우 훌륭한 양육법이라고 말한다.

　：　무엇인가 스스로 완성할 때 느끼는 성공의 경험은 이 시기 아이들에게 결정적인 영향을 끼친다. 스스로가 주도한 과제를 성취해서 느끼는 만족과 희열을 그 아이가 아주 의미 있게 받아들인다면 자기 효능감이 생기게 되고 새로운 일에 도전하고 싶은 동기부여를 일으킨다. 이때 도파민이라는 신경전달물질이 굉장히 중요한 역할을 하게 된다. 이 물

질은 꽤나 신기한 물질이어서 뇌가 새로운 경험을 하면서 쾌감을 느낄 때 분비된다. 도파민이 분비되면 뇌는 그것을 좋은 기억으로 저장한다. 그리고 계속 그 행동을 하도록 자극하고, 그때 다시 또 도파민이 분비된다. 이렇게 선순환을 하다 보면 아이는 내가 선택한 일은 내가 할 수 있다는 자신감에 이르게 되고, 그것이 바로 '자존감'이라는 형태로 마음속에 굳건하게 자리 잡게 된다. 이런 것들의 기초가 되는 것이 아동기에 만들어진다고 했을 때 초등학교 시절의 성공 경험이 '자존감 형성'에 얼마나 중요한 것인지는 아무리 강조해도 지나치지 않다.

결국 하고 싶은 것은 마음껏 해보게 하는 교육법은 단순히 스스로 하는 습관을 들이거나 성공의 경험을 익히도록 하는 것이 아니라, 아이에게 성공을 경험하게 함으로써 도파민이라는 호르몬을 분비시켰고, 이는 아이에게 또다시 동기를 부여한 것이다. 그런데 꼭 기억해야 할 점은 성공의 경험이 외부에서 주어질 때는 절대로 도파민이 활성화되지 않는다는 것이다.

자존감을 높이는 데 성공 경험이 중요하다는 것은 지금까지 수차례 강조됐다. 그러나 단순히 성공의 경험을 양적으로 늘려주는 것에만 집중하고 있었다면, 다시 처음으로 돌아가 왜 아이가 하고 싶은 일을 스스로 하도록 해야 하는지, 왜 아이에게 결정권을 주어야 하는지 곰곰이 고민해보자.

아이가 어릴 때는 아이가 원하는 성공이 세상을 살아가는 데 필요한 기술을 익히는 수준이기 때문에 부모가 성공 경험을 이끌어주기가 수월했다. 아이가 호기심을 보이는 대로, 발달수준에 맞게 지켜봐주고 도움을 요청할 때 반응해주면 되었다. 보통 취학 전까지는 아이가 이루려는 성공과 부모가 시키고 싶은 성공이 대체로 일치한다. 하지만 아이가 자라면 자랄수록 아이가 이루고 싶은 성공과 부모가 시키고 싶은 성공이 달라진다. 초등학교에 들어가게 되면 아이는 독립심과 개인의식이 점차 강화되어 '자기실현'을 위한 성공을 찾으려 한다.아이는 친구들과의 축구시합에서 이기고 싶은데, 부모는 수학시험에서 백점을 받으라고 하는 것이다.

부모가 시키고 싶은 일과 아이가 하고 싶은 일이 부딪쳤을 때, 이것만 기억해라. 시키는 일에서의 성공은 아이의 자존감에 별 도움이 되지 않는다는 것. 그리고 스스로에게 물어보라. 부모가 원하는 성공이 아이를 위한 것인지, 부모를 위한 것인지.

간섭과 허용 사이에서 균형 잡기

부모는 종종 자신이 일일이 알려주지 않으면 아이가 아무것도 못할 것이라고 오해한다. 그래서 엄마가 정해준 일을 엄마가 원하는 차례대로 하도록 간섭을 한다. 혹여 아이가 불평불만을 하면 아이를 위한 일이라고 합리화하며, 바쁘게 움직이며 아이를 이끌어주어야 좋은 엄마라고 생각한다. 하지만 이상하게도 잔소리는 하면 할수록 더 느는 특징이 있어서 어느새 자신도 모르게 인신공격성 발언까지 서슴지 않게 된다. 그러다 보니 부모의 간섭과 잔소리는 아이의 자존감에 큰 타격을 주게 된다. 또한 부모가 지나치게 간섭하고 잔소리를 하면 아이는 무기력해지고 불만과 죄책감이 생긴다. 스스로 잘할 수 있는 일은 없다고 생각해 무슨 일을 하든 다른 사람의 눈치를 보게 된다. 자신에게 주어진 일을 주도적이고 긍정적으로 바라보기보다는 남에게 과시하거나 보상받기 위한 도구로 생각하게 된다. 간섭을 많이 하는 부모는 아이가 부모의 지시를 잘 따랐을 때 칭찬이나 보상을 제공하는 경우가 많기 때문이다.

자아존중감이 다른 사람의 관심이나 인정에 가장 큰 영향을 받는 것은 사실이다. 하지만 스스로 생각할 기회조차 박탈당한 아이는 사실 자신이 어떤 모습인지, 가치가 있는지 없는지를 알지 못한다. 부모의 간섭은 아이의 자아개념 형성에 부정적인 영향을 끼치고, 급기야 아이가 다른 사람도 있는 그대로 받아들이지 못하는 사태까지 만든다. 왜냐하면 자신을 있는 그대로 받아들일 수 있는 사람만이, 다른 사람의 모습도 있는 그대로 받아들일 수 있기 때문이다.

민주적인 부모교육 이론으로 유명한 교육학자 루돌프 드라이커스Rudolf Dreikurs는 아이는 스스로 할 수 있는 행동에 대해 방해를 받으면 자신의 힘을 보여주기 위해 문제행동을 일으킬 수도 있다고 경고했다. 그의 주장에 따르면 모든 아이는 다른 사람에 비해 신체적으로 작다든가 많은 것을 혼자서 할 수 없다는 것을 인식하게 되면 수치심과 열등감을 갖는다. 누군가 지속적으로 수치심과 열등감을 자극하면 어느 순간 아이는 스스로를 제어하지 못하고 문제행동을 일으키는 상황에 직면한다. 하지만 다른 사람의 도움이나 방해 혹은 강요 없이 혼자 힘으로 새로운 것을 수행하게 되면 자신이 가진 능력에 자신감을 갖고 자율성이 점점 발달한다는 것이다.

간섭하고 참견할 일이 생기면 말이나 행동으로 옮기기 전에 냉정하고 침착하게 생각해보라. 아이에게 간섭하려는 이유가 무엇인지, 그리고 그것이 정말 아이를 위한 것이 아니라면 고치려고 노력해야 한다. 하지만 습관처럼 굳어버린 간섭과 잔소리를 단번에 없애기는 어려울 것이다. 그렇다면 어떻게 해야 할까?

첫째, 말투부터 바꿔보자

명령조로 말할 것이 아니라 부탁조로 바꿔보자. "장난감 좀 치워라" 대신 "장난감을 치워주면 엄마가 많이 편해질 것 같은데, 좀 치워주지 않을래?"로 바꿔보는 것이다. 둘은 같은 메시지를 담고 있지만, 후자의 경우는 아이가 존중받는다고 생각할 것이다.

둘째, 아이가 실수를 해도 괜찮다고 생각해라

한번쯤 숙제를 안 해도, 준비물을 안 챙겨도 괜찮다. 아이가 실수하고 잘못된 행동을 하는 것이 두려워 부모가 나서서 미연에 방지하려고만 들면 아이는 숙제를 반드시 해야겠다거나 준비물을 꼭 챙겨야겠다는 생각을 스스로 할 수 없고, 그런 상황에 대응해 급하게 숙제를 하거나 준비물을 친구에게 빌려 쓰는 경험을 할 수 없다. 아이에게 규칙이나 해야 할 일을 알려주는 것은 한 번으로 충분하다. 다음은 아이가 실수하면서 배워가게 하면 된다. 그래야 스스로 자랄 힘이나 자존감을 기르게 되는 것이다.

셋째, 아이를 믿어라

간섭과 잔소리 속에는 아이가 잘하지 못할 것이라는 생각이 깔려 있다. 아직 어려서 할 줄 아는 것이 없을 거라고 단정 짓지 말고 아이의 능력을 믿어줘라. 어른만큼 완벽하게는 아니겠지만, 아이 혼자서도 충분히 잘할 수 있다. 그래도 불안하다면 아이의 장점을 스무 개만 생각해봐라. 하나씩 꼽다 보면 아이가 잘하는 일이 꽤 많다는 생각이 들 것이다. 아이의 장점을 항상 마음속에 품고 있으면 아이를 간섭하고 혼내고 싶은 장면보다 칭찬하고 격려하고 싶은 장면이 더 많이 보일 것이다.

혹시 자신은 절대 아이에게 간섭과 잔소리를 하고 있지 않다고 생각하는가? 정말 그렇다면 아주 다행이다. 하지만 간섭과 잔소리는 어느 부모도 쉽게 피해 갈 수 없는 육아태도 중 하나다. 그래도 난 절대 아니라고 자신한다면, 아이와 지내면서 한 말을 딱 하루만 몽땅 녹음해보라. 자기 전에 녹음한 것을 들어보면 스스로 깜짝 놀랄 것이다.

그렇다고 아무 말 없이 그저 아이의 행동을 칭찬만 하며 지켜보라는 말은 아니다. 아기발달클리닉의 김수연 박사는 간섭과 잔소리만큼이나 무조건 들어주는 것도 좋지 않다고 말한다.

> 아기가 어릴 때 부모들이 흔히 저지르는 잘못이 두 가지 있다. 한 가지는 '이렇게 해야 돼'라고 부모가 아이를 발달시키려는 목표를 갖고 부모 의도대로 아이를 몰아가는 것이다. 두 번째는 무조건 아이가 하는 대로 내버려두는 것이다.
> 아이가 읽고 있는 그림책을 치우고 엄마가 선택한 그림책을 읽으라고 강요하는 엄마, 이런 강압적인 태도는 아이의 자존감 형성에 치명적이다. 아이는 늘 틀리게 돼 있는 존재이다. 그것을 강압적으로 교정시

키려고 들면 아이는 무력감을 느
낀다.

반대로 아이가 손으로 음식을 만
지든, 열 개의 귤을 하나같이 한
입씩만 베어 물고 내려놓든 그대
로 놔두는 엄마, 강압적인 태도
못잖게 위험한 태도다. 엄마 딴

에는 자존감을 살려준다며, 창의성을 길러준다며 모든 것을 다 받아
주는 것이다. 간혹 기를 살려준다는 생각에 사실과 다른 과도한 칭찬
을 하기도 한다. 이런 태도 또한 아이에게 잘못된 원칙, 비현실적인 자
아상을 가지게 한다.

양극단 사이에서 균형을 잡기란 결코 쉬운 일이 아니다. 부모의 양육태도
가 아이의 자존감에 어떤 영향을 끼치는지 조금 더 구체적으로 알아보면,
우리가 무심코 저지르는 실수를 발견할 수 있을 것이다. 유효순·이원형의
공저인 『부모교육』에 따르면 부모의 양육태도는 수용형, 익애형, 허용형,
거부형, 지배형, 과잉기대형 6가지로 나뉜다. 나의 양육태도는 어디에 속하
는지 생각해보자.

첫 번째 수용형 부모는 아이와 정서적으로 밀착된 관계를 가지면서 따뜻
하고 자애로운 태도로 아이를 대한다. 이 유형의 부모는 언제나 아이에게 깊
은 관심을 가지고 아이를 인격적으로 대한다. 이런 부모 밑에서 자란 아이는
자신을 존중할 줄 알고, 자신과 타인을 긍정적으로 대한다. 책임감이 높고

사교적이며 협동적이다. 자신의 일에 성실하고 정서적으로도 안정되어 있고 명랑하다. 이는 자존감 높은 아이를 키우는 양육태도라고 할 수 있다.

두 번째 익애형은 아이를 너무 사랑한 나머지 지나친 관심과 사랑을 쏟는 유형을 말한다. 이 유형의 부모에게 아이는 '물가에 내놓은 아기', 연령과는 상관없이 항상 보호해주어야 하는 대상이다. 이들은 항상 아이의 시중을 들고, 옷을 입혀주고, 밥을 먹여주고, 신을 신겨주는 등 아이가 스스로 할 기회를 좀처럼 주지 않는다. 이런 부모는 당연히 아이의 독립심과 자율성 발달을 방해하며, 아이에게 의존적 태도를 갖도록 한다. 뭐든지 스스로 해본 적이 없기 때문에 위험을 두려워하고 탐구적이지 못하며 소극적인 사람이 되게 한다. 지나치게 부모의 보호를 받고 자란 아이는 정서적으로 안정되거나 성숙되지 못해 또래 친구들과 잘 어울리지도 못하고 협동심이 부족하고 자신감도 적다. 또한 집단생활에서도 의존적일 가능성이 높다.

세 번째 허용형은 익애형과 비슷한데, 무엇이든 아이가 하는 대로 내버려두는 경우다. 이러한 부모는 아이가 원하는 것은 무엇이든 충족시켜주려 하기 때문에 아이의 노예가 되기 쉽다. 이런 부모에게서 자란 아이는 어른에게 순종하지 않으며, 스스로의 행동에 책임을 질 줄도 모른다. 그뿐만 아니라 권위를 무시하고 공격적이고 적대적이고 부주의하다. 집에서는 폭군이지만, 집 밖에서는 매사에 두려움을 갖거나 반대로 지나치게 자신감을 갖는 성향을 보인다.

네 번째 거부형은 의식적, 무의식적으로 아이에게 무관심하거나 적대감을 나타내는 양육태도다. 아이에게 지나치게 사랑을 표시하면 아이를 망칠 수 있다고 생각해 의식적으로 사랑을 억제하고 무관심한 태도를 취하는 경우가 많다. 이런 부모 밑에서 자란 아이는 안정감이 부족하고, 좌절감을 자주 경험해 자신감이 결여된다. 무기력하고, 사교적이지 못해 사회생활에 적응이 어렵다.

다섯 번째 지배형에 속하는 부모는 아이를 엄격하게 통제하고 사랑의 표현을 절제하며, 그렇게 하는 것이 아이를 위한 일이라고 생각한다. 이들은 대개 지배형 부모를 둔 경우가 많은데, 자신의 권위를 아이와의 관계에서 찾으려 한다. 이 유형의 부모 밑에서 자란 아이는 허용형, 수용형 부모의 아이보다는 사회생활에 적응을 더 잘한다. 조심성이 많고 온순하고 순종적이기 때문이다. 그러나 남의 시선에 민감해 열등감을 쉽게 느끼고, 무슨 일이나 확신을 갖지 못한다. 이런 아이들은 주변 사람들에게 순종적이고 수동적이다.

마지막 유형은 과잉기대형이다. 부모가 이루지 못한 높은 성취를 아이에게 대신 이뤄주기를 바라는 유형이다. 이런 부모들은 일찍부터 높은 성취기준을 두어 아이로 하여금 그 수준에 이르도록 요구한다. 아이는 당연히 압력을 느끼며, 부모의 기대수준만큼 행동하지 못할 때 열등감을 느끼고 죄의식에 사로잡혀 화를 잘 내게 된다.

고대 중국인의 지혜가 담긴 『채근담菜根譚』에는 이런 말이 나온다. "일은 급히 서두르면 애매모호해진다. 느긋하게 늦추면 저절로 밝혀지니 조급하게 서둘러 분노를 사지 말라. 사람을 억지로 부리려면 순종하지 않지만 그냥 놓아두면 감화되는 수가 있으니, 심하게 부려 더 완고하게 만들지 말라." 아이를 키우면서 자꾸만 조급해지는 부모가 기억해두면 좋을 말이다.

성공과 칭찬의 경험이 많을수록

쿠퍼스미스는 자아존중감 발달에는 두 가지 요인이 중요하게 작용한다고 말했다. 첫째는 아이의 성공과 실패의 역사, 즉 아이가 성취한 객관적인 지위다. 그러나 개인의 성취와 실패란 다분히 주관적인 기준에 의해서 평가된다. 둘째, 삶에 있어서 중요한 타인으로부터 아이가 받은 존경심과 수용, 대우의 양이다. 결국 이 두 가지 요인에 가장 큰 영향을 주는 것은 **성공과 칭찬**이다. 성공 경험은 아이가 성취한 객관적인 지위를 높일 것이고, 칭찬 경험은 중요한 타인이 자신을 인정하고 있다는 것을 확신시키기 때문이다.

이런 이유로 전문가들은 아이의 자존감을 높이려면, 부모가 성공의 기회를 많이 제공해주고, 칭찬하는 습관을 길러야 한다고 조언한다. 흔히 성공이라고 하면 거창한 과제를 떠올려 어렵게 생각하지만, 자존감 향상을 위한 성공 과제는 사소하고 작은 일에서부터 시작된다. 조끼의 단추를 혼자서 다 채우는 것, 흘리지 않고 밥을 먹는 것, 두 발 모아 뛰기를 하는 것, 계단을 혼자서 내려가는 것 등부터 시작하면 된다. 그다음에는 엄마의 심부름을 하는 것이나 숙제를 혼자 힘으로 해내는 것, 준비물을 스스로 챙기는 것 등을 과제로 준다. 이렇듯 아이가 자랄수록 과제는 신변적인 것에서 다른 사람과 관련된 것, 지적인 것까지 폭넓어질 것이다.

종종 부모들은 아이에게 어떻게 성공의 기회를 만들어줄지 고민한다. 자신이 무언가를 제시해서

성공과 칭찬 ●

교육심리학자인 제르맹 뒤클로Germain Duclos는 자아존중감을 높이는 네 가지 키워드를 '자신감, 긍정적인 자아상, 소속감, 능력에 대한 자부심'으로 보았다. 이 이론에서도 성공은 자신감과 능력에 대한 자부심을 키워줄 것이고 칭찬은 긍정적인 자아상과 소속감을 길러줄 것이다. 따라서 성공과 칭찬의 경험은 많으면 많을수록 좋다.

아이가 해내야 성공 경험이 될 것이라고 믿기 때문이다. 하지만 아이의 성공은 부모가 어떤 과제를 제시하고 아이가 그것을 부모 생각에 흡족한 수준으로 완수하는 것을 말하는 것이 아니다. 자존감을 위한 아이의 성공은 스스로 호기심을 보이는 것을 스스로 만족할 만큼 잘 해내는 것을 의미한다. 그러므로 아이가 호기심대로 행동하도록 두는 것이 곧 성공의 기회를 늘려주는 것이다.

그렇다면 칭찬의 경험은 어떻게 만들어줄 것인가? 언제 어느 순간에 칭찬을 할 것인가? 무조건 칭찬을 많이만 하면 좋을까? 물론 그렇지 않다. 적절치 못한 칭찬은 칭찬의 효과를 오히려 반감시키고 비뚤어진 자아상만 갖게 할 뿐이다. 김 교수는 칭찬을 하는 데도 요령이 있다고 말한다.

> 아이의 자존감을 높일 셈으로 사실과는 무관한데 무조건 자아만 잔뜩 부풀리는 식으로 칭찬하는 것은 좋지 않다. 예를 들어 야구에 분명히 재능이 없는 아이에게 '최고의 야구선수'라고 칭찬하는 것은 오히려 잘못된 자아상을 갖게 할 뿐이다.

물론 우리 아이는 칭찬할 일이 별로 없다고 생각하는 부모도 있을 것이다. 그러나 칭찬은 어렵고 커다란 과제를 해낸 경우에만 할 수 있는 것이 아니다. 밥을 잘 먹은 것, 친구와 잘 논 것, 깨끗이 세수한 것 등 작고 사소한 과제의 성공 후에 해주면 된다.

부모는 무의식중에 아이의 행동을 성인인 부모 기준으로 바라보는 경우가 많다. 아이 입장에서는 비교적 잘 해낸 것임에도 더 잘해야 성공한 것이라고 생각한다. 그래서 아이 눈에는 자신은 잘하는 일이 많은 것 같은데, 부모 눈에는 잘 못하는 일이 많은 것처럼 보이기도 한다. 그러나 아이의 성공과 칭찬을 이야기할 때는 온전히 아이 입장으로 돌아가야 한다. 완벽하지 않더라도 지난번보다 잘했다면 칭찬해주고 성공이라고 인정해준다. 잘 못했더라도 아이가 진심으로 열심히 했다면 과정에 대해 칭찬하면 된다. 어떤 과제를 통해서 우리가 진심으로 원하는 것은, 아이가 나아지는 것이지 결과가 나아지는 것은 아니기 때문이다.

아이에게 칭찬을 할 때는 잘한 행동에 대해서 구체적으로 말해주는 것이 좋다. "착하구나", "예쁘구나" 같은 막연한 칭찬은 부모에 대한 신뢰를 약화시킬 뿐 아니라 칭찬을 듣기 위해 바람직한 행동을 하려는 노력도 감소시킨다. 따라서 아이에게 칭찬을 하려면 "지난번에는 단추를 두 개 채웠었는데, 이번에는 네 개나 채웠구나. 정말 대단한걸", "더 많이 먹고 싶었을 텐데, 친구에게 나눠주다니 의젓하네"라고 구체적으로 표현한다. 아이는 스스로 잘했다고 생각하는 부분을 부모도 잘했다고 느낀다는 점에서 자신의 능력을 인정받았다는 뿌듯함은 물론, 부모와 나의 생각이 같다는 데에서 따뜻한 공감까지 느끼게 된다. 나아가 구체적인 칭찬은 아이에게 왜 칭찬을 하는지를 알게 하기 때문에 계속 행동의 동기를 유발할 것이다. 그러면 아이의 성공 경험도 계속해서 늘어날 것이다. 칭찬과 성공은 맞물려 돌아가는 톱니바퀴 같다. 칭찬은 아이에게 더 잘하고 싶은 욕구를 불러일으키고, 그런 욕구는 자연스럽게 성공을 가져다준다.

부모의 말 한마디가 단점을 극복하게 한다

올해 열 살이 되는 성화는 유난히 키가 작은 편이다. 엄마 아빠는 성화의 작은 키가 항상 고민이다. 한의원부터 성장클리닉까지 여기저기 다녀봤지만 뾰족한 효과가 없다. 가뜩이나 속이 상한데 엘리베이터에서 만난 옆집 아줌마는 어떻게 3학년이 이렇게 작냐며 신기한 듯 바라본다. 엄마는 집에 오자마자 성화한테 우유며 치즈며 키에 좋다는 것을 내민다. "많이 좀 먹고 얼른 좀 커. 남자애가 이렇게 작아서 창피해서 어떡하니?" 그날 일기장에 성화는 "나는 키가 작아서 너무 슬프다"라고 썼다.

아이가 '나는 작다'는 생각에 사로잡혀 자아가 위축되어버리면 자신감을 잃게 되고 다른 사람 앞에 나서기를 두려워하는 소극적인 아이로 자랄 위험이 있다. 아이에게 "조금씩 자라다가 커서 더 많이 자라는 사람도 있고, 어렸을 때는 많이 자라다가 커서 조금 자라는 사람도 있단다. 너는 조금씩 자라다가 커서 많이 자라려고 그러는 거야"라고 말해주자. 또한 키가 작은 것을 자꾸 상기시킬 것이 아니라 "성화는 그림을 잘 그려요"라고 장점을 이야기해준다. 이런 칭찬을 할 때는 아이가 듣는 것을 의식하지 않는 것처럼 행동하는 것이 효과적이다. 전화 통화를 할 때나 길에서 이웃을 만났을 때가 좋은 기회다. 부모의 격려는 아이의 자존감 회복에 도움이 된다.

상처를 주는 말 vs. 공감을 주는 말

엄마 아빠가 아이의 마음을 알고 있다는 것을 어떻게 전할까? 아이에게 공감하고 싶다면, 그리고 이런 마음을 아이가 느끼게 하고 싶다면 말 한마디부터 다시 시작해보자.

상황 1 아이가 어려운 과제를 하고 있을 때

영호는 지금 동시를 외우고 있다. 처음에는 잘 외우는 것 같더니 중간 정도부터 더듬거리기 시작한다.

● 상처를 주는 말

> 엄마 : 별로 어려워 보이지도 않는데, 왜 이렇게 더듬거려? 한꺼번에 하려고 하지 말고 천천히 해봐.
>
> 영호 : 네. 다시 해볼게요.
>
> 엄마 : 또 틀렸네. 내일까지 외워야 한다며? 그러게 엄마가 어제부터 연습하라고 했잖아. 엄마 말 들었으면 이런 일은 없잖아.
>
> 영호 : 오늘 열심히 하면 되잖아요.
>
> 엄마 : 정남이는 벌써 다 외웠다더라. 혹시 너희 반 애들 중에 너만 못 외워가는 거 아니야?

● 공감을 주는 말

> 엄마 : 음, 그렇게 쉬운 동시가 아닌데. 어떤 식으로 외우는 게 쉽겠니?
>
> 영호 : 네, 잘 안 외워져요. 왜 이렇게 안 외워지지.
>
> 엄마 : 그래, 어렵지만 해내려고 애쓰고 있네. 혹시 엄마가 도와줄 일이 있니?
>
> 영호 : 제가 잘 외우고 있는지 한번 봐주세요.

엄마 : 그래, 천천히 해보렴. 음, 네가 원하는 대로 조금씩 되고 있네.

Advice ▶ 아이가 어려운 과제를 하고 있을 때 지적하거나 비교를 하면 충분히 완수할 수 있는 일도 초조해져 실패하는 경우가 많다. 아이가 힘들어할 때 엄마들이 가장 많이 저지르는 말실수는 "별것 아닌데", "쉬운데 왜 그렇게 못해", "내 말대로 했더라면……"이라는 말이다. 이런 말들은 아이의 능력을 무시해 자존감이 낮아지게 한다. 가뜩이나 힘든데 이런 말을 들으면 아이는 엄마가 자신을 이해하지 못한다고 생각할 것이다. 아이의 자존감을 생각한다면 "정말 힘든 과제라는 것을 잘 알고 있어. 그리고 네가 얼마나 노력하고 있는지도."라고 말해주어야 한다. 어려운 과제지만 포기하지 않기를 바란다면 아이의 입장을 이해해주는 말이 필요하다. 이때 너무 과도한 칭찬으로 아이의 의욕을 증진시키려고 하는 것도 금물이다. 적절한 수준의 격려가 필요하다.

상황 2 아이가 우연히 실수를 했을 때

동우는 식사 때마다 식탁을 난장판으로 만든다. 컵에 있는 물을 엎지르고, 음식을 여기저기 흘리고 다닌다. 오늘은 드레싱 통의 뚜껑이 열린지도 모르고 흔들다가 출근하려고 하는 아빠의 와이셔츠를 버려놓았다.

● **상처를 주는 말**

아빠 : 조심 좀 할 수 없어? 도대체 하루도 깔끔하게 밥을 먹을 수 없으니! 뚜껑 열린 것 못 봤어?

동우 : ……

● **공감을 주는 말**

아빠 : (화가 나지만 꾹 참으며) 네가 잘 섞고 싶었나 보다. 그런데 아빠는 옷을 갈아입어야

겠다. 수건 좀 갖고 올래?

동철 : (수건을 가져다주며) 아빠, 죄송해요. 다음에는 뚜껑이 열렸는지 잘 볼게요.

Advice ▶ 일부러 한 일이 아니라 우연히 실수를 저질렀다면, 아이는 미안한 마음에 충분히

위축되어 있다. 하지만 상대방이 너무 화를 내면 오히려 자신도 화가 난다. 반면 상대방이

화를 낼 줄 알았는데 오히려 자신을 용서하면 고마워하며 미안한 마음을 더 깊이 느끼게 된

다. 물론 누구나 화가 나는 상황에서 웃으며 말하기는 어려울 것이다. 이때는 말을 줄임으로

써 아이의 마음을 생각해보자. 속으로 열만 세면 벼락같이 화를 내며 아이의 자존감을 낮추

는 말을 쏟아내는 상황은 피할 수 있을 것이다.

또 한 가지, 아이가 우연히 잘못을 했을 때는 잘못된 행동을 말하기보다 그런 다음에 해야

하는 일을 말해주는 것이 좋다. 예를 들어 "아이스크림을 식탁에 그냥 놔두면 어떡해?"보다

"식탁 위에 두면 녹을 수 있으니 냉장고에 넣어두렴"이라고 말해야 한다는 것이다. 아이의

자존감을 위해 부모는 때때로 말을 줄이는 연습도 해야 한다.

> ## 상황 3 아이가 한 일을 평가할 때

화진이는 '우리 학교'라는 주제로 글짓기를 하고 있다. 한 달 뒤에 있을 논술대회를 대비해 학교

에서 숙제를 내준 것이다. 화진이는 한참 고심한 끝에 글을 썼는데, 내용은 꽤 좋지만 맞춤법을

많이 틀렸고 글씨도 엉망이다.

● **상처를 주는 말**

화진 : 엄마, 한번 읽어봐 주세요.

엄마 : 글씨가 이게 뭐니? 다시 써.

● **공감을 주는 말**

화진 : 엄마, 한번 읽어봐 주세요.

엄마 : 그래, 끝까지 완성했구나. 네가 한번 읽어봐 줄래?

화진 : (자랑스러워하며) 네!

엄마 : 학교에 대해 이런 생각을 하고 있었구나. 어떻게 그런 표현을 생각해냈니?

화진 : 혹시 맞춤법 틀린 것 있으면 말씀해주실래요? 다시 잘 써서 학교에 가져가고 싶어요.

Advice ▶ 내 아이에게 단점이 많고 장점이 적다면, 부모들은 대부분 단점을 고쳐서 더 훌륭해지기를 바란다. 그러나 그런 생각은 종종 아이에게 '엄마는 내가 잘하는 것이 하나도 없다고 생각해' 또는 '나는 정말 장점이라고는 없다'는 생각만 만들어낸다. 단점을 고치고 싶다면 장점을 더 부각시켜 칭찬해야 한다. 그렇게 하면 아이 스스로 단점도 고쳐간다.

화진이의 경우, 단점만 잔뜩 지적당했다면 스스로는 잘할 수 없고, 어떻게 쓰든 엄마에게 혼날 거라는 생각에 글짓기를 완성하지 못했을 것이다.

하지만 엄마가 엉망인 글씨를 보지 않고 좋은 내용만 칭찬해주면 아이는 자신이 노력한 것을 엄마가 알아주었다는 것에 무한한 자신감을 갖게 된다. 평소에도 아이의 긍정적인 면만 보려고 애쓰면 아이의 자긍심은 자연스럽게 높아진다. 아이의 자긍심이 높아진 후에는 엄마가 지적하고 싶은 것을 지적해도 된다.

상황 4 아이를 칭찬해주어야 할 때

유치원에 다녀온 성범이가 엄마에게 달아준다며 카네이션을 만들어 왔다.

● **상처를 주는 말**

성범 : 엄마 이것 좀 보세요. 제가 만든 거예요.

엄마 : (카네이션을 흘끗 보며) 그래. 멋있구나.

성범 : 엄마 드리려고 만들었어요.

엄마 : 참 착하구나.

● **공감을 주는 말**

성범 : 엄마 이것 좀 보세요. 제가 만든 거예요.

엄마 : (하던 일을 멈추고 아이에게 온다) 멋지구나. 만들기 힘들었겠는걸. 이렇게 예쁜 꽃잎
을 어떻게 만들었을까?

성범 : (뿌듯해하며) 색종이를 접어서 오렸어요. 엄마 달아드리려고요.

엄마 : 와! 이 카네이션을 달면 엄마가 더 멋져 보이겠네. 오늘부터 매일 달고 있어야지.

Advice ▶ 칭찬으로 아이에게 좋은 감정을 느끼도록 하려면 아이의 눈을 보고 구체적으로
말해야 한다. 건성으로 그럴듯한 형용사를 붙여서 칭찬을 해봤자 아이는 엄마가 진심으로
말하고 있지 않다는 것을 잘 안다. 따라서 칭찬을 해줄 때도 지금 아이가 어떤 기분일지를
아이 입장에서 충분히 생각해본 후 아이가 한 일에 대해 구체적으로 설명해야 한다. 형식적
으로만 말하면 아이는 칭찬받을 행동을 해야 할 의미를 잃는다.

한 가지 조심할 것은 부모들이 가끔 사용하는 "네가 자랑스럽다"는 표현이다. 이 말은 아이가 잘한 행동의 일부는 부모의 노력 때문이었다는 의미를 내포한다. 따라서 아이를 칭찬할 때는 주어를 '아이'로 써서 "너 자신이 무척 자랑스럽겠구나"라고 말하는 것이 좋다. 그러면 아이가 자신의 성취에 대한 자부심을 가질 수 있을 것이다.

맺는 말

아동기,
아이의 평생이 결정된다

우리는 아이의 인지와 인성발달을 살펴보면서 내 아이에게 어떤 능력을 선사하는 것이 평생의 자산이 될지 살펴보았다.

만 3세 전에는 오감 자극으로 두뇌를 깨우고 스킨십과 충분한 애정으로 부모와 애착을 다지며, 만 3세 이후 아이가 세상을 향해 호기심을 갖고 탐험을 시작할 때는 무엇이든 마음껏 경험할 수 있는 양육환경을 만들어주어야 한다. 손 씻기, 옷 입기, 혼자 식사하기 등의 기초적인 생활습관을 익히고, 언어능력을 싹 틔우며, 예절과 공중도덕의 기초를 쌓을 수 있도록 돕는다. 자아개념 또한 발달하는데, 만 5세 이후에는 사회규범이나 배려, 양보, 타인과의 공감, 자신감 등 도덕성과 자존감이 잘 자랄 수 있도록 인성 교육에 힘을 쓴다. 충동적인 행동을 조절하는 것이나 만족을 지연시키는 능력, 자제력, 집중력 등은 아이의 도덕성에 도움이 된다. 더불어 아이의 호기심이 어디로 향했는지 잘 탐색해서 재능과 소질, 강점지능을 발굴하고 성공의 발판이 될 수 있도록 지속적으로 키워주어야 한다.

특히 뇌 영역 중 창의적인 사고, 인간으로서의 정체성을 나타내는 데 가장 중요한 기능을 하는 전두엽의 성숙은 만 3, 4세에서 시작해 초등학교 저학년 때까지 왕성하게 이루어진다. 초등학교 시기에 아이가 어떤 경험을 하고 어떤 양육, 교육환경을 접하느냐에 따라 청소년기의 전두엽은 완전히 새로 태어나게 된다. 사춘기가 되어 반항이나 적개심, 난폭한 성향을 띠거나 충동을 억제하지 못하고 자기 역할을 방치하는 청소년에게는 질적으로 나쁜 양육, 교육환경이라는 원인이 있는 것이다. 그만큼 유아기와 아동기의 자녀 교육, 특히 인성 교육이 아이의 인생관과 삶의 질을 좌우할 수 있는 결정적 요소임을 잊어서는 안 된다.

또한 아이가 궁극적으로 어떤 삶을 살기를 바란다면, 부모 자신이 그 삶의 모델이 되어주어야 한다. 간단한 습관도 아이는 부모를 따라하게 되어 있다. 아이가 책을 많이 읽었으면 좋겠다고 해서 '하루에 동화책 세 권씩 읽어라' 하고 잔소리하는 것은 옳은 방법이 아니다. 엄마 아빠가 규칙적으로 아이와 함께 책을 읽으면 된다. 마찬가지로 공부하는 습관을 길러주고 싶다면 부모가 먼저 자기계발을 위해 책을 펼치거나 어학을 공부하거나 학원을 다니는 등의 모습을 보여준다. 동네 어른을 만났을 때 인사하라고 재촉하는 것보다 부모가 먼저 인사하는 것으로 충분하다. 정직해야 한다고 가르치면서 아이와 소소한 약속을 어긴다면 새삼 반성해야 한다. 아이는 태어난 순간부터 부모를 모방하고, 부모를 인생의 역할모델로 삼아왔다. 도덕적이고 자존감 높은 부모 밑에서 그런 아이가 자란다는 것을 절대 간과해서는 안 된다.

　내 아이를 행복한 어른으로 키우고 싶은가. 그렇다면 아이의 잠재능력을 믿고 아이가 원하는 말에 귀를 기울여라. 부모의 역할은 아이의 발달 과정을 이해하고 맞춤 양육환경을 제공하는 것이다. 여기에 자존감과 도덕성이 든든한 토대가 되어야 함은 두말할 나위 없다.

EBS 〈아이의 사생활〉,
그 의미 있는 출발

내 아이가 누구인지
자신 있게 말할 수 있는가

"나는 누구일까?"

"남자와 여자는 어떻게 다를까?"

"성공의 비결은 어디에 있을까?"

"무엇이 행복한 삶을 만드는 것일까?"

우리는 살아오면서 끊임없이 인간에 대해, 그 내면과 삶에 대해 질문을 던진다. 그리고 수많은 철학자와 정신분석학자, 심리학자들의 이론 속에서 해답을 찾는다. 여성과 남성은 사고방식에서부터 차이가 있으며, 한 사람이 가진 선천적 재능과 후천적 노력이 성공을 가져오며, 도덕성이 행복하고 가치 있는 삶을 만든다는 것 등이다. 하지만 이런 뜬구름 같은 해답에 대해 제작진은 다시 "왜?"라는 의문을 품었다. 그리고 이 해답에 과학적이고 구체적인 근거를 제시하고자 했다. 인간에 대한 수수께끼를 과학적으로 설명하는 것, 바로

〈아이의 사생활〉이 탄생하게 된 계기였다.

　여기에 학문적 연구나 매스미디어에서 소외되었던 아동기에 대한 관심까지 보태졌다. 자신만의 생각, 의사가 있으며 행동을 결정할 줄 알지만, 어른들의 사고방식이나 지식으로는 예측하기 어려운 대상이 곧 우리 아이들이다. 내 아이가 누구이며, 어떤 생각을 하고 있고, 앞으로 어떤 사람으로 성장할 것인가 쉽게 답할 수 있는 부모는 없다. 프로그램 제목 그대로, 어른들이 몰랐던 '아이의 사생활'을 통해 인간에 대한 깊이 있는 탐구가 진행되었다.

　처음 〈아이의 사생활〉이 기획되기 시작된 것이 2007년 초. 1년간의 취재, 4,200명 설문 조사, 참여 어린이 500명, 존 매닝, 레너드 삭스, 서울대학교 교수진 등 국내외 최고 전문가 70여 명 자문, 정신분석학·교육학·심리학을 아우르는 40여 회의 과학적인 실험……. 2008년 2월 25일, EBS 다큐프라임의 인간탐구 대기획 5부작 〈아이의 사생활〉이 드디어 첫 모습을 드러냈고 사회적으로 커다란 이슈가 되었다.

아이의 생각과 행동에 의미 없는 것은 하나도 없다

부모인 우리는 매일매일 '아이'라는 낯선 존재를 만난다. 이미 어른의 세계로 진입한 우리에게 아이는 너무나 이해 불가능한 대상일 때가 많다. 부모의 말을 잘 듣는 순한 양이 되었다가도 자칫 한눈 파는 사이 엉뚱한 행동을 하는 일이 부지기수다. 부모는 때로는 아이를 자신의 소유물로 여기며 좌지우지 하고자 하고, 때로는 지나친 방임이나 무관심으로 아이의 뜻에 이리저리 휘둘리기도 한다. 하지만 부모는 아이에 대해 "왜 그럴까?" 하는 의문을 던지지 않는다. 이유에 대한 이해 없이, 그저 '애들은 다 그렇지' 하는 무관심으로 일관한다. 하지만 부모가 알아야 할 것은 아이의 생각과 행동에 의미 없는 것은 하나도 없다는 사실이다.

왜 딸은 분홍색과 인형을 좋아하고 아들은 파란색과 자동차를 좋아할까. 왜 아들은 컴퓨터 게임에 열광하고 과잉행동을 하는 경우가 딸보다 많은 것일까. 왜 아이들은 규칙을 어겨서라도 이기고 싶어 하는 것일까. 과연 착한 아이는 늘 손해만 보는 것일까. 공부 잘했던 아이가 커서 사회적으로 반드시 성공한다고 보장할 수 없는 건 왜일까.

이 모든 의문을 해결하기 위해 〈아이의 사생활〉은 아이들의 두뇌, 정서, 행동, 지능 등의 발달 과정을 면밀히 추적하고 실험하고 탐구했다. 우리가 품었던 궁금증은 그냥, 저절로, 단순히 이루어지는 것이 아니었다. 아이의 발달 이면에는 '그럴 수밖에 없는' 과학적이고 놀라운 비밀이 숨어 있었다. 이 비밀을 이해하고 접근하는 것은 우리에게 남겨진 과제가 되었다. 〈아이의 사생활〉은 내 아이에 대한 깊이 있는 이해가 자녀 양육의 제1조건임을 알려주고 그 이해를 돕는 올바른 해석을 우리에게 선사해주었다.

아이를 통해 나의 내면을 탐구하는 계기

〈아이의 사생활〉 방송에서는 아이를 이해하기 위해 부모가 꼭 알아야 할 5가지 주제를 선정해 다루었다.

제1부 〈남과 여〉편에서는 아들과 딸의 차이를 남성형 뇌와 여성형 뇌에서 오는 차이를 통해 비교해보았다. 단순히 남성과 여성의 차이가 있는 것이 아니라, 남성형 뇌와 여성형 뇌에 차이가 있다는 사실은 아들이지만 여성형 뇌가 있을 수 있고, 딸이지만 남성형 뇌가 있을 수 있다는 점을 알려준다. 아들과 딸은 각각의 두뇌 발달 차이에 따라 양육방식을 달리해 키워야 하지만, 언제나 예외는 존재한다. 내 아이의 두

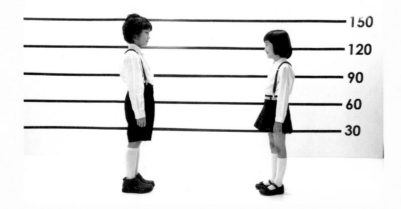

뇌 특성을 파악하는 것이 내 아이에게 맞는 양육방식을 결정하는 데 도움이 된다.

제2부 〈도덕성〉편에서는 도덕성과 성공의 상관관계를 알아보았다. 너무 착하면 성공하기 힘들다는 생각 때문에 회의적인 대답을 하는 사람도 있겠지만 대답은 '맞다'이다. '도덕지수가 높은 아이가 경쟁력이 높고 행복지수가 높다'는 것은 곽금주 교수가 300명을 대상으로 한 연구에서 뚜렷하게 나타났다. 그렇다면 어떻게 해야 도덕성이 높은, 그래서 성공하고 행복을 누리는 아이로 키울 수 있을까? 2부에서는 아동기에 도덕성이 형성되는 과정과 그에 영향을 미치는 요인들을 살펴보고, 도덕성의 3대 요소로 꼽히는 민감성, 판단력, 용기를 두루 갖춘 인간으로 성장하기 위한 부모의 역할을 소개한다.

제3부 〈자아존중감〉편에서는 나를 존중하는 사람만이 다른 사람도 존중하고, 또 인생을 즐기며 긍정적으로 살아갈 수 있다는 것을 알려준다. 자아존중감이 높고 낮은 원인에는 선천적인 기질도 있지만 부모의 태도가 특히 중요하다. 실험과 인터뷰를 통해 드러난 사실은, 자아존중감이 낮은 아이의 경우 부모 역시 자아존중감이 낮았으며, 부모 또한 어린 시절 부정적인 양육태도에 영향을 받았다는 것이다. 물질적인 것만 대물림되는 것이 아니라 자아존중감도 대물림되며, 그것은 곧 행복의 대물림이기도 하다. 그래서 여기서는 자아존중감과 행복을 물려주는 구체적인 방법을 제안한다.

제4부 〈다중지능〉편에서는 인간 뇌의 능력에 대해 집중 탐구한다. 두뇌의 능력은 IQ라는 한 가지 영역의 지수로 한정 지을 수 없다. 공간, 언어, 음악, 논리, 신체, 자기이해, 대인관계, 자연친화 등 두뇌의 8가지

영역의 지능을 소개하고 아
이들의 지능, 재능을 어떻
게 파악하고 양육에 접목시
킬 것인지 알아본다. 아무
리 똑똑한 사람도 이 8가지
지능 중 약점지능이 있으
며, 보통 사람도 누구나 강점지능을 가지고 있다. 대부분 성공한 사람
들은 이 중 두세 가지 강점지능을 잘 활용한 사람들이다. 제4부에서는
뇌가 유연한 아동기 때 우리 아이의 강점지능을 어떻게 파악하고 키워
줄 것인지, 강점지능을 이용해 약점지능을 어떻게 보완할 것인지 등을
조명한다.

제5부 〈나는 누구인가〉편에서는 인간의 본질을 다룬다. 성별, 두뇌,
도덕성, 자존감 등 네 갈래 길을 따라가본 인간 탐구를 마무리하며, 가
장 근원적인 질문, 나를 진정 나답게 만드는 것은 무엇인지에 대해 생
각해본다. 〈아이의 사생활〉 종합편이라 할 수 있는 5부에서 제작진은 1
부~4부까지 전문가의 도움으로 만들어진 전문 진단법을 시청자의 눈
높이에 맞게 제공해 나와 내 아이의 본질을 찾아가는 길을 안내한다.

아이에 대한 과학적이고 깊이 있는 해석을 다루었다 해도 〈아이의
사생활〉은 단순한 자녀 양육 프로그램이 아니다. 미지의 영역, 아동기
에 대한 호기심에서 출발했지만 과학적 실험과 검증을 통해 인간에 대
한 탐구로 그 대상을 확장해나간다. 인간에 대한 근원적인 궁금증을 해
소시킬 수 있는 깊이 있는 심리과학이라는 점에서 〈아이의 사생활〉은
일반 시청자들에게도 커다란 반향을 불러일으켰다. 직업과 적성을 고

민하고, 이성에게서 느끼는 이질감에 당황하며, 유혹과 함정에 빠지는 도덕성을 부끄러워하는 모습이 바로 어른인 우리에게도 남아 있기 때문이다. 〈아이의 사생활〉은 아이를 통해 어른인 우리의 모습을 되돌아보게 하고 인생에 있어서 우리가 저질렀던 실수를 범하지 않도록, 내 아이에게 소중한 '무엇'을 선물하라고 독려한다.

〈아이의 사생활〉과 함께 한 시간을 돌아보며

〈아이의 사생활〉은 2007년 초에 기획이 시작되어 일 년간의 준비 끝에 2008년 2월에 방송이 되었습니다.

〈아이의 사생활〉은 방송하는 저에게도 여러모로 큰 이정표가 된 작품입니다. 〈아이의 사생활〉이 더욱 의미 있는 것은 아이를 가르치고 교정해야 할 대상으로서가 아니라 아이의 입장에서 아이의 시선으로 바라본다는 것, 바로 그것이었습니다.

또한 〈아이의 사생활〉에 보내주신 시청자들의 격려와 칭찬은 참으로 영광스러운 경험이었습니다. 영광이 큰 만큼 그 영광을 나눠가져야 할 사람도 많습니다. 방송 한 편을 만들어내는 과정은 수십 명이 각자의 영역에서 톱니를 맞춰가는 과정과 같지요. 정지은 PD, 김민태 PD는 그 거대한 톱니를 맞춰가는 훌륭한 선장이었습니다. 또한 그 방대한 자료를 일일이 챙기고 분석한 원윤선 취재작가의 이름도 뺄 수 없습니다. 카메라감독과 음악감독을 비롯한 수십 명의 스태프들까지, 오랜 기간에 걸친 이 방대한 작업에 바쳐진 모든 이들의 수고와 열정이 있었기에 〈아이의 사생활〉의 영광도 가능했습니다.

〈아이의 사생활〉이 책으로 발간되는 과정은 방송과는 또 다른 산고를 거친 것으로 알고 있습니다. 영상물의 시각화된 정보를 문서화시키는 과정은 또 다른 창작과정이라 할 수 있습니다. 편집부의 그 모든 산고를 거치고 나오게 된 이 책이 부디 '아이의 사생활'을 발견하는 새로운 계기가 되기를 바랍니다.

오정요 작가

〈아이의 사생활〉 제작진 소개

책임프로듀서 양전욱

글 · 구성 오정요

취재작가 원윤선

내레이션 이금희

자료조사 이소희

촬영감독 정재호 · 강한숲

기술감독 정장춘

음악 이미성

효과 이용운

음향 최권용

타이틀제작 조커

조연출 이정미 · 김미안

연출 정지은 · 김민태

438

⋮   〈아이의 사생활〉은 참여 전문가들 외에도 많은 실험 참가자들과 함께 했습니다. 본문에 실린 실험 참가자들의 이름은 모두 가명으로 표기하였습니다. 실험장면을 싣도록 양해해주신 모든 분들께 감사드립니다. 그 밖에 미리 양해를 구하지 못한 분들의 연락을 기다립니다.

TEL:02-2046-2866   E-mail:elim@sigongsa.com